日本の対内モンゴル政策の研究

内モンゴル自治運動と日本外交
1933-1945 年

ガンバガナ 著

青山社

デムチグドンロブ王の肖像写真
出所:『世界画報』(14:10)国際情報社(1938年)

デムチグドンロブ王の筆跡(1)　　　デムチグドンロブ王の筆跡(2)
出所：岸田蒔夫『五十年後の蒙古民族』　出所：『蒙古』(8：7)(1941年)
　　　(1940年)

デムチグドンロブ王一行が大連駅で(1938年10月16日)
出所：朝日新聞社提供

凡　　例

① 【　】の中はすべてが著者によるものである。

② 引用文中の……は著者による省略を示す。

③ 外務省外交史料館、防衛省防衛研究所などの文書館史料の引用にあたって、できるだけ原文表記を尊重し、旧片仮名表記をそのままに使う。したがって、表記の不一致はあり得る。たとえば、現代日本語のカタカナの「ベ」を、「ヘ」と表記している時もあれば、「ベ」と表記する時もある。なお、読みやすくするために、適当なところに句読点を加える。漢字の表記には新文字を使う。

④ 本文の中の年号、日付は原則として西暦で書くが、文書館史料の場合、注と参考文献は原文の表記を尊重する。そのため、「昭和十二年」を「昭和拾弐年」と表記することはありうる。

⑤ 「満蒙」「蒙疆」などの歴史用語は、煩雑を避け、原則としては、最初現れる時に「　」をつけるが、他の意味合いから「　」をつけることとは別である。だが、「支那」「北支」など他者に誤解を与える可能性のある用語は例外的に扱い、すべてに「　」をつけることにする。「満洲」の表記は、原則として「満洲」に統一させるが、他者のものを引用するにあたって、その作者の表記を尊重し、「満州」と表記することもある。なお、「国民政府」という表記は、当時、「汪兆銘政権」を指す時もあれば、蒋介石の国民政府をも指す時があったため、区別するために、汪兆銘政権を指す時に「　」をつけることにする。

⑥ モンゴル語のカタカナ表記は、当該地域の発音に基づく。

⑦ 中国名とモンゴル名の両方をもつモンゴル人の名前を表記するにあたって、最初現れる時には両方を書くが、その後、よく知られている方を用いる。しかし、「表」などの作成にあたって、スペースを節約するために、中国名を使う時がある。地名にあたっても基本的には同様の原則に従う。

⑧ 参考文献一覧の順番は、日本語とモンゴル語の場合、日本語の五十音順、その他は英語のアルファベットの順に従う。

v

目　次

口　絵 iii
凡　例 v

序　章　問題意識と課題設定 1

はじめに 2
1. 問題の所在と本書の構成 3
　　1.1　問題の所在 3
　　1.2　本書の構成 8
2. 先行研究 10
3. 本課題に関連する三つの問題 15
　　3.1　内モンゴル自治運動発生の社会背景 15
　　3.2　日本の対内モンゴル政策の原点 18
　　3.3　内モンゴル人による 民族解放運動の前史 23

第1章　民族解放運動としての百霊廟自治運動 31

1. 民族解放運動としての百霊廟自治運動 33
　　1.1　百霊廟自治運動の必然性 33
　　1.2　百霊廟モンゴル地方自治政務委員会の成立 35
2. 百霊廟自治運動と日本との関係 39
　　2.1　百霊廟蒙政会成立前 39
　　2.2　百霊廟蒙政会成立後 42
3. 日本の西部内モンゴル進出と「日蒙協力体制」の形成 45
　　3.1　日本の進出に対する国民政府の対応 45
　　3.2　モンゴル軍政府の樹立と「日蒙協力体制」の形成 47
小　結 52

第2章　綏遠事件からみた日本の対内モンゴル政策の構造 57

1. 綏遠事件前の日本の対内モンゴル政策 58
　　1.1　関東軍の対内モンゴル政策 58
　　1.2　日本政府の政策方針 62
2. 綏遠事件と日本 63
　　2.1　綏遠事件の発生とその敗因 63
　　2.2　綏遠事件当時の日本側の内部関係 67
　　2.3　綏遠事件の日中関係への影響 75

目　次

　　3.　綏遠事件後の日本の政策展開 77
　　　　3.1　内モンゴル軍の縮小の動き 77
　　　　3.2　日本政府の対内モンゴル政策 79
　　小　結 81

第3章　日中戦争の勃発と日本の対内モンゴル政策 87
　　1.　占領地域の支配をめぐる関東軍と陸軍省の対立および関東軍の支配確立 89
　　　　1.1　占領地域の支配をめぐる関東軍と陸軍省の対立 89
　　　　1.2　蒙疆連合委員会の成立と関東軍の蒙疆地域における支配確立 92
　　2.　関東軍とデムチグドンロブ王の確執と日本政府の対応 95
　　　　2.1　関東軍とデムチグドンロブ王の確執 95
　　　　2.2　内モンゴル独立問題をめぐる日本政府内部の意見対立 98
　　3.　日中関係と内モンゴル問題 102
　　　　3.1　日中和平交渉と内モンゴル問題 102
　　　　3.2　日本の汪兆銘工作と内モンゴル問題 106
　　小　結 109

第4章　モンゴル自治邦政府の成立をめぐる日中蒙の駆け引き 115
　　1.　モンゴル連合自治政府の成立をめぐる各勢力の対立 116
　　2.　内モンゴル自治運動における汪兆銘政権の影響 120
　　　　2.1　「日支新関係調整要綱」 120
　　　　2.2　青島会議 122
　　3.　デムチグドンロブ王の第2回目の訪日と独立計画推進の試み 124
　　　　3.1　モンゴル青年結盟党の結成 124
　　　　3.2　デムチグドンロブ王の第2回目の訪日と「蒙古建国促進案」 127
　　4.　モンゴル自治邦政府の成立とその意義 135
　　　　4.1　モンゴル自治邦政府の成立をめぐるジレンマ 135
　　　　4.2　最高顧問の廃止と自治の拡大 141
　　小　結 142

第5章　興蒙委員会の設立と蒙旗地域の復興事業 147
　　1.　興蒙委員会の設立とモンゴル側と日本側のそれぞれの思惑 148
　　2.　興蒙政策の確立 150
　　　　2.1　「蒙旗建設十個年計画」の確定 150
　　　　2.2　蒙旗建設隊の設立 152
　　3.　興蒙政策の内容 153
　　　　3.1　経済の確立 153
　　　　3.2　教育の復興 159
　　　　3.3　民生の向上 164

vii

小　結 166

第6章　日ソ関係と内モンゴル自治運動 171

1. 日ソ国境紛争と防共基地としての内モンゴル 172
   1.1　ハルハ廟事件とマンチューリ会議 172
   1.2　防共基地としての内モンゴル 175
2. ノモンハン事件と日本の国際戦略の変化 178
   2.1　ノモンハン事件の経過 178
   2.2　日ソ国交改善の試み 180
3. 「日ソ中立条約」と内モンゴル問題 182
   3.1　「日蘇国交調整要綱案」と内モンゴル問題 182
   3.2　「日ソ中立条約」の締結 185
4. 内モンゴル自治運動におけるノモンハン事件のインパクト 188
   小　結 190

第7章　太平洋戦争と日本の対内モンゴル政策 195

1. 日米交渉と太平洋戦争の勃発 197
   1.1　南進論の浮上と日米交渉 197
   1.2　中国における駐兵問題と、ハルノートの出現 199
2. 「対支新政策」の登場と汪兆銘政権の参戦問題 202
   2.1　「対支新政策」の登場 202
   2.2　汪兆銘政権の参戦問題 204
3. 「日華同盟条約」の締結と蒙疆問題 205
   3.1　「日華基本条約」の改訂問題 205
   3.2　蒙疆地域の処遇をめぐる日汪の駆け引き 207
   3.3　「日華同盟条約」の締結とその影響 210
4. 戦争終結のシナリオとモンゴル自治邦政府の崩壊 211
   小　結 214

終　章　モンゴル自治邦政府の歴史的意義 219

補　論　戦前期内モンゴルにおける草地売買について 225
── シリーンゴル盟を事例として

1. 旅蒙商の業態 227
2. 草地売買における取引市場 231
   2.1　草地取引市場としてのバンディド・ゲゲーン・スム 231
   2.2　地方集散市場としての張家口 236
3. 草地売買の流通工程 240

3.1 漢人商品の流入過程		241
3.2 蒙貨の流出過程		243
小　結		247

参考文献 251
　●文書館史料 251
　●文献資料 257

付属資料 265

A Study on the Japanese Policy towards Inner Mongolia 281

あとがき 289

索　引 293
　人名索引 293
　事項索引 296

序章 問題意識と課題設定

バトハールガ・スム（百霊廟）
出所：Seven Hedin, *History of the expedition in Asia, 1927-1935*, 1943

はじめに

　東アジア地域の国際関係を語る中で、モンゴル国は一主権国として、独自の責任と役割を果たしていることはいうまでもない。しかし、この独立国としてのモンゴル国にはわずか300万人弱のモンゴル系の住民が暮らしているにすぎない。モンゴル系住民の大多数は、モンゴル国以外の地域、すなわち中国内モンゴル自治区およびロシア連邦ブリヤート共和国などの地域に分散している。モンゴル民族は現在、事実上、国境に分断された政治状況に置かれているのである。

　なぜこうした状況が生まれたのか、その原因はいったい何だったのか。これはモンゴル近現代史研究者たちの前に立つ大きな課題である。すでにリアルな現象になっている以上、いかに解析をしても、仮説の範疇を超えることはできないだろう。とは言え、当時の国際情勢の動態、とりわけ「満蒙問題」を中心とする東アジア地域の国際関係に大きな影響を受けたことは間違いない。

　従来のモンゴル近代史研究において、とりわけ、多国間関係からモンゴル問題にアプローチする際、独立国である「外モンゴル」問題を取り扱うことが多く、内モンゴル問題は等閑視されてきたか、あるいは個別的、局地的な問題としてしか取り上げられてこなかった。だが、20世紀前半の内モンゴル問題とそれをめぐる国際情勢を無視して、近代モンゴルの政治史を語ることは可能であろうか。答えはおそらく「ノー」であろう。なぜなら、1911年の独立宣言によって外モンゴルが事実上の独立を勝ち取った後、内モンゴル地域はその跡を継ぎ、国際舞台に「問題」として登場し、大国同士の熾烈な利権争いの中に晒されていた時期があり、その結果が今日の国境をまたがる政治状況を形成したからである。

　外モンゴルの独立においては、モンゴル人の独立志向が原動力になったのは、言うまでもない。が、当時の国際関係、とりわけ日中露(ソ)の外交上の駆け引きも重要な影響を与えた。「第三回日露協約」(1912)、「中露宣言」(1913)、「キャフタ協定」(1915)、「中ソ協定」(1924)などの一連の条約、協定に伴って、外モンゴルの独立史が「独立」から「自治」、「自治の廃止」から「二度目の独立宣言」といった波乱万丈の道を辿っていったのはそれを物語っている。

　内モンゴルにおいてもその動きは同様である。さまざまな形での民族自治・独立運動が展開され、それに大国同士の思惑が重なり、内モンゴル政治史は非常に複雑、かつ流動的な動きを見せた。それらの運動の中でもっとも影響力があったのは、デ

ムチグドンロブ王（徳王）の指導した内モンゴル自治運動であった。それは最終的には事実上の独立政権であったモンゴル自治邦政府（1941）の樹立を成功させ、外モンゴルの独立プロセスとほぼ同様の歩みを見せた。しかしその後、第2次世界大戦の終結、日本の敗戦といった国際社会の大変動の中に呑み込まれ、結局、失敗に終わった。終戦を契機に、内モンゴルでは新たに内外モンゴル統一運動の波が押し寄せたが、それも新たに形成された国際秩序の中に組み込まれ、最終的には、今日の「内蒙古自治区」という政治の在り方を余儀なくされたのである。

　本書では、当時の内モンゴル問題の国際化に注目し、当時の国際事情がいかに日本の外交政策を媒介しながら、内モンゴル自治運動の行方に影響を与えていたかという問題を検討し、それによって、当時の内モンゴル問題の流動的、かつ多元的な側面を描き出したい。ちなみに、ここで言う「内モンゴル」とは、通常、内モンゴル自治運動が展開されていた西部内モンゴル地域を指すが、当時の「モンゴル」という言葉自体が多義的な側面をもっていたため、その前後の文脈により多少異なる時もありうる。

1. 問題の所在と本書の構成

1.1　問題の所在

　本書が扱う課題は、1930年代に起きた内モンゴル自治運動とそれに対する日本の政策である。この研究には二つの軸が存在する。つまり民族解放運動としての内モンゴル自治運動と、日本の大陸政策の一環としての内モンゴル政策である。前者は、当時世界中に巻き起こった民族解放運動の高潮を背景とし、後者は、20世紀前半の国際秩序再編における列強の勢力争いを背景とする。

　さらに、内モンゴル自治運動という軸において語る際、避けて通れない二つの課題がある。それはデムチグドンロブ王と日本の関係の問題と、デムチグドンロブ王が成立させた政権の問題である。前者については、今までの研究では、「協力関係」という表現でほぼ一致しているが、協力の中身、すなわちデムチグドンロブ王がなぜ日本と協力関係を結ぶこととなったのか、その背景と経緯は何だったのか、それをどう評価するべきか、などについては意見の相違がある。

　一方、中国では、敵との協力＝裏切り者という、単純な図式で、デムチグドンロブ王は「反逆者」や「裏切り者」として批判され、その成立させた政権も「傀儡政権」と

して位置づけられてきた。本来裏切り者として糾弾され、傀儡扱いされるのは、自民族・国家の利益に反して、敵国と協力した者であり、事例として第2次世界大戦における、ナチス・ドイツが作り上げたフランスの政権（ヴィシー政権）、あるいは関東軍が作り上げた「満洲国」がよく取り上げられる。が、モンゴル民族の利益に一致するなら、誰とでも協力するという観点から日本と「協力」の道を歩んだ彼は、国家利益に反することをしたということで、批判の対象となったのである。

　背景には、多民族国家が抱える、民族と国家の利益が必ずしも一致しないという複雑な課題があるだろう。とはいえ、ここで考えなければならないのは、当時のデムチグドンロブ王が中国を祖国として見ていたのかどうか、ということである。彼は内モンゴル問題を最近中国でよく耳にする「中華民族多元一体論」の観点から考えていたのだろうか。それとも、当時内モンゴルで支配的であったパン・モンゴルリズムの視点から考えていたのだろうか。彼が自分を「中国」という国家単位の一員として考えていなかった場合、「中国」という国家スタンスから「裏切り者」として扱うことは、合理的なのだろうか。

　これはもちろん、現代内モンゴル人が自らのアイデンティティーを「中華民族」の一員としてみているかどうか、とはまったく別の話であり、現代人の眼差しで過去の人物をはかるには、何を基準にすればよいのかという問題である。

　周知のように、内モンゴル自治運動はその始まりから終わりまでおよそ10年以上続いた。その間に、百霊廟モンゴル地方自治政務委員会をはじめとして、モンゴル軍総司令部、モンゴル軍政府、モンゴル連盟自治政府、蒙疆連合委員会、モンゴル連合自治政府、モンゴル自治邦政府など一連の政権・機構が相次いで誕生し、従来の研究では、「蒙疆政権」という漠然とした概念のもとで、その歴史が語られてきた。

　では、蒙疆政権とは何か。そういう名をもつ政権が本当に存在していたのか、議論の余地は充分ある。学者たちの間では、1937年に成立した蒙疆連合委員会のことを蒙疆政権と見なす人もいれば、1939年に成立したモンゴル連合自治政府のことを蒙疆政権と見なす人もいる。この用語は当時から頻繁に使われすでに定着しているため、使うには便利であるが、どちらもその前後にできた、百霊廟モンゴル地方自治政務委員会、モンゴル連盟自治政府、モンゴル自治邦政府のことを無視している。

　つまり、「蒙疆政権」という言葉には、日本の大陸政策の一貫性が強調されている

側面が強い。また、内モンゴル自治運動史の全期をカバーできていないという「限界性」をもっている。従来、こうした「限界性」の中で、内モンゴル自治運動史が議論されてきたため、その多くの問題を正しく解釈することができなかった。したがって、より正確さを追求するという観点から、本書では、内モンゴル自治運動全史を指す概念として、「デムチグドンロブ王政権」という新しい用語を使う。

このように、視点を少し変えて内モンゴル自治運動史をあらためて眺めると、きっかけとなった百霊廟自治運動から、決着地となったモンゴル自治邦政府の成立までのプロセスに、「自治」と「復興」を目標とするモンゴル側の主張の一貫性が浮き彫りとなる。また、「事実上の独立国家[1]」であったモンゴル自治邦政府の成立と興蒙委員会の活躍により、その目標へ一歩近づいていたこともわかる。射程をさらに広げると、背景には、前史から受け継がれた近代モンゴル人のナショナリズムがあり、それが、終戦後に新たに巻き起こった南北モンゴル統一運動ないし西部内モンゴル自治運動という形を取って、その余波を残したこともわかる。

この点において、よく比較の対象となる満洲国とはまったく違っている。満洲国とは、関東軍が一方的に練り上げた国家プロジェクトに、溥儀をはじめとする一部のマンジュ人が不本意でありながら協力したことによってできた政権である。そこには、マンジュ人のナショナリストたちによる動機づけもなければ、前史より受け継がれた連続性もなかった。終戦にともなってその劇場が完全に幕を下ろしたことがそれを物語っている。にもかかわらず、同様の「傀儡政権」という意味合いから、いわゆる蒙疆政権が「第二の満洲国」になぞらえられるのは、いったいなぜだろうか。それは「蒙疆政権」という用語自体が、内モンゴル自治運動におけるモンゴル人のイニシアチブを否定するという、「自己否定」のメカニズムをもっているからである。

つまり、重要なのは、政治のイニシアチブの問題をいかに正しく認識するかということである。これを怠れば、当時の内モンゴル人の民族主義者の果たした役割を正しく評価することができない。内モンゴル近代史において、きわめて重要なモンゴル自治邦政府のことが、未だに正しく位置づけられていないのはそれが原因であろう。

他方、日本の内モンゴル政策という軸において語る際、その視点はどのように設置するべきであろうか。政策として作成されたそれらのドキュメントを、文字どおりに理解するという一元的な視点に立つのか、それともその文字の裏に隠されてい

る列強のパワー・ゲームのメカニズムを探るという多元的な視点に立つのか。それによって、アプローチ方法と結果がかなり異なる。

従来の研究のほとんどは前者に当たる。こうした研究は日本の内モンゴル政策の植民地主義的な側面を、地域レベルないし民族レベルにおいて強調してはいるが、当時の内モンゴル問題の国際化に注目していない、という問題点を抱えている。そのため、内モンゴル自治運動のゆくえに多大な影響、場合によっては決定的な影響を与えてきた、国際情勢の動態に関する多くの疑問が未だに明らかにされていない。

なぜ、内モンゴル自治運動が失敗に終わったのか、なぜ、「満蒙政策」を起源とする日本の対内モンゴル政策が内モンゴル自治運動期に「自治」から「独立」へ、さらに、「高度自治」から「自治廃止」の過程をへて、最後に、原点でもある「満蒙」という表現へ変化していったのか。その背景にはいかなる国際ドラマが演じられていたのか。これらの疑問に答えるには、国際関係論という新たな視点にたって、当時のさまざまな「事象」についての分析を行わなければならない。

当時の日本の対内モンゴル政策は、日中、日ソ政策の一環として定められていた。しかし、その対中ソ政策自体が、欧米政策を含む日本の外交政策にも影響されていたことを考えれば、内モンゴル問題は欧米問題でもあった。『最近の内蒙古事情』には「内蒙古は、日ソ、日英米、ソ支の間の利害の対立の重大結節点となっている。内蒙への日本勢力の進出は、南下し来るソ連勢力と之を向かえて北上せんとする中国共産党の勢力との間に、堅き楔を打ち込み、北支及び満洲国を赤色脅威から防御せんとするのみならず……内蒙自治運動なるものは……実に世界史的意義を有するものとさへ言い得るものである[2]」と指摘している。

また、オーウェン・ラティモア（Owen Lattimore）も「モンゴル人が北京に着くと、中国人はよく日本人のことを聞くが、モンゴル人は中国人から日本のことを聞くというより、むしろイタリアとドイツの政治状況を聞く」、とたとえながら、地域に限定される極東問題はもはや存在しない、国際問題の極東側面があるだけだと指摘し、内モンゴルの政治に与える国際社会の重要性について言及している[3]。当時内モンゴルは日本のヨーロッパまでの「防共線」という壮大な計画の最前線に浮上していたことを考えれば、イタリアの問題であれ、ドイツの問題であれ、そのいずれもがモンゴル問題に成り得たのは確かだ。しかし、当時わずか30万人ぐらいのモンゴル人を擁していた地域問題を、いかに国際社会のダイナミックな動きと結びつけながらその微妙な関係をクローズアップするのかは、とても困難な作業であり、同

時に本書が取り入れる重要なアプローチ方法でもある。

　当時の日本の内モンゴル政策は、中国の分離政策の一環であったという指摘は、これまでもたびたびあった。が、内モンゴル自治運動のその後の展開についてはほとんど触れられてこなかった。とくに日中戦争勃発後、汪兆銘政権の出現により、日本の大陸政策が大きな転換点をむかえる中で、内モンゴル問題がいかなるジレンマに直面したかについての分析はない。その後、日本は太平洋戦争に突入するが、その戦争が内モンゴル自治運動と、どのようなつながりをもっていたかについても、まったく語られてはいない。一例をあげるなら、太平洋戦争の後期、日本と汪兆銘との間でいわゆる「日華同盟条約」が結ばれたとき、その文書には内モンゴル問題に関して、それまでの「高度自治」という表現さえ消えていた。その背景には何があったのか。汪兆銘という新たな視点を加えながら分析を行う必要があると、筆者は考えている。

　日ソ関係の観点から言えば、何よりも重要なのは、1939年に発生したノモンハン事件である。一見すれば、当事件は内モンゴル自治運動とは直接な関係がないように見える。しかし、ノモンハン事件は日本の国際戦略を、それまでの「北進論」から「南進論」に変えたという、多くの研究者の共通の考えを考慮すれば、当事件は内モンゴル自治運動とも何らかの関係をもっていたはずである。実は南進論の浮上により日本の矛先が東南アジアへ向けられたということは、地政学的な視点からみれば、内モンゴル自治運動のゆくえを左右する重要な意味をもっていた。というのは、それまでの日本の対内モンゴル政策は、日本の北進論という国際戦略に沿って、設計されていたからである。

　さらに言えば、ノモンハン事件の導火線とも言われている、1935年のハルハ廟事件は、内モンゴル自治運動とどのような関係があったのか。ハルハ廟事件後、当時関東軍参謀副長だった板垣征四郎が、シリーンゴル盟西ウジュムチン旗を訪問し、デムチグドンロブ王に対して日本との協力を説得し、内モンゴルの独立支援という約束までしていた事実がある。それは当事件と何らかの関係があったのか。また、ノモンハン事件後、東南アジア地域の民族解放運動が事実上助長される結果となったことは、当時の内モンゴル自治運動にとって何を意味するものであったのか。ノモンハン事件が太平洋戦争勃発の一つの重要な要因になったとすれば、当時日本との「協力」のもとで目的達成をはかったデムチグドンロブ王の試みは、その時点ですでに失敗が運命付けられていたのであろうか。だとすると、その後に成立したモン

ゴル自治邦政府のことをどう解釈すべきか。

本書は、以上のような問題意識によって立案されたものである。目的は日露戦争後の東アジア地域における日露の勢力争いの中で生まれたいわゆる「満蒙問題」が、1911年の外モンゴルの事実上の独立と1932年の満洲国の成立により、どのようにして「蒙古問題」として内モンゴルに移行し、さらにそれが、どのようにして史上最大の激動の時代20世紀前半の国際社会のダイナミックな変動の中に組み込まれていったのか、という問題を、1930年代に起きた内モンゴル自治運動とそれに対する日本の外交政策に焦点をあてながら検討し、それによって、当時の国際社会における内モンゴル問題の多元的な諸相を明らかにするとともに、内モンゴル近代史研究に新しい視座を提示したい。

1.2　本書の構成

上述のように、本書では、日本の対モンゴル政策を検証するが、方法論としては、多国間関係の視点から接近するため、その内容は内モンゴル問題だけにとどまらず、日中、日ソ、さらに日米関係にまで及ぶ。

それにあたって筆者は、次の二つの点に対して心がけた。一つは、当時の内モンゴルの民族主義者たちが果たした歴史的な役割を、支配地域における対立構造と、民族解放運動という文脈の中で再現することであり、もう一つは、東アジア地域をめぐる国際情勢がどのように日本の外交政策を媒介としながら、地域問題としての内モンゴル問題を国際問題化したかを明らかにすることである。

本書は自治運動の進展、国際情勢の推移、日本の対外政策の変遷など具体的な内容、およびそれらに対するアプローチの仕方によって、序章、第1章～第7章、終章、補論と、あわせて10章から構成されており、章ごとの内容は次のとおりである。

序章「問題意識と課題設定」では、問題意識の設定と先行研究の整理を行うとともに、近代内モンゴルを取り巻く国際情勢の動き、日本の満蒙政策のあり方について考察する。

第1章「民族解放運動としての百霊廟自治運動」では、内モンゴル自治運動のきっかけとなった百霊廟自治運動の始まりから、日本との協力関係の象徴となったモンゴル軍政府の樹立までの経緯を検討し、それによって、内モンゴル自治運動の原点、およびデムチグドンロブ王はなぜ蒋介石の国民政府から離れて日本との「協力」の道

8

を選んだかという問題を明らかにする。

第2章「綏遠事件からみた日本の対内モンゴル政策の構造」では、内モンゴル自治運動においては重要な出来事である綏遠事件を事例としながら、日本の対内モンゴル政策における内部の対立構造、すなわち内モンゴル問題における関東軍と陸軍省のそれぞれの思惑を解明する。拙論「綏遠事件と日本の対内モンゴル政策[4]」が基となっている。

第3章「日中戦争と日本の対内モンゴル政策」では、日中戦争勃発後、日中関係が新たな局面を迎える中で、日本の対内モンゴル政策がいかに再構築され、いかなる展開を遂げていたかという問題を明らかにする。拙稿「汪兆銘と内モンゴル自治運動——日本の対内モンゴル政策を中心に（1938年）[5]」から構成されている。

第4章「モンゴル自治邦政府の成立をめぐる日中蒙の駆け引き」では、1941年8月に樹立されたモンゴル自治邦政府に着目し、その成立の経緯を当時の日本、中国、内モンゴル、さらにソ連といった国際・地域のあいだの相関関係からアプローチし、それによって、モンゴル連合自治政府との相違点を探るとともに、内モンゴル近代史におけるモンゴル自治邦政府の歴史的な意義について考察する。拙論「モンゴル自治邦の実像と虚像——日本の外交政策からのアプローチ[6]」の内容はその一部に当たる。

第5章「興蒙委員会の設立と蒙旗地域の復興事業」では、興蒙委員会の活動を事例としながら、モンゴル自治邦政府の蒙旗地域における復興事業の具体的な内容を考察し、内モンゴル自治運動における興蒙委員会の役割について検討する。拙稿「内モンゴル自治運動における興蒙委員会の役割について[7]」が大幅に応用される。

第6章「日ソ関係と内モンゴル自治運動」では、1935年のハルハ廟事件、1939年のノモンハン事件、さらにその後の「日ソ中立条約」に焦点をあてながら、当時の国際情勢、とりわけ日ソ関係がいかに日本の外交を触媒としながら内モンゴル自治運動に影響を与えていたかという問題を、地政学的な視点から明らかにする。

第7章「太平洋戦争と日本の対内モンゴル政策」では、太平洋戦争の勃発により、世界情勢がさらなる混乱に陥る中で、日本の対内モンゴル政策がどのように、この激動の時代に組み込まれていったかということを、1943年末に日本と汪兆銘側との間で締結された「日華同盟条約」を中心としながら分析し、太平洋戦争が内モンゴル自治運動の行方にどんな影響を与えたかということを明らかにする。論文「内モンゴル自治運動と太平洋戦争期における日本の対内モンゴル政策について——「日華

同盟条約」を中心に [8)]」が引用されている。

終章「モンゴル自治邦政府の歴史的意義」では、論文全体を通して総括を行うとともに内モンゴル近代史におけるモンゴル自治邦の歴史的意義について語る。

補論「戦前期内モンゴルにおける草地売買について—シリーンゴル盟を事例として」では、本論で扱うことができなかった当時の内モンゴルの社会・経済情勢を、戦前期内モンゴルにおいて盛んであった「草地売買」という特殊な形態をもつ取引方法に焦点を当てながら明らかにする。

2. 先行研究

デムチグドンロブ王が指導した内モンゴル自治運動は、その規模、影響、期間などいずれの面から言っても、内モンゴル近代史にとってはそれまでにない重要な出来事であり、発生当初から国内外の注目を集めていた。とくに日本は、当初から特別な関心を持ち、その後運動に直接かかわっていた関係もあり、日本における内モンゴル自治運動の研究は、自治運動発生の当時までさかのぼることができる。ところが、当時書かれたそれらのほとんどは、専門的な研究というよりは、論評、見聞、記事などのようなものであり、その中からいくつか紹介すれば以下のとおりである。

まず、日本の帝国主義的な膨張政策に歩調をあわせるようなアプローチがある。川上親輝 1938[9)] と田中吉六 1942[10)] は、関東軍の統治理念を正当化するという観点から、蒙疆地域の「特殊性」について分析を加えている。川上親輝 1939[11)] は、蒙疆連合委員会の成立の必要性については、「漢蒙両族を強固に提携させなくては蒙疆政権の発展は望み得られない」と語り、関東軍の主張を代弁する形をとっている。小林知治 1937[12)]、小山 1937[13)] は、内モンゴル自治運動の起因を満洲国に求めることによって、日本の植民地政策の正当性を訴えている。

ここで注目したいのは、1937 年 11 月 22 日に成立された蒙疆連合委員会を蒙疆政権として扱っていることである。この委員会の成立に当たっては、デムチグドンロブ王をはじめとするモンゴル側が最初から反対していた。成立後もずっと無視する態度を貫いていた。それにもかかわらず、関東軍の主張どおりに政権として扱っているということは、日本側の政策の一貫性を強調することにつながると言わざるを得ない。

比較的モンゴル側の立場に立って書かれているものがある。竹尾弌 1939[14)] は、

内モンゴルの歴史的、社会的な状況からその独立の必然性を説いている。松本忠雄 1938[15] は「一日もはやく蒙古国の建設を目指す」デムチグドンロブ王の主張と、蒙疆地域において統一政権の樹立を目指す関東軍の思惑の衝突にいち早く注目し、「どうしても蒙古帝国を作らなければならぬ」モンゴル側の悲願をありのままに表現している。後藤富男 1939[16] は、モンゴル連合自治政府の問題点を指摘するとともに、モンゴル民族の解放・独立ならびにモンゴルの内部建設の必要性を訴えている。さらに同氏 1938[17] は、1937 年 10 月に成立したモンゴル連盟自治政府と、1933 年に始まった百霊廟自治運動の関連性に着目しながら、「北支と蒙疆政権を峻別すべき」であると指摘し、内モンゴル問題の核心に触れている。

　また、デムチグドンロブ王に関するエピソード、ならびにその周辺の人物などについて紹介しているものもあり、当時の内モンゴル人の思想的な動向、とりわけデムチグドンロブ王本人の研究において、貴重な資料を提供している。大谷正義 1941[18] は、デムチグドンロブ王のモンゴル連合自治政府認識に関する興味深いエピソードを紹介している。村田孜郎 1937[19] は、「チンギス・ハーンの後裔たちよ。蒙古民族は祖先の名を辱めてはならぬ。われらは坐して蒙古の覆没を見るに忍びない。速やかにソ連の圧迫を斥け、支那の覇絆を脱して蒙古民族の独立国を建設しなければならぬ」と書いているように、デムチグドンロブ王の発言などを数多く記録している。そのほかにも数多くあるが、ここでそのすべてを取り上げることができない。ついでに、蒙疆地域の経済活動について初期的な考察を行っている楊井克己の『蒙古資源経済論[20]』に言及したい。

　戦後における研究状況について言えば、まず取り上げられるのは、1970 年代にらくだ会が編集して出版した『高原千里[21]』と『思出の内蒙古[22]』がある。この 2 冊の本には、当時内モンゴル自治運動に関わっていた軍人や、官僚たちによる回想録、追記などが数多く含まれている。例としては、中嶋万蔵の「蒙疆回顧録」、「徳王について」、「青島会議」、武内哲夫の「蒙古の国家的熱情」、簡牛耕三郎の「草原の夜が明けて」などを取り上げることができる。

　1980 年代に入ってからは、内田勇四郎の『内蒙古における独立運動[23]』と、札奇斯欽『我所知道的徳王和当時的内蒙古(一・二)[24]』が執筆されている。後者は政治家としてのデムチグドンロブ王の生涯に関する回想録であるが、著者本人がデムチグドンロブ王の側近であり、なおかつ彼の政治活動の後期において重要な役割を果た

していたことを考えれば資料としての価値が高い。しかも、内モンゴル人当事者による数少ない自治運動についての成果の一つであるため、本運動に対する内モンゴル人の観点を理解するうえで欠かせないものである。その英語版は 1999 年にアメリカにおいて出版されている[25]。

1994 年に、森久男の『徳王自伝[26]』が出版されている。これは『徳穆楚克棟魯普自述』の訳書であるが、同時に、事実関係に対し確認作業も行っており、明らかに不正確な部分に対しては修正を加えている。さらに 2000 年に、同氏の『徳王の研究[27]』が誕生しており、この本は数多くの一次史料を使いながら、内モンゴル自治運動ならびにその指導者であるデムチグドンロブ王を一つのテーマとして研究している点では重みがある。

最近、この方面の研究はさらに盛んとなり、さまざまな角度からの分析が行われるようになっている。その中でもっとも多いのは、おそらく「蒙疆政権」という枠組みの中で当時の諸問題に対して行った実証的な研究であろう。

祁建民 1999[28] は、占領期における蒙疆政権の教育の特徴や性格について考察し、教育の目的は思想を持たず労働能力だけを身に付けた人間の養成であり、日本の蒙疆統治に奉仕させることであったと結論づけているが、モンゴル史の観点が欠如している側面がある。二木博史 2001[29] は、蒙疆政権時代のモンゴル語定期刊行物について考察し、さらに、モンゴル自治邦政府の性格にも言及している。宝鉄梅 2004a[30]、2004b[31] は、それぞれ日本の蒙疆政権下のモンゴル人に対する日本語教育政策と初等教育について検討しているが、モンゴル自治邦政府の樹立、興蒙委員会の設立など重要な歴史事件に対して注目しなかったため、結論において近代教育へ一歩近づいたことを強調しながら、傀儡政権であったことをも認めている。そのほか、蒙疆政権の畜産政策について分析している斯日古楞 2003[32]、と日中戦争以前の蒙疆畜産経済の実態について考察している同氏 2004[33] などを取り上げることができる。

満洲国を射程に入れながら行った、東部内モンゴル地域との比較研究もある。于逢春 2002[34] は、満洲国および蒙疆政権におけるラマ教政策の実態について考察を行っており、結論として、満洲国および蒙疆政権のモンゴル人に対する近代教育は、近代性よりむしろ宗教性の方が強かったと述べている。広川佐保 2007[35] は、満洲国との比較を通じて蒙疆政権の対モンゴル政策を考察している。中見立夫 1993[36]

は、「満蒙」から「蒙疆」までの日本の対外政策に現れた一連の地域概念の政治性について考察している。池田憲彦 2003[37] は、蒙疆地域を取り巻く当時の国際社会の動向について分析している。

　また、デムチグドンロブ王の思想構造、自治運動の理念、日本との協力関係の原点を探っている研究がある。バートル 2004[38] は、デムチグドンロブ王の「民族」・「国家」観から内モンゴル自治運動にアプローチし、中国における国共両党の民族政策は、実はデムチグドンロブ王の自治運動を媒介して形成され、中国共産党の「民族区域自治」政策につながったと結論づけている。同氏 2006[39] は、1920 年の内モンゴル政治における二つの潮流、すなわち人民革命党が唱える「自治論」と、旧王公支配層が提起する「建省論」が内モンゴル自治運動の原点になったとの認識を示している。リ・ナランゴア 2006[40] は、「想い図られたネーション」という視点から、内モンゴル中央部における主権国家建設を目的とした内モンゴル自治運動の原点をさぐり、さらに日本とモンゴルの協力体制の本質から蒙疆政権の「傀儡性」について再検討している。

　そのほか、対象を内モンゴル自治運動のある特定の事件に絞った研究もある。秦郁彦 1961[41] は、綏遠事件が日中関係を戦争勃発の瀬戸際まで追い込み、それが継続して日中戦争に至ったと語っている。寺広映雄 1973[42] は、綏遠事件そのものを分析していないが、綏遠事件とそれをめぐる中国西北地区の抗日情勢との関連を考察し、綏遠事件が抗日統一戦線の形成を促したことを強調している。長山義男 1987[43] は、デムチグドンロブ王の第 2 回訪日の真相について述べている。寺島英明 2002[44] は、デムチグドンロブ王の政治活動について基本的な考察を行っている。宝鉄梅 2003[45] は、日本の華北分離工作の観点から綏遠事件にアプローチしている。イリナ 2004[46] は、デムチグドンロブ王の訪日と日本の内モンゴル政策について論究している。丁暁杰 2005[47] は、デムチグドンロブ王の関東軍との協力の動機について分析している。また、資料集としては、蒙古会が編集した『蒙古軍事史[48]』を取り上げることができるだろう。最新の成果としては、D. ゾリクト（Доржийн Зоригт）の *ДЭ ВАН : Түүхийн судалгааны бүтээл*[49]、佐々木健悦の『徳王の見果てぬ夢──南北モンゴル統一独立運動[50]』をとりあげたい。

　一方、中国では、内モンゴル自治運動、とりわけその指導者であるデムチグドンロブ王の問題は、政治的にデリケートな問題として見なされていたため、今までほとんど研究対象として扱われていなかったのが実情である。

資料として世によく知られているのは、デムチグドンロブ王が自ら書き残した『徳穆楚克棟魯普自述[51]』である。これは内モンゴル自治運動研究において、欠かせない資料になっているが、著作の過程で強制的な修正が加えられたことを指摘したい。次に、デムチグドンロブ王の伝記を第三者の立場から書いたともいえる盧明輝の『蒙古自治運動始末[52]』と、それに若干の修正を加えて新たに出版した『徳王其人[53]』があるが、筆者個人の価値観と先入観が先走りしている特徴が見られる。また、蒙疆政権の経済について研究している Buyančoγtu, "Yapon-u eǰemsil douraki 'Mongγol kijaγar'- un γadaγadu araljiy_a"[54]、日本支配期における内モンゴルの歴史を東西に分けながら政治、経済、教育の各方面から分析を加えている Altandalai、*Yapon ba Öbür Mongγol*[55] がある。

　そのほか、専門的な研究とはいえないが、資料集としては、内モンゴル自治区文史資料研究委員会編の『内蒙古文史資料』があり、この中では、デムチグドンロブ王ならびに内モンゴル自治運動についての当事者による回想録が数多く収録されている。例えば、汪炳明の「蘇尼特右旗郡王徳穆楚克棟魯普生平[56]」、陳紹武の「徳穆楚克棟魯普和蒋介石之関係[57]」、陶布新の「百霊廟内蒙自治運動[58]」、色楞敖爾布、達胡拉巴雅爾の「云端旺楚克事略[59]」、格日勒の「額爾徳尼郡王松津旺楚克[60]」、哈斯瓦斉尔の「尼冠洲之死[61]」、李守信の『李守信自述[62]』などを取り上げることができるが、書かれた時代の社会的な背景により、記述の客観性に疑わしいところがあるので、資料として利用するには信憑性を慎重に検証する必要があるだろう。また、郝維民編『内蒙古自地区史[63]』、忒莫勒『建国前内蒙古方志考述[64]』、内蒙古教育志編委会『内蒙古教育志[65]』、Wčirbatu, *Demčugdongrub-ün Wčirbatu*[66] などを取り上げることができる。

　英語で書かれたものは、内モンゴル問題は当時すでに極東アジア問題の中心となっていた関係もあり、少なくない。その中で、何よりも重要なのはアメリカの有名なモンゴル学研究者、オーウェン・ラティモアによって出された一連のものであろう。たとえば、オーウェン・ラティモア 1937[67] は、日本の対内モンゴル政策についての学者たちの議論のまとめであり、他の人の意見を引用しながら、内モンゴル自治運動のイニシアチブの問題に触れている。それは日本によって発明されたものではなく、むしろモンゴル人のナショナリズムによるものであり、かつ先見性に欠く南京政権のモンゴル政策によるものであると主張していることは注目に値する。

また、デムチグドンロブ王の内モンゴル自治運動の正当性についても語っている。同氏 1936a[68] は、当時のモンゴル問題について、それは日ソ関係の問題だけではなく、極東アジア問題をもふくむ国際問題であると指摘している。同氏 1936b[69] は、内モンゴル人の民族主義の歴史的な背景を探っている。Victor A. Yakhontoff 1936[70] は、日ソ関係の視点からモンゴル問題に対する日本側の思惑について分析を行っている。Chen Han-Seng 1936[71] は、中国の民族政策の観点から内モンゴル問題の有り方について語っている。Norman D.Hanwell 1939[72] は、地政学的な視点から内モンゴル問題に言及し、当時の内モンゴルの状況を、中ソの間に打たれた日本のくさびであると指摘している。そのほか、デムチグドンロブ王について触れている Evans Fordyce Carlson 1939[73] をとりあげることができる。

3. 本課題に関連する三つの問題

前述のとおり、本書では、内モンゴル自治運動を事例としながら、当時の日本の対内モンゴル政策について検討を行うが、それに先立ち、本課題に関係する次の三つの問題について、今までの先行研究の成果を引用しながら簡単に説明する。

まず、内モンゴル自治運動がなぜ起きたかという問題である。この点に関して、内モンゴル自治運動が発生した当時の社会的背景を分析する。次に、日本の外交政策の中で内モンゴル問題がいかに論じられていたかという問題であるが、この点に絡んで、日本の対内モンゴル政策の原点、すなわち日本の満蒙政策の一面を考察する。第3は、デムチグドンロブ王はなぜ日本との「協力」の道を歩むことになったかという問題であり、これについて、近代内モンゴルにおける民族解放運動の歴史を紹介する。

3.1 内モンゴル自治運動発生の社会背景

3.1.1 中華民国の蒙旗開墾政策の推進

周知のように、分割統治の実施、仏教政策の推進、漢人移民の禁止に特徴づけられる、清朝初期ごろの対モンゴル政策は、アヘン戦争後、とりわけ 19 世紀後半になってから崩壊し始めた。それにより、漢人移民のモンゴル地域への流入は避けられなくなるが、あくまで自然的なものであったため、規模が小さく、かつ分散的に行われていた[74]。しかし、それに一つの転換点が訪れたのは日清戦争後のことで

ある。

　1900 年に中国では義和団運動が発生し、それをきっかけに八ヵ国連合軍による北京攻撃があった。その後、戦争に負けた清朝と列強との間で「北京議定書」が締結され、それによって、巨額の賠償金を支払うことを余儀なくされた清朝は、財政と政治の両面において、大きな危機に直面することとなった。そこでその翌年から、清朝政府は弱体化した国勢を強化するという目的で、いわゆる「新政」を施し、旧体制に対して若干の更新を加えることになるが、モンゴル地域においては、それが主に蒙旗開墾政策としてあらわれた。

　当政策の提案者は山西巡撫・岑春煊という人物である。彼は当時清朝政府に対し、旧来の政策、すなわち「蒙地封禁」(漢人のモンゴル地域への入植を禁止する政策) を廃棄し、かわりにこれらの地方に積極的に開墾政策を推進することを上奏した。これを受け入れた清朝政府は、1902 年 1 月 5 日に、兵部左侍郎・貽穀を「督弁蒙旗墾務大臣」として任命し、内モンゴル西部地域において開墾を命じたのである [75]。

　こうして蒙旗地域の開墾が政府主導のもとで本格化するが、それに拍車をかけたのは、内地における農民の極度の困窮と土地不足の問題である。以後、長城以南に停滞していた大量の過剰人口が、一気に内モンゴルならびにその周辺地域に流れ込み、わずか 10 年という短い期間で、内モンゴルの広範囲におよぶ土地が漢人移民によって開墾される事態となったのである [76]。このことは結果的に、外モンゴルの独立宣言につながり、さらに、内モンゴル地域の政治の不安定をもたらした。

　中華民国成立後、袁世凱政権は不安定な状態が続いていたモンゴル地域に対し、懐柔政策を実施し、1912 年 8 月に「各蒙古王公に於ける原有の管轄治理権は一律従前の通りとす」などの内容を含む「蒙古待遇条例 [77]」を発表した。また、モンゴル側がもっとも反対していた開墾問題についても、蒙旗地域において開墾しないとの声明まで出した。しかし、1914 年以降、袁世凱政権は国内の安定状態を取り戻し、政治基盤を固めるや、今までの方針を一変させ本来の圧迫政策に転じた。それが経済面においては、さらなる大規模な開墾に乗り出させ、政治面においては、分割統治政策としてあらわれたのである [78]。

　1914 年 2 月、北洋政府内務部、農商部、財政部および蒙蔵院が共同で「禁止私放蒙荒通則」ならびに「墾辟蒙荒奨励方法」を制定し、蒙旗が自らの荒地を開放するに当たっては、必ず中央政府の許可を得たうえで、政府を通じて開放を行うべきであると決めるとともに、蒙旗の開墾への積極的な参加を奨励した。その翌年に「辺荒

条例」を発布し、開墾の範囲を辺境地域まで拡大することを決めた[79]。

このように、中央政府の方針が確定されるや、それにバックアップされた各地方当局、各軍閥官僚たちは競い合って、蒙旗地域の開墾に乗り出し、内モンゴルには新たな開墾の波が押し寄せた。それが東部地域では、張作霖、呉俊陞らの奉天軍閥を中心として展開され、西部地域では、山西系軍閥閻錫山の綏遠地域における開墾はもっとも深刻であった[80]。清末から1928年まで、綏遠地域だけでも開墾された荒地の面積が198,492ヘクタールに及び、そのうち1914年から1928年の間で実施されたのは、118,932ヘクタールにのぼり、総面積の59.4％をしめていたという[81]。

このような広範囲におよぶ開墾は、モンゴル社会に深刻な影響をもたらした。開墾の拡大と牧草地の縮小に伴って、モンゴル人の生活状況はますます厳しくなり、各地では反開墾運動が相次いだが、いずれも失敗に終わっている。

3.1.2 　内モンゴルにおける分割統治政策の実施

1912年4月、袁世凱政権は対モンゴル政策として、まず内務部の下に蒙蔵事務処を設置、7月に蒙蔵事務局と改め国務総理の直隷下においた。さらに1914年5月に、清朝の理藩院制を真似て、蒙蔵事務局を蒙蔵院に昇格させ、大統領の直属におき、中央集権的な統治を目指した。蒙蔵院とは主にモンゴルとチベット問題を専門的に処理、管理する組織であり、初代総裁はグンセンノロブ王であった。

それと同時に、清朝政府と同様に蒙旗の分割統治を一層強めるため、まず、フルンボイル、ジリム両盟をそれぞれ黒龍江省、吉林省の管轄下においた。1914年に入ってから、内モンゴルでは新たに熱河、綏遠、チャハルの三つの特別区を序次に設置した。つまり、1914年1月に綏遠特別区を設置し、その管轄下に綏道の12県、帰化城、トゥメド特別旗ならびにオラーンチャブ、イフジョー両盟をおいた。2月に、熱河特別区を設置し、熱河道とジョソト盟の管理に当たらせた。3月には、チャハル特別区を設置し、興和道、シリーンゴル盟チャハル左右8旗を管轄させ、さらに、それぞれの特別区の上に都統を最高長官として任命し、軍事権と民事権を与えた[82]。

また、開墾の歩みにあわせて、これらの特別区の管轄下に入った盟旗において、県という新たな行政単位を設置した。たとえば、チャハル特別区では宝昌、商都、康保の3県を、綏遠特別区では、包頭、臨河、固陽の3県を、熱河特別区では経棚などの県をそれぞれ設置している。それにより、蒙旗地域において、「県」と「旗」

という二つの行政単位が並存することになり、清朝後半ばからすでに形成されていた蒙漢雑居地域が一層拡大し、民族対立の原因にもなった[83]。

その後、中国ではしばらく軍閥同士の内戦が続いたが、1928年6月に、北伐戦争の終了によって、国民党による全国統一が再び実現されるや、7月に、熱河、チャハル、綏遠の三つの特別区を省に改め、都統という名称を取り消すという意見が、国民党戦地政務委員会主席蒋作賓によって出されている。さらに8月に、青海、西康を省に改正する案が内政部によって提出されている。この方針が9月5日の国民党中央政治会議第153回会議で正式に決定され、9月17日には、南京政府はこの五つの地域を省に改める命令を公布した[84]。

このようにして、内モンゴル地域は政治的、経済的、地域的に分断された。内モンゴルという名称すら事実上姿を消すこととなった。このことが時期的には国民政府の成立よりも早かったことからみれば、この問題に対して国民党側がいかに積極的であったかがわかる。また、3省の設置により、各盟旗の地位に変化が起こり、省との関係が曖昧になった。たとえ制度上、中央政府が盟旗の取り消しに関する命令を出していなかったとしても、各盟旗を各省に分割し、各盟旗の長官を省政府の委員として割り当てたため、各盟旗は事実上省政府の管轄下に入ることとなった[85]。さらに、国民政府はイデオロギー上、今まで提唱してきた民族の「自治」、「自決」論を自ら否定し、中華民族以外の民族の存在を認めない方針を明確にし、内モンゴルの本土化とモンゴル人の漢人化に努めたため、モンゴル側は危機感を募らせるばかりであった[86]。

すなわち、清朝が推し進めた蒙地の開墾と分割統治政策は、袁世凱政権期において、継承、発展され、とりわけ国民政府期には3省の設置により頂点に達した。それによりモンゴル人の生活が直接脅かされただけではなく、蒙漢両民族の対立を激化させ、ひいてはモンゴル人の民族意識を高め、内モンゴル自治運動発生の内在的要因になったと考えられる。それに加えて外モンゴルの独立など周辺地域の動きがさらなる刺激となり、内モンゴル自治運動発生の外的な要因となった。

3.2 日本の対内モンゴル政策の原点

3.2.1 日本の満蒙政策の一面

日本の対内モンゴル政策の原点は20世紀初頭までさかのぼることができる。日露戦争の勝利とその後締結された「日露講和条約」(ポーツマス条約)によって、ロシ

アの租借地であった関東州ならびに「南満洲」における鉄道権益を獲得することに成功した日本は、その翌年の9月に、旅順で関東都督府を設置し、関東州の統治にあたらせた[87]。さらにその後、3度にわたりロシアとの間で秘密協約を結び、満洲地域だけでなく、東部内モンゴル地域まで自分の勢力範囲にする[88]。ほぼ同時期から「満蒙」という新たな地域名が日本の外交文書に登場する。

1912年10月末に書かれた「支那政府ニ提出スヘキ覚書案[89]」の「未定稿」には、「満蒙」という用語がすでに使われている。その後の11月13日付の「支那殊ニ満蒙ニ於ケル帝国ノ地位ニ関スル件」には、「支那ニ於ケル帝国ノ至大ナル利害関係、殊ニ満蒙方面ニ於ケル我特殊ノ地位ニ関シテハ、内外形勢ノ全局ヲ顧量シテ、適当ノ機会ニ於テ我所見及期待ヲ支那政府ニ披瀝スルノ必要為シ哉[90]」と記述されている。また、同じ時期に作成されたとみられる「支那ニ関スル外交政策ノ綱領」には、

　　南満ニ於ケル帝国特殊ノ地位ト、日露協約ニ基ク勢力範囲ノ画定トニ顧ミ、従来往々満洲問題解決論ナルモノ漠然世人ニ唱道セラルルアリ、又近頃第三回日露協約ニ依リ我勢力範囲ヲ内蒙古東部ニ拡張シタルニ伴ヒ、所謂満洲問題ヨリ更ニ一歩ヲ進メ、満蒙問題ノ解決ナルモノ[91]。

と、書かれている。

このように、日本の外交文書の中で一時登場していた「満洲問題」は、第3回日露協約直後に、内モンゴルの一部の地域をも含むという意味合いから、満蒙問題として新たに解釈され、以後、「満蒙」という用語は、日本の政治、経済、社会、世論などあらゆる分野において深く浸透していくことになるが、その過程に起きた一つの重要な事件といえば、1927年6月27日から7月7日の間で開催された東方会議である。

当会議には、田中義一首相をはじめとして、外・陸・海各省および参謀本部・軍令部の幹部、中国関係の外交官らが参加し、会議の最終日に「極東の平和を確保し日支共栄の実を挙くること我対支政策の根幹なりとす。而して之か実行の方法に至っては日本の極東に於ける特殊の地位に鑑み、支那本土と満蒙とに付自ら赴を異にせさるを得す」ことを根本方針とする「対支政策要綱[92]」が田中首相によって提示されている。内容は、それに先立つ6月1日の満蒙を中国の本土より切り離すことをはっきりと示した関東軍司令部の「対満蒙政策に関する意見」案と比べれば、柔

軟な点が多少みられる。強硬な路線に走り出した関東軍と、慎重論を貫く中央の妥協の結果とも言えよう[93]。

　一方、中国では、1928年4月から始まった国民政府軍の北伐戦争によって、5月1日に済南が占領され、国家統合への順調な滑り出しをみせていた。それに焦りを感じた関東軍は、5月2日、軍中央に対し、今は「我が満蒙問題の根本的解決を期すべき絶好の機会」であるという意見を具申し、武力による満蒙問題の解決を主張しているが、外務省ならびに海軍の反対にあい、実行に移せなかった。それに不満を覚えた関東軍は、6月4日に張作霖の爆殺事件を引き起こし、その混乱に乗じて、軍を出動させ、最終的に満洲全域を支配することを企てたが、中央との足並みがそろわなかったため、単なる爆殺事件に終わった。さらにそれは、のちに父張作霖の跡を継いだ張学良の反日本感情に火をつけてしまうという結果になり、1928年12月29日に有名な「易幟事件」が引き起され、日本のそれまでの満蒙分離政策は完全に失敗することとなった[94]。こうした事態の急展開に対し、もっとも焦燥感を覚えたのは陸軍、とりわけ関東軍であり、以後関東軍では石原莞爾参謀が中心となって、新たな政策が検討されるようになった。

　1929年7月3日から12日まで、関東軍の参謀旅行が実施された。その2日目の7月4日に、石原は長春で「現代戦争ニ対スル観察」という名で「戦争史大観」の講義を行い[95]、その翌日に、車中討議のための「国運転回ノ根本国策タル満蒙問題解決案」を提出している。この案では、彼は「満蒙問題ノ解決ハ日本カ同地ヲ領有スルコトニヨリテ始メテ完全達成セラル」という見解を示すとともに、満蒙占領は「平定」、「統治」、「国防」という三つの段階にわけて実施されるべきであるという非常に具体的な内容を含む「関東軍満蒙領有計画」をも作成していた[96]。また、板垣征四郎参謀とともに、関東軍司令部付兵要地誌主任幕僚の佐久間亮三大尉に対し、「爾後一年間満蒙占領地統治ノ研究ニ専念スヘ」しという命令を出している。満蒙領有論の登場である。

　その後の1930年9月に完成された、佐久間大尉による「満蒙ニ於ケル領地統治ニ関スル研究」案では、「将来戦ニ亘リ速ニ満洲及蒙古ノ一部ヲ占領シ、之ヲ完全ニ我勢力下ニ置キ、以テ対外長期作戦ノ為メ、資源其他ニ関シ確固タル策源地ヲ獲得スルコト」と書かれており、満蒙占領を訴える関東軍の方針を明確に示していた[97]。これに呼応して参謀本部でも、満蒙問題についての検討が行われ、1931年4月に、満蒙問題解決策を(1)親日政権の樹立、(2)独立国家の建設、(3)満蒙領有という3

段階に分けて実施するという内容の「情勢判断」が出されている[98]。関東軍の案と比較してみれば、満蒙を領土化するか、それとも保護国にするかという細かい点において、多少の意見の食い違いが見られるが、満蒙を支配下におくという大きな目的に関しては、ほぼ一致していたことがわかる。

1931年5月29日、陸軍歩兵大佐板垣は、関東軍の主力である第2師団の連・大隊長以上の会合で、「満蒙問題ニ就テ」という講演を行った。この演説では、彼は「満蒙ナル特殊地域モ逐次支那化シツツアル」現状に対し注意を促すとともに、「満蒙ヲ切リ離シテ取扱ワントスル日本トシテハ、本問題ノ解決ハ可成早キヲ可トスル」と述べ、満蒙問題の早期解決を訴えた[99]。

9月18日に、関東軍の計画どおり、柳条湖事件が引き起こされ、今まで議論されていた満蒙問題は、ついに正念場を迎えることとなった。その翌日の19日に、日本政府は緊急閣議を招集し、不拡大方針を決定し、問題解決をはかるが、「親日政権の樹立」を方針とする参謀本部と、満蒙占領を目指す関東軍の間で、当初から意見の相違があった[100]。

結局、双方の激しいやり取りをへて10月24日に、関東軍は「東北四省並内蒙古ヲ領域トスル独立新満蒙国家ヲ建設スルコトヲ目的」とする「満蒙問題解決ノ根本方策」を決定した[101]。さらに、11月7日に、中央の独立政権論をしりぞけ、独自の「満蒙自由国設立案大綱」を発表し、それにより関東軍主導の「満蒙国家」の骨格が出来上がった[102]。ところが、1932年3月に成立したのは、満蒙国家ではなく、傀儡国家満洲国であった。

3.2.2 政策としての日本の「モンゴル問題」

上述のように、20世紀初期から列強の熾烈な勢力争いの場所となっていた満洲地域は、日本の膨張政策の継続に伴って満蒙問題として浮上し、さらに、世界最終戦の原点から解釈された満蒙領有論をへて、最終的には傀儡国家満洲国が成立することになる。こうした一連の政治的なプロセスにおいて、民族としての「モンゴル」は、いかに論じられ、いかなる位置を占めたのか。

満蒙領有論の張本人とも言える石原莞爾は、1927年に起草した「現在及将来ニ於ケル日本ノ国防」においては、「世界大戦ノ襲来決シテ遠キ未来ノ事ニ非ス、吾人ハ今ヨリ十分ナル準備ト覚悟ヲ要スル」ものを前提としながら、「我国情ハ殆ント行詰リ人口食料其他ノ重要諸問題皆解決ノ途ナキ如シ、唯一ノ途ハ満蒙開発ノ断行ニア

ルハ興論ノ認ムル所ナリ」と、満蒙開発の重要性を説いている[103]。彼の考えでは、世界最終戦のためには日本の国防を固める必要がある。そのためには経済の重要な基地となる満蒙の開発を断行する必要がある、とのことであった。これが満蒙領有論の原点であり、それがのちに松岡洋右によってさらなる進化を遂げ満蒙生命線論としてあらわれ、満蒙領有の正当性を訴える上で、もっともインパクトのある政治的なキャッチ・フレーズとして日本中に響きわたったのである。

そのきっかけとなったのは、1931年1月23日の第59議会衆議院本会議である。この会議では、松岡は「満蒙問題は、私はこれはわが国の存亡にかかわる問題である、わが生命線であると考えている。国防上にもまた経済上にもさように考えているのであります」と演説し、幣原喜重郎外交を厳しく非難するとともに、満蒙占領の正当性を強く訴えた。満蒙生命線論の誕生である。

それに乗じて騒ぎ出したのは当時のジャーナリズムであった。以後、「満蒙の危機」「十万の英霊、二十億の国幣」「明治天皇御遺業の地」等々と、扇動的な報道が新聞と雑誌の一面を覆った[104]。それによって国民の満蒙問題に対する感心はますます高まり、結果としては国民の意識統合が実現され、満洲事変への思想的な環境が整うこととなる。

しかし、こうした満蒙問題に対するさまざまなアプローチは、あくまでも国内世論を誘導して行くうえで、一定の役割を果たしたが、他方で、現地の民族的な属性を無視するという側面を持っていたため、実際存在する問題とは大きな隔たりがあった。とくに、植民する側とされる側という究極の対立構造の中から発生する問題においては、説得力を持たず、合理性にも欠けていた。なぜなら、「満蒙問題」という用語自体は、絶えず勢力拡大を目指すという当時の帝国主義的な法則の中で、政策の一環として生まれた用語に過ぎず、そこには、関係するすべてのものを日本の国家利益という視点によってだけ解釈するという側面があったからである。

そこで、「満蒙ハ漢民族ノ領土ニ非スシテ寧ロ其関係我国ト密接ナルモノアリ」、「満洲蒙古人ハ漢民族ヨリモ寧ロ大和民族ニ近キコトヲ認メサルヘカラス」、「満蒙ハ日本ト同一人種」であると、地理学ないしは種族論の視点を新たに用い、満蒙の「特殊性」を強調し、満蒙占領の正当性を訴えることになるが、現地の住民の考えとは程遠いものであった[105]。

たとえば、上述の満蒙問題の中の「蒙」とは、実際は、「東部内蒙古」地域を意味するものであったが、当時、ダゴール・モンゴルのエリートだったメルセー（郭道甫）

序章　問題意識と課題設定

が語っていた「モンゴル問題」には、内外モンゴルだけではなく、ブリヤート・モンゴル、カリマグ・モンゴルまで、すなわちすべてのモンゴル系住民とそれらの人が住む地域まで含まれていた[106]。

　要するに、「民族」としてのマンジュ人、モンゴル人がいるからこそ存在する満蒙問題が、日本の政策決定の過程では、満蒙問題があっての「民族」として登場した。以って、のちに登場する「蒙古問題」も、満蒙問題と同様に、技術的な修正が加えられた謀略の範囲を超えることができなかったといっても過言ではなかろう。

　だからこそ、1931 年 10 月 20 日に、関東軍が「蒙古ニ対シテハ可成統一性アル独立運動ノ助長ニ務ム[107]」と情勢判断を行いながら、1932 年 2 月 6 日になると「蒙古人ノ民族意識ヲ蘇生サセナイヨウニ新シイ自治区域ノ名称ヲ興安省ト命名」するという内容の「満蒙建設ニ伴フ蒙古問題処理要綱[108]」を決定することができたのである。また、「満蒙自由国設立案大綱」を決定していたにもかかわらず、最終的には満洲国を樹立し、日本の対モンゴル政策はモンゴル人側にとってはとても受け入れがたい方向に進んでしまったのである。

　日本の満蒙政策におけるこれらの特徴は、満洲国樹立後もそのまま引きずられ、内モンゴル自治運動期において満蒙生命線論が「蒙古防共線論」、「蒙疆防共線論」へと進化していったのは、その論理的な構造が依然として残存し、問題の源となっていたからであるといえよう。

3.3　内モンゴル人による 民族解放運動の前史

　既述のように、清末民初期から本格化した蒙旗地域における漢人の大量流入と開墾は、蒙漢両民族の対立を激化させ、モンゴル人の民族意識を高めた。さらに外モンゴルの独立宣言、とりわけ独立宣言後のボグド・ハーン政権が、内モンゴルおよびフルンボイル地域の各旗に対して、独立政権への参加を呼びかけたことがさらなる励ましとなり、内モンゴル全地域において、自治・独立運動の波が押し寄せた。最近の研究によれば、当時、内モンゴルの 49 の旗から少なくとも 38 の旗がボグド・ハーン政権への参加を表明していたという[109]。

　外モンゴルの独立宣言を受け、最初に呼応して立ち上がったのはフルンボイル地域である。1912 年 1 月 14 日、フルンボイル地域の一部の王公たちは、勝福を擁護し、フレー・モンゴル兵の支援の下、各旗の騎兵を招集し、ハイラルを占拠し、独立宣言を行ったが、最終的には失敗に終わっている[110]。続いて 12 年 8 月には、

23

ジリム盟ホルチン右翼前旗のジャサグ王オタイが、同族 23 人とホルチン右翼後旗のラシミンジュルとともに「東モンゴル独立宣言」を行い、挙兵しているが、袁世凱政権の徹底した弾圧によって挫折し、オタイ本人は外モンゴルに逃亡している。その余波として、ジョーオダ盟の東ジャロード旗でも挙兵事件が起きている[111]。

また、ジョーオダ盟においては、グンセンノロブ王がジョソト、ジョーオダ両盟の王公たちを招集し、日本の支援のもとで、内モンゴルの独立宣言を行うという事件があったが、それも日本が急きょ計画を変えたことによって、失敗に追い込まれている[112]。なお、イフジョー盟においては、1912 年のシネラマ指導のドゴイラン運動[113]、1914 年のアヨルザナが率いた反開墾運動[114]、オラーンチャブ盟においては、1913 年の四子部落旗の自治運動があった[115]。そのほか、トクトフ・タイジーの反開墾運動、バーブジャブの独立運動、ガーダ・メーリンの反乱などがよく知られている。

これらの運動は最終的にはいずれも失敗に追い込まれたが、一つの遺産を残した。それは、局地的な行動だけでは民族の自治・独立という事業を成し遂げることは到底できないということを、内モンゴルのエリートたちが悟ったことである。そこで彼らは新たな模索として、20 年代から内モンゴル地域に浸透しつつあった、コミンテルンないしは孫文の三民主義との連携という、方策を試みることになり、それが結果的に内モンゴル人民革命党の成立につながる。

1925 年 10 月に、第 1 回内モンゴル人民革命党会議が張家口で開催され、内モンゴル人民革命党が正式に成立した。成立に当たっては、中国国民党、モンゴル人民革命党、コミンテルンの 3 方面から支援を受け、参加メンバーには、中国国民党の白雲梯(チェレンドンロブ)、エンヘバト、金永昌(アルタンオチル)もいれば、コミンテルンの影響を受けたメルセー、福明泰らの親露派もいた。また、外モンゴルからはモンゴル人民革命党委員長ダムバドルジも自ら参加していた。

こうした各方面から支援を受けることとなった背景には、ソビエト連邦の援護で、外モンゴルでは社会主義国家がすでに誕生していたこと、国民政府が北伐戦争をはじめていたこと、さらにコミンテルンの仲介で、中国国共両党の協力関係が結ばれ、モンゴル国人民革命党とも友好な関係を築いていたことなど、さまざまな政治的な要因があった。だが、それらのことはかえって内モンゴル人民革命党にとっては、多くの弱点および欠陥をもたらす結果となった[116]。

すなわち、民族の自由と解放を目的とする内モンゴル人民革命党にとっては、本

来なら民族主義が本位であるべきだが、その指導的な立場にあったコミンテルンないし国民党は、モンゴル人のナショナリズムに対して否定的であったため、内モンゴル人民革命党は当初から、こうした自己矛盾の原理の中で活動しなければならなかった。しかも、それらの勢力の支援を受けるという前提で設立されたため、その複雑な状況を自ら調整して、民族解放運動に結び付けるという自己解決機能も備えていなかった。

　内モンゴル人民革命党は、当時の内モンゴルが置かれていた社会状況を無視して、その綱領に、王公の打倒、封建社会の排除など過激な階級闘争の方針を前面に打ち出したものの、それよりもっと深刻な問題だった漢人の入植、開墾などに対し、はっきりとした方針を示せなかったことが、それを物語っている[117]。それが最終的には、内モンゴル人民革命党の分裂につながり、1927 年に中国国民党と共産党が絶縁するや、内モンゴル人民革命党内部にも分裂が起き、共産主義を奉ずるメルセー派と、三民主義を奉ずる白雲梯派が形成されることとなった[118]。

　こうして、民族の自治・独立を勝ち取ることを最終の目標とした内モンゴル人の民族解放運動は、局地的な運動の失敗から、国内外の勢力との連携を模索しながら行ったイデオロギー闘争の敗退という一つのプロセスを経て、何らかの具体的な成果をもあげることができず、満洲事変の勃発を発端とするさらなる激動の時代に突入していったのである。

■ 注
1)　『梅棹忠夫著作集 2』中央公論社、1990 年、p.7。
2)　東洋協会調査部『最近の内蒙古事情』東洋協会、1936 年、p.9。
3)　Owen Lattimore, "Russo-Japanese Relations", *International Affairs*, Vol.15, No.4, 1936, pp.525-542, Royal Institute of International Affairs.
4)　ガンバガナ「綏遠事件と日本の対内モンゴル政策」『言語・地域文化研究』(11)、2005 年、pp.81-101。
5)　ガンバガナ「汪兆銘と内モンゴル自治運動 ― 日本の対内モンゴル政策を中心に（1938 年)」『日本モンゴル学会紀要』(35)、2005 年、pp.17-28。
6)　ガンバガナ「モンゴル自治邦の実像と虚像 ― 日本の外交政策からのアプローチ」『中国 21』(27)、2007 年、pp.209-228。
7)　ガンバガナ「内モンゴル自治運動における興蒙委員会の役割について」『言語・地域文化研究』(13)、2007 年、pp.87-103。

8) ガンバガナ「内モンゴル自治運動と太平洋戦争期における日本の対内モンゴル政策について ―「日華同盟条約」を中心に」『東北アジア研究』(16)、2012 年。

9) 川上親輝「蒙疆政権は高度自治へ進む」『外交時報』(816)、1938 年、pp.128-137。

10) 田中吉六「蒙疆政権の基本的考察」『外交時報』(902)、1942、pp.84-95。

11) 川上親輝「徳王と蒙疆」『東洋』(42)、1939 年、pp.53-57。

12) 小林知治「蒙古大帝国の建設を観る」『中央公論』(603)、1937 年、pp.245-253。

13) 小山「蒙古連盟自治政府の建設 ― その世界史的意義」『満洲評論』(13:19)、1937 年、pp.10-12。筆者の名前が不明であるが、本誌の発行人小山貞知となっている。

14) 竹尾弌「蒙古民族の歴史的役割とその将来 ― 辺疆問題の研究 其の三」『東洋』(42)、1939 年、pp.29-38。

15) 松本忠雄「蒙疆視察所感」『東洋』(41)1938 年、pp.22-34。

16) 後藤富男「蒙古復興の新生面 ― 親愛なる蒙古青年諸君に呈す」『東洋』(42)、1939 年、pp.16-20。

17) 後藤富男「新生蒙古に徳王を訪ふ」『東洋』(41)、1938 年、pp.129-133。

18) 大谷正義「徳王と内蒙古自治運動」『地方行政』(8:6)、1941 年、pp.66-71。

19) 村田孜郎「徳王とその周囲」『中央公論』(600)、1937 年、pp.82-89。

20) 楊井克己『蒙古資源経済論』三笠書房、1941 年。

21) らくだ会『高原千里』、1973 年。

22) らくだ会『思出の内蒙古』、1975 年。

23) 内田勇四郎『内蒙古における独立運動』朝日新聞西部本社編集出版センター、1984 年。

24) 札奇斯欽『我所知道的徳王和当時的内蒙古 (一・二)』東京外国語大学アジア・アフリカ言語文化研究所、1985、1993 年。

25) Jagchid Sechin, *The Last Mongol Prince:The Life and Times of Demchugdongrob, 1902-1966*, Bellingham, 1999.

26) ドムチョクドンロプ『徳王自伝』(森久男訳)岩波書店、1994 年。

27) 森久男『徳王の研究』創土社、2000 年。そのほか、同氏の「蒙古軍政府の研究」『愛知大学国際問題研究所紀要』(97)、1992 年、pp.79-116 などがある。

28) 祁建民「占領下の蒙疆の教育」『植民地教育史研究年報』(2)、1999 年、pp.83-91。

29) 二木博史「蒙疆政権時代のモンゴル語定期刊行物について」『日本モンゴル学会紀要』(31) 2001、pp.17-43。

30) 宝鉄梅「蒙疆政権下の対モンゴル人日本語教育について」『現代社会文化研究』(31)、2004 年、pp.79-95。

31) 宝鉄梅「蒙疆政権下のモンゴル人教育 ― 錫林郭勒盟の初等教育の実施を中心に」『環日本海研究年報』(11)、2004 年 2 月、pp.45-57。

32) 斯日古楞氏「日本支配下の蒙疆畜産政策」『現代社会文化研究』(27)、2003 年、pp.187-202。

33) 斯日古楞「日中戦争以前の「蒙疆」畜産経済の実態 ― 畜産貿易を中心として」『東アジア・歴史と文化』(13)、2004 年、pp.1-22。

34) 于逢春「「満洲国」及び「蒙疆政権」のラマ教僧侶教育政策」『日本の教育史学』(45)、2002 年、pp.199-217。

35) 広川佐保「蒙疆政権の対モンゴル政策 ― 満洲国との比較を通じて」柴田善雅・内田知行『日本の蒙疆占領』(1937-1945)研文出版、2007 年、pp.69-101。

序 章　問題意識と課題設定

36）中見立夫「地域概念の政治性」『アジアから考える1・交錯するアジア』東京大学出版社、1993 年、pp.273-295。

37）池田憲彦「満蒙から蒙疆へ ― 近代日本はモンゴルを裏切り続けた その三」（『自由』（516）、2003 年、pp.60-68。

38）バートル「徳王と一九三〇年代の内モンゴル自治運動 ― 徳王の「民族」・「国家」観を中心に ―」『アジア文化研究』（11）、2004 年、pp.116-129。

39）バートル「一九二〇年代の内モンゴル政治における二つの潮流 ―「自治」と「建省」論をめぐって」『アジア文化研究』（13）、2006 年、pp.83-96。

40）リ・ナランゴワ「内モンゴルにおける「蒙疆」政権 ― 日本による「傀儡国家」の性質」、倉沢愛子ほか編『支配と暴力』岩波書店、2006 年、pp.285-312。

41）秦郁彦「綏遠事件」『日本外交史研究』、1961 年、pp.87-102。

42）寺広映雄「綏遠事件と西北抗日情勢の新展開」『東洋史研究』（32：1）、1973 年、pp.53-77。

43）長山義男「徳王の悲劇」『自由』（29）、1987 年、pp.106-113。

44）寺島英明「日中戦争期の諸問題 ― 徳王についての検証」『総合歴史教育』（38）、2002 年、pp.15-26。

45）宝鉄梅「綏遠事件と華北分離工作」『現代社会文化研究』（27）、2003 年、pp.203-214。

46）イリナ「徳王の訪日と日本の内モンゴル政策について」『国際文化論集』（31）、2004 年 12 月、pp.67-104。

47）丁暁杰「自治運動から関東軍との連携へ ― 徳王と日本との関係 その一」『比較社会文化研究』（18）、2005 年、pp.1-13。

48）蒙古会『蒙古軍事史』、2004 年。

49）Доржийн Зоригт, ДЭ ВАН：Түүхийн судалгааны бүтээл, Монгол Улсын ШУА-ийн Олон улс судлалын хүрээлэн, 2011

50）佐々木健悦『徳王の見果てぬ夢 ― 南北モンゴル統一独立運動』社会評論社、2013 年。

51）徳穆楚克棟魯普『徳穆楚克棟魯普自述』中国人民政治協商会・内蒙古自治区文史資料研究委員会編、1984 年。

52）盧明輝『蒙古自治運動始末』中華書局、1980 年。

53）盧明輝『徳王其人』遠方出版社、1998 年。

54）Buyančoγtu, "Yapon-u eǰemsil douraki 'Mongγol kiǰaγar'-un γadaγadu aralǰiy_a", Elbeg bütügel, Öbür Mongγol -un soyul-un keblel-ün qoriy_a, 1996.

55）Altandalai, Yapon ba Öbür Mongγol, Öbür Mongγol-un surγan kümüǰil-ün keblel-ün qoriy_a, 2004.

56）中国人民政治協商会内蒙古自治区文史資料研究委員会編『内蒙古文史資料 35』、1989 年、pp.49-109。

57）同『内蒙古文史資料 1』、1979 年、pp.28-55。

58）同『内蒙古文史資料 29』、1987 年、pp.1-29。

59）同『内蒙古文史資料 35』、1989 年、pp.13-25。

60）同『内蒙古文史資料 35』、1989 年、pp.157-165。

61）同『内蒙古文史資料 6』、1979 年、pp.236-243。

62）同『内蒙古文史資料 20』、1985 年。

63）郝維民主編『内蒙古自地区史』内蒙古大学出版社、1991 年。

64）忒莫勒『建国前内蒙古方志考述』内蒙古大学出版社、1998 年。

65）内蒙古教育志編委会『内蒙古教育志（一、二）』内蒙古大学出版社、1995 年。

66）Wčirbatu, *Demčugdongrub-ün Wčirbatu*, Öbür Mongɤol -un arad-un keblel-ün qoriy_a, 2003.

67）Owen Lattimore, "The Lines of Cleavage in Inner Mongolia", *Pacific Affairs*, Vol.10, No.2, 1937, pp.196-201, University of British Columbia.

68）Owen Lattimore, "Russo-Japanese Relations", op. cit.

69）Own Lattimore, "The Historical Setting of Inner Mongolian Nationalism", *Pacific Affairs*, Vol.9, No.3,1936, pp.388-405, University of British Columbia.

70）Victor A.Yakhontoff, "Mongolia:Target or Screen", *Pacific Affairs*, Vol.9, No.1, 1936, pp.13-23, University of British Columbia.

71）Chen Han-Seng, "A Critical Survey of Chinese Policy in Inner Mongolia", *Pacific Affairs*, Vol.9, No.4,1936, pp.557-561, University of British Columbia.

72）Norman D.Hanwell, "Japan's Inner Mongolian Wedge", *Far Eastern Survey*, Vol.8, No.13, 1939, pp.147-153, Institute of Pacific Relations.

73）Evans Fordyce Carlson, "The Chinese Mongol Front in Suiyuan", *Pacific Affairs*, Vol.12, No.3, 1939, pp.278-284, University of British Columbia.

74）東洋協会調査部『最近の内蒙古事情』東洋協会、1936 年、p.12。

75）蒙古自治邦政府興蒙古委員会『清末に於ける綏遠の開墾』、p.5；郝維民『内蒙古近代簡史』内蒙古出版社、1990 年、p.22。

76）前掲『最近の内蒙古事情』、p.13。

77）蒙古自治邦政府興蒙委員会『中華民国治蒙法令及決議案集』、1942 年、p.18。

78）前掲『内蒙古近代簡史』、p.92。

79）王德勝「北洋軍閥対蒙古政策幾個問題的初析」『内蒙古近代史論叢 3』、内蒙古人民出版社、1987 年、pp.71-75。

80）郝維民・斎木徳道爾吉『内蒙古通史綱要』内蒙古人民出版社、2006 年、p.480。

81）前掲『内蒙古近代簡史』、p.94。

82）同上書、pp.91-92。

83）前掲「北洋軍閥対蒙古政策幾個問題的初析」、p.84。

84）烏藍少布「中国国民党対蒙政策（1928-1949 年）」『内蒙古近代史論叢 3』、内蒙古人民出版社、1987 年、pp.217-218。

85）同上書、p.222。

86）前掲『我所知道的徳王和当時的内蒙古（一）』、p.33。

87）1919 年に、関東都督府が改組され、関東庁と関東軍司令部が設置された。前者が純然たる民政機関であったのに対して、後者の方は関東州ならびに南満洲にある鉄道路線の保護に当たっていた。緒方貞子『満州事変と政策の形成過程』原書房、1966 年、pp.15-16。

88）1907 年と 1910 年、前後 2 度にわたり、ロシアとの間で秘密協約を結ぶことによって満洲地域における自国の権益を確実にしていた日本は、1912 年 7 月に、第 3 次日露協約を締結し、内モンゴルを北京の経度を持って東西に分割し、内モンゴル東部地域を自分の勢力範囲にした（詳しい内容は第 6 章を参照）。更にその後、1915 年 5 月 25 日に、中国との間で「南満州及東内蒙古に関する条約」を調印し、中国政府にその既得権益を認めさせた。その主な内容は次のとおりである。「(1) 日本国臣民は南満洲に於て、各種商工業上の建物を建

設する為又は農業を経営する為、必要なる土地を商租することを得。(2) 日本国臣民は南満洲に於て、支那国国民と合併に依り農業及付随工業の経営を為さむとするときは、支那国政府之を承認すべし。(3) 支那国政府は成るべく速に外国人の居住貿易の為、自ら進みて東内蒙古に於ける適当なる諸都市を開放すべきことを約す」。王芸生『六十年来中国与日本 6』、pp.68-310. 鹿島守之助『日本外交史 11』(支那問題) 鹿島平和研究所、1971 年、pp.4-178.

89)「支那政府ニ提出スヘキ覚書案」(未定稿)、(内田外務大臣ノ対支那(満蒙)政策ニ関シ伊集院公使ヘノ訓令(極秘)(阿部政務局長稿「対支那(満蒙)政策概要」) 松本記録」、外務省記録1-1-2-78、外務省外交史料館。

90)「支那殊ニ満蒙ニ於ケル帝国ノ地位ニ関スル件」(大正元年十一月十三日)、同上記録。

91)「支那ニ関スル外交政策ノ綱領」、同上記録。

92) この要綱は、全 8 項目から成り立っており、前文においては、中国本土よりの分離政策を明記し、第 1 項より第 5 項までは一般的対中国政策、第 6 項より第 8 項までは対満蒙政策方針を述べている。ちなみに、満蒙についての三つの項目は次のようになっている。「6 条、満蒙殊に東三省地方に関しては国防上並国民的生存の関係上重大なる利害関係を有するを以て我邦としては、特殊の考量を要するのみならず同地方の平和維持経済発展に依り内外人安住の地たらしむることは接壤の隣邦としてとくに責務を感せさる得す……7 条、三省有力者にして満蒙に於ける我特殊地位を尊重し真面目に同地方に於ける政情安定の方途を講するに於ては帝国政府は適宜之を支持すへし。8 条、万一動乱満蒙に波及し、治安乱れて同地方に於ける我特殊性の地位権益に対する侵害起るの処あるに於ては其の何れの方面より来るを問わす之を防護し且内外人安住発展の地として保持せらるる様機を逸せす適当の措置に出つるの覚悟あるを要す。」、前掲『日本外交年表並主要文章(上)』、p.102.

93) この案では関東軍は「我が帝国の……発展の重点は満蒙政策およびシベリア方面に選定せられるを要す……帝国はこの際東三省および熱河特別区域にその実勢力を扶植するをもって対支政策の基調とせざるべからず」という、強硬な方針を示している。江口圭一『日本帝国主義史論』青木書房、1975 年、p.29. 日本国際政治学会『太平洋戦争への道 1』(満州事変前夜)朝日新聞社、1963 年、p.290. しかし、佐藤元英は、東方会議については、従来の「満蒙分離政策」及び大陸侵略計画が確定された会議でもあったという解釈に対して、疑問を投げかけ、単なる漠然的な基本方針を述べたに過ぎなかったと指摘している。佐藤元英『昭和初期対中国政策の研究』原書房、1992 年、pp.140-143.

94) 1928 年 12 月 29 日に、東 3 省保安司令官に就任していた張学良は、自分の支配地である東3 省において、一斉に国民政府の青天白日旗を掲揚し、国民政府への忠誠を表明したのである。これはいわゆる「易幟」事件であり、国民党の国家統合のプロセスにおいては、重要な出来事でかつ大きな意義をもっている。前掲『日本帝国主義史論』、pp.37-39.

95) 日本国際政治学会編『太平洋戦争への道 1』(満州事変前夜)朝日新聞社、1963 年、p.366.

96) 日本国際政治学会編『太平洋戦争への道』(別巻・資料編)朝日新聞社、1963 年、pp.82-87.

97) 同上、pp.91-92.

98) 日本国際政治学会編『太平洋戦争への道 2』(満州事変)朝日新聞社、1962 年、p.24.

99) 前掲『太平洋戦争への道』(別巻・資料編)、pp.101-105.

100) 副島昭一「中央東北侵略と十五年戦争の開始」、藤原彰・今井清一編『十五年戦争史 1』(満州事変)青木書房、1988 年、p.64.

101) 前掲『太平洋戦争への道』、p.147.

102) 前掲『太平洋戦争への道 2』(満州事変)、p.171。

103) 前掲『太平洋戦争への道』、p.78。

104) 前掲『日本帝国主義史論』、pp.50-53。

105) 同上。

106) 郭道甫『蒙古問題講演録(1929 年)』、内蒙古自治区達斡爾歴史語言文学会、1987 年。

107) 前掲『太平洋戦争への道』、p.147。

108) 同上書、p.178。

109) Örgedei Tayibung, *Üker ǰil- ün üimegen-ü gerel ba següder*, Öbür Mongγol-un suryan kümüǰil-ün keblel-ün qoriy_a, 2006. p.110. そのほか、この問題に関して、橘誠『ボグド・ハーン政権の研究 ― モンゴル建国史序説 1911-1921』風間書房、2011 年。田志和・馮学忠『民国初期蒙旗"独立"事件研究』内蒙古人民出版社、1991 年、などの研究成果がある。

110) 張啓雄「汎モンゴル統一運動」『人文学報』(85)、2001 年、p.47。

111) 中見立夫「ハイサンとオタイ ― ボグド・ハーン政権下における南モンゴル人」『東洋学報』(57) 1976 年、pp.135-147。博彦満都「烏泰王叛乱事件」、前掲『内蒙古文史資料 1』、pp.83-91。邢復礼訳「烏泰王発布東蒙古独立宣言及札魯特左旗対烏泰的援助」、同上、pp.90-94。

112) 前掲『我所知道的徳王和当時的内蒙古(一)』、p.12。

113) 伊盟政協委員会「席尼喇嘛及其所領道的"独貴龍"運動」、中国人民政治協商会・内蒙古自治区文史資料研究委員会編『内蒙古文史資料 19』、1985 年、pp.1-35。ドゴイランとは円形を意味するもので、この運動に参加したものは全員が大きな紙に環形で各人の名前を書いて、上下がなく組織、指導者も誰であるかはわからないようにした組織運動である。

114) 栗和田和夫『蒙疆と駐蒙軍』(出版社不明)、1993 年、p.77。

115) 前掲「百霊廟自治運動」、p.3。

116) 内モンゴル人民革命党について、二木博史「ダムバドルジ政権の内モンゴル革命援助」『一橋論叢』(92:3)、1984 年、pp.364-381、などの論文がある。

117) 前掲『我所知道的徳王和当時的内蒙古(一)』、p.22。

118) 小川繁『内外蒙古に対する露国の活動』財団法人東亜経済調査局、1930 年、p.55。

第1章 民族解放運動としての百霊廟自治運動

バトハールガ・スム全景写真
出所：陸軍省大日記／大日記乙輯昭和10年、防衛省防衛研究所提供

内モンゴル自治運動の始まりは百霊廟自治運動である。それがいかに発生し、いかなる性格をもっていたかということを究明することは、内モンゴル自治運動のイニシアチブの問題を正しく理解するうえで、欠かすことのできない重要な作業である。

　当時、関東軍の「内蒙古工作」に自ら参加し、綏遠事件の首謀者でもあった田中隆吉は、敗戦後の東京裁判の尋問では、次のように供述した。「徳王は百霊廟に蒙古自治委員会を組織した……委員会は蒋介石によって認められましたが、しかし、綏遠省主席の傅作義はそれを阻止しようとし、その結果、徳王は、関東軍から援助を受けるため、関東軍に接近するようになりました[1]。」また、日本の占領地で成立されていた各自治政権の性格について、尋問官からの「関東軍の援助と支援がなかったら、その樹立は可能であったか」の問いには、他の政権については、「それはおそらく不可能であっただろう」という見解をしめした反面、デムチグドンロブ王の政権に関しては、「徳王は、蒙古人に対して実際の権力を握っていました。彼は、関東軍の支援のあるなしにかかわりなく、蒙古軍政府の首班になっていたでしょう。徳王は、必ずしも関東軍の命令に柔順であったわけではなく、それゆえに、関東軍は彼を退位させようとしたのですが、蒙古人が絶対に徳王を退位させようとしませんでした[2]」と答えている。

　しかし、同じく戦後、彼が書いた『太平洋戦争の敗因を衝く』では、著者本人の百霊廟自治運動に関する言及はないが、解説を書いた二人は当時のことについて、「当時内蒙古では徳王らが中心となって独立運動が展開されており、彼らは関東軍の指導下に百霊廟に蒙政会（内蒙古政務委員会）を組織し、次いで十一年二月に蒙古軍政府を樹立して、高度な自治を要求した[3]」と、事実とは明らかに違う見解を示している。こうした見解の違いは、百霊廟自治運動の時期から存在していた。当時、国民政府の中では、この運動は日本の煽動によるものであるという認識が普遍的であり、中国の公式な見解は今もそれを踏襲している。だが、デムチグドンロブ王をはじめとするモンゴル側は最初からそれを否定している。

　内モンゴル自治運動を、約半世紀におよんだモンゴル民族解放運動の一環としてとらえるべきか、それとも日本の満蒙政策の延長線上の事件としてとらえるべきか。これは本質的には内モンゴル自治運動の主体性をめぐる議論であり、これを明らかにしないかぎり、内モンゴル自治運動の研究が始まらないと言っても過言ではない。本章ではまずこの問題を解明したい。

1. 民族解放運動としての百霊廟自治運動

1.1 百霊廟自治運動の必然性

　1933年7月26日、内モンゴルのシリーンゴル、オラーンチャブ、イフジョー 3盟の王公たちは、オラーンチャブ盟の百霊廟(バトハーラガ・スム)で、第1次自治会を開催し、この3盟の名義で、国民政府に対し、内モンゴル自治政府の設立を許可するよう要求した。百霊廟自治運動の幕が開いた瞬間である[4]。

　周知のように、百霊廟自治運動の指導者はデムチグドンロブ王である。彼は1902年、シリーンゴル盟西スニド旗旗長・ナムジルワンチグの子として生まれた。1919年に西スニド旗旗長の職に就き、1924年に副盟長になっている[5]。チンギス・ハーンの第31代目の子孫であった彼は、青・壮年期から歴史書を好み、とくに、チンギス・ハーンの事績と偉業に憧憬の念を寄せていた。チンギス・ハーンの末裔である自分が祖先の事業を受け継ぐことができなければ、本当に不肖の子孫である、この世に生を受けたからには、空しく歳月を過ごしてはならず、祖先に輝きを添えるような事業をすべきであると考えていたという。彼はまた、当時のモンゴルの現状、とくに、それらの王公たちについても考えた。老いぼれて現状に甘んじ進歩を求めない者、腐敗・堕落して享楽を求める者、未だ幼く自立できない者など、いず

若きデムチグドンロブ王と夫人
出所：Seven Hedin, *History of the expedition in Asia, 1927-1935*, 1943

れも有為とするに足りなかった。彼は「蒙古王公の中で蒙古事業を担う者は私を措いてほかにいない[6]」と考えるに至った。

　彼はこうした民族に対する強い責任感に支えられながら、積極的にさまざまな政治活動に参加し、自分のキャリアを意識的に鍛えはじめた。頻繁に北京を訪れ、モンゴルの有力な政治家たちと交流し、視野を広げた。また、多くの若者と議論を重ねながら知識を増やした。1925年、彼の人生における初めての反開墾運動を組織した[7]。経験と教訓、知識が蓄積されるにつれ、彼は次第に政治家としての頭角を現し、ついに皆に認められるまでに成長した。百霊廟時期運動期に彼が指導者となったのは、けっして偶然ではなく、時代の蓄積の結果と言えよう。

　百霊廟自治運動のきっかけは、モンゴル各盟旗の代表による請願運動であり、それが早くも1928年に始まっていた[8]。起因は、当時成立したばかりの国民政府が、モンゴル地方にチャハル、熱河、綏遠の三つの省を設置し、前政権の分割統治政策をそのまま踏襲したことにあった[9]。しかしその後、その指導的な立場にいた呉鶴齢は、蒙蔵委員会の参事に就任し、従来のモンゴル代表団の代弁者から国民政府の役員として発言するようになり、この運動は不発に終わった[10]。

　1931年10月12日、呉鶴齢が中心となって策定された「蒙古盟部旗組織法」が、国民政府によって公布された。これをきっかけに、あらためて反対運動が起こった。その中心となったのがデムチグドンロブ王であり、彼と呉鶴齢の間で、激しい論争が展開されたことはよく知られている[11]。のちにチベット仏教の指導者パンチェン・ラマおよび当時北京にいた多くのモンゴル人を巻き込む事態までエスカレートしたが[12]、最後に、デムチグドンロブ王は呉鶴齢に対し、「あなたがモンゴル事業に手を染めたいと考えているように、私もモンゴル事業に手を染めたいと考えています。今のところ意見が一致していませんが、将来、我々にはきっと協力する日がやってくるでしょう」という言葉を残し帰郷する。帰途、北平に居留するモンゴル人知識青年たちと幅広い接触をし、再起への準備として、モンゴル人学生を20人ほど募集している。

　西スニドに戻るや、彼はモンゴル幹部学生隊を設立し、積極的に青年たちを招致した。各方面から多くの進歩的な知識青年が集まってきた。デムチグドンロブ王は彼らと当時のモンゴル問題を研究し、対策を講じはじめた。最後に、かつてのモンゴル人の開墾反対運動、独立運動の失敗した原因は、分旗が行なわれ、それぞれ独自に行動した結果によるものであり、したがってそれを成功させるには、分旗支配

第 1 章　　民族解放運動としての百霊廟自治運動

を打破し、各盟旗が団結して統一した政治組織をつくり、自治を実行するのが、最良の方法であるということで意見の一致を見た。その理由としては、それがモンゴル各層の支持を得ることができるだけではなく、孫文の「弱小民族を助けてその自決、自治を促す」という遺訓にも合致していることがあげられた[13]。

　こうしてモンゴル人による反対運動は、さらに進化し、自治運動という新たな形を取る。その背景から見ても、対策から見ても、けっして偶然ではなく、それまでの一連の民族解放運動の延長線上に起きたことは明らかである。政治のイニシアチブはモンゴル側にあった。

1.2　百霊廟モンゴル地方自治政務委員会の成立

　上述のように、百霊廟自治運動は、20世紀初頭から始まったモンゴル民族解放運動に原点を置く民族解放運動であり、かつ歴史の必然的な結果である。しかし当時、国民政府は、背後の外部勢力の存在を疑っていた。とくに綏遠省の主席であった傅作義の宣伝と内モンゴル問題に同情を寄せた外国のマスコミの報道が、国民政府の不信感を一層強める結果となっていた[14]。

　そのため、百霊廟自治運動が始まるや、国民政府は「飴と鞭の方法を併用しながらデムチグドンロブ王の陰謀を打破する」という方針を決め、チャハル、綏遠両省等周辺の各勢力と協力しながら自治運動に対し、阻止、分裂、脅迫などさまざまな対策を取りはじめた。チャハル省政府主席宋哲元は、国民政府行政院長汪兆銘に、「(1)中央政府からデムチグドンロブ王に称号を与えて、南京に赴任させて、次第に心を変える。(2)中央政府からモンゴル事情をよく分かる人を派遣して斡旋するか、有効な手段を使って厳しく制裁する」と献策した。また、綏遠省政府主席傅作義は、オラーンチャブ、イフジョー両盟の各旗に特派員を派遣し、自治運動に参加しないよう圧力をかけていた。さらに山西省軍閥閻錫山は、蒙旗宣化使ジャンジャ・ホクトを通じて妨害活動を展開していた[15]。

　国民政府のこれらの対策によって、一部の人は動揺し始めた。その危機を乗り越えるため、デムチグドンロブ王は北京滞在の青年たちを通して積極的な宣伝活動を実施し、各階層の支持と同情を集めた。また、国民党中央当局に電報を送り、自治の理由と必要性を説明し、あらためて許可を求めた。1933年10月に百霊廟で第2次自治会議を開き、デムチグドンロブ王が提案した「内蒙古自治政府組織大綱」を採択するとともに、即日中央政府に上申して受理を求めることを決議した[16]。

35

百霊廟第 2 次自治会議が開かれた後、南京政府は本格的に内モンゴル問題を検討するようになった。1933 年 10 月 17 日、国民政府は自治問題を協議するため、内政部長黄紹雄、蒙蔵委員会副委員長趙丕廉の二人を宣撫使として、モンゴルへ派遣することを決めた。18 日に、行政院、蒙蔵委員会、参謀本部など各関係機関が協議し、内モンゴル自治問題を解決するための「蒙政改革方案」を決定した。しかし、その方案の根本はやはり個人の利益と禄高を餌にしてモンゴル王公や政客を丸め込み、モンゴル知識青年をろう絡して、自治の要求を緩和するものでしかなかった [17]。

国民政府に派遣された黄紹雄と趙丕廉の両使は北へ向かった。二人は北京到着後、ジャンジャ・ホトクト、モンゴル王公、モンゴル旅平同郷会およびモンゴル救済委員会代表等とそれぞれ会談し、内モンゴル自治問題について意見交換を行った。同時にジャンジャ・ホトクトを利用してモンゴル人への説得も試みた。それに対し、駐京代表は内モンゴル自治の正当性を改めて強調するとともに、国民政府側がジャンジャ・ホトクトを利用して、自治運動の進呈を妨げている行為に対して怒りを表した [18]。

また、モンゴル留平学生会のジャグチド・セチンら 8 人の代表が黄紹雄と会見し、内モンゴル自治の実行と自治政府設立を要求し、ジャンジャ・ホトクトがモンゴルに行って宣化することを拒絶する旨を伝えた [19]。事態を受けて、ジャンジャ・ホトクト本人は談話を発表し、自分は政治に携わらず、黄紹雄等とともに内モンゴルに赴かないことを表明した [20]。

一方、百霊廟へ赴いた黄、趙両氏は、綏遠に着いた後、まず李松風という人物を百霊廟に送り、各王公たちに礼品を贈呈するとともに、黄紹雄の執筆した「蒙古地方自治組織方案」をモンゴル側に提出した [21]。しかし、モンゴル側の同意を得られず、11 月 10 日に、数多くの護衛隊に付き添われながら百霊廟へ向かう [22]。綏遠省主席傅作義は護衛の名目で兵隊 300 人、機関銃 8 丁、迫撃砲 4 門を同行させた [23]。

その翌晩から、断続的な協議が百霊廟において始まった。黄紹雄は、モンゴル側の要求は中央政府が定めた原則から大きく逸脱していると指摘し、政府としてこれを認めることはできないと伝えた。これに対しデムチグドンロブ王は、孫文の三民主義を根拠としながら内モンゴル自治の正当性を主張したので、両者の意見は真っ向からぶつかった [24]。協議は数日間続いたが、相互の折り合いがつかず、膠着状態に入った。その詳細について今までの研究でもよく取り上げられてきたので、こ

こでは詳しくはふれず、二つのエピソードの紹介にとどめる。

一つは、協議に先立って、黄紹雄は事前に用意した50万元をデムチグドンロブ王の部下を通じてデムチグドンロブ王に送り、買収を試みたが、彼は「いま我々は金など欲しくない、ただジンギスカンの後裔として、モンゴル民族の復興を企図するのみである」と、それを拒絶し、その部下を直ちに職から外したという[25]。

もう一つは、南京政府代表黄紹雄は、その率いる300の兵士の機関銃の銃口を会議場に向けて威嚇しつつ会議を進行させた。デムチグドンロブ王が小用のために会場外に出ると銃口を彼の行動に伴って右に左に移動させて脅迫的態度を示したが、彼は平然として会議を継続し、断じてモンゴル民族の主張を曲げなかった。この胆力と態度は強くモンゴル人の心を打ち、彼に賛辞を送ったという[26]。

こうして協議は決裂の寸前に至り、南京代表は一時帰京の準備まで始めた。呉鶴齢とヨンドンワンチグ王(雲王)を始めとする一部の人は、決裂はモンゴル側にとっては決して望ましいものではないと考え、デムチグドンロブ王に対し説得を試みた[27]。引き続き原案に固執すれば、内部分裂を招く恐れがあったため、仕方なくデムチグドンロブ王は妥協することになり、その結果、シリーンゴル盟、チャハル部の各旗でモンゴル第1自治区政府、オラーンチャブ、イフジョー両盟およびトゥメド、アラシャー、エジナの各旗でモンゴル第2自治区政府をそれぞれ編成するという内容を含む、「内蒙古自治弁法十一条」が成立された。会議のあと彼はパンチェン・ラマに「談判の結果に不満です」と漏らしている[28]。

11月19日、国民政府の両大使は百霊廟を離れ南京へ戻った。ところが、彼らは帰京の際、傅作義、閻錫山らと共謀して、モンゴル側と協議して決めた「内蒙古自治弁法十一条」を勝手に修正し、その修正案を行政委員長汪兆銘に提出した。それが山西、綏遠両省の意見に基づきながら作成されたもので、元の案とはかなり隔たりがあった。この案は、1934年1月16日の国民党第392次政治会議によって可決される[29]。

しかし、まもなく両使のこのような不正行為が公になり、モンゴル側のさらなる反発を引き起こす結果となった。1934年1月18日、各盟旗駐京弁事処と百霊廟の晋京申謝代表団は、国民政府に対し「内蒙古自治弁法十一条」の修整を求め、さらに、南京駐在の各層のモンゴル人を組織して、デモを進行したり、記者会見を開いたりしてその真実を暴露した[30]。また、呉鶴齢を通して請願書を送り、汪兆銘との面会を要求、18日の夜、汪兆銘はモンゴル代表団と面会している[31]。1月29日に、

モンゴル各盟旗は中央党部、軍事委員会、参謀本部、行政院、司法院、監察院、立法院など各方面に代表を派遣し、請願活動を一段と拡大した[32]。

　事態の悪化を受け、汪兆銘は呉鶴齢と単独で会見することとなった。呉鶴齢はその機会を利用して、モンゴル自治の必要性をあらためて説明し、統一的なモンゴル自治委員会の承認を求め、汪兆銘の了解を得るや、直ちにモンゴル各盟旗連合駐京弁事処に戻って代表たちと検討し、自治法案を起草して汪兆銘に送った。汪兆銘はそれを受け入れ、「蒙古自治弁法原則」を起案して、蒋介石に送り意見を求めた。蒋介石は「自治」の上に「地方」の2字を書き加えただけで、同原則を同意した。2月28日に、第397回中央政治委員会会議において、「蒙古地方自治弁法八項原則」が採択された[33]。その内容は以下のとおりである。

　　　第一項　蒙古の適宜の地点に蒙古地方自治政務委員会を設け、行政院に直属させ、中央主管機関の指導を受けて各盟旗の政務を総理する。その委員長、委員は原則として蒙古人より用いる。経費は中央政府より支給する。中央は別に高官を派遣し、同委員会所在地に駐在させて、これを指導し、その地の盟旗と省県の争議を調停する。

　　　第二項　各盟公署を盟政府と改称し、旗公署を旗政府と改称する。その組織は変更せず、盟政府の経費は中央政府が補助する。

　　　第三項　チャハル部を盟と改称し、盟と一律にして、他の変更はおこなわず、その系統・組織は従来どおりとする。

　　　第四項　各盟旗の管轄治理権は一律従来どおりとする。

　　　第五項　各盟旗の現有の牧地は放墾を停止し、以後、牧畜を改良するとともに、付帯工業を興し、地方経済を発展させる（ただし、盟旗みずから墾植を希望する、これを許す）。

　　　第六項　盟旗固有の租税および蒙民固有の租税は一律保障する。

　　　第七項　省県が盟旗地方で徴収する各項の地方税収は、盟旗にその若干割を分与して、各種の建設費にあてる。その分与方法は別に定める。

　　　第八項　盟旗地方に今後これ以上県治や設治局を増設しない（ただし、設置が必要な場合、関係盟旗の同意を得るものとする）[34]。

3月7日、第397回中央政治委員会での審議を経て、国民政府は「蒙古地方自治

政務委員会暫行組織大綱」、「蒙古地方自治指導長官公署暫行条例」を公布するとともに、ヨンドンワンチグ王、シャグダルジャブ王（沙王）、ソドナムラブダン王（索王）をそれぞれモンゴル地方自治政務委員会委員長、副委員長に、何応欽、趙戴文を指導長官、副指導長官に任命した[35]。

4月23日、百霊廟でモンゴル地方自治政務委員会（以後蒙政会）の成立式典が挙行された。会場には国民党と国民政府の旗、および孫文とチンギス・ハーンの肖像が揚げられ、総理の遺訓を朗読してのち、モンゴル地方自治指導長官何応欽の代表何競武が中央の祝辞を述べた。山西省政府主席閻錫山、綏遠省政府主席傅作義、チャハル省政府主席宋哲元等は、代表を送って祝賀の意を表明した。式典参加者は300名余りに達した。ヨンドンワンチグ王は委員長に、デムチグドンロブ王はほかの23のメンバーとともに、委員会委員に任命された[36]。

2. 百霊廟自治運動と日本との関係

2.1 百霊廟蒙政会成立前

デムチグドンロブ王と日本の接点は、1929年初頭まで遡ることができる。当時日本では、モンゴル通として知られていた盛島角房と、善隣協会の発足者だった笹目恒雄が、デムチグドンロブ王を訪ねたことがある。しかし、国民政府との関係もあり、デムチグドンロブ王はあまり関心を示さなかった[37]。翌年の冬、盛島があらためてシリーンゴルの各盟旗を歴訪したが、デムチグドンロブ王は依然として警戒心を持ち、わざわざ張家口へ赴き、チャハル省主席劉翼飛に報告するとともに、注意を促している[38]。

1932年3月、満洲国が樹立され、東部内モンゴル地域が日本の支配下に入った。翌春、関東軍は熱河作戦を実施して熱河省を攻略するや、承徳特務機関長の松室孝良大佐を中心として、いわゆる「内蒙古工作」を展開した[39]。

10月、松室はモンゴル人を籠絡する目的で、ドロー

百霊廟自治運動期の
デムチグドンロブ王
出所：善隣協会『新生を歩む内蒙古』（1934年）

ン・ノールでモンゴル代表大会を開いた。デムチグドンロブ王はすでに百霊廟自治運動を始めていたので、代表としてジャラン・アルタンゲルレを送り、日本の対モンゴル政策を探っただけであった。他の旗も同様で、決議を採択する権限のない人を代表として参加させ、盟長や各旗ジャサグは一人も出席しなかった[40]。チャハル部のジョドブジャブ・アンバンは、当初出席予定だったが、直前になって、チャハル省政府からの会議参加への招電を理由に出席を断った[41]。

　一方、西ウジュムチン旗では、同年4月、赤峰特務機関長田中久少佐は、通訳金永昌に伴って王府を訪問し、満洲国を参観するようソドナムラブダン王を説得するとともに、同旗に特務機関、無線機を設置するよう要求した。それに対し王の回答は、あなたたちがいかなる機構を設置しても私は賛成しない、駐在することも歓迎しない。もしどうしても来るなら、それはあなたたちのことで、われわれは責任をとらないというものであった[42]。

　このように、西ウジュムチン旗王府は日本側に対し、「非常ナル警戒ヲ為シ」、「無線台設置ニ対シテモ容易ニ承認ヲ与」えなかったため、その交渉は12月中旬をもって一時頓挫する。しかしその後、王府側より「日本側ニ於テ無線電台ヲ設置スル事ハ面白カラサルモ、若シ無線機一切ヲ日本側ヨリ貰受テ蒙古王府ノ物トシテ設置スルナラハ考慮ノ余地有リ」との申し出があったため、それを契機に交渉が進捗し、いくつかの前提条件で、同地に特務機関と無線電を設置したが、結局、王府に冷遇され、「一時林西ニ引揚タル」ことを余儀なくされた[43]。

　そしてその引き揚げの前の1933年12月31日、ソドナムラブダン王に第2次百霊廟自治会の経緯を報告するために、デムチグドンロブ王は韓鳳林（フフバータル）と笹目恒雄とともに西ウジュムチン旗を訪れている。同地に盛島がいたので、笹目は彼に対し、「あなたはここで何をしているのですか。今や蒙古の中心人物は徳王です。私は獲得すべき主要な対象を探し出しました」と無遠慮な言い方をしたという[44]。

　その後、デムチグドンロブ王は盛島と数回面会し、意見交換を行った。その際、援助問題についての打診もしている。その様子を関東軍参謀長は参謀次長宛ての電報の中で、「九月以来行ヘル百霊廟三盟旗連合自治会ハ、南京政府代表ト最後ノ折衝ニテ失敗セリ、然ルニ第二段ノ対策ヲ講シ支那側ニ対抗ノ意図ヲ有ス[45]」と、報告している。

　ここで注目すべきは、「第二段ノ対策」との表現である。これは、デムチグドンロ

40

第1章　民族解放運動としての百霊廟自治運動

ブ王の対策は、それまでの国民政府との交渉による問題解決の重視から、多方面との交渉へと、変わったことを意味するものである。そのきっかけは百霊廟第2次自治会議の結果にあった。

前節に述べたように、百霊廟第2次自治会議は、モンゴル側と国民政府側との間で妥協が成立し、一応決着がついたように見えたが、デムチグドンロブ王をはじめとするモンゴル側は、その結果に非常に不満であった。モンゴル側の自治の要求は孫文の遺訓に基づいて提案したものであったにもかかわらず、国民政府が許可を与えなかったのが原因である。

その後、会議に参加した一部の青年は、デムチグドンロブ王に対し、「各方面に支援を求めて統一自治を実現しましょう」と提案した。それに対し、デムチグドンロブ王は賛意をあらわし、「今後は一身を蒙古に捧げ、いかなる犠牲も惜しまず、いかなる困難も恐れず、ひたすら統一自治の実現と蒙古民族の復興を目指します」と、自らの決意を語ったという[46]。以後、彼は国民政府だけではなく、他のさまざまな勢力との連携をも視野に入れながら、多方面での活動を模索し始めた。西ウジュムチン旗を訪問するにあたって、盛島角房に会い、援助の申し出を行ったのも、その一環であった。その内容について、関東軍の電報に以下のように記されている。

　　西蘇尼特徳王ハ日本トノ提携ヲ痛感シ、左記ノ件援助ヲ盛島ニ申出タリ
　　一、西蘇尼特旗ヨリ日本内地奉天、新京等ニ二、三百名ノ青年ヲ留学セシメ、次ノ学術ヲ修得セシム度シ
　　　　イ、革、織物、各種兵器製造ノ技術
　　　　ロ、軍医官ノ養成
　　　　ハ、陸軍幹部候補生ノ養成
　　二、飛行機、装甲自動車其他各種兵器ノ購入乃至貸與
　　三、百万円の借款
　　本借款ハ右費用ニ充当スルモノニシテ、正副盟長ノ名義ニ依リ錫林郭勒盟十旗ノ連帯責任トシ担保トシテ、塩専売権ヲ與ヘ、又各旗ニ顧問教師等ヲ招聘シテ可ナリ
　　四、尚、王ハ盛島ニ対シ、本春西蘇尼特王府ニ来ランコトヲ勧メ、且成可ク強力ナル無線携行方希望セリ[47]。

41

しかし、それに対する関東軍の反応は、「対支対蘇関係ヲ顧慮シ、何レノ程度迄彼ノ要求ヲ容ルノヤニ就キ、好意ヲ以テ研究中ナリ[48]」という状況で、まだはっきりした方針がなかったことがうかがわれる。それゆえ、その後デムチグドンロブ王は、ボヤンダライを代表として満洲国に派遣し、内モンゴルの自治に対する関東軍の態度を探ったが、明確な回答を得ていない[49]。それについて、4月5日、菱刈大使が広田弘毅外務大臣に送った電報には以下にように記されている。

　　目下当地滞在中ノ西「ソニット」徳王代表補英達符【ボヤンダライ】ハ、関東軍ニ対シ将来蒙古ハ日本ノ援助ニ依リ察哈爾、綏遠、外蒙古一体トナリ独立国家ヲ形成シ度。右準備ノ為、日本ヨリ一百萬円（内五十萬円ハ日本買入ノ武器代五十萬円ハ人物養成費）借款シ度旨申出テタル処、軍ニ於テハ徳王代表ノ申出ハ西「ソニット」ノミノ希望シテ、錫林郭勒盟全体ノ意見トモ思ハレサルモ、更ニ調査ノ上、右意見カ全体ノ希望ナル事明カナルニ於テハ、出資者、時期、抵当物又ハ秘密取極案（例ヘハ一切ノ鉱山、鉄道、通信、航空、交易等ハ日満両国ノ承認ヲ得ルニ非レハ第三国ニ第三国ニ許可セサル旨ヲ規定スルモノ）等ニ付、慎重研究ノ上大体本借款ニ応スルヲ可トスル意見ニテ二日軍中央部ニ調訓セル赴ナリ[50]。

　また、韓鳳林を北京の日本公使館支所に派遣し、日本の出方について探ったが、やはり「現在日中間には問題が山積し、たえず衝突が起きていますが、なお国交を保っています。内蒙自治は中国の内政問題で、日本が表に立ってこれに干渉するのは具合が悪い」という、消極的な返事であった[51]。
　つまり、これらのいずれもが、百霊廟自治運動の背後には日本側の存在がなかったという、当時のデムチグドンロブ王の主張を側面から裏付けるものである。だから、デムチグドンロブ王が百霊廟自治運動を始めた直後、笹目が韓鳳林に対し、「あなた方は自治を始めるのは時期尚早で、まだ機が熟していません。我が日本軍の勢力がここに及ぶのを待ってから始めた方がよろしい[52]」と言ったのだろう。

2.2　百霊廟蒙政会成立後

　前節で指摘したように、王府の冷遇により、盛島角房は西ウジュムチン旗からの引き揚げを余儀なくされたが、その後、ドローン・ノール特務機関員中嶋万蔵とと

第 1 章　　民族解放運動としての百霊廟自治運動

もにシリーンゴル盟各旗を歴訪し、西スニドでデムチグドンロブ王と再び会見している[53]。旅の結論として彼は、関東軍の対内モンゴル工作の対象とする人物は、デムチグドンロブ王以外にないことを軍参謀部に具申している[54]。同年夏（1934年）、盛島は百霊廟附近のデルワ・ホトクトが率いる外モンゴルの難民部落で、あらためてデムチグドンロブ王と会見した。その際、関東軍から小銃を無償で供給する旨を伝えた[55]。ほぼ同時期に、関東軍は盛島機関を西ウジュムチン旗からバンディド・ゲゲーン・スム（貝子廟）方面に進出させ、アバガ特務機関と称した[56]。

　一方、西ウジュムチン旗でデムチグドンロブ王と別れ満洲国へ出かけた笹目恒雄は、帰国して善隣協会を組織し、7 月、前川坦吉、藤中弁輔等と再び西スニドを訪れている。その時、土産としてラジオ、無線機などをデムチグドンロブ王に渡すとともに、善隣協会の下部組織を西スニド、百霊廟などの地域に設置した[57]。

　このように、日本はデムチグドンロブ王に対する働きかけを次第に強めていったが、彼は依然として強い警戒心をもっていた[58]。時には日本人との接触を意図的に国民政府に暴露し、政治的な資本として利用していた。たとえば、当時デムチグドンロブ王の代表として南京を訪れていたホルザルジャブ王（郭王）は、記者会見を開き、日本の特務活動について次のような談話を発表している。

　　　今次ノ来京任務ハ、蒙古ノ近況ヲ中央ニ報告シ、且一般ノ仰カントスルモ
　　ノナリ。現在日本人ノ内蒙ニ対スル野心ハ尚熾マス、先般モ専門員ヲ派シテ
　　蘇尼特左旗ニ無線電信ヲ設立シテ満洲ト通信シ、且同地ニ特務処ヲ設ケテ政
　　治的蒙古侵略機関ト為サント目論見居ルコトヲ探知シタル為メ、早速交渉ノ
　　上漸ク之ヲ撤回セシメタルカ、近ク捲土重来。来蒙スヘシトノ情報モアリ、
　　憂慮スヘキ状態ナルヲ以テ、徳王ハ特ニ自分ヲ派遣シテ、中央ノ指示ヲ受ケ
　　シメントシタルモノナルカ、全国民衆カ蒙古問題ニ対シ、深甚ノ注意ヲ払ハ
　　レンコトヲ切望ス。内蒙自治問題ニ付テハ、総テ中央ノ命令ヲ尊守シ弁理ス
　　ルモノニシテ、自分トシテハ格別発表スヘキ意見ナシ[59]。

　また、1934 年 8 月中旬、デムチグドンロブ王の代表として廬山に派遣された陳紹武（チョクバータル）は、蒋介石との協議において、日本の特務活動と今後の傾向について暴露している。しかし、その後発生した韓鳳林暗殺事件をきっかけに、デムチグドンロブ王は蒋介石に対する考えを次第に変えはじめた。彼は蒋介石だ

43

けを頼って自分の力を拡充することはとてもできないと思うようになった。それが結果的に日本との接近を後押しすることとなった[60]。一方、日本側は「徳王カ排日的電報ヲ、南京等ニ発シ」していることを「危険ヲ免レル為ノ一ノ手段ナリ」と、受け止めていた[61]。

1935年4月末、宍浦直徳少佐は西スニド特務機関の開設を命じられ、宝貴廷（ボヤンデルゲル）と一緒に西スニドへ出かけた。デムチグドンロブ王はそれを許可したため、宍浦少佐の特務機関が西スニドに設置されることとなった。以後、宍浦少佐の活動によって、デムチグドンロブ王と関東軍の間の連絡が可能になったが、チャハル省主席宋哲元がデムチグドンロブ王府の周辺に兵力を駐屯させ、その接近を妨害していたので、双方は主に夜間の時間を利用して連絡を取っていたという。しかしその後、西スニド特務機関派遣の中嶋万蔵の「包」（ゲル）がデムチグドンロブ王の包群の端に立てられ、接触が以前より簡単となり、相互の関係は次第に緊密になっていった[62]。

5月、田中隆吉中佐が関東軍第2課参謀として赴任し、華北分離工作で多忙な土肥原少将に代わって、内モンゴル工作の責任者となった。彼はその職に就くや、関東軍参謀部第2科長石本寅三大佐と西スニドを訪れ、デムチグドンロブ王に対し、モンゴル国の樹立を援助する旨を提案している。さらに宍浦から、関東軍参謀副長板垣征四郎がデムチグドンロブ王との会談を望んでいるとの話があった。しかし、世論の反応に配慮したデムチグドンロブ王は、それを婉曲に断っている。

同年夏、デムチグドンロブ王は傅作義から、綏遠のモンゴル旗長官会議に参加するよう要請された。しかし、彼は傅作義に対する先入感が強かったため、国民政府軍事委員会北平分会委員長代理何応欽との会見を理由に参加しなかった。何応欽との会見では彼は、日本人が猛烈な勢いで西部内モンゴルに進出し、西スニドに無理やり特務機関や無線機を設置するなどの政治活動を進めている状況を訴えた。また、自分には抵抗する術がなく、蒋委員長の「卑屈にならず、奢りもしない態度で日本人に対処せよ」という指示に従って対処しているが、外部の誤解を受け、辛い立場にあると説明し、抗日力量を蓄えるために、武器の交付を要請した。それに対し、何応欽は、「外部の誤解や、猜疑は気にしないで、中央に軍隊があっても抵抗できないというのに、あなた方モンゴルが少しばかりの軍隊を編成、訓練しても、何の役に立つのですか。私の考えでは中央の経費の支給を要請して、教育、衛生、実業、交通等の建設事業にあたった方がよい」と指摘し、軍隊を持って日本に抵抗すると

いう案に対して否定的な考えを示した。デムチグドンロブ王はまた記者会を開き、「この国家多難な折、民族の存亡も測り知れない時にあたって、我々は国家と民族のために団結して、自治を行い、外からの侮りを防いで国家の存続を図る必要があります。この非常時にあたっては、内モンゴル自治も無事ではありえず、このようにしないわけに行きません」と内モンゴルの自治の必要性をあらためて説明した。

7月に、関東軍は彼を一層抱きこもうと、小野寺少佐を派遣して、1台の飛行機を送った。満鉄総裁林博太郎からは映画のカメラと映写機が贈与された。また、宍浦からは板垣参謀副長がデムチグドンロブ王に会いたがっているとのことが再び伝えられ、デムチグドンロブ王は、同年の9月に西ウジュムチン旗で板垣と会うことを約束した。

9月18日、関東軍副参謀長板垣征四郎少将、第1科長河辺虎四郎大佐、田中隆吉参謀一行は西ウジュムチン旗へ飛び、デムチグドンロブ王およびソドナムラブダン王と会談した。会談の際デムチグドンロブ王は、田中隆吉参謀が前回西スニドを訪問した時、「モンゴル国樹立を援助する」と言ったことを取り上げ、「東西モンゴルを合併して、モンゴルの独立と建国を達成できるよう希望します」と述べた。板垣は「我が日本は蒙古の独立と建国を援助したいが、東部の盟旗は満洲の領土で、満洲は独立国であり、私にはこれに答える権限がありません。しかし、あなた方の建国準備を手助けする」と答えた[63]。それ以降日本人との往来が頻繁になり、百霊廟蒙政会と関東軍の関係はさらに緊密になってきた。

3. 日本の西部内モンゴル進出と「日蒙協力体制」の形成

3.1 日本の進出に対する国民政府の対応

1934年10月、ドローン・ノール特務機関は察東進行の口実として、いわゆる第1張北事件を引き起こした。1935年1月、関東軍は大連会議を招集、華北分離工作、内モンゴル工作を積極的に推進する方針を決定した[64]。さらに、1935年6月に第2の張北事件が発生し、それが結果的に、6月27日の「土肥原・秦徳純協定」の締結によって決着がつけられた[65]。

本協定は全部5条によって構成されており、その第3条では、「日本側ノ察哈爾省内ニ於ケル正当ナル行為ヲ尊重ス」と定め、具体的内容として「内蒙ニ於ケル我方【日本】ノ徳王ニ対スル工作ノ如キモノヲ阻止セサルコト」が、口約とされていた。

45

そのうえ、昌平、延慶、張家口周辺の宋哲元部隊を南へ撤退させることも定められていた [66]。その後国民政府は、条約履行の一環として、黄河以北の地域を放棄し、チャハル省に駐在していた宋哲元部隊を長城線以内まで撤退させた。それにより、長城以北のシリーンゴル盟、チャハル左翼4旗、4牧場、および省の管轄であったいくつかの県は、無防備状態となり、日本の内モンゴル進出は確実となった [67]。

1935年10月21日、百霊廟蒙政会第3次会議が開かれた。中嶋万蔵、金永昌、トクトらはデムチグドンロブ王に対し、この機に乗じて、日本との正式な協力関係を結ぶことを希望した [68]。また、南京政府の許可を取らずに、蒙政会の名義でチャハル盟を設立し、ジョドブジャブを盟長に派遣する意見を出した [69]。

それを受け、デムチグドンロブ王は日本との協力について、意見を募った。呉鶴齢は中央政府がモンゴル地方を安全保障の範囲から外した事を伝えたうえで、日本との協力問題に対しては賛成の意をあらわした。同時に、「ことが重大だから重要な人物の会見によって、共同で協議し、協定を締結して、日蒙協力の根拠にするべき、数人の特務の言葉を勝手に信じて、軽々しく物事を決めてはいけない」と慎重な対応を促し、自分も南京から離れてモンゴルに来て仕事する旨を伝えた [70]。

その後、呉鶴齢は南京へ向かい、党代表の身分で11月15日に開かれた国民党第5回全国代表大会に出席した。会議では、多くの人々が直ちに日本に抗戦するよう主張していたが、蒋介石は「中国の戦力が遠く日本に及ばない」ことを強調し、「平和が絶望に至らぬ前、決して平和をあきらめぬ」方針を堅持していた。

12月29日、呉鶴齢は蒋介石と会い、内モンゴル問題について意見を交わした。また、ヨンドンワンチグ王からの伝言を伝えるとともに、具体的な指示を頼んだ。ヨンドンワンチグ王の伝言の内容は次のとおりである。

　　　……第一、モンゴルは人口が少なく、力も簿弱だが、中央がモンゴルの武装を整えるとともに、大軍を北方に派遣してくれば協力して敵に抵抗する。第二、モンゴル地方の盟旗長は昔からその土地を守って来たので人民とは切っても切れぬ縁があって、省、県の官吏のように敵が来てもその地方を捨てて逃げることができない。もし、第一の方法が実現できなかった場合、チベット、新疆、青海、その他の適当な場所を人民、家畜の避難地として指定してもらいたい。第三、もし、第二の方法も蒋委員長が取らぬなら、仕方がない。モンゴルは暫く敵と表面だけの妥協をするほかない。しかし、この方法は実際

第1章　民族解放運動としての百霊廟自治運動

上困難の極みで前途の見通しは暗い。第四、先に述べた三項以外何かモンゴルと国家に良い方法があれば回答をもらいたい。

　それに対して蒋介石は、「敵は必ず侵略を拡大するであろう、モンゴル同胞が一時の災難に遭うばかりではなく、華北同胞も同様に難を逃れられないと思う、中央は非常に申し訳ないと思っている」と返事し、理解を求めるとともに軍隊を派遣しない方針を伝えた。また、「暫くの間、事情に即して自己に損害が無いよう対処すべきである。どうしてもやむを得ぬ場合、それを実行するより外はない」と話し、事実上、第3条の日本との表面上での妥協を承認していた。さらに、呉鶴齢がモンゴルに帰って仕事をすることに同意し、「できるだけ敵を一日でも遅く、一歩でも進まぬ方法を考えて、牽制する事」が重要だという指示を出していた[71]。

　一方、国民政府の承認によって、百霊廟蒙政会が成立されたものの、実施に当たっては、何事も具体化されず、逆に妨害と威嚇のみであった[72]。資金の面でも充分な保証がなかったため、行政の運営が厳しかった。「内蒙古地方自治弁法十一条」では、税金を綏遠省と分与すると決めていたが、事実上、綏遠側が独占していた。それが原因で、綏遠省とモンゴル側の間の税収問題や管轄権力をめぐるさまざまな衝突があったが、国民政府は調整にあたる際、常に省政府側に有利な計らいをし、モンゴル側の不満を募らせていた[73]。

　こうした背景のもとで、デムチグドンロブ王をはじめとする百霊廟蒙政会の指導者たちは、自らの政治の主導権を守るには、受動的に協力するより自発的に協力した方が良いと判断し、積極的に日本との「協力」の道を歩むこととなった。だが、その道はけっして簡単なものではなかった。「協力」よりは、「対立」と「抵抗」の連続であった。ここでは少なくとも国民政府の政策上の弱点が、デムチグドンロブ王と日本の接近を一層早めたと言える。他方、蒋介石の事実上の許可を得たという点では、国民政府に対しても「反逆」に当たらなかった。終戦後、蒋介石が日本と協力した罪で、多くのいわゆる「漢奸」を処罰したのに対し、デムチグドンロブ王をはじめとするモンゴル人が免れたのは、おそらくこれが原因であろう。

3.2　モンゴル軍政府の樹立と「日蒙協力体制」の形成

　第3次百霊廟蒙政会会議を経て、日本との「協力」の道を歩むこととなったデムチグドンロブ王は、その直後の11月下旬、関東軍の招待に応じ、デロワ・ホトクト、

47

トクト、宍浦直徳、中嶋万蔵らと満洲国を訪問した。新京で彼は関東軍の南次郎司令官、西尾壽造参謀長と会見してのち、板垣征四郎参謀副長、田中隆吉等と会談した。その際、「満州国が東部の盟旗を遇するやり方に不賛成です」と注文をつけるとともに、内モンゴルの独立した局面を生み出すことへの協力を求めた。

　満洲国から戻ると、彼はヨンドンワンチグ王に旅の報告をし、統一機構としてのモンゴル総司令部の設立について尋ねた。ヨンドンワンチグ王はシリーンゴル盟での設立には賛成だが、慎重であるべきだと提案した。一方、田中隆吉参謀は影響力を考慮し、モンゴル軍政府の設立を主張した[74]。

　設立に当たって、デムチグドンロブ王は、関東軍側から4、5名の顧問を要請したが、関東軍司令部は新京でいきなり22名の日系大顧問団を編成して、西スニドへ送った。同時に、「対蒙（西北）政策要領」を決定し、モンゴル軍政府を樹立させる方針を固めていた。その顧問団が北平、張家口を経由して現地に到着したのは、翌年1月中旬のことである[75]。いわゆる日蒙の「協力関係」は、このように、足並みが揃わないまま舵を切ることとなった。その最初の一歩はチャハル盟の成立である。

　チャハル部といえば、内モンゴルの中部に位置し、北にシリーンゴル盟、南に漢人地域の河北省、東に当時の満洲国のジョーオダ盟に接し、日本にとっては戦略的に重要な地域であった。満洲国成立後、日本はこの地域を次なる目標地として設定し、進出の手懸りを探していた。

　第1節で述べたように、1934年2月28日、国民政府中央委員会は、「蒙古地方自治弁法八項原則」を決定し、その第3条には「チャハル部を盟と改称し、盟と一律にして、他の変更はおこなわず、その系統・組織は従来どおりとする」と定められていたが、実行には移っていなかった。それを関東軍は西部内モンゴル地域への進出の重要な手懸りにできうると考えた。チャハル盟公署が成立することになれば、当時、綏遠省管轄下に入っていたチャハル8旗の右翼4旗の帰属問題が表面化するのは必至であったからである。

　百霊廟蒙政会が成立されるや、同年夏、関東軍は金永昌、玉蘭沢（バヤンタイ）を長春からドローン・ノールに派遣し、チャハル盟成立の準備工作をはじめた[76]。また、当時チャハル部の保安長であったジョドブジャブを一番の有力者と見て、彼をチャハル盟の盟長にしようと特務機関を通して積極的に働きかけた。しかし、当時彼は蒙政会にも職を置いていた関係で、その働きかけに応じなかったので、失敗に終わっている。

第1章　民族解放運動としての百霊廟自治運動

　第3次百霊廟蒙政会大会の開催の際、関東軍はあらためてデムチグドンロブ王に対し、蒙政会の名義でジョドブジャブをチャハル盟の盟長に任命しようと説得した。ところが、国民政府の職員であった尼冠洲(ニマオドセル)と呉鶴齢らは、あくまでも国民政府の許可を前提にするべきだと主張したため、結局、物別れに終わった[77]。

　その後、関東軍は内モンゴル工作を一挙に解決するため、1935年12月に「土肥原、秦徳純協定」の履行を口実とする「察東事件」を引き起こし、1936年初め頃までに李守信軍隊をして察東の6県を占領した[78]。それを受けデムチグドンロブ王は、蒙政会の名義でチャハル盟公署設立を決定し、ジョドブジャブを盟長、ダミリンスルンを副盟長にそれぞれ任命し、さらに1936年1月22日、チャハル盟公署の成立式典をあげることを決めた。それに懸念を抱いた蒋介石は白雲梯を西スニドに派遣し、デムチグドンロブ王への説得を試みるとともに、呉鶴齢と尼冠州を張北に派遣し、ジョドブジャブに対し、盟長の職務につかないよう働きかけたが、目的達成には至らなかった。こうして1月22日に、張北でチャハル盟が成立することになる[79]。

　チャハル盟公署が国民政府の反対にも関わらず、百霊廟蒙政会の名義で設立されたことは、百霊廟蒙政会の成立とは根本的に違っている。百霊廟蒙政会の設立は終始、国民政府の法律の枠組みを越えていなかったのに対し、チャハル盟の設立は明らかに国民政府の支配からの離脱を宣言した、政治的なメッセージであった。それ以後デムチグドンロブ王は、自らの判断でモンゴルの諸問題を処理、決定するようになり、百霊廟自治運動は新たな段階に入った。

　他方、チャハル盟の成立を受け、国民政府はそれからわずか3日後の25日、綏遠モンゴル地方自治政務委員会の設立を公布した。それによって、モンゴル側の唯一の統一機関であった百霊廟蒙政会は事実上崩壊した。モンゴル側には統一機関の再構築が必要となったが、チャハル盟公署は地方政権に過ぎず、その機能を発揮することができなかった。

　そこでデムチグドンロブ王は、1936年2月10日に、モンゴル軍総司令部を設立した。成立式典が彼らの大きなモンゴル・ゲルの中で挙行された。すべてがチンギス・ハーン大祭の儀式に則って進められた。同時に、チンギス・ハーン紀元を採用し、藍地の右上に赤、黄、白の3本線を象徴とするモンゴル旗を定め、「独立・自治」の色を一層鮮明にした。しかし、成立式典に訪れた関東軍西尾参謀長は、祝辞の中で、モンゴル総司令部の設立ではなく、モンゴル軍政府の設立を祝い、それぞ

49

れの思惑が際だっていた。

　その後、陳紹武等の責任で「総司令部組織大綱」の作成と主要人事の配置が行われ、デムチグドンロブ王は総司令に、李守信が副総司令に任命された。その下に軍務部、政務部の2部と秘書処を置いた。さらに日本人からなる顧問部が組織され、軍事指導、政治指導の責任を負った[80]。ところが、これらの日本人顧問の大半は、「中等程度ノミノ学歴ヲ有シ、何等対蒙認識アル者ニ非ス、従ラニ軍ノ威ヲ籍リ」、「綏遠進出ノミヲ念頭ニ置キ、蒙古人ノ風習ナト無視セル向キ」であったため、モンゴル側との間で対立が生じ、最後に、「徳王ハ秘書ヲ軍中央部ニ送リ、之カ更迭ヲ請ウ一方徳王初メ軍政府内ノ蒙古要人ハ一律ニ辞職ヲ申出テ、軍政府内ノ有力者金永昌ハ逃出セル[81]」事態まで発生したという。それに、デムチグドンロブ王と日本の過密な関係に不満を抱いた一部の幹部による武装反乱、8割ほどの家畜が被害にあった大きな雪害の影響などの問題が加わり、発足したばかりのモンゴル軍総司令部は、危機に直面した。

　このような状況が長く続けば、モンゴル人の希望する自治、自衛、自保どころか、自治運動自体の前途も危くなる恐れがあった。危機感を抱いたデムチグドンロブ王は呉鶴齢の献策により、モンゴル代表大会を開くことを決めた。その狙いは、昔のホラルダイ大会の精神に照らし、モンゴル人内部の団結を図るとともに、日本の脅威にいかに対応するかを協議することであった[82]。

　1936年4月24日、モンゴル各地の代表が西ウジュムチン旗に集まり、モンゴル代表大会が開催された[83]。会議において「蒙古国を建設し、ジャブサルに蒙古軍政府を設立して、軍隊の整備、蒙古固有の領土の回復をはかる案」、「徴兵をおこなって、軍隊を拡大し、蒙古軍を組織する案[84]」などの議案が審議された。会議最終日には呉鶴齢の責任で執筆された「蒙古軍政府組織大綱」が大会決定され、終了した。その内容は全12項目であり、主なものは次のとおり。

　　　第一条、蒙古为筹备建国，设立蒙古军政府，至蒙古国成立时，改组为蒙古国政府。

　　　第二条、本政府设立主席一人，为政府首领，对全体蒙古负责；并设副主席一人或二人。主席遇不能视事实，制定副主席一人代理之。主席，副主席均由蒙古全体会议公举年高德硕之蒙古领袖充任之。

　　　第三条、本政府设总裁一人，秉承主席总揽蒙古统治权，率所属机关及军队，

50

掌理关于建国一切事宜，对主席负责人。总裁由主席慎选负素众望，具有建国能力之蒙古领袖特人之 [85]。

　　さらに、選挙が行われ、モンゴル軍政府主席にはヨンドンワンチグ王、副主席にはソドナムラブダン王とシャグダルジャブ王がそれぞれ選出され、デムチグドンロブ王は総裁に推薦された。しかし、ヨンドンワンチグ王は自分の年齢と健康を考慮し、職務の責任をデムチグドンロブ王に譲ったため、モンゴル軍政府の指導権は事実上デムチグドンロブ王の手に入った。

　　5月12日、徳化でモンゴル軍政府成立式典が実施され、「蒙古軍政府組織法」による人事配置が行われた。デムチグドンロブ王は総裁に任命され、軍事、行政の大権を握った。総裁の下に弁公庁、参議部、参謀部、軍事署、財政署、内務署、実業署、教育署、交通署、司法署、外交署および顧問部が設置され、村谷彦治郎が顧問部主任に任命された。

　　式典に国旗を揚げ、デムチグドンロブ王はモンゴル軍政府の設立の意義を説明し、日本側からは今村均が祝いの言葉を述べた [86]。国旗と年号については、特務機関と顧問等が皆、中華民国の年号を使用することに反対し、日本の年号あるいは満洲国の年号を用いることを主張した。それに対しデムチグドンロブ王は、モンゴルは日本と満洲国の属地ではないと、日満の年号を拒否し、モンゴルの習慣によってチンギス・ハーン紀元年号を使うことになった。1936年はチンギス・ハーン紀元の731年であった。

　　こうしてモンゴル軍政府の樹立により、日蒙のいわゆる「協力体制」が形成される。しかし、それはあくまでも表面上のものであった。モンゴル軍政府成立後、モンゴル側が自らの自主性と平等性を図るために決めていた、日本との「協力原則」にそれが現れている。そこには、次のように書かれている。

(1) モンゴル人全体が必ず団結し、各盟旗がお互いに協力すること。

(2) 有力な自治組織を成立して、モンゴル人全体を統一指導すること。

(3) モンゴル人が自身の立場を保持し、日本あるいは満洲の附庸にならないようにすること。

(4) 盟旗の安全を防衛し、外来の災害を被らぬよう努力すること。

(5) 中国と日本の問題については、日中間で直接解決し、モンゴルが参加しない

こと。

(6) 日本とは表面だけ協力すること。

(7) 可能な範囲でできる限り蒙民の生計の改善及び人材の養成に努める[87]。

　モンゴル総司令部とモンゴル軍政府は、当時日本ではいずれも「蒙古軍政府」として知られていた。だが、名称だけではなく、組織構成と人事配置においても、両者は大きく異なっていた。前者モンゴル総司令部は日本の政策方針に沿って行われたものだったが、後者モンゴル軍政府は前者の影響を排除する目的で設立されたものであり、その機構設計は呉鶴齢の責任で実施されたものである。モンゴル側が唱えるモンゴル軍政府は、「蒙古建国」を最終目的にしていたが、日本の政策の中の「蒙古軍政府」の位置づけは、次のように記されている。

　　軍ハ帝国陸軍ノ情勢判断対策ニ基キ、対蘇作戦準備ノ為必要トスル外蒙古
　　ノ懐柔及反蘇分離気運ノ促進ヲ図ルト共ニ、対支工作ノ進展ニ資シ且満洲国
　　ノ統治及国防ノ基礎ヲ強固ナラシムル目的ヲ以テ、徳王ノ独裁スル内蒙古軍
　　政府ノ実質ヲ強化スルト共ニ、其勢力ヲ逐次支那西域地方ニ拡大シ、北支工
　　作ノ進展ニ伴ヒ内蒙ヲシテ中央ヨリ分離自立スルニ至ラシム[88]。

　こうして民族解放運動としての百霊廟自治運動と、政策としての日本の「蒙古問題」は、「協力」という形をとって合流した。しかしながら、それぞれ個々の「流れ」があった。それが、自らの「流れ」、つまり自治運動の流れを、いかに守るかについて話し合われたモンゴル代表大会、ならびにその後結ばれた「協力の約束」によって現れている。従来、日本側の政策としての「流れ」を強調し過ぎた結果、民族解放運動としての「流れ」が軽視される傾向であった。そのため、モンゴル連盟自治政府より蒙疆連合委員会の方が重視され、モンゴル自治邦政府よりモンゴル連合自治政府の方が強調されてきた。ここでは、複合的な視点にたち、当時の内モンゴル自治運動における二つの「流れ」を、その対立軸の中で考えるのが重要であろう。

小　結

　百霊廟自治運動の動機はモンゴル民族の復興であり、そのきっかけは南京におけ

る一連の抗議活動であった。当時、国民政府はその背後に日本のかかわりがあるのではないかと疑っていたが、日本の扇動によるものではなかった。政治のイニシアチブはモンゴル側にあった。その原点は20世紀初頭ごろに始まった一連の民族解放運動である。

その後、百霊廟蒙政会が成立されたものの、性格としては「地方自治」に過ぎなかった。しかも、そのわずかの「地方自治」さえ実現することができず、国民政府からの妨害や、脅迫を受けるばかりであった。そこでデムチグドンロブ王は、蒋介石の国民政府だけに頼って、民族復興の目的を達成することはできないと判断し、他の勢力との協力を模索し始めた。協力の対象はモンゴル民族の将来に有利であれば誰でもよかった。だが、現実からみれば日本以外に、他の選択肢はなかった。

当時、日本は満洲国の成立により、東部内モンゴル地域における支配権を確立するや、西部内モンゴル地域への進出を目指して、デムチグドンロブ王に対する籠絡工作を強めていた。加えて、1935年6月の「土肥原・秦徳純協定」の締結によって、モンゴル地域が国民政府の安全確保の範囲から外されたことは、日本の進入を事実上認めたことであった。こうして日本の進出が避けられなくなったため、デムチグドンロブ王をはじめとする当時のモンゴルの指導者たちは、政治の主導権を失わないためには、受動的協力するより自発的協力した方がよいと判断し、日本といわゆる「協力」の道を歩み始めた。しかし、その目的はあくまでもモンゴル民族のための協力であったため、衝突は避けられなかった。その意味では、「協力」というよりは、「抵抗」の一種でもあり、モンゴル軍政府の成立によってそれが早くも現れていた。

最終的には、百霊廟自治運動はモンゴル自治邦政府の成立によって、「自治」と「復興」という目標へ一歩近づいたことを考えれば、そこには民族解放運動としての「流れ」が切れていなかったことがわかる。その「流れ」があったからそこ、戦後にも形を変えて「南北モンゴル統一運動」として「流れ」続けた。従来の研究は、これを無視したため、内モンゴル自治運動史研究は、日本の大陸政策という文脈の中でしか検討されず、その結果、「蒙疆政権」が「デムチグドンロブ王政権」にとってかわり、内モンゴルの民族主義者の果たした歴史的な役割が見えなくなってしまったのである。したがって、百霊廟自治運動を正しく認識することは、内モンゴル自治運動史を正しく理解するだけではなく、その指導者であったデムチグドンロブ王の評価のうえでも欠かせないことなのである。

■注

1) 栗屋憲太郎ほか『東京裁判資料・田中隆吉尋問調書』大月書店、1994 年、p.253。
2) 同上書、p.255。
3) 田中隆吉『太平洋戦争の敗因を衝く』(改訂版)長崎出版、1992 年、p.9。
4) ドムチョクドンロブ『徳王自伝』(森久男訳)岩波書店、1994 年、p.29。
5) 森久男『徳王の研究』創土社、2000 年、p.14。
6) 前掲『徳王自伝』、p.4。
7) 札奇斯欽『我所知道的徳王和当時的内蒙古 (一)』東京外国語大学アジア・アフリカ言語文化研究所、1985 年、p.26。
8) 呉鶴齢「蒙古代表団 ─ 南京政府との交渉」『日本とモンゴル』(22：1)、日本モンゴル協会、1987 年、p.75。
9) 烏藍少布「中国国民党的対蒙政策」『内蒙古近代史論叢 3』内蒙古人民出版社、1987 年、pp.217-222。
10) 前掲『徳王の研究』、pp.41-44。
11) 前掲『徳王自伝』、p.6。
12) 前掲『我所知道的徳王和当時的内蒙古(一)』、p.47。
13) 前掲『徳王自伝』、pp.4-22。
14) 前掲『我所知道的徳王和当時的内蒙古(一)』、p.70。
15) 盧明輝『徳王其人』遠方出版社、1998 年、pp.37-39。
16) 前掲『徳王の研究』、p.61。
17) 前掲『徳王自伝』、pp.35-37。
18) 『大公報』、1933 年 10 月 24 日、26 日。
19) 同上紙、1933 年 10 月 27 日。
20) 同上紙、1933 年 10 月 28 日。
21) 同上紙、1933 年 11 月 6 日。
22) 同上紙、1933 年 11 月 11 日。
23) 村田孜郎『蒙古と新疆』善隣協会調査部、1935 年、p.26。
24) 後藤富男『蒙古政治史』高山書院、1963 年、p.260。
25) 前掲『蒙古と新疆』、p.33。
26) 松室孝良「徳王と蒙古」『日本及日本人』、1942 年、p.73。
27) 『大公報』、1933 年 11 月 24 日。
28) 前掲『徳王自伝』、pp.44-46。
29) 前掲『我所知道的徳王和当時的内蒙古(一)』、pp.78-79。
30) 同上書、p.80。
31) 『大公報』、1934 年 1 月 18 日。
32) 同上紙、1934 年 1 月 30 日。
33) 前掲『徳王自伝』、p.56。
34) 前掲『徳王の研究』、pp.75-76。前掲『我所知道的徳王和当時的内蒙古(一)』、p.82。
35) 『大公報』、1934 年 3 月 8 日。
36) 同上紙、1934 年 4 月 24 日。
37) 中嶋万蔵「徳王について」、前掲『高原千里』、p.69。

38）前掲『徳王自伝』、p.88

39）前掲『徳王の研究』、p.82。

40）前掲『徳王自伝』、pp.90-92。

41）「察哈爾省政府委員卓特巴札普ノ申出ニ関スル件」（機密第八六号）、（満蒙政況関係雑纂／内蒙古関係第二巻）、外務省記録 A-6-1-2、外務省外交史料館。

42）前掲『我所知道的徳王和当時的内蒙古（一）』、p.52。

43）「内蒙古烏珠穆沁及蘇尼特無線電台設置ニ関スル件」、前掲（満蒙政況関係雑纂／内蒙古関係第二巻）。

44）前掲『徳王自伝』、p.93。

45）「参謀次長宛電報関東軍参謀長関第三四号」（昭和九、一、一六）、前掲（満蒙政況関係雑纂／内蒙古関係第二巻）。

46）前掲『徳王自伝』、pp.47-48。

47）「参謀次長宛電報関東軍参謀長関第二九号」（昭和九、一、一六）、前掲（満蒙政況関係雑纂／内蒙古関係第二巻）。

48）同上。

49）前掲『徳王自伝』、p.49。

50）「徳王へ百万円借款関係」、（本邦ノ地方政府及個人ニ対スル借款関係雑件／蒙古其ノ他ノ部）、外務省記録 E-1-6-0、外務省外交史料館。

51）前掲『徳王自伝』、p.49。

52）同上書、p.31。

53）前掲『徳王の研究』、p.83。

54）前掲「徳王について」、p.69。

55）前掲『徳王自伝』、pp.93-94。

56）前掲『徳王の研究』、p.84。

57）前掲『徳王自伝』、p.93。

58）前掲『我所知道的徳王和当時的内蒙古（一）』、pp.91-92。たとえば、百霊廟蒙政会成立後のある日、彼は韓鳳林らと、当時の困難状況から抜け出す方法について話し合った。韓鳳林が内モンゴルには「日本、外モンゴル、ソ連」という三つの路線しか残っていないと言ったら、彼はすぐさま「日本との協力の道を歩むのはとても危険、日本には領土的要求があり、われわれは呑み込まれる可能性がある」と言って、反発していたという。

59）「内蒙古錫林郭勒盟徳王代表郭王ノ来京ニ関スル件」（普通第一〇〇号）、前掲（満蒙政況関係雑纂／内蒙古関係第二巻）。

60）前掲『徳王自伝』、pp.95-96。

61）「参謀次長宛関五九一号」、前掲（満蒙政況関係雑纂／内蒙古関係第二巻）。

62）中嶋万蔵「蒙疆回顧録」、前掲『高原千里』、1973 年、pp.54-56。

63）前掲『徳王自伝』、pp.98-106。

64）前掲『徳王の研究』、p.117。

65）前掲『徳王自伝』、p.116。

66）外務省『日本外交文書』（昭和期Ⅱ第一部第四巻上）三陽社、2006 年、p.362。

67）呉鶴齢「呉鶴齢回想録」『日本とモンゴル』（21：1）、1986 年、p.98。

68）前掲『徳王自伝』、p.108。

69）哈斯瓦斉尓「尼冠洲之死」『内蒙古文史資料 6』、1979 年、pp.236-243。

70）前掲『徳王自伝』、pp.108-109。

71）前掲「呉鶴齢回想録」、p.92。

72）前掲「蒙疆回顧録」、p.55。

73）前掲「中国国民党的対蒙政策」、p.265。

74）前掲『徳王自伝』、pp.109-116。

75）「内蒙古軍政府ノ内情」（十一、五、九）、（満蒙政況関係雑纂／内蒙古関係第三巻）、外務省
　　記録 A-6-1-2、外務省外交史料館。

76）前掲『徳王の研究』、p.127。

77）前掲「尼冠洲之死」、p.240。

78）前掲「呉鶴齢回想録」、p.101。

79）前掲『徳王自伝』、pp.117-122。

80）同上書、pp.125-127。ちなみに、その組織構図は同年 1 月に関東軍が作成した「対蒙（西北）
　　政策要領」の中で語られていた「軍政府ノ組織概要」と、ほぼ一致していることからみれば、
　　日本側の影響が働いたと考えられる。関東軍参謀部「対蒙（西北）施策要領（昭和十一年一
　　月）」、（陸軍一般史料 - 満洲 - 満蒙 -178）、防衛省防衛研究所。

81）前掲「内蒙古軍政府ノ内情」。

82）前掲「呉鶴齢回想録」、pp.100-105。

83）参加者は蒙政会代表 1 名、外モンゴル代表 1 名、シリーンゴル盟 10 名、チャハル盟 12 名、
　　オラーンチャブ 6 名、トゥメト旗 1 名、アラシャー 1 名、エジナ 1 名、イフジョー盟 3 名、
　　青海代表 1 名で計 37 名であり、随員約 200 名であった。関東軍参謀部「内蒙古工作ノ現状
　　ニ就テ」（昭和十一年四月二十八日）、（帝国ノ対支外交政策関係一件第六巻）、外務省記録
　　A-1-1-0、外務省外交史料館。

84）前掲『徳王自伝』、p.135。

85）前掲『我所知道的徳王和当時的内蒙古（二）』、p.13。

86）前掲『徳王自伝』、pp.137-138。

87）前掲「呉鶴齢回想録」、pp.106-109。

88）前掲「対蒙（西北）施策要領」（昭和十一年一月）。

第 2 章 綏遠事件からみた日本の対内モンゴル政策の構造

モンゴル軍騎兵
出所：朝日新聞社提供

内モンゴル自治運動が始まるや否や、西部内モンゴル地域への進出を図っていた日本は、デムチグドンロブ王に対し、積極的な働きかけを行い、次第に「協力」関係を結ぶ。その象徴的な出来事は、1936 年のモンゴル軍政府の樹立である。それにより、デムチグドンロブ王の国民政府からの離脱の動きはいっそう強まった。さらに、同年 11 月、デムチグドンロブ王は関東軍の協力で、当時綏遠にいた傅作義の国民政府勢力を追い出そうと軍事行動、いわゆる綏遠事件を引き起こした。

　綏遠事件が日中関係に大きいな影響を与えたことは周知のとおりである。西安事件がなかったならば日中戦争はその時点で始まっていただろうとも言われている。そのため、従来の研究は主に日中関係の視点から書かれたものが目立つ。序章で述べた、秦郁彦「綏遠事件」と、寺広映雄「綏遠事件と西北抗日情勢の新展開」は、いずれもその例である。

　しかし、綏遠事件とはあくまでも内モンゴル自治運動の過程で発生したものであり、その当事者は内モンゴル自治運動の指導者であるデムチグドンロブ王本人である。彼にとっては、自治運動を成功させるには、綏遠占領は必ず実現しなければならないものであった。そのような事情にもかかわらず、綏遠事件と内モンゴル自治運動との関連性についての研究はほとんど見当たらない。

　綏遠事件は内モンゴル自治運動にどんな影響を与えたか。結果的に失敗に終わった単なる軍事行動だったのか。あえて行動に出たデムチグドンロブ王の本当の思惑は何だったのか。綏遠事件が一つの原因ともなり、関東軍の対内モンゴル政策が、それまでの独立支持方針から独立を意識的に制限する方針に変わった。このことが国家統合を目指していた国民政府にとっては、何を意味するものであったのか。その背後には、日本の対内モンゴル政策におけるどのような構造的なメカニズムがあったのか。従来の研究ではこれらの問題について、ほとんど触れられていない。本章では、これらの問題を明らかにしたい。事件そのものについて詳細には述べないが、敗因についてはいくつかの点を取り上げてみたい。

1. 綏遠事件前の日本の対内モンゴル政策

1.1　関東軍の対内モンゴル政策

　前章で述べたとおり、満洲国の成立により、日本の満蒙政策は新たな段階に入った。以後、日本は「対支」、「対ソ」政策の視点から、西部内モンゴル地域に対し、

いわゆる「内蒙古工作」を、関東軍の特務機関によって実施しはじめる。そこでは、デムチグドンロブ王が指導する自治運動が展開されていた。

当初、関東軍の内モンゴルにおける政策とは、まず、満洲国内のモンゴル人をして、民族協和の精神に基き、「其の本然の発展を遂げしむると共に、其の生活の安定向上、並個人及種族の康寧を得しめ」るものであり、それによって、西部内モンゴル及び外モンゴルにおける同族の自覚憧憬を促し、自然的に彼等をして親日親満に転向させることであった。また、そのため、「西部内蒙古に於ては、蘇支両国勢力波及を排撃する自治政権の樹立を促進し、又外蒙古に在りては、逐次蘇連の覇絆を脱して親日満の趨向に転ぜしむる如く指導す」を方針としていた[1]。

この方針に基づき、チャハル省に対しては、まず、察東およびシリーンゴル盟を、自発的に満洲国と経済的に密接不可分の関係を持つ行政地域にして、満洲国統治および国防を容易にさせる意図があった。しかし、日ソ関係の現状からみれば、たとえ、速やかに実行に着手する必要があったとしても、「速効を獲るに焦慮するの余り、国際の情勢を無視して露骨なる工作に走り内外の視聴を惹くが如き急進的施策の実施」は厳に戒めており、主に経済、文化的施策により、「同地方蒙民をして不知不識の間附満親日たらしむる」ことであり、政治的にモンゴル独立の気運を醸成することは禁止されていた[2]。

ところが、関東軍内において、内モンゴルでの工作を進める中で、内モンゴルを独立させようとする意見が出されるようになった。その最初の人は松室孝良大佐である。彼は、1933年初春の熱河作戦に先立って、参謀本部支那課長酒井隆大佐の指示により、内モンゴル工作の責任者として関東軍司令部に赴任し、熱河作戦後、承徳特務機関長に就任した。その後、松室大佐はドローン・ノールにモンゴル代表大会を開き、会議を通じて、内モンゴルの独立を認めなければ、内モンゴル工作は進展がないことを痛感させられた[3]。当時、デムチグドンロブ王の指導する内モンゴル自治運動がすでに始まっていた。人々の関心はそちらに向かっていたので、ドローン・ノール会議に参加した人は非常に少なかったのである。

松室大佐は1933年10月にドローン・ノールに滞在中、「蒙古建国に関する意見」を起草し、関東軍、陸軍省、参謀本部に提出した。この文書で松室大佐は、「蒙旗の操縦を策せんよりは寧ろ進んで蒙古国」を樹立させた方がいいと主張した。その必要性としては、帝国日本の対ソ軍事行動ならびに政策実施を容易にする点を取り上げ、対ソ政策の視点から説明していた。また、モンゴル民族が長年、漢民族によ

り圧迫を受け、牧地は奪取され、酷税に悩まされ、財政上窮迫に陥り、滅亡の状態から生じた民族的反感と、民族的自覚心が予想以上に大きいなどの理由を取り上げ、その可能性を示唆している。満洲国の影響で、日本の後援による自民族の独立を図る声が横溢している現状から、彼はモンゴル国建設の可能性があると判断していた。

さらに、モンゴル国領域としても二つの案を提出した。第1案では、シリーンゴル盟、チャハル8旗、オラーンチャブ盟、イフジョー盟、帰化城トゥメド部等を領域にし、第2案では、第1案の領域に長城内城以北のチャハル省口北道、山西省雁門道を加えていた[4]。

松室大佐が提出した「蒙古建国に関する意見」は、関東軍の方針からはかなり逸脱していた。そのため、1933年10月19日、関東軍司令官菱刈隆大将は、松室大佐に対して、黒龍江省及び興安東省における諜報工作に当たらせる訓令を下し、親モンゴル的な人物を意図的にモンゴル工作からはずし、内モンゴルの独立を抑制する方針を堅持した[5]。

この時点では、関東軍の対内モンゴル政策は、満洲国におけるモンゴル族の民族意識を刺激するようなモンゴル独立のスローガンを許さず、「民族協和」を基調とし、日本政府の方針に沿ったものであった。しかし、デムチグドンロブ王の指導した自治運動の進展と、関東軍との関係が深まっていくにつれ、関東軍の対内モンゴル政策は変化し始めた。とくに大連会議後、関東軍は内モンゴル工作を積極的に推進する方針を決定し、デムチグドンロブ王に対する工作をいっそう強めた。だが、デムチグドンロブ王はあくまでも慎重な姿勢を見せていた。一連の経験を経て、関東軍の幹部たちは、モンゴル人の協力を得たいなら独立を認めなければならないことを改めて痛感させられることになったのである。

モンゴル軍政府成立直前の1936年1月、関東軍参謀部は「対蒙（西北）施策要領」を策定し、デムチグドンロブ王のモンゴル軍政府の実質を強化するとともに、その勢力を次第に拡大して、「北支」工作の進展に伴い、内モンゴルを逐次に中央より分離自立させることを決め、日本人顧問の指導により軍政府をしてこれを行うことにした。また、「軍政府の実力充実し独立政権たるの実質を備ふるに至らば独立を宣布せしむ」と記しているが、宗主権に関しては何も書かれていない[6]。

関東軍参謀部は当要領を陸軍省に提出し、2月15日、陸軍次官から関東軍参謀長宛に通牒案を発信し、中央政府の方針を伝えた。そこには、「関東軍ノ行フ対内蒙施策ノ範囲ハ、当分ノ間、錫盟、察盟、烏盟、為シ得レハ阿拉善ノ地域トシ」と

60

あった。関東軍の計画していた軍政府の版図よりはるかに狭くなったばかりか、その地域の性質に関しても、「支那政権ノ実質的政令ノ及ハサルモノタラシムルヲ目途トス[7]」としたものであった。

　また、陸軍省にはそもそも関東軍が軍政府の地域として指定していた綏遠省南部（チャハル転属4旗、トゥメド及びイフジョー盟）ならびに寧夏方面の地域を「北支工作トノ関係等ニ鑑ミ主トシテ支那駐屯軍之ニ任スルモノトス」とし、関東軍の勢力拡大を意図的に阻止しようとした思惑があった。さらに、「関東軍ノ指導スル軍政府管轄区域ト冀察政務委員会、綏遠省、外蒙古等トノ紛争処理ニ関シテハ、陸軍中央部ノ指示ヲ受クルモノトス」と記しており、関東軍に対し、陸軍省の指導権を尊重することを暗示していた[8]。しかし、陸軍省の関東軍に対するこのような牽制は、関東軍の動きを阻止することにはならなかった。関東軍は相変わらず独自の対内モンゴル政策を活発に進めていた。

　1936年5月12日、デムチグドンロブ王の指導のもとでモンゴル軍政府が樹立され、関東軍の内モンゴルを分離させる動きもいっそう明確になってきた。それに先立つ1936年4月21日、関東軍参謀長は陸軍中央部と協議するため、陸軍次官宛に書簡を送り、「五月上旬、東京ニ於ケル参謀長会議ニ出席ノ機ヲ利用シ、当面ノ諸問題、特ニ北支並内蒙古工作ニ関シ、十分ナル懇談ヲ遂ケ度キ[9]」と、内モンゴル問題を議論することを希望した

　6月16日に開かれた兵団高級幕僚軍直属部隊長会においては、当時関東軍の参謀長であった板垣は全部で33項目、100ページに上る長い演説を行い、関東軍の対内モンゴル政策について訴えた。その中ではソ連邦、「支那」、内モンゴル、外モンゴルに対する関東軍の対策が語られている。

　「対支」政策については、「同国カ南京政権ノ支配下ニ在ル限リ、帝国ト根本的ニ相容レサルモノト判断シアリ、従テ北支那ニ対シ、軍ノ庶幾スル所ハ成ルヘク速ニ、尠クモ黄河流域以北ヲシテ、日満依存ノ地帯タラシメ、茲ニ南京政権ヨリ分離セル自治、乃至独立地域ノ形成ヲ見、将来予期スル対ソ作戦ニ際シ、我背後地帯ノ安全ヲ確保シ、且同地域ヲシテ、日満支三国共存共栄ノ基礎地帯タラシメ、以テ我カ国是タル東亜永遠ノ平和第一歩ヲ確立セントスルニ在リ」と述べ、また、対ソ政策では、「軍ハ外蒙古領域ノ対蘇作戦上ニ有スル戦略的価値ニ鑑ミ、所有手段ヲ尽シテ之ヲ日満側ニ依存セシメンカ為、先ツ満洲国ト外蒙古間ト正常ナル国交関係ノ樹立ヲ計ルト共ニ、一方内蒙古政権ヲ確立シ、之ヲ中心トシ全蒙古民族ヲ打テ一丸ト

スル独立蒙古国ノ建設ニカヲ注キツツアリ[10]」と述べ、関東軍の方針を主張した。

　つまり、この時点で、関東軍の対内モンゴル政策は、従来の方針から独立政権樹立の方針に変わったのである。しかし、それはあくまでも対ソ、「対支」政策の視点によるものであり、外交政策が変われば、対内モンゴル政策も変わらざるをえない状況にあった。

1.2　日本政府の政策方針

　上述のように、関東軍は内モンゴルに対して、最初は民族意識高揚を意識的に抑制する方針をとっていたが、内モンゴル工作の進展に伴い、徐々に内モンゴルの独立を容認する姿勢へ転じた。それに対し、日本政府の対内モンゴル政策は、当時、まだ具体的に形成されておらず、国民政府との外交関係を重視した「北支」政策の一環として扱われていた。

　その「北支」政策とは、1934年12月7日、陸・海・外務省関係課長間に決定された「対支政策に関する件」に、「我方としては北支地方に対し、南京政権の政令の及ばざるが如き情勢とならんことを希望する」「差当たり北支地方に於ては、南京政権の政令が北支に付ては、同地方の現実の事態に応じて去勢せらるる情勢を次第に濃厚ならしむべきことを目標と[11]」する、と書かれている。

　しかし、1935年に入ると、とりわけ「土肥原・秦徳純協定」の締結により、関東軍のいわゆる「内蒙古工作」が飛躍的な進展を見せはじめると、日本政府の政策に微妙な変化がおきる。1935年8月28日、陸軍軍務局長が関東軍に対して発信した、「北支及内蒙に対する中央部の指導」には、関東軍に対して、「北支」における日本の政策を実施に際しては、天津軍の立場を充分考慮し、大乗的見地に立ち、外務省側をも十分活動させることに留意するよう促す一方、対内モンゴル施策としては、「従来の方針を堅持し、独立政権の樹立の如きは寧ろ之を急ぐの要なかるべく、現下の情勢に於ては主として文化経済工作に重点を指向」するよう要請している[12]。

　しかし、現地に謀略を行う関東軍は、中央の方針に従うことなく、独自の政策を着々と進めていた。その結果、1936年にモンゴル軍政府が成立され、内モンゴルの独立の気運が一気に高まった。また、国民政府との関係も緊迫してきた。

　それを受け日本政府は、1936年8月7日に、「帝国外交方針」を策定し、関東軍の動きを牽制した。そこには、「北支」と「日満両国との経済的、文化的融合提携を策する」とともに、ソ連の赤化進出の対応策として、「北支」を「日満支共同して防衛

に当るべき特殊地域たらしむるに力む」。同時に、「支那の統一又は分立を助成し、若くは阻止するが如き施策は之を行はざるものとす[13)]」とされている。

8月11日、日本政府は改めて「対支実行策」を決定した。その中で、「北支処理の主眼は該地域を防共親日満の特殊地帯たらしめ」ると、従来の方針を再確認しているが、「分治」問題においては、関東軍に対して一定の歩み寄りがあった。しかし、「分治の一挙完成に焦慮する」ことは、かえって紛糾を増し、目的達成に至らないという理由から、まず、「冀察二省」の分治完成に専念するとしている[14)]。しかも、その分治の本質は、「日支国交調整要綱」(石原莞爾)に書かれているように、あくまでも「支那が満洲国を承認する迄の抵当[15)]」に過ぎなかった。日本政府にとっては、一日も早く満洲国を承認させることが、外交の最優先課題であった。したがって、分離独立問題でそれ以上中国を刺激しないため、「北支」地域において、「支那領土権を否認し、又は南京政権より離脱せる独立国家を育成し、或は満洲国の延長を具現するを以て帝国の目的たるが如く解せらるる行動は、厳に之を避くるを要す[16)]」としていた。

つまり、日本政府の対内モンゴル政策は、関東軍によって展開されていたが、関東軍とは政策的に大きな隔たりがあった。その後、関東軍の積極的なアプローチにより、内モンゴル問題として政府の政策方針の中で現れるようになったものの、「北支」と内モンゴルの定義は依然として曖昧な側面を数多く有していた[17)]。

2. 綏遠事件と日本

2.1 綏遠事件の発生とその敗因

関東軍は内モンゴル工作を本格化するや否や、綏遠侵攻の計画を立て始めた。1936年1月に、関東軍参謀部が作成した「対蒙(西北)施策要領」の中で、「傅作義にして反軍政府の態度を堅持する場合には、軍政府の武力充実し、自信を得るに至れば、好機を捕へ断乎として傅作義及其軍隊を綏遠省外に駆逐せんことを図る」と書かれており、関東軍の綏遠侵攻の準備は1936年初頭ごろの時点からすでに始まっていたことが分かる[18)]。

1936年8月、関東軍の板垣征四郎参謀長・武藤章第2課長が徳化に飛来し、編成が完了したモンゴル軍を閲兵するとともに、板垣参謀長は徳化で田中隆吉参謀、田中久徳化特務機関長、松井忠雄大尉等と綏遠進出の会議を開いた。田中隆吉参謀

63

は綏遠への武力進出を主張した。それに対し、田中久特務機関長はこの計画が無謀であると強く反対したが、結果的に解任されることになった。その後、田中隆吉参謀が機関長を兼任し、綏遠侵攻の指揮をとることになった。1936 年 8 月下旬、板垣参謀長、武藤第 2 課長、田中参謀等一行は綏遠で傳作義と会見し、防共の大業に参加するよう呼び掛けたが、応じなかったため、武力行使は確実となった [19]。

　一方、国民政府が綏遠省を設置した時から存在していた、綏遠省とモンゴル側の軋轢は、百霊廟蒙政会の成立後、さらに激しくなった。蒙政会成立以前なら、モンゴルの盟、旗の政権は綏遠省政府の下に置かれていたので、綏遠省と直接対立することはできなかったが、蒙政会成立後、モンゴルの旗に統一組織が生まれ、綏遠省と対抗できるようになったのが原因であった。それが、経済面ではアヘン通過税をめぐる争い、政治面では西公旗札薩克の継承問題をめぐる争いとなって表面化している。ところが、この争いに対する国民政府の態度は綏遠側に偏っていたため、蒙政会の方はいつも失敗に終わっていた。それにより、国民政府と傳作義に対するモンゴル側の不満はいっそう深まった [20]。また一方、蒙政会の出現により、傳作義のデムチグドンロブ王への苛立ちも頂点まで至っていた。たとえば、1934 年 10 月、デムチグドンロブ王が帰綏（フフホト）で蒋介石に面会し、その帰途、傳作義の暗殺陰謀に遭ったことがある [21]。以後、二人の矛盾は内部の調整だけでは解決できなくなり、それが関東軍の意志とも合致し、結果的に武力衝突につながった。

　他方、田中久に代わって田中隆吉が徳化特務機関長になると、すぐに綏遠侵攻を主張した。しかし、デムチグドンロブ王がそれを支持しなかったので、田中隆吉は自分の計画を実現するため、王道一の匪賊部隊をかき集め、綏東周辺のホンゴルトを攻撃したが、失敗に終わっている [22]。そこで彼は改めて、デムチグドンロブ王のところにやって来て、自分で責任を取り、綏遠を進攻したいと主張した。その作戦計画は次のとおりである。

(1) 第一期

　イ、11 月 10 日までに展開を終わり、14 日から作戦行動を開始する。

　ロ、右第一線は王英軍とし商都から平地線方面に攻勢を取る。

　ハ、左第一線は李守信の第一軍（漢人八割、モンゴル人二割）主力及び張復堂部隊（歩兵約三千）とし、南壕塹から興和方面に攻勢を取り、其の後右旋回し

て平地線東南に進出する。

　ニ、モンゴル軍第七軍は百霊廟を厳守し、包頭以西の第二期作戦を準備。

　ホ、同二師は八台、商都を守備する。

　ヘ、第二線兵団（デムチグドンロブ王直率の第二軍〔モンゴル人八割、漢人二
　　　割〕中心）五ヶ師を以って徳化、張北地区に配置する。

(2)第二期

　チャハル西四旗を占領した後、主力を持って綏遠、あるいは大同に進行する[23]。

　実は、今回の計画に対しても、デムチグドンロブ王は当初賛成していなかった。
彼が同調しなかったので、田中は今度は王英の漢人部隊を使って侵攻しようとした。
関東軍は、武力侵攻は、傅作義が反軍政府の態度を堅持する場合にのみ行うという
方針だったので、占領以外はどの部隊を使うのかは重要ではなかった。だが、一日
も早く綏遠を占領して、モンゴル国を樹立したいと考えていたデムチグドンロブ王
にとっては、綏遠が王英の手に入るということは、「第二の傅作義」になることを意
味していたため、決して都合の良いものではなかった[24]。そこで彼は、その局面
の出現を阻止する目的で、やむを得ず賛成にまわったと考えられる。そこに日本と
デムチグドンロブ王のそれぞれの思惑が隠されており、綏遠における日本の支配を
牽制しようとした彼の意志が伺われる。綏遠事件はデムチグドンロブ王と関東軍の
衝突の伏線であったともいえる。

　1936年11月5日から、デムチグドンロブ王と傅作義は互いに電報を送り、激し
く非難しあった。いずれも中央に対して自らの正当性を主張していた。当時、危機
を感じた蒋介石はデムチグドンロブ王宛に電報を送り、軍事行動の停止を命令した
が、阻止することができなかった。

　11月14日、王英は大漢義軍総司令の名義で、「全国同胞に告ぐ」という声明を発
表し、蒋介石に反対して国民政府の打倒を呼びかけるとともにホンゴルトを攻撃し
た。綏遠事件の幕開けである。しかし、王英の部隊は綏遠を攻略することができず、
逆に11月24に、傅作義の部隊に百霊廟をまで占領されることになった[25]。29日、
田中参謀は百霊廟の奪回を命令したが、結局、12月9日のシャルムレン廟の兵変
により失敗に終わった[26]。こうしてデムチグドンロブ王は、わずか数日間の内に
軍事面で失敗したばかりか、蒙政会の発祥地である百霊廟まで失って、非常に受動

65

的な立場に置かれるようになった。

　時期を同じくして、12 月 12 日、西安事件が発生し、張学良、楊虎城が蒋介石を監禁し、抗日を迫った。蒋介石の監禁事件が全国に広がるや否や、世論の注目は綏遠から西安に移る。これを機に、デムチグドンロブ王は軍事的圧力を緩和しようと、直ちに呉鶴齢によって電文を起草させた。両将による容共抗日、最高指導者の逮捕、国家規律の紊乱を非難し、救出を求めるとともに、指導者の受難に当たって、モンゴル側と綏遠の争いを中止するよう呼びかけたのである。このようにして、西安事件はモンゴル軍にとっては停戦の一つの口実となり、双方は一時対峙状態に入った[27]。事件経過の大筋は上述のとおりである。その失敗の原因については、以下にいくつかの点を取り上げてみたい。

　（1）軍事力から言えば、当時、綏遠側には傅作義の第 35 軍のほか、国民党山西軍の支援もあり、総兵力は約 3 万人以上であった。それに対してモンゴル軍は編成されたばかりで、訓練も不十分であり、王英の率いる大漢義軍の兵力とあわせてせいぜい 1 万 5 千人であり、綏遠側の方が圧倒的に強かった[28]。当時、中国側はモンゴル軍の印をつけた関東軍が戦争に参加したと宣伝していたが、実際、参加した関東軍は 4 人に過ぎなかった。関東軍支配下の満洲航空会社の飛行機隊 13 機、満洲電電会社の無線機および満洲自動車班の自動車 150 輌などが徴用された[29]。

　（2）関東軍の間違った判断を指摘することができる。綏遠側の方は士気が高かったのに対し、王英の部隊は平民出身の者が多くて、戦意にかけていた。加えて、王英の部隊には敵軍の兵士が混入し、内乱を引き起こす準備まで整っていた[30]。そのような状況にもかかわらず、11 月 10 日、関東軍参謀長より陸軍次官に送った電報では、モンゴル側の軍事力に関して「編成訓練装備ヲ完成シ、給与、服装等モ良好ニシテ、幹部ハ勿論、兵ニ至ル迄自信力ヲ有シ、士気旺盛ナリ」と余りにも楽観的であり、綏遠側について、「支那軍ノ内部関係ハ複雑ニシテ、大ナル戦闘力ヲ発揮シ得サルモト認メラル」とみていた。

　また、王英、孫殿英の旧部下が敵軍の中に散在しており、内応する者が多いなどと事実と異なった判断をし、認識が非常に甘かったのも失敗のもう一つの大きな原因と考えられる[31]。綏遠事件の主役であった田中は、当時デムチグドンロブ王に対して、「満洲事件の際、東北軍は少し戦うとすぐ逃げてしまったので、我々はさほど苦労することなく東北四省を占領して、満洲国を樹立した。綏遠軍はなおさら役に立たず、おそらくちょっと脅かしてやれば、ただちに逃げ出してしまい、すぐ

にも綏遠が手に入る[32]」と語っていた。

（3）傳作義は最初から十分なる準備を整えていただけでなく、軍事面での勝利が伝えられるや、全国各地からの支持と応援が集まった。それに応じ、国民政府外交部は 28 日、領土主権を保全するために全力で防御する旨の声明を発表した[33]。つまり、デムチグドンロブ王は傳作義との衝突を、局地的な衝突として対処していたが、結果的には、モンゴル軍と国民政府との衝突に変わったのである。逆に、関東軍は陸軍省の反対にもかかわらず、綏遠事件に単独で対処したため、陸軍省などの十分なる支援を得られなかった。1936 年 9 月 1 日、関東軍参謀長から陸軍次官宛に電報を送り、武器を要請したが、陸軍省は関東軍の要求どおりに武器を提供しなかった[34]。

（4）もう一つは、前年に西部内モンゴルを襲った雪害を無視することができない。善隣協会の報告は、被害の状況について以下のように述べている。「満洲国の西隣に連る内蒙古の昨年末以来の降雪は、過去百年来未曾有のものといはれ、家畜の斃死するもの無数、農耕を知らず、牧畜を唯一の生業とし、主要なる衣食住の手段をこれより得ている蒙古人の惨状は言語を絶し、三十万蒙古民族は今や餓死線上を彷徨しつつある」。草原に積もった雪が 4 尺を超えたため、家畜はまったく食べ物がなく、家畜同士の互いの相食い現象まで起こっていたという。被害により、チャハル、シリーンゴル両盟の家畜は、羊は 150 万頭から 30 万頭に。牛は 48 万頭から 8 万頭に。馬は 34 万頭から 7 万頭にまで減少していた。デムチグドンロブ王の西スニドにおいても、家畜の総数は 58,924 頭の内の 49,483 頭を失い、その損害は 84 パーセントに達し[35]、回復には少なくとも 10 年が必要とされた[36]。

このような大被害を受けたにもかかわらず、1 年足らずの内に大掛かりな軍事行動を起こすことは、物質的にも、精神的にも不可能であったと考えられる。さらに、軍事行動に欠かせない馬の数に注目すると、その数はわずか 7 万頭になっていた。にもかかわらず、あえて軍事行動を起こしたことも失敗の原因といえるだろう。

2.2 綏遠事件当時の日本側の内部関係

2.2.1 関東軍と陸軍省の関係

関東軍の綏遠工作は早くも 1936 年初期からすでに動き始めていた。同年 1 月に作成された「対蒙（西北）施策要領」の中には、「軍政府成立の後適当なる時機に臨み、蒙政会の名に於て綏遠傳作義に対し、左記事項の実行に関し交渉を開始せしむると

67

共に、軍政府の強化と軍備充実を図り、交渉の迫力を増援す」と記しており、交渉の件に関しては以下の4点があげられている。

(1) 蒙政会成立当初に於て、南京政府蒙政会間に締結せられたる綏遠省の収入の半部を蒙政会に交付する件
(2) 国民二十三年八月何応欽蒙政会間に締結せられたる阿片特税に関する五項弁法の実現に関する件
(3) 開墾土地税を過去に溯り蒙政会に交付する件
(4) 民国十八年綏遠省内に包含せられたる察哈爾四旗の帰属問題

また、傅作義が反軍政府の態度を堅持する場合には、軍政府の武力充実し次第、好機をとらえ、彼に対して軍事行動を取ることを決めていた。ところが、政府の決定に綏遠工作を「北支那」駐屯軍の工作地域として指定していたため、「本施策は支那駐屯軍の北支工作と密接に連繫す」と強調していた[37]。「昭和11年関東軍謀略計画」の中でも、「綏遠省の傅作義に対しては、関東軍と防共工作を結び協力するよう工作し、中央、山西から離脱すれば独立政権として支援する[38]」となっており、関東軍の綏遠工作の内容がうかがえる。綏遠を完全にモンゴル政権に包含することは、モンゴル政権の基礎に重大なる影響があり、その影響を鑑みて関東軍は傅作義に対し、各種の手段を講じて協力に努力するが、もし、彼との協力ができなければ武力行使すると決め、準備を着々と整えていた[39]。

しかし、ほぼ同時にできた陸軍省の「北支処理要綱案」(1936年1月)では、内モンゴル工作について、「蒙人勢力ノ南漸適宜之ニ制限ヲ加フルモノトス。之カ為対内蒙古工作ハ、其範囲ヲ概シテ、外長城線以北ニ限定シ、且東部綏遠四蒙旗ノ地域ニ波及セシメサルモノトス」と指示し、関東軍が工作を強化することによって、綏遠軍と衝突する危険を冒すことを禁じている[40]。しかし関東軍は、「謀略上中央の統制に服すること従来より良好なるも、なお中央にて考うるほど出先は徹底しておらず」、板垣参謀長、武藤第2課長・田中中佐らは、中央部の意思を無視して内モンゴル工作を促進していた[41]。また、チャハル省、綏遠省の特務機関の極秘工作を通して、綏遠に対し空爆を行うことさえ決定していた[42]。

一方、綏遠侵攻を無謀であると強く反対していた田中久中佐に変わって、徳化機関長になった田中隆吉参謀は、綏遠工作を積極的に推進した。9月末、田中は

第 2 章　綏遠事件からみた日本の対内モンゴル政策の構造

「綏遠工作実施要領」を起草し、関東軍の南次郎司令官、および各幕僚の承認を得た。その後、田中の活動は次第に専断独走が多くなり、関東軍正規謀略からほとんど田中隆吉一人の謀略になり、日本政府側は真実をほとんど把握していなかった[43]。

1936 年 9 月 1 日、関東軍参謀長から陸軍次官宛に電報を送り、「対内蒙政策ノ進歩ニ伴ヒ、帝国ノ戦争指導方針ニ基キ、将来外蒙方面ニ使用スヘキ内蒙古軍ノ基幹部隊ノ編成ハ略終了セル」ことを報告するとともに、小銃 1 万挺、軽機関銃 300 挺、山砲 20 門を要請した[44]。それに対し 9 月 18 日に、陸軍省から返電があり、関東軍の要求どおりには武器を提供しなかった[45]。

10 月からデムチグドンロブ王を交えた軍事会議がしばしば開かれ、モンゴル軍と謀略部隊の使用法、作戦計画及び侵攻の名分などについて、デムチグドンロブ王・田中参謀・松井忠雄補佐官の間で激論が繰り返された。デムチグドンロブ王は、侵攻の目的をあくまでも局地のものとしていた[46]。11 月に入って、北京を経由して新京にやってきた参謀本部作戦課長の石原莞爾大佐は、綏遠工作が無謀であることを関東軍の板垣参謀長以下に説いたが、武藤大佐らは石原に対し、「われわれは貴官が満洲事変の時に教えてくれたお手本を見習っているだけです」と激論の結果譲らなかったのである[47]。

1936 年 11 月 10 日、関東軍参謀長は陸軍次官宛に 2 通（関電 332 号と関電 331号）の電報を送った。第 1 通は、モンゴル軍政府の綏遠工作は着々と進行中で、6日に兵力の集中が完了したことを報告するとともに、「軍政府ハ綏遠省傳作義ニ代表ヲ派遣シ、防共合作ヲ勧告中ニシテ、其勧告ヲ容レラレサル場合ハ、行動ヲ開始スルニ至ルヘシ」と軍事行動をとることを示唆し、また、予想される南京政府と国際社会の抗議に対し、「今次ノ行動ハ、真ニ軍政府ノ実力充実ニ伴フ自発的工作ニシテ、帝国ノ関知スル所ニアラス」と第三者の立場をとることを促した[48]。

第 2 通は参謀次長電 651 号に対する返電であり、主な内容は次のようである。

　　一、内蒙古軍政府ハ、蒙政会ノ職能ヲ十分発揮セシメ、防共ノ目的ヲ貫徹
　　センカ為、積極的行動ヲ執ラントスルモノニシテ、軍ニ於テハ、内蒙古ノ安
　　定ハ北支安定ノ素因ナルノミナラス、蘇支分離上有効ナルモノト認メ、之ニ
　　好意ヲ示シ、内面的援助ヲ与ヘ来レリ。

　　二、蒙古軍ノ行動要領ハ、謀略的施策ヲ主トシ、軍事行動ヲ従トスル関係上、

予測シ得サルモノアルモ、徳王ノ第二軍ハ後方警備ニ任シ、王英軍ハ十一月上旬行動ヲ起シ、包頭付近ヨリ五原方面ニ進入シ、父祖ノ地ヲ回収シ、共匪ヲ駆逐ス張福堂及李守信軍ノ一部ハ、十一月中旬、先ツ興和ヲ占領シ、李守信軍主力ト共ニ、平地泉附近ヲ攻略シ綏遠省内部ニ於ケル共産軍ヲ粛清ス。

三、中央飛行隊ノ進出ニ応スル為、満航会社ニ編成セル戦闘、軽爆各四機ヨリ成ル独立飛行隊ヲ待機セシメアリ。

四、傅作義ニ対シテハ、内蒙トノ合作ヲ慫慂シアルモ、未ダ去就ヲ明ニセスシテ、飽迄抵抗スルニ於テハ、之ヲ綏遠省ノ外ニ駆逐ス。本工作完了セハ綏遠省ヲ整理シ、蒙古軍政府ヲ強化シ、対外蒙対北支工作ヲ容易ナラシムル企図ヲ有スルモ、内蒙独立宣言ノ如キハ遽カニ実行セシメス。

五、本工作ハ、総テ蒙古軍政府ノ自発的行動ニシテ、日本及関東軍ハ表面上全然関係ナキモノトシ、使用飛行機ノ如キハ、内蒙古軍ノ標識ヲ附シアル次第ナリ [49]。

綏遠工作に反対の態度をとる政府側に対し、関東軍の強硬な態度を改めて表したのである。

1936 年 11 月 12 日、参謀総長と協議を経て、陸軍大臣は関東軍司令官宛に電報を送り、陸軍の方針を伝え、帝国の内外の情勢に鑑み、「貴軍内蒙工作中、綏遠方面ニ対スルモノハ、特ニ武力ヲ直接平綏沿線ニ加フルハ之ヲ避ケ、支那側ノミナラス、列国ヲシテ乗スルノ機会ヲ与ヘシメサルコトニ留意シ、大局を誤ラサルヲ要ス。内蒙軍ノ行動ニ満航ヲ利用スルハ深甚ノ注意ヲ加ヘ、見ヘ透キタル行使ト動カサル証拠ヲ中国側ニ与フルカ如キコトナキ様、留意スルヲ要ス」と慎重に考慮して行動をとることを望みつつ、関東軍の行動を事実上黙認することになった。さらに、内モンゴル施策の重要性と帝国内外の情勢に鑑み、この種の工作は、出先機関であれ、中央機関であれ、全軍一致の方針をとるのが重要であることを通告し、今後事前においては十分連絡することを要求した [50]。

11 月 16 日、陸軍省の次官より改めて関東軍参謀長宛に電報案を送り、「積極的ニ武力ヲ使用セシムルコトハ、此際適当ト認メ難シ、特ニ依命伝達ス」と武力行使を中止するよう要望した [51]。これが陸軍省の関東軍の軍事行動を阻止しようとした最後の試みと見られるが、その時、綏遠事件は既に発生していたので、阻止する

ことは不可能であった。

　前に述べたとおり、王英部隊のホンゴルト攻撃によって綏遠事件は幕を開けたが、事件発生からわずか数日で、モンゴル軍が敗北したばかりか、蒙政会の発祥地である百霊廟まで傅作義の軍隊に占拠された。11月27日、関東軍は今回の事件について、「防共自衛の為、やむを得ざる手段である」と位置付け、「関東軍は内蒙軍の行動に関し、多大な関心を有している」と表明した。さらに、「満洲国接壌地方にして、本戦乱の影響により治安擾乱せられ、累を満洲国に及ぼし、もしくは支那全土赤化の危機に瀕するが如き事態発生においては、関東軍は適当と認むる処置を講ずるの已む無きに至るだろう」と威嚇的声明を発表した[52]。続いて満洲国も追随的な声明を発表し、今回の武力衝突を「内蒙古地方から不逞分子を一掃して赤化侵略の危険を免れんとする緊急自衛の行動に出たものである」と評価した[53]。

　翌11月28日、関東軍高級参謀から陸軍次官宛に電報を送り、事件に対して弁解するとともに、拡大する可能性をも示唆していた[54]。ところが、満洲国外に軍事行動を起こすには、あらかじめ勅裁を必要とするので、関東軍は政府の方針を確定するため、12月10日ごろ、今村均参謀副長を東京に派遣し諒解を求めた。だが、従来から関東軍の越権行為に批判的であった政府側は、三相会議を経て、差し当たって関東軍が出兵を行わないことを決定し、梅津陸軍次官を通じて、「関東軍が事々に中央部の命令に、逸脱した行為を取っている」と厳しく批判し、関東軍の出兵意見に反対した[55]。

　陸軍省の軍務課員片倉少佐は、上京した関東軍当局者と綏遠事件について協議し、12月13日、同少佐は、「内蒙時局対策案（軍務課中間案）」を起草し、軍務局長を通じて関東軍に指示した[56]。その中で「成るべく速に蒙支両軍の軍事行動を停止し、努めて事件前の態勢に復せしめ、錫盟、察盟を範域とする内蒙自治政府の樹立を表面化し、日満両国に於て之を支援す」という方針を決定し、さらに、要領では、帝国政府より南京政府に対し、「支那軍は速に軍事行動を停止し其部隊を原配置に撤退せしめ内蒙の事態を平静ならしむべく」旨を警告する。「支那軍にして進で察哈爾協定を侵犯するに於ては日満両国は所要の兵力を以て該協定を擁護」すると決め、関東軍の行動を阻止しながらも、南京政権に対しても軍事行動を停止するよう警告を出している[57]。翌12月14日、陸軍省は改めて、「西安事変対策要綱」を策定し、「南京政権其他各地政権が従来の政策を是正することなく、更に抗日反日思潮激化

し、帝国居留民の安全、又は在支権益を侵害せらるるが如き事態に到れば、自衛権の発動を躊躇せず[58)]」と威嚇の方針を改めて確認し、強硬な路線を崩さなかった。

2.2.2　関東軍と外務省等の関係

　関東軍の対内モンゴル政策は、隠密裡に行われていたため、陸軍省だけではなく、外務省などほかの機関も、関東軍の内モンゴル工作の詳細なことはほとんど知らなかった。モンゴル軍総司令部の成立も関東軍の独自のものであり、外務省に知らせたのも後のことである。

　モンゴル軍総司令部の成立後、1936 年 3 月 27 日、有田八郎駐中大使は新京に行き、自ら関東軍首脳部との会談を希望し、28 日から関東軍の南次郎前司令官と植田司令官を含め、関東軍の各幕僚と相次いで会談を行い、対ソ関係、外モンゴル事情、対内モンゴル工作、および対中政策に関して意見を交換した。当時、大使の外相就任説があったため、関東軍側が熱心に歓迎し、各参謀が出席して会談を行い、軍の従来極秘として進められてきた内モンゴル工作についても詳細な説明を行った。会談は 2 日間にわたって行われており、その様子については、「有田大使ノ関東軍トノ会談」に以下のように詳細に記録されている。

　第 1 回会合は、3 月 28 日午後 3 時から始まった。関東軍側から板垣征四郎参謀長以下の各幕僚、外務省側から大使のほか在満大使館守屋参事官及び各書記官等が出席した。会議においては、板垣参謀長より「関東軍ノ任務ニ基ク対外諸問題ニ関スル軍ノ意見」を朗読説明し、それに対し大使は対ソ関係については、ほとんど同感であるが、それに伴う対中政策については、別の意見があることを伝えた。それに続き、関東軍の第 2 課長より、「内蒙古軍政府成立ノ経緯」を説明し、大使から細目についてちょっと質問をしたほか、「秘密ナラハ敢テ回答ヲ求ムルモノ非スト」という前提で、外モンゴルに対する工作について質問したが、田中中佐は、「外蒙ノ帰趨カ対蘇作戦ノ場合死活ヲ制スルハ勿論ニ付、頗ル重要視シ居ルモ、今直チニ外蒙ヲ攻略セムトスルモノニ非ス、内蒙工作進展シ、内蒙カ我勢力ニ帰スレハ、内蒙ト外蒙ノ区別明白ナラサルニ付、漸次外蒙東南部及南部ヲ帰順セシメ得ヘシ[59)]」との旨を伝えた。

　第 2 回会合は、29 日午後 4 時から始まった。出席者は前日と同じだった。田中中佐より、「対支政策ノ根本概念ノ是正ニ関スル意見」を主題とし、「相当激烈ナル言調ニテ所見」を述べ、外務省側の「南京ヲ中心トシ折衝シ来ルコト、及南京ヲ転向

セシメ得ヘシ」という考えを痛烈に批判し、南京に対しては、「中支」の問題以外を交渉すべきではないと主張した。それに対し、有田大使より、日本の「北支ニ於テ求ムル所カ、防共施設ノ承認、反満抗日的行動ノ停止、経済建設等々」であることを説明し、その目的に達するには、「北支ニ対スル工作ヲ進メ、支那ヲ漸次クチリ取ル遣リ方」と、南京政権にして、「北支」政権の各種の自主権を認めさせ、「北支政権ヲシテ之ヲナサシムル遣リ方」と二つであり、対ソ関係の切迫を中心とする国際時局から言えば、後者の方がもっと可能であることを伝えた。また、「一定ノ期限ヲ区切リ、後者ノ方法ヲ試ミ、夫カ成功セサリシ場合前者ニ帰ルモ差支ヘナシ」と加え、関東軍の考えにも一定の配慮を見せている。

それに対し、田中中佐は「一定期間ヲ限ルトハ言ヘ、到底不可能ナルコトヲ試ミルハ、時間ノ空費ナリ」とあくまでも否定的で、国民党成立以来の歴史から論じ、花谷中佐からは大使の意見一応了解すると言いながらも、「軍側トシテハ、南京政府ニ対シテハ、中支ノ問題以外ヲ交渉セラレサランコトヲ望ム」と譲る姿勢がまったくなかった。最後に、大使に対し改めて十分考慮することを促し、大使から「対支政策ノ一致ヲ必要トストノ趣旨」を伝えた。このように、関東軍と外務省側の意見が大きく対立していたが、関東軍の秘密工作に対し、外務省側はあえて干渉していなかった。

有田が外務大臣に就任した直後の4月20日、張家口領事代理中根直介は、有田外務大臣宛に電報を送り、「関東軍側ハ本年四月以降、蒙古軍政府ノ蒙古第一、第二軍ノ現有勢力三千人ヲ一万人ニ増加シ、軍費トシテ、満洲国側ヨリ察東政府警備費月額七万、軍側ヨリ二十万円ヲ支給シ、大体今秋末迄ニ右訓練ヲ了スル予定ニシテ、既ニ熱河蒙古ヨリ続々募集中ナルカ、右準備完了次第綏遠工作ニ移ル」と、関東軍の綏遠工作について報告した。それに対し、天津軍は、「綏遠政権ノ現状維持ヲ期シ、傅作義ヲシテ極力中央ト連絡セシメサル方針」であると判断している[60]。

天津軍は当時、関東軍の綏遠侵攻に対して反対の態度をとっていた。4月30から5月2日まで、3回にわたって行った須磨弥吉郎総領事と喜多誠一武官の会談では、「察哈爾ニ付テ、関東軍ト天津軍トノ間意見ノ衝突アリ、関東軍ハ徳王統治ノ六県全部ヲ其ノ手ニヨリ指導セントシ、察哈爾ハ北支五省ヨリ寧口内蒙ニ属ストナシツツアリシカ、天津軍ハ右様ノ出方ニテハ、従来折角ノ北支五省対策ハ水泡ニ帰スヘシト反対シ」と、その理由について語り、関東軍の行動についても、「事前ニ本部及他ノ出先ト合議スルコトナク、行動ヲ執ルコトハ先ツ有リ得サル状況」という

73

見解を示している[61]。

4月30日の北京駐在の栗原補佐官より次長への報告の中で、モンゴル軍政府に関しては、英文の新聞から得た情報として、「近ク内蒙独立ヲ宣シ、徳王ヲ主班トシ、司法、軍政、財政、交通、教育ノ五部……ヨリナル新政府既ニ滂江ニ成立セラレタリ等ノ噂頻リニシテ、本日ノ英字紙ハ相当大キク之レヲ報道シ居レリ[62]」と伝え、さらに次の電報では、「陸軍武官ニ確メタル所、何等承知シアラズ、但シ関東軍ハ二十四日以来西烏珠穆泌王府ニ内蒙王公会議ヲ開催中ナルヲ以テ、斯カル噂ヲ生ジタルモノト思ハルト答ヘタリ[63]」と書いており、真実をまったく把握していなかったことがうかがわれる。英文のタイトルは"Independence Movement in Mongolia"であった[64]。

このように、関東軍は当時、外務省あるいはほかの方面軍の意見をもほとんど無視して、内モンゴル工作を進めたため、「蒙古国建設も遠きに非ざるが如く」の噂まで出ていた。それを確認するため、当時、海軍部の参謀長であった大島乾四郎大佐が、陸軍地方に対する一般視察を禁止されていたにも関わらず、7月上旬に現地を視察し、その後書いた「察哈爾方面視察報告」の中では、「蒙古国建国工作は尚謀略の道程にあり、完全なる建国実現は前途遼遠なり」と関東軍の内モンゴル工作に疑問をもっていた。また、関東軍が相変わらず中央の統制に服しないことを指摘していた[65]。

1936年5月18日、中根領事代理は有田外務大臣宛に電報を送り、関東軍は「傳作義ノ南京政府トノ合作ヲ確認シ、蒙古工作進展ノ必要上、六月中旬」に平地泉、綏遠に爆撃を加えることを準備しているとした情報を伝えた[66]。

その翌日5月19日、有田外務大臣から在満植田大使宛てに、「満洲国ト内蒙トノ相互援助協定ニ関スル件」の電報を送り、協定に関しては主義上必ずしも反対しなくても、外交上の問題から慎重に検討するべきであるとした方針を示し、また、本件協定締結の際、軍中央部より関東軍に対し、協定締結前中央と協議すべき旨、および協定案の内容を報告すべき旨を訓電したにも関わらず、中央部の訓電に対し、関東軍側から未だ何等の回電がないと、関東軍の外務省を無視した一方的な行動に対し、強い不満を表明していた[67]。

陸軍省も外務省も、関東軍に対し事前に報告することを促したが、関東軍はそれに耳を傾けなかった。そのことが最終的には、綏遠事件において、日本の外務省

第 2 章　綏遠事件からみた日本の対内モンゴル政策の構造

を非常に受動的な立場に追い込むこととなった。綏遠事件発生後の 11 月 21 日、日本の外務省は当局者談の形式で、「今次綏東方面における内蒙古軍と綏遠軍との衝突は内蒙古側と綏遠側との紛争であって帝国の関するところでない [68]」と声明を発表している。しかしその後、関東軍が声明を発表し、背後に関東軍の支持があったことを認め、外務省が狼狽する事態ともなった [69]。

2.3　綏遠事件の日中関係への影響

　綏遠事件は関東軍、とくに田中隆吉機関長の責任で行った行動である。当時の日本の外務省の立場をまったく無視したため、日本と中国の外交にも大きな影響を与えたことはいうまでもない。それが、中国の日本に対する不信感を深めさせ、中国側を高姿勢に追いやる結果となる。日本軍の華北工作を難航させ、日中国交調整に関する川越大使、張群外交部長の会談も、綏遠事件を契機として中断することになった。

　1936 年 11 年 9 月から川越大使、須磨駐南京領事らは日本政府の訓令により、「第二次北支那処理要綱」の内容を実行に移すため、蒋介石委員長、および張群外交部長と相次いで折衝を重ねた結果、交渉はある程度進展を見せた。中国側も、華北防共協定、日本人顧問の招聘、「日支」航空連絡、互恵関税協定、山東、山西、綏遠 3 省における経済開発のための協力、排日取り締まりなどの件については、原則的には日本側の要求を内諾した。ただ、華北における特殊行政機構の創設、および冀察の現状黙認ということについては、国内統一の基本方針と、国内で悪化する対日空気に鑑み、拒否した。察東、綏遠における王英、デムチグドンロブ王の部隊に対しては、解散などを要請していた [70]。

　しかし、11 月 11 日、午後に予定されていた須磨総領事と高宗武の会談が、張群の指示により突然中断されることになる。前日の話を最後の意見とし、それを変更することは、「内政上殊ニ最近ノ綏東方面情勢ノ発展ニ依リ生セル、対日疑惑及不安ヨリ、絶対ニ不可能ナリ」と、引き続き交渉しない方針を明らかにし、それまで続けられていた劉湘の陳謝、航空連絡、交渉に関する文書作成、「北支」の防共などの問題についての交渉も中断された [71]。

　11 月 15 日、高宗武は密かに洛陽へ飛び、蒋介石と面会し、今までの交渉の結果を報告するとともに、彼の指示を受け、18 日に川越大使に蒋介石の伝言を伝えた。その内容とは「(1) 綏東工作ノ存続スル限リ交渉ヲ成立セシムルコト困難ナル点ニ

75

付、特ニ本使ノ考慮ヲ求メ度シ (2) 防共問題ハ、支那ノ内政上、極メテ機微ナルモノアルヲ以テ、此ノ際ハ一切之ニ触レス、今後適当ノ機会迄延期セラシ度シ (3) 支那国民ノ日本ニ対スル不安猜疑ノ念慮ハ、前記 (1) ノ関係モアリ益々昂ズル一方ニ付、日本政府ニ於カレテハ、大局上ノ見地ヨリ右念慮ヲ一掃スルカ如キ措置ヲ執ラレ度ク、特ニ例ヘハ適当ナル声明(右ハ日本政府トシテハ、綏東工作ヲ支援セサルコトヲ明カニスル趣旨ノモノナル如ク認メラレタク)ヲ公布スルコト最望ニシキ旨、本使ニ伝達セリ[72]」であった。

11 月 19 日、高宗武は川越大使と須磨総領事と相次いで会談し、綏遠事件の背後に関東軍の支持があるのは疑いないことと、大使の斡旋によってこれらの行動が停止されれば、交渉の成立が容易になるとした蒋介石の要請を改めて説明した。それに対し、須磨総領事は綏遠の実状と今次の交渉は関係ないことを主張し、もし、中国側がこれを口実として、交渉を決裂させるつもりなら、全面的な日中衝突を引き起こす恐れがあり、「此ノ点ヲ考慮セハ、結局速ニ交渉ヲ纏ムルコト然ルヘシ」と、国民政府に対し交渉の再開を強く求めた[73]。

11 月 17 日、閻錫山は太源で山西・綏遠の高級将領を集めて軍事会議を開き、綏遠緊急事態について協議した。蒋介石は洛陽から太源に飛来して閻錫山と会見し、「綏東事件を拡大してはならない、南京は綏東の停戦のため、外交面で策を講じて日本・傀儡の侵攻を緩和する」と傅作義に伝達するよう要請し、できるだけ鎮静化を図っていた。しかし、全国各界救国連合会は、国民政府、傅作義、張学良、宋哲元等に対して「直ちに南京外交談判を中止し、全国抗日戦争を開始せよ」と要求した。全国の世論の圧力により 28 日、国民政府外交部は領土主権を保全するために、全力で防御するという声明を発表した[74]。このように、綏遠事件は中国側を憤慨させ、日本に対する不信感が深まった。国民政府は交渉を拒み、それまでの交渉はここに来て挫折してしまった。

影響はこれだけではなかった。日中関係においても「満洲国を直接その渦中に巻き込む恐れ全然無しとは云ひ難い[75]」状態であり、「内蒙古の黄河線進出、中央軍の熱河進出が目標なる以上、紛糾は永続発展性ある事勿論、延て華北各省より中日全面的衝突へと悪化する恐れなきに非ざる[76]」もので、日中両国は全面衝突の寸前まで至っていたと見られる。

綏遠事件後、日本政府だけではなく、関東軍の対内モンゴル政策も、従来の独立支持から意識的制限へと方針が変わった。関東軍の支援によって目的達成を目指

していた内モンゴル自治運動にとっては、大きな打撃であった。綏遠事件は単なる軍事行動の挫折というより、内モンゴル自治運動の挫折でもあった。綏遠事件は内モンゴル自治運動の一つの転換点ともいえるだろう。

3. 綏遠事件後の日本の政策展開

3.1 内モンゴル軍の縮小の動き

当時デムチグドンロブ王は、自分の政治生命を支えるには軍事力の充実が欠かせないと考えていた[77]。そして日本と協力しはじめてから、関東軍の支援で積極的にモンゴル軍の拡大に取り組んだのである。ところが、綏遠事件後、関東軍の対内モンゴル政策が変わったことによって、それは停滞状態に入ることを余儀なくされた。次に、その経緯について検討したい。

蒙政会成立後、デムチグドンロブ王は蒋介石の支持で、モンゴルの武力充実を実現しようと考えていた。ところが、韓鳳林事件の発生と綏遠側との衝突の中で、次第に日本の力で軍事力を充実しようと考えるようになった。日本と本格的に協力し始め、積極的に武力の拡大と充実に取り組んだ。1935 年 11 月 22 日、デムチグドンロブ王は新京を訪問し、関東軍のモンゴルへの援助を確認し、関東軍から支給された 38 式銃器 5 千挺、弾薬 500 万発、現金 50 万元の軍費を獲得した。彼は西スニドに帰った後、すぐ百霊廟保安隊の拡大にそれを使った[78]。

1936 年 1 月、関東軍参謀部は「対蒙（西北）施策要領」を策定し、デムチグドンロブ王のモンゴル軍政府を強化する方針を決定した。それに基づいて、3 月中旬に、満洲国軍政部と関東軍司令部のあいだで協議した結果、モンゴル軍については、「四月上旬ヨリ充実ニ着手スルコトトナリ、三月下旬ヨリ募兵ニ着手シ、六月下旬迄ニハ二ヶ軍約一万保安隊」を編成する計画が策定された。また、満洲国出身のモンゴル人教官を西スニドの軍官学校に派遣し、指導に当たらせた[79]。

モンゴル軍総司令部成立後、デムチグドンロブ王にとっては、兵士の募集と軍隊の拡大が主な仕事となり、宝貴廷と烏雲飛をジョソト、ジョーオダ両盟へ派遣して兵士の募集を行ったほか、包悦卿をジリム盟に派遣して兵士を募集していた。5 月 12 日、モンゴル軍政府の成立に伴いデムチグドンロブ王は、モンゴル軍を 2 個軍、8 個師・警衛師・砲兵団・憲兵隊に編成し、兵士総数は 1 万以上を目指した[80]。弾薬、銃などの装備すべてが関東軍から支給された。その数は大体、機関銃数 100

挺、山砲 70 門、小銃 1 万挺、弾薬 7、8 千万発、砲弾数万発であった。それ以外に、通信設備、医療器材、軍用車両なども次々と提供された[81]。

8 月に、モンゴル軍の編成が完了した。関東軍が作成した報告書には、次のように述べられている。「十一年四月より、軍の積極的に内蒙古軍の充実を図るに決し、軍政府を徳化に移転すると共に、軍及満洲国より月額約三十万元の補助を与へ、約一万三千名の内蒙軍隊を編成するに決し、八月概ね其編成を完了せり[82]」。そして、モンゴル軍の拡大に伴って、内モンゴル自治運動も飛躍的な進展を見せ、ついに綏遠事件発生に至った。しかし、綏遠事件は失敗に終わり、関東軍の対内モンゴル政策も変化し始めた。

1937 年 1 月、関東軍は「蒙古工作の過去の経緯及将来に於ける軍の方針」を策定し、綏遠事件に関しては、綏遠側が綏境蒙政会を創設して、軍政府の拡大を阻止したことがきっかけで衝突が起きたと記するとともに、将来の方針としては、「軍は西安事変後に於ける中央の指示と、今次事変の実績に鑑み、従来全蒙古地帯の蒙古民族を糾合し、之が大同団結を図らんとせる汎蒙古運動の旗幟を緩和し」、「関東軍と冀察政務委員会との間に、締結せる土肥原秦徳純協定の庇掩の下に内蒙古軍を整理改編し、専ら訓練を行ひ、其実力充実を計り、以て将来に於ける対内蒙政策の中心勢力たらしむると共に、日蘇戦争に際し、日本軍の謀略部隊あらしむ」と、うたっている。また、「緊急処理要領」として、「此間内面指導に依り軍政府の改組を行はしめ、以上の目的に副ふ如く内容を強化し、完全に日満側に依存せしむ[83]」と決定し、関東軍の内モンゴル自治運動に対する政策は、今までのモンゴル軍の拡大と自治運動の積極的支持方針から意識的に制限する方針に変わった。

1937 年 1 月 25 日、陸軍省は「内蒙軍整備要領」を策定し、関東軍に通達した。その主な内容とは「内蒙軍ノ総兵力ハ概ネ一一〇〇〇ヲ標準トス、内蒙軍ノ編成ニ当リテハ、成ルヘク錫盟察盟在住ノ蒙人ヲ以テ、之ニ充ツルコトニ努メ、興安省ヨリノ募兵ハ、逐次削減スルモノトス」と記し、経費についても制限することになり、「一、今年限リトシテ満洲国辺防費中、此方面ニ対スル割当額ノ外、弐百万円以内中央部ニ於テ考慮ス。二、所謂特別費ハ爾今絶対ニ使用セス」と決めている[84]。

その後、関東軍はモンゴル軍に対し再編の動きを見せた。同年の 1 月、関東軍は田中隆吉を更迭し、徳化特務機関の責任者として第 2 課長武藤章大佐を派遣した。彼は部隊整理をデムチグドンロブ王と相談し、モンゴル軍の 9 個師を 6 個師に再編すると主張した。しかし当時、デムチグドンロブ王は軍隊の拡大のみを考え、縮

78

小を認めなかった。武藤もそれ以上強調しなかったが、約束していた各師に4門の山砲を与えることは実現しなかった[85]。このように、モンゴル軍の拡大は事実上停止状態に入った。

3.2 日本政府の対内モンゴル政策

綏遠事件後、1937年になると日本政府は今まで進めてきた対中国政策について、修正の動きを見せ始めた。1937年1月6日、参謀本部第2課は前年8月11日、四省会議において策定された「対支実行策改正意見」に、中国に関しては、「北支特殊地域なる観念を清算し、之を五省独立の気醞に誘致するが如き方策を是正し、現冀察政権の管掌する地域は、当然中華民国の領土にして、主権亦其中央政権に在る所以を明確にす」と決め、綏東問題に関しては、モンゴル軍政府がモンゴル民族復興を方針として、「対外侵寇を中止し、終始蒙古国建設に傾注することにより支那側との確執を解消せしむ。支那側に対しても亦対蒙圧制政策の非を悟り、民族善隣の誼に則るが如く逐次和解指導するに至らしむ[86]」と書いており、また、同じ日に出された「帝国外交方針改正意見」の方策要綱の中でも、「漢民族が目下の苦境とする所を認識し、之を打開して進むべき方向を察し、其進展を妨げつつある病痕削除に助力し、其建設統一運動を援助す。北支は此の統一運動に包含せらるべきものとす」と述べ、今まで進めてきた国民政府に対する分離活動を中止する傾向があらわれた[87]。

修正の理由は、西安事件を契機とする中国国内に内戦反対の空気と、国内統一の気運が醸成されていたことが主な原因であった[88]。1月25日の参謀本部作成の「陸軍省に対し対支那政策に関する意志表示」の中でも、「支那の統一運動に対し、帝国は飽迄公正なる態度を以て臨む。北支分治工作は行はざること」と述べ、また、内モンゴルに対しては、「親日満を基調とする蒙古人の蒙古建設を目標とし、自治強化に専念せしむこと」とある[89]。

1937年2月20日、外務省主務者太田一郎事務官の私案として提出された「「対支実行策」および「第二次北支処理要綱」の調整に関する件」でも、対「北支」施策として、「統一を助長し、又は分立を計る目的を以て、地方政権を援助するが如き政策は、之を執らざるものとす」とし、内モンゴルに対しては、「親日満を基調とする蒙古人の蒙古建設を指導し、以て対蘇体勢を調整す。但差当り錫盟察盟を範域とする内蒙政権の内部強化に専念するものとす。而して右工作は、成る可く内密、且内面

79

的に之を行ふと共に、支那側との紛争は平和的方法に依り処理し、以て対蘇及対支政策との協調に留意す」と述べていた。

また、「第三次北支処理要綱」に、「従来動きもすれば、支那並に列国に対して、恰も帝国に於て停戦地域の拡張、満洲国の国境推進、乃至は北支の独立企図等の野望を有するが如き誤解を与へたることなきに非ず。仍て今後の対北支政策の当りては、此の種無用の誤解を与ふるが如き行動は厳に之を慎むと共に、先づ北支民衆の安居楽業を本旨とする文化的経済的工作の遂行に専念し、以て我方所期の目的達成に資すること肝要なり」と書かれている[90]。

その後、1937年3月5日に策定した、「海軍の対支実行政策案」にも、「対支」施策としては、「北支五省の分治を目的とする工作を止むると共に、支那側に対し既成の現状を黙認せしめ、進んで経済資源の開発、交通の発達、文化的関係の向上等に協力せしむる如く施策す」と書かれており、対内モンゴル政策に関しては、「満洲国治安維持上の見地より、内蒙に於ける防共親日満を基調とする蒙古人の蒙古建設に対しては、常に同情的態度を以て臨み内部強化に努力するも、其の地域は察哈爾省（中華民国分省区劃に依る察哈爾省、北長城線以北）境内に限定す」と決めている[91]。

そして1937年4月16日、外務・大蔵・陸軍・海軍四大臣が「帝国外交方針」と、「対支実行策」を基礎として改めて「対支実行策」を作成した。その中で「対支」施策としては、防共親日満地域と国防資源の獲得の視点から、「北支の分治を図り、若くは支那の内政を紊す虞あるが如き政治工作は、之を行はず、以て内外の疑惑、並に支那に対日不安感の解消に努むると共に、支那側をして進んで経済資源の開発、交通の発達、文化的関係の向上等に協力せしむる如く指導するものとす」と述べ、対内モンゴル施策としては、「親日満を基調とする蒙古人の蒙古建設を指導し、対蘇体勢を調整するを以て究極の目的とするも、差当り錫盟及察盟を範域とする内蒙政権の内部強化に専念するものとす。尚右工作は内面的に之を行ふと共に、支那側との紛争は為し得る限り平和的方法に依り処理し、以て対蘇及対支政策との協調に留意するものとす」とうたっている[92]。

以上のように、1937年に入って、国民政府に対する日本政府の政策方針が、分離活動を中止する方針に転換したのは明らかであり、「分治」という表現も消えた。内モンゴル問題に関しても同様であった。

第2章　綏遠事件からみた日本の対内モンゴル政策の構造

小　結

　1936年末に発生した綏遠事件は、内モンゴル自治運動の過程での重要な事件である。それは内モンゴル自治運動だけではなく、日中関係にも大きな影響を与えた。しかし従来の研究は、主に日中関係の視点からのアプローチがほとんどだった。では、内モンゴル自治運動と綏遠事件の関連性はどうだったのか。この問題を明らかにしない限り、事件のもう一つの側面はなかなか見えてこない。本章では綏遠事件を軸としながら、日本の対内モンゴル政策を検討し、それによって、この事件の内モンゴル自治運動に与えた影響について再検討してみた。

　日本の対内モンゴル政策は関東軍によって実施されていたが、内モンゴルの独立問題に対しては、政府側であれ、関東軍であれ、いずれも否定的であった。しかし、内モンゴル自治運動の進展に伴い、関東軍は徐々に独立を支持する方針に変わった。その象徴的な出来事は、1936年6月に、東京で開かれた軍事会議においての板垣征四郎関東軍参謀長の演説である。この演説の中で、彼は内モンゴル独立の必要性を強く訴えた。しかしあくまでも、「対支」、対ソ政策の視点から解釈していた以上、外交関係の視点が変わると、対内モンゴル政策も変わるのは必然であった。

　関東軍の対内モンゴル政策が転換した背後には、デムチグドンロブ王をはじめとするモンゴル人のナショナリズムが強く働いていたと考えられる。そして関東軍の対内モンゴル政策が変わったことで、弾みがついた内モンゴル自治運動も急速に進展し、独立の気運が一気に高まった。それに神経を尖らした日本政府側は「帝国外交方針」を策定して、関東軍の動きを牽制したが、関東軍は相変わらず独自の政策を進め、ついに綏遠事件が発生することになる。

　綏遠事件は、モンゴル側の敗北で終わりを告げる。関東軍も対内モンゴル政策上、政府側の方針に歩み寄る姿勢を見せ、今までの内モンゴル独立の主張から一変、独立を意識的に制限する方針になった。関東軍の援助で独立を完成したいと考えていた、デムチグドンロブ王の内モンゴル自治運動にとっては、いうまでもなく大きな打撃であった。

　綏遠事件は一見すると、関東軍とデムチグドンロブ王が協力して行動を起こしたように見えるが、その裏にはそれぞれの思惑があった。実は当初、デムチグドンロブ王は、田中隆吉の出した綏遠侵攻の計画に賛成していなかった。しかし、彼が同調しなかったら、田中は王英の漢人部隊を使って実行することになっていた。そ

81

れは、綏遠が王英の手に入ることを意味するものであり、綏遠を占領してモンゴル国を樹立しようとしていたデムチグドンロブ王にとっては、決して都合の良いものではなかった。そこでデムチグドンロブ王は、やむを得ず賛成にまわったと考えられる。その裏には、関東軍の綏遠支配を牽制しようとした彼の思惑が潜んでいたのではなかろうか。綏遠事件はデムチグドンロブ王と関東軍の協力の結果であったと同時に、対立関係の兆候でもあった。

　また、綏遠事件は、日本政府と国民政府の間で行われていた交渉を中断させ、中国側の抗日運動を激化させた。そして、全面的な衝突がいつ起こってもまったくおかしくない状態になった。西安事件はただその時間を遅らせただけであり、翌年の日中戦争の火種は、この時点ですでにくすぶっていたといっても過言ではないだろう。一方、事件をきっかけに関東軍の対内モンゴル政策が、独立を否定する方針に変わったことは、国家統一を目指していた国民政府にとっては、都合の悪いものではなかった。

■注

1) 関東軍参謀本部「暫行蒙古人指導方針要綱案」(昭和八年七月十六日)『現代史資料8』(日中戦争(一))みすず書房、1964年、p.447。
2) 参謀部「対察施策」(昭九、一月、二四)、同上書、p.468。
3) ドムチョクドンロプ『徳王自伝』(森久男訳)岩波書店、1994年、pp.91-92。
4) 松室孝良「蒙古国建国に関する意見」、前掲『現代史資料8』、pp.449-450。
5) 森久男『徳王の研究』創土社、2000年、p.115。
6) 関東軍参謀本部「対蒙(西北)施策要領」(昭和十一年一月)、前掲『現代史資料8』、p.540。
7) 「対内蒙施策実施要領ニ関スル件」(極秘)、(陸軍省－陸満密大日記-S11-2-34)、防衛省防衛研究所。
8) 同上。
9) 「陸軍次官宛発信者関東軍参謀長関電四七六号)」(秘)、(陸軍省－陸満密大日記-S11-5-37)、防衛省防衛研究所。
10) 「軍参謀口演要旨送付ノ件通牒」(極秘)、(陸軍省－陸満密大日記-S11-9-41)、防衛省防衛研究所。
11) 「対支政策に関する件」(陸・海・外三省関係課長間で決定、昭和九年十二月七日)、前掲『現代史資料8』、p.23。
12) 「北支及内蒙に対する中央部の指導」(軍務局より関東軍に開示、昭和十年八月二十八日)、同上書、p.501。
13) 「帝国外交方針」(総理、外務、陸軍、海軍四大臣決定、昭和十一年八月七日)、同上書、p.364。

14）「対支実行策」（関係緒省間決定、昭和十一年八月十一日）、同上書、p.366。

15）石原莞爾「日支国交調整要領」、同上書、p.376。

16）「第二次北支処理要綱」（関係諸省間決定、昭和十一年八月十一日）、同上書、p.368。

17）当時「北支」という表現がよく使われていたが、その範囲ははっきりと決められておらず、時期と都合によって違っていた。例えは、「対支実行策」の中で、内モンゴル地域を含むチャハル、綏遠両省をいわゆる「北支五省」の中に入れているが、その後の汪兆銘と日本の交渉の時、「北支とは内長城線（含む）以南の河北省及山西省並び山東省の地域とす」「蒙疆とは内長城線（含まず）以北の地域とす」と定義しており、「北支」には、内モンゴル地域が入っていない。劉傑「汪兆銘政権の樹立と日本の対中政策構造」『早稲田人文自然科学研究』（50）、p.127。

18）前掲「対蒙（西北）施策要領」、p.545。

19）前掲『徳王の研究』、p.142。

20）前掲『徳王自伝』、pp.73-81。

21）札奇斯欽『我所知道的徳王和当時的内蒙古（一）』東京外国語大学アジア・アフリカ言語文化研究所、1985 年、p.91。

22）札奇斯欽『我所知道的徳王和当時的内蒙古（二）』東京外国語大学アジア・アフリカ言語文化研究所、1993 年、p.23。

23）秦郁彦「綏遠事件」『日本外交史研究』、1961 年、p.95。

24）前掲『我所知道的徳王和当時的内蒙古（二）』、p.23。

25）傅作義「綏遠事件経過詳記」、中国人民政治協商会議内蒙古自治区委員会文史資料研究委員会『綏遠抗戦』、1986 年、pp.5-38。

26）前掲『徳王の研究』、p.144。

27）前掲『徳王自伝』、p.172。

28）同上書、p.167。

29）三宅喜二郎「支那事変の研究」、（支那事変関係一件第一巻）、外務省記録 A-1-1-0、外務省外交史料館。

30）前掲『我所知道的徳王和当時的内蒙古（二）』、p.23。

31）「陸軍次官宛関東軍参謀長関電三三一」（秘）、（陸軍省 - 陸満密大日記 -S12-7-54）、防衛省防衛研究所。

32）前掲『徳王自伝』、p.157。

33）前掲『徳王の研究』、p.145。

34）「作戦用資材使用ニ関スル件」、（陸軍省 - 陸満密大日記 -S11-10-42）、防衛省防衛研究所。

35）財団法人善隣協会「内蒙の雪害とその救済の必要」、（満蒙政況関係雑纂／内蒙古関係第三巻）、外務省記録 A-6-1-2、外務省外交史料館。

36）「蒙古雪害ニ関スル件」（機密第九十二号、昭和十一年四月四日）、同上三巻。

37）前掲「対蒙（西北）施策要領」、p.545。

38）前掲「綏遠事件」、p.90。

39）関東軍参謀部「内蒙古工作の現状に就て」（昭和十一年四月二十八日）、前掲『現代史資料 8』、p.554。

40）陸軍省「北支処理要綱案」（昭和十一、一、十三）、（帝国ノ対支外交政策関係一件第八巻）、外務省記録 A-1-1-0、外務省外交史料館。

41）秦郁彦『日中戦争史』原書店、1979 年、p.114。

42）「有田外務大臣【宛】第一〇三号、中根領事代理」（部外秘）、前掲（満蒙政況関係雑纂／内蒙古関係第三巻）。

43）前掲「支那事変の研究」。

44）「陸軍次官宛関東軍参謀長関電九五八」（秘）、前掲（陸軍省 - 陸満密大日記 -S11-10-42）。

45）「陸満【ママ】次長ヨリ関東軍参謀長へ電報」（暗号）、同上日記。

46）松井忠雄大尉「綏遠事件始末記抜粋」抜粋、前掲『現代史資料 8』、p.566。

47）前掲「支那事変の研究」。

48）「陸軍次官宛関東軍参謀長関電三三二」（秘）、（陸軍省 - 陸満密大日記 -S12-7-54）、防衛省防衛研究所。

49）前掲「陸軍次官宛関東軍参謀長関電三三一」。

50）「大臣ヨリ関東軍司令官宛電報案」（極秘）、前掲（陸軍省 - 陸満密大日記 -S12-7-54）。

51）「次官ヨリ関東軍参謀長宛電報案」（極秘）、同上日記。

52）「今村均回想録」『日中戦争』芙蓉書房出版社、1993 年、p.120。

53）前掲『徳王の研究』、p.145。

54）「関東軍当局談」（昭和一一、一一、二八）、前掲『現代史資料 8』、p.585。

55）前掲「今村均回想録」、p.120。

56）片倉衷『回想の満洲国』経済往来社、1978 年、p.212。

57）「内蒙古時局対策案」、前掲『現代史資料 8』、p.607。

58）陸軍省「西安事変対策要綱」（昭和十一年十二月十四日）、同上書、p.608。

59）「有田大使ノ関東軍側トノ会談」（昭和十一年三月二十九日、萩原記）、前掲（帝国ノ対支外交政策関係一件第八巻）。

60）「有田外務大臣【宛】電報第六八号、中根領事代理」（部外極秘）、前掲（満蒙政況関係雑纂／内蒙古関係第三巻）。

61）「須磨総領事喜多武官会談要領」（極秘、昭和十一年五月二日稿）、前掲（帝国ノ対支外交政策関係一件第八巻）。

62）「次官、三艦隊、駐満海、旅要各参謀長、次長、天津在勤武官佐藤【宛】燕第五一番電、北平栗原補佐官」、前掲（満蒙政況関係雑纂／内蒙古関係第三巻）。

63）「次官、三艦隊、駐満海、旅要各参謀長、次長、天津駐在武官佐藤【宛】在北平栗原補佐官」（極秘、其ノ一）、同上三巻。

64）同上。

65）駐満海軍部「察哈爾方面視察報告」（昭和十一八月二十七日）、前掲『現代史資料 8』、p.558。

66）前掲「有田外務大臣【宛】第一〇三号、中根領事代理」。

67）「満洲国ト内蒙トノ相互援助協定ニ関スル件」（昭和十一年五月十九日）、前掲（満蒙政況関係雑纂／内蒙古関係第三巻）。

68）前掲『徳王の研究』、p.145。三宅喜二郎によれば、日本政府の声明は、実は綏遠事件の実態に対してまったく検討がなされず、関東軍の敗戦さえ知らず、王英部隊の勝利を信じて発表したものであったと解釈されているが、蒋介石の要請もあったことは無視できない。

69）前掲「今村均回想録」、p.120。前掲「支那事変の研究」。

70）前掲「支那事変の研究」。

71）「川越大使ヨリ有田外務大臣九一六号ノ一）」、（日、支外交関係雑纂／昭和十一年南京ニ於

第 2 章　　綏遠事件からみた日本の対内モンゴル政策の構造

　　　ケル日支交渉関係松本記録）、外務省記録 A-1-1-0、外務省外交史料館。
72)「川越大使ヨリ有田外務大臣九三二号ノ一〜二」、同上記録。
73)「川越大使ヨリ有田外務大臣九三三号ノ一〜三)」、同上記録。
74) 前掲『徳王の研究』、p.145。
75)「綏遠問題の重要性」(東京朝日新聞、昭和十一年十一月十九日)、前掲『現代史資料 8』、p.584。
76)「綏遠事件に関する海軍情報記録」、同上書、p.590。
77) 前掲『徳王自伝』、p.7。
78)「内蒙古独立運動概観」、前掲(満蒙政況関係雑纂／内蒙古関係第三巻)。
79) 関東軍参謀部「内蒙古工作ノ現状ニ就テ」(昭和十一年四月二十八日)、(帝国ノ対支外交政策関係一件第六巻)、外務省記録 A-1-1-0、外務省外交史料館。
80) 前掲『徳王自伝』、pp.127-139。
81) 中国人民政治協商会議内蒙古自治区委員会文史資料研究委員会『偽蒙古軍史料』、1990 年、p.36。
82) 関東軍参謀部「蒙古工作の過去の経緯及将来に於ける軍の方針」(昭和十二年一月)、前掲『現代史資料 8』、p.612。
83) 同上書、pp.612-613。
84)「内蒙軍整備要領ノ件」(極秘)、(陸軍省 - 陸満密大日記 -S12-11-58)、防衛省防衛研究所。
85) 前掲『徳王自伝』、p.172。
86) 参謀本部第二課「対支実行策改正意見」(昭和十二年一月六日)、前掲『現代史資料 8』、p.380。
87) 参謀本部第二課「帝国外交方針改正意見」(昭和十二年一月六日)、同上書、p.378。
88) 参謀本部第二課「帝国外交方針及対支実行策改正に関する理由並支那観察の一端」(昭和十二年一月六日)、同上書、p.382。
89) 参謀本部「陸軍省に対し対支政策に関する意見表示」(昭和十二年一月二十五日)、同上書、p.384。
90) 太田一郎「「対支実行策」及「第二次北支処理要綱」の調整に関する件」(昭和十二年二月廿日)、同上書、pp.394-395。
91)「海軍の対支実行策案」(昭和十二年三月五日)、同上書、pp.398-399。
92)「対支実行策」(外務、大蔵、陸軍、海軍四大臣決定、昭和十二年四月十六日)、同上書、pp.400-401。

第3章 日中戦争の勃発と日本の対内モンゴル政策

第3次モンゴル代表大会で宣言文を読むデムチグドンロブ王
出所：朝日新聞社提供

日中戦争勃発直後、デムチグドンロブ王が率いるモンゴル側は、戦乱に乗じて攻めてきた傅作義部隊に、一時、商都、徳化などの地域を占領された。しかし8月下旬より、ドローン・ノールから始まった関東軍の攻撃に伴って、進撃を開始し、10月14日に綏遠入城を果たした。国家建設を夢見ていたデムチグドンロブ王にとっては、綏遠占領は祈願であり、かつ必要なプロセスでもあった。そのため、綏遠が手に入るや、彼はさっそくモンゴル軍政府の職員たちをそこにあつめ、モンゴルの独立建国問題を協議し、第2回モンゴル代表大会を開催することを決定した。さらに、その問題を綏遠特務機関長桑原荒一郎中佐とモンゴル軍政府顧問村谷彦治郎を通じて関東軍に提示し、決定を求めた。しかし関東軍は、モンゴルの独立建国問題と関係することは重大で、九ヵ国条約に関わる国際問題なので、慎重に検討する必要があり、すぐには決められないという理由で難色を示した。デムチグドンロブ王は関東軍のモンゴル建国への約束を取り上げ、数回にわたり弁論したが認められず、その結果10月28日、モンゴル連盟自治政府が成立した。こうしてデムチグドンロブ王が抱いていた建国の夢は、いったん挫折し、関東軍との衝突は避けられなくなるが、関東軍はさらに、金井章次によって張家口にモンゴル連盟自治政府を傘下におさめる蒙疆連合委員会を設立し、デムチグドンロブ王を牽制した。

　そこでその翌年の秋、デムチグドンロブ王は察南自治政府の于品卿と晋北自治政府の夏恭とともに訪日し、国家建設の新たな試みとして、モンゴル建国に関する二つの案を当時の陸軍大臣板垣征四郎に提出した。その理由は、デムチグドンロブ王が当時関東軍と本格的に協力し始めたのは、板垣がデムチグドンロブ王との会談を経て、モンゴル独立への援助を正式に表明したからである[1]。だが今度は、外モンゴルを回復し、内外モンゴルの統一を実現後、はじめてモンゴルの独立建国の話になるという口実で婉曲に断れた。彼の出した二つの案とは、「第一案は、蒙古連盟自治政府を基礎として、外長城線以北の純蒙旗地域へ広げていき、外長城線以南の漢族が多く居住する察南、晋北を放棄し、蒙古政権をさらに拡大して、漸次蒙古建国を実現する。第二案は、蒙古連盟自治政府を基礎として、察南、晋北両自治政府を吸収して蒙古政権をさらに拡大し、漸次蒙古建国を実現する」（以下建国案）である[2]。

　それまで「蒙古独立」をスローガンとしていた日本が、なぜその直前になって、モンゴル独立問題に対し反旗をあげたのか。本来なら圧倒的な軍事力をもって進撃を続け、首都南京占領を目前にしたこの時期は、自らの主張を相手に推すのにもっと

も適切なモーメントであったはずである。その一歩を踏み出さず、ずっとモンゴル問題を外交上の一つの切り札として使い続けた、日本の本当の思惑は何だったのか。当時の日本外交政策、とりわけ日中関係においては、内モンゴル問題はいったいいかに位置づけられ、いかなる青写真が描かれていたのか。本章ではこれらの問題を明らかにする。

1. 占領地域の支配をめぐる関東軍と陸軍省の対立および関東軍の支配確立

1.1 占領地域の支配をめぐる関東軍と陸軍省の対立

日本の対内モンゴル政策は、最初関東軍によって実行されていた。だが、現地で活動を展開していた関東軍と、その指導に当たっていた日本政府側の対内モンゴル政策は一致していたとは言えない。各自それぞれの政策方針を打ち出し、時に激しい対立さえあった。綏遠事件の終結によって、対内モンゴル政策における関東軍と日本政府側の対立は、一時緩和する傾向を見せたが、1937年7月7日の「蘆溝橋事件」をきっかけにした日中戦争と、その進展によって改めて表面化した。つまり、日本政府側にとっては、これから中国にどう対応するかが大きな課題であった。しかし、現地で作戦を展開する関東軍には、この問題は、占領地域をどう運営して行くかという統治問題であり、こうした視点の相違から生じた衝突が、主に占領地域をいかに再編し、統治を実施するかという問題としてあらわれた。

日中戦争が全面的に勃発するや、板垣征四郎、東条英機が率いる関東軍部隊は、南口、張家口、ドローン・ノールなどの地域を相次いで侵犯した。8月2日に、張北周辺にいた国民政府の劉汝明部隊を撃退し、27日に張家口を占拠し、于品卿、杜運宇を代表とした察南自治政府を設立した。続いて大同を占領して、10月15日に、夏恭、馬永魁の晋北自治政府を誕生させた[3]。

一方、戦争の推移にともない、関東軍は速やかに占領地域の経営のための対策に乗り出した。時をおかず、1937年8月13日に「察哈爾方面政治工作緊急処理要綱」を考案している。そこには、「軍の推進に伴ひ、速に察哈爾省張家口に察北、察南を統轄する一政権を樹立す(察哈爾政権と仮称す)」、「察哈爾政権の組織は内蒙自治政府及察南自治政府より成る委員会制とし、委員長を徳王とし副委員長に新察南自治政府の長官を充当す」と述べられている[4]。

89

翌日には「対時局処理要綱」を決定、根本方策として、「先ツ主トシテ北支問題ノ抜本的解決及之ニ資スヘキ中央政権トノ調整ヲ主眼」とすることがうたわれ、「北支」問題の解決は、「自主独立性ヲ有スル地方政権ヲ樹立シ、接満地域ノ明朗化ヲ図リ、対蘇作戦準備ノ為ニ一正面ノ安全ヲ確保スルヲ以テ第一義トシ、併セテ日満北支等の経済ブロックノ基礎ノ確立ヲ期スルニ在リ」と書かれている。

さらに、この要領の中では、「察哈爾方面粛正ニ伴ヒ察北、察南ヲ統合スル一政権ヲ樹立シ、張家口ニ其統轄機関ヲ設ク。将来綏遠ヲ統合ス」る方針が決定され、次のような具体策があげられている。

 イ、新政権ハ日、漢、蒙融和ヲ図リ、特ニ対内外蒙施策ヲ容易ナラシムルヲ以
  テ第一義トス
 ロ、新政権統轄機関及省政府ニ有能ナル日本人顧問ヲ配置ス
 ハ、右統轄機関等ノ内面指導ニ任セシムル為、張家口ニ関東軍隷下ノ大特務機
  関ヲ設置ス。内蒙自治政府ニ対スル徳化機関ノ指導ハ、現状ヲ維持スル
  モ右大特務機関ノ統制ヲ受ケシム
 ニ、察北ニ保有スル内蒙軍ノ外、原則トシテ保安隊ヲ以テ治安維持ニ任シ、一
  切ノ支那軍ヲ武装解除ス
 ホ、機ヲ見テ幣制ヲ独立シ特ニ察北、察南ノ財政調整ニ遺憾ナカラシム [5]。

また、中央政府との調整項目として、南京政権が「北支」各政権の容認、容共政策の抛棄、防共地帯の設定、満洲国の承認するに当たって、日本側は「各政権ト中央政府トノ宗主権関係容認」することとなっている [6]。

「対時局処理要綱」が出来上がると、関東軍司令官植田謙吉はすぐ同日付けで、陸軍大臣杉山元宛に電報を送り、「日支現下ノ紛争ハ単ニ北支ノ局地ニ止マラス、愈々全面的問題ニ転化セルヲ以テ、対時局処理方策ニ関シ、速ニ根本国策ヲ確立シ、挙国一致ノ態勢ヲ強化スルヲ要ス」と許可を求めた [7]。

しかし、陸軍省の反応は積極的ではなかった。8月18日、関東軍参謀長東条より、陸軍次官次長宛に改めて電報を送り、将来の内モンゴル工作を容易にするほか、「天津軍其他ヲシテ十分平津及山東、山西方面ニ重点ヲ指向シ得ル為」、張家口に関東軍隷下の特務機関を設置することを要請した [8]。20日、陸軍次官は関東軍参謀長宛に電報を送り、提出した要綱を十分考慮したことを強調しながら、対内モンゴ

ル政策に関しては、「差当リ錫林郭勒、察哈爾両盟ヲ範域トスル内蒙ノ強化ヲ期ス
ヘキ従来ノ方針ニ拠リ施策セラレ度」と指示し、「関東軍隷下ノ大特務機関ヲ直ニ設
置シテ察北、察南ヲ統合指導セントスル案ヲ承認」しなかった[9]。

　このように、関東軍の提案は陸軍省によって拒否された。関東軍参謀長東条は8
月21日[10]と28日[11]の2回にわたり、陸軍次長次官宛に電報を発信し、「対内蒙
政策ニ関スル中央ノ意向ハ一応諒承セリ」と述べながらも、チャハル省の内モンゴ
ルとの密接なる関係から、察北、察南を統括して指導する方針に対する許可を改め
て求めた。

　陸軍省次官は直ちに、関東軍および「支那」駐屯軍参謀長宛に極秘至急電報を送り、
「察哈爾省ノ政治工作ニ関シ貴軍ノ対時局処理要綱ヲ承認セラレス」という旨を打診
するとともに、陸軍省の方針を改めて確認し、次のように通達した。

　　一、察南ヲ内蒙ニ合併スル工作ヲ実施スルコトナシ
　　二、察南ノ治安維持機関ハ同地方民衆ヲ背景トスル漢人ヲ以テ組織ス
　　三、察南ヲ将来非武装地帯タラシムル如ク指導ス[12]

　さらに、9月4日、陸軍省次官より、関東軍、「北支」方面軍参謀長に対し、「察
蒙処理要綱」を通達すると同時に実施を要求した。

　その方針には、「察蒙処理ノ主眼ハ、内蒙政権領域ノ燥急ナル拡大ヲ避ケ、速ニ
同政権ヲ充実強化シ、親日満防共自治ノ実力充備ヲ図ルト共ニ、同政権領域内ニ於
テ蒙民族ノ安住繁栄ヲ計リ、北支就中察南及山西処理トノ関係ヲ適正ニ調整スルニ
アリ」と述べられている。同時に、将来における関東軍と「北支」軍のチャハル省方
面政務指導に関する境界は外長城線であり、「綏東四旗中平綏線（之ヲ含ム）以南ノ
地域ハ北支軍ニ属スル」と決め、両軍に対し緊密に連携しながら、指導に当たるよ
う要請した。その要領には次のように記されている。

　　一、差当リ関東軍ノ政務指導地域ハ察北、察南ノ範囲トシ、必要ノ場合張家口
　　　　以西平綏沿線ノ施策ヲ担任シ、将来察南ノ政務指導及平綏沿線地方ニ対
　　　　スル施策ハ北支軍之ニ当リ、関東軍ハ錫盟及察盟ノ大部（工作ノ進展後ハ
　　　　烏盟ニ及フ範域）ニ対スル工作ヲ実施ス。但綏東四旗ニ対スル積極的工作
　　　　ハ内蒙政権実力ノ強化ト綏遠及山西ニ対スル大局的考慮ノ下ニ行フモノ
　　　　トス

二、内蒙工作ハ蒙古人心ノ把握ヲ以テ主眼トシ、親日満防共自治ヲ国是トスル蒙古ノ建設ヲ指導シ、対蘇特ニ対外蒙態勢ヲ調整スルヲ以テ究極ノ目的トス。之カ為先ツ以テ前掲二盟ヲ範域トスル内蒙ノ内部強化ヲ主トス

三、上記内蒙ノ防衛並治安確保ノ為、日満側ヨリ所要ノ経費兵器器材等ヲ支給シ之ヲ援助ス

四、察南ハ察北ノ内蒙政権ニ合弁スルコトナク、其政務指導ハ北支政務指導要綱ニ準拠シ、特ニ同地方漢民族ニ基礎ヲ置ク機関ヲシテ、治安ノ維持民心ノ安定経済ノ開発等ニ当ラシム

五、綏遠（烏盟ヲ除ク）ニ対スル施策ハ、北支軍ニ於テ内蒙工作並北支就中、山西ノ処理ヲ考慮シ適宜之ヲ行フ [13]

このように、陸軍省との間で何回も交渉が重ねられたが、結局、関東軍の思いどおりにはならなかった。陸軍省の対内モンゴル政策は、対ソ、対外モンゴル政策の観点から、親日満の自治政権の樹立に向けられており、察南は察北の内モンゴル政権と合併することがなく、綏遠に対する工作は「北支」軍において進められるとされていた。

1.2 蒙疆連合委員会の成立と関東軍の蒙疆地域における支配確立

上述のように、占領地域の再編問題をめぐって、関東軍と陸軍省との間で、従来から意見の食い違いが存在していたが、戦争の急激な拡大と進展につれ、中央の命令が現地まで及ばなくなると、関東軍の独走が一層激しくなる。1937 年 8 月 27 に、張家口を占領するや、わずか 1 週間後の 9 月 4 日に、察南自治政権を樹立させた。同時に、満洲国から金井章次を占領地の最高顧問として派遣し、占領地における一連の政策決定に当たらせた [14]。

1937 年 9 月下旬、片倉衷参謀は張家口で、松井機関長、金井顧問等と会談し、今後の方策について協議し、察南政府のほか、山西省大同地区に晋北自治政府を組織し、モンゴル軍政府を内モンゴル自治政府に改組し、3 政府を統轄する蒙疆連合委員会を設けて、金井を最高顧問に、松井大佐を全局の統制指導に当たらせ、各地方政権を各地特務機関長の指導に任せる構造をまとめた「蒙疆方面政治工作指導要綱」を起草し、10 月 1 日に決裁を求めた [15]。その中で、連合委員会の構成要領は次のとおり記されている。

（一）各政権は内蒙三、察南二、晋北二の委員を出して委員会を編成する。

（二）最高顧問一、参議一、各専門委員会各二の日系顧問は関東軍司令官之を推薦す。

（三）総務委員長は委員会を総理し委員会を代表す。

（四）委員会の指導統制に関する命令及執行は総て委員会の名に於て之を行ふ。

（五）委員会の決議は総て最高顧問及関係各顧問の合議を要す。

（六）聯合委員会の経費は各政権の分担とす[16]。

10月4日、関東軍司令官植田謙吉大将は、「蒙疆方面政治工作指導ニ関スル件」を陸軍中央部に打電し、察南、晋北、モンゴルの蒙疆地域は、「地形上其以南地区ト自ラ赴ヲ異ニスルモノ多キノミナラス、平綏線ヲ中心トシテ交通、経済上彼我緊密ナル相互依存関係ヲ有シ」、これら地域を「防共ヲ基礎トスル一特殊地域」とするため、「北支那」方面軍とは別に「機ヲ見テ独立ノ一軍ヲ駐屯セシメ」るよう要求した。9日、陸軍大臣は植田司令官に返電を送り、「現下ノ情勢ニ於テハ曩ニ指示シタル察蒙処理要綱ハ之力更改ノ要ヲ認メス」と従来の方針を確認し認めなかった[17]。

しかし、関東軍は自らの意志を貫き、10月15日、大同で晋北自治政府を設立させた[18]。さらに10月28日に、モンゴル連盟自治政府が綏遠において成立されるや[19]、11月22日、ジョドブジャブ、于品卿、夏恭の3人を3政権の代表として「蒙疆連合委員会設定に関する協定」に調印させ、蒙疆連合委員会を成立させた。その「協定」の内容とは、次のようなものであった。

第一条　本連合委員会は蒙疆連合委員会と称し、各政権に相関連して影響甚大なる産業、金融、交通其の他必要なる重大事項の処理に関し、各政権の有する権能の一部を委譲せらるるものとす。

第二条　連合委員会は総務委員会及び産業金融交通等の各専門委員会よりなり、各政権より特派する委員及び必要なる職員を以って構成す。

第三条　総務委員長は連合委員会を総理し、連合委員会を代表す。

第四条　連合委員会に日本人最高顧問一名、同参議及び同顧問若干名を置く。

第五条　連合委員会の決議はすべて関係委員ならびに最高顧問及び関係顧問の会議を要するものとす。

第六条　連合委員会の指導統制に関する命令及び執行は連合委員会の名にお

いてこれを行う。各政権はその執行につき、これを援助し、もしく
はこれを容易ならしむべき義務を分担するものとす。

第七条　連合委員会に要する経費は各政権の分担とす。

第八条　各政権は合議を経るに非ざれば、委員会を脱会することを得ず。

第九条　本協定は日文、漢文、蒙文を以て各三通を作成、条文の解釈に疑義
を生じたる時は日文によるものとす[20]。

　本協定によれば、3 政権の産業、金融、交通など重要な分野における支配権のす
べてが蒙疆連合委員会に帰属する。同委員会の最高顧問である金井章次は、事実上
3 政権の実権を握ることになった。しかも、3 政権は命令を受ける義務があったば
かりか、いったん委員会に入れば、3 政権の同意がなければ、離脱することさえで
きなくなる。まさに植民的な支配構造そのものであった。

　その翌日から日本のマスメディアに「蒙疆」という用語が登場している。たとえ
ば、日本の読売新聞の朝刊の第 2 ページには「楽土建設へ第一歩[21]」という見出し
で、蒙疆連合委員会の設立が報じられ、夕刊もその第 3 ページに「蒙疆委員会[22]」
との見出しで、その成立を報道している。さらに翌年の 1 月 17 日に、「蒙疆政権
積極活動へ[23]」との見出しで、設立したばかりの蒙疆連合委員会の建設方針につい
て、詳しくリポートしている。

　このように、「蒙疆」という新たな地域名が日本の政策の中で登場し、それからこ
の用語は、日本のマスメディアに頻繁に使われ、社会に深く浸透し、次第に「蒙古」
という用語に取って代わることになる。そこには現地住民の歴史と文化、地理的な
情勢を無視するという側面があった。

　12 月 10 日、関東軍東条参謀長は、「北支那」方面軍参謀長、陸軍省軍務局長、お
よび参謀本部総務課長それぞれに対し、「蒙疆【疆】方面政治指導ニ関スル件」を打電
し、既成事実を報告するとともに、蒙疆方面政治指導について「当分北支方面トハ
分離セル」方針を通知した[24]。12 月 14 日、北京で中華民国臨時政府が樹立される
や、24 日には日本政府は「支那事変対処要綱」を決定し、「察南及晋北両自治政府ハ
時期ヲ見テ右新政権ニ合流セシムルモノトス」と述べている。

　12 月 26 日、関東軍の植田司令官は、「察南晋北処理ニ関スル件」を陸軍指導部に
打電し、将来の中央政権に対する配慮から「蒙古独立運動ヲ特ニ抑止」する理由を説
明するとともに、察南、晋北地区とモンゴル地区は「唇歯輔車ノ関係」にあることを

強調し、「察南晋北ヲ北支ニ統合スル」とした中央政府の方針に対し、強い不満を表した。しかし、それが陸軍省によって認められなかったため、29日、植田司令官は改めて、「蒙疆方面政治指導ニ関スル件」を陸軍大臣に送り、抗議するとともに、適任者を派遣して、冷静に検討する必要があると述べ、陸軍省の決定にあくまでも従わない意志を表明した[25]。

関東軍のこのような独自の行動を牽制するため、陸軍指導部は関東軍と「北支那」方面軍の間に天皇直隷の駐蒙兵団を置き、分断を図った。また、「駐蒙軍と関東軍の作戦境界は、満洲国と内蒙及び察哈爾省とし、又北支那方面軍との境界は内長城線」と定め、駐蒙軍の独立性を図った[26]。しかし、それに先立ち、関東軍の司令官植田謙吉は、兵団司令官蓮沼蕃の間で、蒙疆連合委員会設定に関しての秘密交換文を調印され、蒙疆連合委員会における関東軍司令官の内面的指導が事実上確認されることになった[27]。このように、蒙疆地域における関東軍の支配が実現し、それによりモンゴル側との対立もさらに激しくなった。

2. 関東軍とデムチグドンロブ王の確執と日本政府の対応

2.1 関東軍とデムチグドンロブ王の確執

モンゴル軍政府成立後、デムチグドンロブ王は本格的に日本との「協力」の道を歩んだ。当初関東軍は、彼をできるだけ国民政府から分離させる政策を取っていたため、積極的な姿勢を見せていた。ところが、綏遠事件によるデムチグドンロブ王と国民政府の関係悪化、とりわけ日中戦争の勃発と国民政府の敗北により、占領地区が急速に広がり、デムチグドンロブ王と国民政府の接触もほぼ中断されると、関東軍は彼に対し、強硬な対策を取り始め、自分の思いどおりにしようとした。しかし、当事者の言葉を借りて言えば、デムチグドンロブ王という人は、モンゴル独立運動の先覚者であり、また、民族指導者として不屈の信念を持っていて、モンゴル民族の不利な事態に対しては、日本軍の申し出であっても頑固に拒否し、その信念を曲げることはなかったため、デムチグドンロブ王と日本の間で対立は避けられなかった[28]。

戦争拡大にともない、関東軍は当時占領地域における政策方針を積極的に打ち出した。だが、それは陸軍省の反対を招いたばかりか、デムチグドンロブ王の意図ともかなりかけ離れたものであった。前述の関東軍作成の「察哈爾方面政治工作緊

急処理要綱」に、「察北、察南を統轄する一政権を樹立す」と、決定していたことは、内モンゴル全体の統一を目指していたデムチグドンロブ王の意向とはまったく異なっていた。とくに 1937 年 10 月 1 日、関東軍が「蒙疆方面政治工作指導要綱」を策定し、蒙疆連合委員会の樹立に動き出したことは、デムチグドンロブ王のモンゴル建国意図を真っ向から否定するものであった。

したがって、両者の間で衝突は絶えず起きていた。その中で、最大の衝突は蒙疆連合委員会の設立問題をめぐるものである。デムチグドンロブ王は、とくに「蒙疆」という表現に、極力反対していた。その理由は、「モンゴル」という名称は、民族のみならず、土地、人民をも意味しており、世界中で知らない者はいない、歴史上もすでに確定している名称である。対して「蒙疆」という表現は、中国の辺境というニュアンスが強く、独立国を目指していたデムチグドンロブ王にとっては、とても受け入れがたいものであった。そのため、彼は関東軍から要請があったにもかかわらず、蒙疆連合委員会総務委員長のポストに就任することを拒否し続けた。なお、当委員会に対しても、まともに相手にせず、「通知や指示が来ても、自分の気に入れば執行するが、そうでなければ放置」し、「協力」というよりは「抵抗」の方が先走るという有様であった。また、1938 年秋、訪日の際には、「蒙疆」という言葉を拒否し、「モンゴル」のみを口にしたという[29]。

訪日を終えモンゴルに戻るや否や、彼はフフホトで、各盟盟長、各旗札薩克、総官長等と会議を開き、蒙疆連合委員会に反対する公文書を起草し、蒙疆問題に反対する活動をあらためて展開した。同時に、日本に留学中であった呉鶴齢にも、日本国内で反対活動を続けるよう指示した。また、日本人の顧問に権力を奪われないように、自分でモンゴル連盟自治政府の人事権と財政権をしっかり掌握することを心がけていた。それが原因で、関

訪日を前に蒙疆聯合員会玄関に整列した
デムチグドンロブ王一行
出所：朝日新聞社提供

第3章　日中戦争の勃発と日本の対内モンゴル政策

東軍の最高顧問とも衝突することがあった。たとえば、ある日、民政部長であった王宗洛が、民政部の経費を増やそうと主張し、デムチグドンロブも同意した。しかし、最高顧問であった宇山兵士は、民政部顧問岸川兼輔を通じて妨害を試みた。この件については、デムチグドンロブ王は『自伝』の中で以下のように語っている。

　私はそれを聞いてとても腹を立て、宇山兵士を自分の事務室に呼んできて話し合いをし、「蒙古連盟自治政府の責任者はあなたですか。それとも私ですか。あなたが責任者だというなら、私は西スニト【ド】旗へ帰ります」と詰問した。宇山兵士は「あなたは主席兼政務院長で、私はあなたの顧問であり、当然あなたが責任者です」と答えた。私は更に、「それなら、私が主張した教育費はどうして計上しないのですか」というと、宇山兵士は「それは簡単なことです。担当の顧問と相談させてください」と答えた。結局、蒙古人の教育復興費十万円【ママ】が改めて計上されたので、私はそれ以上何も言わず、今回の衝突はこのようにして決着がついた。その後、宇山兵士はやり方を変え、極力私に調子を合わせようとして、私の補佐官として頑張りたいという意向を示した[30]。

　このような、デムチグドンロブ王と関東軍の衝突の事例は『徳王自伝』に多く書かれているが、ここでは割愛する。それに危機感を覚えた呉鶴齢は、その後、日本からジャグチド・セチンを通じて彼に対し、「民族の利益を考え、極端な行動を起こさないように」と説得したという。それを受け、デムチグドンロブ王はそれまでの強硬な態度を少し和らげ、拒み続けてきた蒙疆連合委員会のポストに、不本意ながら就任することになる。就任式が1939年4月29日に、突如行われているが、同時に彼は脱出をも考え始めたという[31]。

　このように、モンゴル連盟自治政府期において、デムチグドンロブ王の日本との関係は、「協力」というより、「対立」と「抵抗」の連続であった。従来の研究では、デムチグドンロブ王は「協力者」として描かれるのがほとんどだったが、実は彼は自治運動の主体性を守るために、絶えず日本側と衝突していた。その点では、当時南京政府と対立していたことと、性質的にはほぼ同一であり、いずれも外来の支配より、モンゴルの利益を守るための戦いであったと言えよう。

97

2.2 内モンゴル独立問題をめぐる日本政府内部の意見対立

日中戦争勃発後、戦争の進展にともない、中国の各地で地方政権が樹立された。とくに、1938年に入って、北京での中華臨時政権樹立を受け、日本では今後中国問題をどう処理するかについて活発に議論されるようになった。蒙疆地域の処遇に関しても、意見が多く、分離か、独立かで、意見が分かれていた[32]。

モンゴル連盟自治政府の成立によって、デムチグドンロブ王のモンゴル建国の希望は挫折することになったが、彼の建国の意志は依然として強く、一日も早くそれを実現することを考えていたため、絶えず日本側に対し注文をつけていた。当時、外務政務次官であった松本忠雄が調査のため現地を訪ねた時、デムチグドンロブ王は彼に対し、モンゴル建国のことを繰り返して説明し、また、日本側の「ジンギスカンの年号まで使うことを許して蒙古帝国を作ることを許さぬこと」に疑問を呈し、繰り返し建国の要求を出していたという[33]。それについて、彼はその後の日本外交協会例会での報告の中で、次のように述べている。

> なにしろ徳王は一日も早く蒙古人の帝国を作りたいのであって、今のやうな宙ぶらりんの蒙古聯盟自治政府では心もとないと感じて居るに違ひない……自分達蒙古人の方は今まで日本と一緒に事をして来たのだ。然るに晋北とか察南は日本に背いて日本と戦争をしたのだ。戦争して日本に征服されたものと日本と一緒になって征服したものとを同列にお取扱になっては頗る迷惑する。少なくとも晋北や察南よりは蒙古の方を上に取扱ってぜひ帝国にして貰ひたいと蒙古帝国を作らなければならぬ事情を綿々と聴かされた[34]。

ところが、モンゴル建国問題になると、満洲国内のモンゴル人をどう扱うべきかという問題に直面するため、そこから生じる慎重論と、西部内モンゴルの独立だけなら良いという肯定する意見も出されていた。

松本氏本人の場合、当時、モンゴル連盟自治政府のフフホト・包頭などの地域を調査した後、それらの地方においては、漢人の方が圧倒的に多数で、モンゴル人は探さなければ見つからないほど少なかったことを受け、そこでモンゴル帝国を樹立したとしても、少数であるモンゴル人が多数である漢人を治めて行くことができるかと、建国の問題に対し疑念を抱き、それはなかなか難しいであろうと判断をして

いた[35]。その後、現地調査に当たった高木富五郎氏も、報告の中では、少数のモンゴル人が多数の漢人を治めることに疑問を投げかけ、将来、「支那」側の政権と合流するだろうと判断していた[36]。

さて、当時モンゴル人（内モンゴル西部地域）の人口はいったいどれぐらいだったのか。史料によって数字が異なるが、当時のモンゴル連盟自治政府の史料によれば、連盟政府の総人口250万の12%、つまり30万人がモンゴル人であり、37,000人の回人を除けば、それ以外はほぼすべてが漢人となっている[37]。『蒙疆』によれば、3政権総人口は5,508,105人（察南政府1,456,417人、晋北政府1,515,146人、連盟政府2,536,542人）で、その中で、モンゴル人は約20万前後と推測している[38]。いずれにせよ、モンゴル人の人口が圧倒的に少なかったことが分かる。

このような事情により、当時の日本政府内部の内モンゴル独立問題に関する意見は、真二つに分かれていた。否定的な論者は主に、「(1) 宗主権帰属ノ決定難、(2) 民族主義イデオロギーノ不良影響、(3) 蒙古人ノ人口寡少ト人材ノ拂底、(4) 財政基礎ノ簿弱」などの根拠に基づいて論じた[39]。対し、肯定的な論者にもそれなりの理由があった。それを「内蒙古独立ニ関スル件」という文書から見ることができる。この文書の内容はかなり充実しており、少なくとも日本政府内部では内モンゴル独立を肯定する勢力があったことを伺わせる。

「内蒙古独立ニ関スル件」はいつ、どこで出されたか断定できないが、内容とその後作成された「対蒙政策要綱」から見れば、1938年8月1日から10月1日の間に作成されたのは確かである。内容としては、「帝国ハ内蒙古ヲシテ、其ノ宿昔ノ希望ニヨリ、漢人ノ掣肘ヲ受ケサル独立国家ヲ建設セシメ、実質的ニハ、帝国ニ於テ之カ枢機ヲ掌握スルト共ニ、新国家ト中華民国トノ間ニ、摩擦ヲ生スル虞アル因子ハ、努メテ之ヲ除キ、経済的ニハ能フ限リ両者間ニ牆壁ヲ設クルヲ避ケ、支蒙ヲ一単位トシテ、日満両国トノ経済ブロックニ参加セシムル如ク考慮ス」ことを方針とし、さらに、モンゴルと日本の協力し始めた経緯にも説明を加えていた。

また、事変後、内モンゴル人が漢人の圧迫から初めて免れ得る機会だったにもかかわらず、日本から与えられたのは、国民政府時代に原則としてすでに許されていた高度自治のみであった。モンゴル連盟自治政府は蒙疆連合委員会の下で、察南、晋北両漢人政権と合併され、「蒙人治蒙」は依然実現できなかった。そのため、モンゴル人は日本の政策に対し、疑いを持ちはじめていると主張した。そして、民族復興への支持を鼓吹して来た「帝国トシテハ内蒙古人ヲシテ、適当ノ条件ノ下ニ、純

漢人居住地域タル察南、晋北ヨリ分離シテ、外長城ノ以北ノ故地ヲ境域トスル独立国家ヲ建設セシメ、我信義ヲ明徴ニスル」べきであると独立の必要性を訴えた。しかも、従来の内モンゴル独立否定論者の根拠を順番に否定し、それによって、内モンゴルの独立は可能であることを強調していた。実施要綱としては、次の8項目をあげている。

(一) 内蒙古独立ノ時期ハ中華民国中央政府成立ノ時トス

(二) 内蒙古ハ自己ノ武力ヲ以テ、国民政府ノ派遣ニ係ル貪官汚吏ヲ駆逐シ、固有ノ境域ヲ恢復シタルヲ以テ新国家ヲ建設シテ、諸民族輯睦ノ理想境ヲ完成セムトスル旨ヲ宣言ス

(三) 帝国ハ其ノ独立ヲ承認スルト共ニ、新国家ヲシテ自発的ニ軍事外交等主権ノ一部ヲ帝国ニ委任スヘキ旨ヲ申出テシメ、且一般政治経済ニ関スル帝国ノ指導権ヲ確認セシム

(四) 新国家ヲシテ、其ノ境域ヲ外長城線以北(寧夏方面ニ対シテハ尚研究ノ余地アリ)トスル旨ヲ宣言セシムルト同時ニ、中華民国ヲシテ蒙古ノ独立ヲ承認セシメ、且相互ノ間ニ互恵通商協定ヲ締結セシム

(五) 帝国ハ蒙疆聯合委員会ノ解散ヲ行ハシムルト共ニ、中華民国ヲシテ察南晋北両地区ニ於ケル帝国ノ既得権益不変更ヲ確約セシム

(六) 蒙疆銀行ノ資本中察南晋北両政権ノ出費分ハ、清算ノ上蒙古新国家ノ負債タルヘキ部分ハ、帝国ニ於テ肩替シ之ヲ新国家ノ借款トスルモ、成ルヘク察南晋北両地区内企業ニ対スル蒙古側ノ投資ヲ存置スル様考慮ス

(七) 新国家ハ君主制ヲ採ラス現状ノ通リ委員制トス

(八) 予備的乃至補助的施策トシテ、左ノ如キ事項ヲ実施ス

　　イ、蒙疆側特ニ察南晋北両漢人政権ト支那臨時政府側トノ間ニ、成ルヘク懸隔ヲ生セサル様蒙疆側ノ急激ニシテ独善的ナル施政ヲ抑制ス

　　ロ、陝北地区及河套地区ノ粛清促進

　　ハ、京津地方回教徒ノ把握ニヨリ寧夏甘粛方面トノ連絡ヲ図ル[40]。

　これから見れば、当時、日本政府内部にも内モンゴル独立を主張する動きがあったことがうかがわれる。しかし、まもなく1938年10月1日、外務省企画委員会書記局作成の「対蒙政策要綱[41]」の誕生により、改めて否定された。おそらく正式

100

に決定される前に流産してしまったのであろう。

　「対蒙政策要綱」は、「内蒙古独立ニ関スル件」に反論する形で出されたものであり、その方針においては、「蒙古聯盟政府ニ内政上ノ自主権ヲ与ヘ、支那聯邦ノ一組成員タラシム」と書き、独立の意見を真っ向から否定する姿勢をとっていた。そのうえ、日本の対内モンゴル政策は、大陸政策の視点から考慮すべきであることを強調し、内モンゴルの独立が日本の大陸政策に及ぼす影響を考えれば、軽々に容認することができないと述べていた。

　また、「内蒙古独立論」が「蒙古民族ノ宿昔ノ希望ヲ達成セシメ、惹イテハ支那辺疆諸民族ノ民心ヲ把握」することを独立の根拠としたのに対し、反論を加え、最後に、内モンゴル人の理想は漢人の支配から離脱することであるので、漢人政権と対等な立場で、「支那」連邦を組織すれば、モンゴル連盟自治政府も権威を失うことにならない。そのため、「蒙古聯盟政府ヲシテ東亜安定ノ為、進ンデ連邦ノ一員トシテ貢献セシムベシ」、とくに、内モンゴルの地理的な状況から見ても、「北支」と連携させないと経済的に困難であるから、「聯邦ノ一員タル立場ヲ採ルコト寧ロ賢明ナルベシ」と結論づけた。同時に、領土範囲、政治方針、経済提携などの六つの具体的な措置をあげている。内容は以下のとおり。

(イ) 蒙古聯盟政府ノ領域ハ、現在ノ所外長城線以北ノ察哈爾省及綏遠省ノ二省トシ、晋北、察南両地方ハ適当ノ時期ニ於テ、之ヲ北支政権ニ編入ス。蒙人治蒙政策遂行上ノ障害ハ能フ限リ、之ヲ除去スル必要アリ。先般行ハレタル蒙疆聯合委員会ノ改組ノ如キモ、蒙古側ノ甚シキ不満ヲ招キタル経緯モアルニヨリ、漢人政権タル晋北、察南両自治政府ハ北支ノ事態確立シ、我方ガ北支政権指導力ヲ確保スルニ至リタル時ヲ待テ、北支政権ニ合流セシメ、蒙疆聯合委員会ハ之ヲ解散セシムベシ。晋北、察南ヲ分離シタル蒙古聯盟政府ノ財政ハ必ズシモ自立シ得ザルニアラズ、我方トシテモ或程度ノ援助ヲ与フルコトトスレバ可ナルベシ

(ロ) 蒙古聯盟政府ノ統治組織ハ、急激ナル近代国家化ノ弊ニ陥ラザル様我方ニ於テ適当指導スルヲ要ス

(ハ) 蒙古聯盟政府ノ領域内ノ漢人統治方針ニ付テハ、我方ニ於テハ適当ナル監視ヲ加ヘ、極端ナル漢人圧迫政策ヲ執ラシメザルコトトスベシ

(ニ) 日支軍事協定ニ基キ、蒙古聯盟政府領域内ニ日本軍ヲ駐屯セシム

（ホ）日支顧問協定ニ基キ、蒙古聯盟政府ニ地方顧問ヲ備聘セシム

（ヘ）北支政権トノ間ニ経済協定ヲ締結セシメ、両政府間ノ経済提携関係ヲ強化
セシム [42]。

　すなわち、当時日本政府内部においても、内モンゴルの独立問題に対して意見が
一致していなかった。最後に独立の主張を格下げし、モンゴル連盟自治政府に内政
上の自主権を与えることによって決着をつけたように見える。その時期はデムチグ
ドンロブ王の訪日の直前で、彼が訪日時には、内モンゴルを独立させないという日
本政府の方針がすでに固まっていたと考えられる。そのため、デムチグドンロブ王
の提出した「建国案」が板垣征四郎によって拒絶されることになっただろう。さて、
その背景にはいったい何があったのだろうか。日中関係の視点からその原因をさ
ぐっていきたい。

3.　日中関係と内モンゴル問題

3.1　日中和平交渉と内モンゴル問題

　日中戦争勃発後、欧米列強の間で、速やかに事変の収拾を図る動きがあらわれた。
それに応じ、日本の政府と軍首脳部は 1937 年 10 月 1 日、四相会議を開き、「支那
事変対処要綱」を決定した。翌日、外務、陸、海の事務当局が会同し、主に第三国
による和平斡旋の申し出があった場合の態度について協議した。その結果、「日華
直接交渉の方針には変わりはないが、第三国が好意をもって和平を斡旋するとい
う場合には、その方法よろしきを得れば、これを利用して差し支えない」というこ
とで一致し、10 月 27 日、その旨を広田外相が英米仏独伊各国の大使に伝えてい
る [43]。

　真っ先に和平仲介の名乗りをあげたのはイギリスであったが、うまくいかず、ド
イツの駐華大使トラウトマンを和平交渉の仲介者にするという案が浮上した [44]。
そして彼を通して出されたのは、11 月 2 日の日本側の案である。そこには、「内蒙
古には、外蒙と同じ国際的地位を持つ自治政府を樹立する」との内容が含まれてい
た。蒋介石は、当時開催中のブリュッセル会議に期待を寄せていたため、「日本が
事変前の状態に復帰する用意がなければどんな要求も受託できない」と返事してい
る [45]。

しかし、まもなく首都南京の陥落により亡国の危機が迫るや、蒋介石は今までの主張を軟化させる。12月2日、日本側が出した条件を基礎として、交渉に応じる用意がある旨を、日本側に通告し [46]、事変前の原状回復でなくても、中国側が容認できる条件であれば、和平に応じるという姿勢を示した [47]。

　それに対し、日本政府は「蒋氏ハ単ニ局面ノ不利ナルニ鑑ミ、一時ヲ糊塗センカ為ニ、和平交渉ニ応セントスル態度ヲ示シ居ルヤニモ見受ケラレ」ると、その真意に対し疑問を呈した。蒋介石が本当に反省しているなら、「今後ハ日支提携共助ノ方向ニ進マントノ決意ト誠意トヲ披瀝シ、何等ノ留保ナク交渉ニ乗出シ来ルコトカ先決問題 [48]」であり、そうであれば日本は和議に応じる用意があると、今までにない強硬な態度を示した。

　その後、陸軍内部では和平反対の声がますます高まった。杉山陸相もその声にかたむき、12月21日、さらなる強硬案が閣議によって決定される。それは「在京独逸大使ニ対スル回答案」であり、22日に広田外相より伝達された。その冒頭には、「最近戦局急速ニ発展シ、事態ニ大ナル変転ヲ見タル情勢ニ鑑ミ、帝国政府ノ提示セントスル基礎条件ハ左記ノ如キモノニシテ、支那側カ之ヲ媾和ノ原則トシテ総括的ニ承認シテ、帝国政府ニ和ヲ乞フノ態度ヲ表示シ来ルニ於テハ、帝国トシテモ之ニ応シ日支直接交渉ヲ開始スルノ用意アリ。若シ右原則ニシテ受諾セラレサル場合ニハ、帝国トシテハ遺憾乍ラ従来ト全ク新ナル見地ニ立チ事変ニ対処スルノ已ムナキニ至ルヘキコトヲ含ミ置カレ度」と述べられ、国民政府に対する強硬な姿勢が見られる。同時に、「日支媾和交渉条件細目」も付け加えられている。重要な内容は以下のとおりである。

（一）支那ハ満洲国ヲ正式承認スルコト
（二）支那ハ排日及反満政策ヲ放棄スルコト
（三）北支及内蒙ニ非武装地帯ヲ設定スルコト
（四）北支ハ支那主権ノ下ニ於テ日満支三国ノ共存共栄ヲ実現スルニ適当ナル機構ヲ設定。之ニ広汎ナル権限ヲ賦与シ、特ニ日満支経済合作ノ実ヲ挙クルコト
（五）内蒙古ニハ防共自治政府ヲ設置スルコト。其ノ国際的地位ハ現在ノ外蒙ニ同シ
（六）支那ハ防共政策ヲ確立シ日満両国ノ同政策遂行ニ協力スルコト

（七）中支占拠地域ニ非武装地帯ヲ設定シ、又大上海区域ニ就テハ日支協力シ
　　テ之カ治安ノ維持及経済発展ニ当ルコト [49]

　さらに、一定の日限内に講和使節を日本の指定する地点に派遣することを求め、本年中に回答すべしと期限までつけくわえ、まるで敗戦国のように扱っている。首都南京の陥落という現実があったからだと考えられる。

　続いて、12月24日閣議で「支那事変対処要綱」が、その翌年の1月11日御前会議で「支那事変処理根本方針」が、それぞれ決定される。内容はいずれも国民政府が敗北を自認する以外は、受け入れることができないぐらいの厳しい条件であった。回答期限を15日までと通告したのは12日のことであった [50]。期限までに回答がなかったため、すぐさま16日に、有名な「国民政府を相手とせず」という声明を出した。外交手段による和平交渉を一切禁じ、あらためて武力行使にゆだねる方針に転換した。こうしてトラウトマン工作は挫折することになる。

　同年4月、蒋介石は高宗武を通じて日本側に対し、「満洲及び内蒙の処理に就ては後日の協議に譲り、河北及び察哈爾両省は速やかに中国に返還して、長城以南に於ける中国の領土主権の確立と行政完整を期する中国の原則を尊重」するなら、停戦後、その条項を基礎として、和平細目の交渉に入る意向を示していたという [51]。また、汪兆銘と孔祥熙等からも、3月と6月と2回にわたり、イタリアの漢口駐在の参事官を通じて、日本側の態度と交渉の可能性を探っていた。その際、日本側が提出していた、「満洲国ノ無条件承認」、「内蒙古ヲ外蒙古類似ノ自治地域トスルコト」などの条件を、ほぼ受け入れる姿勢を見せていたという [52]。

　しかし、日本は国民政府の軍事力を徹底的に戦いつぶしてから和平交渉に持ち込もうと一連の軍事行動を計画していた。「北支」および「中支」両軍の精鋭部隊による徐州作戦も、5月からすでに展開されていたので応じなかったのである。また、内閣改造により、蒋介石の国民政府に対して、徹底的に不信感をもっていた板垣、東条らの強硬派が中心をなしていたことも一因となった [53]。

　以後、武漢作戦、広東攻略など一連の大がかりの戦争を繰り広げるが、戦争の拡大と総合国力の限界になり、1938年の後半には継続不可能となった。日本は今までの軍事攻勢より、政治的な謀略工作を重視することになる。そこに浮上したのが、汪兆銘を中心に親日的な中央政府を樹立する方針である。しかし、日中戦争の処理問題においては、蒋介石の国民政府との全面的な和平の実現が終局の目的であ

り、汪兆銘の南京政権の樹立だけでは問題解決にはならなかった。とくに、陸軍では、重慶政府との停戦を第一義とした主張が強かった。「汪兆銘工作」をもって事変解決を期するならば、重慶工作を並進させ、汪、蒋合流に誘導し、重慶政府の要人をある程度参画させた「強力政府」樹立しかない、汪兆銘政権は「支那政府として時局処理を担当する実力なき」とみなしていた [54]。

こうして重慶国民政府の行政院長、財政部長の前歴をもつ宋子文の実弟である宋子良を通じて、重慶政権との接近を図ろうとした、いわゆる「桐工作」が始まった。それは1939年秋から企画され、1940年2月27日はじめての接触があった。大本営から第8課長臼井茂樹大佐と、「支那」派遣軍から今井武夫大佐、鈴木卓爾中佐らが中心となって進めていた。交渉の条件は前年11月末に、御前会議で決定した「日支新関係調整要項」を基準とするもので、参謀本部に勤務していた秩父宮雍仁親王の支持をも得ていた [55]。

最終的には3月9日に両者の間で「覚書」が成立し、一段落する。内容の一部は以下のとおり。

> 第一条　中国は満洲国を承認するを原則とし、(和平克復後)日本は中国に対し、主権の独立及び領土の完整を尊重す。又其の内政に干渉せず。
>
> 第三条　日華両国は共同防共実現のため、防共協定を締結す。而して其の原則及び内容、並びに日本の内蒙及び華北の若干地域に一定期間所要の軍隊を駐屯せしむる要求は、秘密条約を以てこれを締約す [56]。

ところが、その内容を重慶側に請訓したところ、新たに送られてきた和平案には、満洲国問題に関しては、「中国は原則として之を同意し、考慮を加う」とあったが、駐兵問題に関しては、「日本は和平成立と同時に駐華軍隊を速やかに撤退せしむ」と要求していた [57]。日本陸軍側はこの要求を受け入れる決意を固め、8月22日、蒋介石、汪兆銘、板垣征四郎支那派遣軍総参謀長の3者会談を開催することまで合意していた [58]。日本の態度が柔軟に変わった裏には、沢田茂参謀次長が「此の際なるべく速やかに停戦に導き、もってこの変転きわまりなき国際情勢に対応するを可とする」と言ったように、日本側の焦りがあったのだろう [59]。

しかし、東条英機が第2次近衛内閣の陸軍大臣に就任するや、今回の工作については「日華直接和平の如き政策的行動は支那派遣軍の越権行為」であると叱責し、派

遣軍の和平交渉を一切中止し、重慶政府との交渉を政府側に任せることを決定したため、半年近く続いた「桐工作」は幕を閉じた[60]。

以後明らかになったことだが、この工作は藍衣社の戴笠の指揮下に行われた対日謀略工作であり[61]、日本側も従来から「総軍限りの謀略」として位置づけている、謀略の範囲内での接触であったが、双方とも相当関心を寄せていたことは間違いないだろう。たとえば、1940年9月13日から15日の間、重慶で開催された重要幹部会議において、満洲問題および日本軍の一部駐兵問題については、日中双方が合意に至らない場合、会談を中止すると決定されているが、決定に至るまでは日本側に対して、満洲国の承認問題と駐兵問題について数回にわたって打診があった[62]。また、日本側も本工作を進めるため、汪兆銘の南京政権の成立期間を4日間遅らせたことがあった[63]。

交渉の条件も、内モンゴル問題について、2年前の「内蒙古には防共自治政府を設置すること。其の国際的地位は外蒙に同じ」よりだいぶ格下げされ、駆け引きの主要事項が、満洲国の承認、ならびに駐兵問題に集中していたことがわかる。

3.2 日本の汪兆銘工作と内モンゴル問題

上述のように、1938年1月16日の近衛首相の声明により、第三国を仲介として時局収拾を図ろうとしたトラウトマン工作は失敗に終わった。残された選択肢は日中両国の直接交渉だけであった。蒋介石は日本が軍閥支配下にある限り、信頼することができないと、長期抗戦をもって徹底対戦することを決心していたので、彼との和平交渉は不可能であった[64]。そこで、浮上したのは国民政府の親日的な人物汪兆銘を引き出して、第三勢力を結成するという方針である。いわゆる日本の汪兆銘工作であるが、そのきっかけは、日中戦争勃発直後までさかのぼることができる。

当時、日本では天皇の意思もあって、外務省、陸軍省、海軍省の間では和平交渉への動きがあった。国民政府の中でも「何とかして、日中両国の国交を調整したい」という意見が存在し、両者は早くも1937年8月の時点からすでに接触を試みていた[65]。

南京陥落後、国民政府外交部のアジア局日本課課長の董道寧は、トラウトマン工作を裏面から促進するため、上海へ向かい、同盟通信社上海支局長松本重治、参謀本部第8課長の影佐禎昭大佐らと合い協議を重ねていた[66]。その後影佐の手引きで、参謀次長多田駿中将、参謀本部第2部長本間雅晴少将、参謀本部「支那」班長今井中

佐等上層部の面々も加わる[67]。

　しかし、この工作は 1938 年に入ってから戦争拡大派の圧力に屈した近衛首相の「国民政府を相手とせず」という声明と、それに続いて実施された徐州作戦によって、中断を余儀なくされた[68]。蒋介石も日本との交渉に期待しなくなり、今までの接触を中止するよう命じたが、高宗武らは蒋介石の命令に背いて、和平工作を続けた[69]。

　こうして蒋介石排除の和平交渉が再出発する。加えて、1938 年 6 月の近衛首相の内閣改造により、従来から和平交渉に携わっていた影佐が、参謀本部第 8 課長から重要なポストである陸軍軍務局軍務課長に転任[70]。以後、彼の積極的な働きによって汪兆銘を相手とした和平交渉が新しい段階に入った。

　1938 年 6 月 23 日、西義顕の説得で高宗武は、伊藤芳男とともに日本へ向かい、多田参謀次長、板垣陸相、近衛首相、松岡洋右らと会った。目的は、（1）日本の陸軍に早期和平実現の意思があるかどうか、（2）あるとすれば日本はその相手を蒋介石と汪兆銘のどちらを選ぶのかを探るためであった。また、日本が帝国主義的政策を放棄し、中国を対等の国家として扱うなら平和実現が可能になることを伝え、交渉の相手が汪兆銘しかないことをほのめかしていた[71]。

　7 月 15 日に、日本では五相会によって「支那新中央政府樹立指導方針」が決定された。そこには、「成ルヘク速カニ、先ツ臨時及維新両政府協力シテ聯合委員会ヲ樹立シ、次テ蒙疆聯合委員会ヲ之ニ合流セシム」「漢口陥落後蒋政権ニ分裂改組等ヲ見サル場合、既成政権ヲ以テ新中央政府ヲ樹立ス」「蒋政権ニ分裂改組等ヲ見、親日政権出現シタル場合、之ヲ中央政府組織ノ一分子トナシ、中央政権樹立ニ進ム[72]」などの決定があり、汪兆銘を相手にした和平交渉がさらに具体的なものになった。

　1938 年 7 月 6 日、高宗武は、同盟通信の岩永裕吉社長との会談で、日本側が撤兵の声明、領土・賠償の不要求、治外法権の撤廃などを入れて和平交渉に臨むなら、中国側も平和実現の可能性を確信して、運動を広めることができると漏らした[73]。それに先立つ 1938 年 6 月 14 日、高宗武と西義顕が第三勢力を結成することを決意した時、中国の統一を乱す危険性を防ぐために相互の意見の一致点を整理して「覚書」を作っていた。その中にも「統一中国実現に支障なからしめること[74]」との内容が含まれていた。交渉の最初の段階から中国の統一を重要な問題として扱っていたのは明らかである

　これらの水面下の交渉を踏まえて、11 月に入ってから正式な交渉が始まった。

107

ここで、今までの交渉の内容がさらに明らかになる。会談の主な出席者は、汪兆銘側から周仏海、梅子平、陶希聖、周隆庠、日本側から影佐、伊藤、西義顕、犬養健、今井等。11月1日から11日までの間、前後7回にわたって行われた。蒙疆地域と内モンゴル問題が取り上げられたのは11月6日の第4回目の会談であった。議事録に、以下の記録がある。

　　　周：第一項ハ華北ニ関スル地域ノ問題ナルカ、省ノ行政区域ヲ基準トシテ区分セラルルヲ希望ス、内蒙ハ察哈爾、綏遠二省ニシテ、華北ハ山東、山西、河北三省ノ行政区域ト致シ度
　　　影：本問題ハ蒙疆、北支ノ二ツニ分カチ先ツ蒙疆ヨリ申上ケン、蒙疆ハ現在御承知ノ如ク蒙疆自治政府ノ行政区画ニシテ、之ニハ晋北十三県モ入リ居ル処……此ノ既成事実ヲ変更スルコトハ極メテ困難ナリ……不可能ナルコトヲ断言ス
　　　陶：御忠言ノ程ハ重々ト諒トスルモ、蒙疆ノ事ハ我等同志ノ考ヘトシテモ、亦日本ノ為ニ考フルモ、内蒙ニ支障ナキ様考慮シ今少シ説明致シ度シ……将来新政権成立ノ時之ヲ強固ナラシムル上ニ、既成事実ノ変更カ望マシキ処、之ハ中日国交調整上重要ナル事タルヘキ
　　　周：独立セシムルヨリ、寧ロ中国ニ属セシメテ置ク方宜シ、其処テ最後ニ妥協案ヲ提出シ度シ[75]。

　上述のことから、汪兆銘側が内モンゴルの独立問題に対し、強い姿勢をもって臨んでいたことが分かる。最終的には、日本と汪兆銘の間で、「中国ハ満洲国ヲ承認ス」「内蒙地方ヲ防共特殊地域トス」などの内容を含んだ「日華協議記録及同諒解事項並日華秘密協議記録」が締結されることになった[76]。また、それを基にして決定された「日支新関係調整方針」および「日支新関係調整要項」にも[77]、満洲国について、「支那は満洲帝国を承認し、日本及び満洲は支那の領土及び主権を尊重」すると定め、満洲国の政治、外交等あらゆる面での独立を認めたのに対し、内モンゴルを含めた蒙疆地域は中国の特別地域として扱われることになっていた[78]。

　長山義男の記録によれば、内モンゴル問題については、当時、「日本側は、近い将来独立させ、中国政府もそれを承認するとしたかったのであるが、汪兆銘側は、それは領土の割譲を意味する。そんなことをしたら人心は一夜にしてわれわれから

離反し、われわれは売国奴となり、文字通り奸漢【漢奸】になってしまう。そんなことは絶対に出来ないと、強硬に反対し、それ以上日本が要求すれば交渉が決裂しかねない状況でもあったという[79]。

　また、汪兆銘のハノイから送った「艶電」の中でも、日本と協議して、軍事行動を停止し、平和的な方法によって、北方4省の保全を図り、次第に東北4省問題を合理的に解決し、政治上主権の保持と行政の完璧を最低の条件にするとした主張があり、北方における政治的な主権を何よりも優先して考えていたことが分かる[80]。

　結局、和平交渉の進展に伴い、汪兆銘の意向が日本の対内モンゴル政策に反映されることになったのであろう。日本の大陸政策を意識していた「対蒙政策要綱」は、当時行われていた汪兆銘との交渉の見通しを視野に入れながら作成されたと考えられる。

小　結

　日中戦争勃発後、日本の対内モンゴル政策は新たな展開を見せた。綏遠事件の終結によって、対内モンゴル政策における関東軍と日本政府の対立が一応緩和する傾向を見せ始めたものの、戦争勃発後、改めて表面化し、それが今度は支配地域の再編問題をめぐって表れた。その後、関東軍は自らの主張を貫いて、蒙疆連合委員会を成立させたが、それが、陸軍省の反発を招いただけでなく、デムチグドンロブ王をはじめとするモンゴル側の建国の主張をも真っ向から否定するものであった。

　こうしてデムチグドンロブ王と関東軍との衝突は避けられなくなった。それに従来からの日本政府側の内モンゴルの独立に対する否定的な観点が加わり、デムチグドンロブ王の建国の夢は危機的な状況に直面した。しかし、彼はあきらめずさまざまな工夫を行いながら、日本側に対し独立の承認を要求し続けた。それが結果的に、日本政府内部において、内モンゴル問題についての積極的な議論を呼び起こし、「内蒙古独立ニ関スル件」の登場につながったが、まもなく「対蒙政策要綱」の出現によって否定されている。というのは、その背景には、当時の日本の内モンゴル問題が抱える、さらなる外交上のジレンマがあったからである。

　つまり、当時の日本の対内モンゴル政策は、終始、対中政策の視点から策定されていたが、その対中政策自体は、当初からはっきりしたビジョンを持っておらず、絶えず変化していた。したがって、それを基礎として策定されていた日本の対

内モンゴル政策も、非常に流動的となり、「独立」にするか、「自治」にするか、という外交上のジレンマの中で揺れていた。南京陥落時、国民政府に対し「内蒙古には、外蒙と同じ国際的地位を持つ自治政府を樹立する」という条件を出していた日本は、終戦の出口が見えなくなり、焦りが出ると、地域の「特殊性」、「駐兵権」を強調するようになった。さらに、「桐工作」の時は、相手側の「駐兵権放棄」の要求を飲み込む姿勢までを見せている。

　最終的には、日本では汪兆銘工作が主流となり、国家方針として進められることになった。それにあたって、従来から内モンゴルの独立問題に対して、否定的であった汪兆銘への配慮が必要となった。「対蒙政策要綱」はその観点から作成されたと思われる。

■ 注
1)　ドムチョクドンロプ『徳王自伝』(森久男訳)岩波書店、1994年、p.106。
2)　同上書、pp.219-220。
3)　同上書、p.185。
4)　関東軍司令部「察哈爾方面政治工作緊急処理要綱」(昭和一二、八、一三)『現代史資料9』(日中戦争(二))みすず書房、1964年、p.107。
5)　関東軍司令部「時局処理要綱」(昭和十二年八月十四日)、(陸軍省 - 陸満密大日記 -S13-12-72)、防衛省防衛研究所。
6)　同上。
7)　「時局処理要綱ニ関スル件」(関参謀第一九四号)、同上日記。
8)　「次官次長宛関東軍参謀長関電第一二二号」、同上日記。
9)　「次官ヨリ関東軍参謀長及支那駐屯軍参謀長宛電報」(暗号至急、関電一二二号返)、同上日記。
10)　「時局処理等ニ関スル東条関東軍参謀長ト中央間往復電」、前掲『現代史資料9』、p.113。
11)　「次官次長宛関東軍参謀長電報関電第一六七号」(秘至急)、(陸軍省 - 陸満密大日記 -S12-19-66)、防衛省防衛研究所。8月28日、関東軍参謀長から陸軍次官次長宛の電報では、チャハル省の治安工作に関しては、多数の日満人を派遣して協力していることを強調しながらそれを理由にし、「軍ハ満洲国ノ国防ト察北察南ノ特殊関係ニ鑑ミ、己ニ具申セル対時局処理要綱ノ要領ニ基キ、速ニ治安ヲ回復シ近ク進メラルル北支那作戦軍ニ有効適切ナル協同ヲナスヘク政治工作ヲ進メツツアルニ付キ、御了承ヲ乞フ。右ニ関シ御意見アラハ至急答回相煩度」と関東軍の方針に対する許可を改めて求めた。
12)　「次官ヨリ関東軍及支那駐屯軍参謀長宛電報案」(極秘、至急、関電第一六七号返)、同上日記。
13)　「次官ヨリ関東軍北支方面軍参謀長宛通牒陸支機密第一九六号」、(陸軍省 - 陸支機密大日記 -S12-2-89)、防衛省防衛研究所。
14)　札奇斯欽『我所知道的徳王和当時的内蒙古 (二)』東京外国語大学アジア・アフリカ言語文化

研究所、1993 年、p.31。

15）片倉衷『回想の満洲国』経済往来社、1978 年、p.217。

16）関東軍司令部「蒙疆方面政治工作指導要綱」（昭和拾弐年拾月壱日）、前掲『現代史資料9』、pp.120-121。

17）関東軍司令部「蒙疆方面政治指導重要（其一）案件綴」（昭和十二年十二月）、（中央 — 戦争指導重要国策文書 — 555・556）、防衛省防衛研究所。

18）森松俊夫「蒙疆八年の守り」『高原千里』らくだ会、1973 年、p.32。

19）前掲『徳王自伝』、p.188。

20）同上書、p.215。

21）読売新聞（朝刊）、1937 年 11 月 23 日。

22）同紙（夕刊）、1937 年 11 月 23 日。

23）同紙（朝刊）、1938 年 1 月 17 日。

24）前掲「蒙疆方面政治指導重要（其一）案件綴」。

25）森久男『徳王の研究』創土社、2000 年、p.158。

26）前掲「蒙疆八年の守り」、p.36。

27）「蒙疆聯合委員会設定ニ関シ蒙疆聯合委員会ト関東軍司令官トノ秘密交換公文送付ノ件」、前掲『現代史資料9』、pp.167-168。

28）中嶋万蔵「徳王について」、前掲『高原千里』、p.68。

29）前掲『徳王自伝』、pp.217-226。当時、デムチグドンロブ王は、察南自治政府の于品卿と晋北自治政府の夏恭の同行で、訪日した。日本に着いた彼は、金井章次の厳しい監視を受け、自由な行動が制限され、モンゴルの建国問題を取り挙げることを禁止したばかりか、「モンゴル」と言わせないため、脅迫な手段に乗り出した。それにも関わらず、デムチグドンロブ王は、あくまでも「モンゴル」のみを口に出し、「蒙疆」と言ってなかったという。

30）同上書、p.212。

31）同上書、p.226。

32）高木幹事報告要旨「満洲、北支、中支の皇軍慰問並に現地見聞の一端」（昭和十三年三月）、（本邦対内啓発関係雑件／講演関係／日本外交協会講演集第四巻）、外務省記録 A-3-3-0、外務省外交史料館。

33）外務政務次官松本忠雄氏述「北支那の現勢を討察して」（昭和十三年一月）、同上四巻。

34）同上。

35）同上。

36）前掲「満洲、北支、中支の皇軍慰問並に現地見聞の一端」。

37）「蒙古聯盟自治政府七三三年甲年度行政概要」（成吉思汗紀元七三三年六月三十日）、（満洲 - 満蒙 -151）、防衛省防衛研究所。

38）高木翔之助『蒙疆』北支那経済通信社、1939 年、p.16。

39）「内蒙古独立ニ関スル件」（極秘）、（支那事変関係一件第十八巻）、外務省記録 A-1-1-0、外務省外交史料館。

40）同上。

41）企画委員会書記局「対蒙政策要綱」（極秘）、前掲（支那事変関係一件第十八巻）。

42）前掲「対蒙政策要綱」。

43）上村伸一『日本外交史20』（日華事変（下））鹿児島研究所、1971 年、p.178。

44）戸部良一「日中和平工作の挫折」、五百旗頭真・北岡伸一編『開戦と終戦 ― 太平洋戦争の国際関係』情報文化研究所、1998 年、p.14。

45）前掲『日本外交史 20』、pp.179-182。

46）同上書、p.185。

47）前掲「日中和平工作の挫折」、p.19。

48）「在京独逸大使ニ対スル回答案」（昭和一二、一二、一〇、亜、一）、（支那事変関係一件／善後措置（和平交渉ヲ含ム））、外務省記録 A-1-1-0、外務省外交史料館。

49）「在京独逸大使ニ対スル回答案」（閣議決定、昭和十二、十二、二十一）」、同上史料。

50）臼井勝美『日中戦争』（新版）中央公論新社、2000 年、p.95。

51）今井武夫『支那事変の回想』みすず書房、1980 年、p.67。

52）「昭和十三年三月廿三日在上海日高総領事発広田外務大臣宛電報第九六四号」「昭和十三年七月十四日上海日高総領事発宇垣外務大臣宛電報第二一九八号」、前掲（支那事変関係一件／善後措置（和平交渉ヲ含ム））。ちなみに、当時、南京の陥落により、国民政府の首都は漢口に移っていた。

53）前掲『日中戦争』、p.98。

54）波多野澄雄『「大東亜戦争」の時代 ― 日中戦争から日米戦争へ』朝日出版社、1988 年、p.170。

55）前掲『支那事変の回想』、pp.116-119。

56）同上書、p.127。

57）同上書、p.129。

58）前掲『日中戦争』、p.127。当時、近衛首相、板垣参謀長も 3 者会談に非常に意欲をもち、蒋介石宛の文章すら作成し早期実施を望んでいた。たとえば、そのとき、澳門で宋側と折衝していた参謀本部今井大佐、鈴木中佐は、協議にあがった 3 者会談は実現可能と判断し、帰国し、8 月 22 日近衛首相に会見し、蒋介石宛の親展の交付を要請したところ、近衛は親展ならびに写真を与えた。さらに、24 日に原田熊雄に対し、「だまされるかもしれない。その手紙を以て、日本もこんなに弱っているという宣伝に使われるかもしれないが、それもやむを得ない」と語ったという。

59）前掲『「大東亜戦争」の時代 ― 日中戦争から日米戦争へ』、p.171。

60）前掲『支那事変の回想』、pp.145-148。

61）前掲『日中戦争』、p.127。

62）前掲『支那事変の回想』、p.147。

63）同上書、p.131。

64）西義顕『悲劇の証人 ― 日華和平工作秘史』文献社、1962 年、pp.179-185。

65）たとえば、当時、国民党のアジア司長であった高宗武が、蒋介石と汪兆銘の了解を受け、香港へ向かい日本との接触を試みていた。松本重治『近衛時代（上）』中央公論社、1986 年、pp.13-14。

66）前掲『支那事変の回想』、p.67。

67）陳鵬仁「日本の汪兆銘工作」『問題と研究』中華民国国立政治大学国際問題研究中心、1997 年、p.79。

68）小林英夫『日中戦争と汪兆銘』吉川弘文館、2003 年、pp.38-46。

69）前掲『支那事変の回想』、pp.70-71。

70）同上書、p.191。

71) 前掲『近衛時代（上）』、pp.33-34。
72) 「支那新中央政府樹立指導方策」（極秘、五相会議決定、昭和十三年七月十五日）、（支那事変関係一件第十四巻）、外務省記録 A-1-1-0、外務省外交史料館。
73) 前掲『近衛時代（上）』、pp.33-34。
74) 前掲『悲劇の証人 — 日華和平工作秘史』、p.188。その具体的な内容とは次のとおりである。(1)「日華両国の内部事情に鑑み和平を仲介するための第三勢力の結集を計ること。(2) 第三勢力は戦う日華両勢力に対し公正妥当な立場を保持し得るものたる可きこと。(3) 和平実現の絶対の条件は日本の帝国主義政策の放棄なり、ついで両国平等の立場に於て相互の立場を認めあうことになり、かかる条件は和平の前提であるとともに和平仲介の第三勢力を可能ならしめる条件なり、よってまず日本側にこれを受け入れる進歩的指導勢力の確立を要望し、その勢力をして右条件の実現を確約せしめること。(4) 第三勢力は和平仲介の目的を達したる時、速に解消して統一中国実現に支障なからしめること。
75) 「第四回会議議事要録」（極秘、十一月六日）、（支那事変関係一件第二十七巻）、外務省記録 A-1-1-0、外務省外交史料館。
76) 「支那事変」、同上二十七巻。
77) 前掲『日本外交史 20』、p.273。
78) 外務省『日本外交年表並主要文書（下）』日本国際連合協会、1955 年、p.405。
79) 長山義男「徳王の悲劇」『自由』自由社、1987 年、p.108。
80) 中華民国外交問題研究会『日本製造偽政府組織与国連的制裁侵略』、1966 年、pp.494-495。

第4章 モンゴル自治邦政府の成立をめぐる日中蒙の駆け引き

松野鉄道相と会談するデムチグドンロブ王（1940年4月）
出所：朝日新聞社提供

蒙疆連合委員会の設立をめぐり、デムチグドンロブ王と関東軍の間で激しい対立が繰り広げられた。結果は蒙疆連合委員会の設立を阻止するどころか、かえってそれがグレードアップされ、1939年9月に、モンゴル連合自治政府が成立し、日本の植民地支配の傾向は明確になった。さらにその後、青島会議によって当政権と汪兆銘政権との間で協定が結ばれ、後者の宗主国地位が正式に承認された。こうして内モンゴル自治運動はそれまでにない打撃を受け、事実上大きく後退することを余儀なくされるが、のちにデムチグドンロブ王による巻き返しが図られ、1941年8月に、モンゴル自治邦政府が樹立した。

　モンゴル近代史の視点からみれば、この二つの政権、つまり、モンゴル連合自治政府とモンゴル自治邦政府は、本質的に異なっている。だが、従来の研究では、後者はほとんど無視され、「蒙疆政権」という漠然とした概念の登場により、日本の大陸政策の一貫性が強調されてきた。満洲国との比較の対象となり、場合によっては、「第二の満洲国」として表現されることの原因もここにあると考えられる。しかし、ここで忘れてはいけないのは、政治のイニシアチブであり、内モンゴル自治運動の場合、そのイニシアチブは終始モンゴル側にあったと考えられる。だからこそ、最終的には、モンゴル自治邦政府の成立に成功し、百霊廟自治運動期に掲げていた「自治」と「復興」という目標へ、一歩近づくことができたのである。その底流にはモンゴル民族解放運動の一貫性があった。しかし、従来、その視点が弱く、デムチグドンロブ王を始めとする内モンゴル人の民族主義者たちが果たした歴史的な役割は正しく評価されることがなかった。

　本章では、モンゴル自治邦政府の樹立の経緯を、当時の日本、中国、内モンゴル、さらにソ連といった国際・地域のあいだの相関関係からアプローチし、それによって、内モンゴル近代史におけるモンゴル自治邦政府の歴史的意義を検討する。

1. モンゴル連合自治政府の成立をめぐる各勢力の対立

　蒙疆連合委員会の樹立により、デムチグドンロブ王の考えるモンゴル独立の夢に影がさしはじめた。その後、彼は第1回目の訪日を実施し、日本の上層部と直接交渉を行い、モンゴル問題の解決を試みたが、金井章次の妨害によって思ったような成果をあげることができなかった。

　1938年末、日本ではモンゴルを含めた中国問題を解決する興亜院が設立された。

第 4 章　モンゴル自治邦政府の成立をめぐる日中蒙の駆け引き

翌年 3 月、駐張家口特務機関が興亜院蒙疆連絡部と改められ、蒙疆連合委員会の拡大を基礎とし、その地域の特殊性を強化し、デムチグドンロブ王を総務委員長にする事が確実になった。もしデムチグドンロブ王が断った場合には、別の人を選ぶ方針まで決められていた。さらに 4 月 2 日、駐蒙軍司令官の管理下で、駐蒙軍参謀長、興亜院蒙疆連絡部長官、蒙疆連合委員会最高顧問からなる蒙疆連絡会議が設置された。その蒙疆連絡会議の第 1 回審議案に、蒙疆を一体として育成して、高度の防共自治の特殊区域とする。その高度自治の程度は、中華民国の宗主権が認められるが、外モンゴルの現状に準ずるものとし、「妄ニ蒙古人ニ迎合シ其独立ヲ扇動スルカ如キコトハ厳ニ避クル [1]」と定められている。

結局、デムチグドンロブ王は当初から固辞していた蒙疆連合委員会の総務委員長のポストに就任することを余儀なくされた。それにあたり、駐蒙軍司令官蓮沼蕃中将からデムチグドンロブ王に対し、「蒙疆政治ノ指標ハ民族ヲ協和シ、民生ヲ向上シ、防共ノ鉄壁ヲ不抜ナラシムルト共ニ東洋道義ノ再建ヲ図リ、以テ茲ニ東亜新秩序ノ有機的一環タルヘキ王道楽土ヲ建設スルニアリ」との指示があり、モンゴルの独立を認めない方針をあらためて確認している [2]。

1939 年 5 月 2 日、関東軍の田中参謀長は、「蒙疆統一政府組織案」を陸軍次官に打電し、「蒙疆連合委員会および三自治政権の四者の権限を調整統合し、統一政府を樹立す」と政権統合の方針を説明し、1939 年中に新政権を樹立することを許可するよう陸軍中央部に求めた [3]。

こうしてデムチグドンロブ王が目指していた蒙疆連合委員の廃止どころか、強化され、事態はまったく逆の方向へ進んでいった。とはいえ、関東軍内部において、必ずしも意見の一致が図られていたとは言えない。とくに、モンゴル連盟自治政府の日本人顧問たちの意見は、金井章次に代表される蒙疆連合委員会と駐蒙軍の意見とはかなり異なっていた。これから取り上げる 3 案、つまり、「皇蒙国建設要綱」「新蒙聯邦国建設要綱案」「蒙疆国建設ニ関スル具体案」はそれを裏付ける [4]。いずれも宇山兵士の顧問時代、1938 年 12 月に作成されたものであり、その内容の大筋を、近きものより表示するなら以下のとおり。

　　「皇蒙国建設要綱」（蒙疆 3 政権合流案）は、「防共ルート（外蒙及西方地域）結成ノ為蒙古復興ヲ第一目的トス」「日本ノ畜産資源獲得ヲ第二目的トス」、「日本依存ノ必要性ヲ高潮セシメ、結成セラルヘキ東亜聯盟ニ加盟シ、其統制ニ

117

服スヘク之等本地域ノ特殊性ハ、中華民国ノ宗主権ニ服スヲ許サス」など一連
の項目を「皇蒙国建設方針」としている。そのほか、「国名ヲ皇蒙国トス」「君主
国トス」「元首ハ国家統治ノ主権者ニシテ絶対権ヲ有ス」「第一次ノ元首ヲ徳王
トス」「皇化（皇道教化）主義ニヨル大陸経倫方策ノ実現」「皇帝ニ日本皇族又ハ
清朝ノ後裔ヲ以テスル案ノ考案」「成吉斯汗礼拝ノ必スシム妥当ナラサルハ上
記ノ如クナルモ茲ニ日本史トノ関聯アル神話ヲ創設スルモ可ナリ」「皇化方策
ニヨリ心理的統合ヲ図リ蒙漢民族意識ヨリ東亜同族ノ観念ニ帰一セシム」「蒙
人ニ形式的名誉又ハ権限ヲ与ヘ漢人ノ経済的活動ヲ持続セシム」「政府各機関
ニ於ケル上級蒙漢人ノ数ハ蒙ヲ絶対多数トナシ対立ノ余地ナカラシム、下級
ニ於ケル実務的方面ニ漢人ヲ用フ」「厚和ヲ首都トシ特別市トス」などの、合わ
せて 12 ページに及ぶかなり詳細な内容が語られている。最後に、「皇蒙国ヲ
実質的保護国トス」る「皇蒙国建設第二案」が付け加えられている 5)。

「新蒙聯邦国建設要綱案」は、「日本依存新蒙古建設」「防共敬神主義、外蒙及
西方防共ルート獲得ノ拠点タラシム」「東亜同邦主義ヲ揚ケ蒙疆三政権合流ス」
「支那主権ヨリノ完全離脱ヲ表明ス」などの項目を「建国ノ趣旨」とし、さらに
「首都ヲ厚和トス」「聯邦国家トス」「聯邦ノ単位ヲ州トス」「蒙古特権階級ニ政治
的満足ヲ与ヘ一面漢民族ノ不安ヲ除去セシム」「総統、副総統ヲ置ク総統ヲ主
権者トス」「蒙古聯盟自治政府、同顧問部及蒙疆聯合委員会ヲ以テ聯邦政府及
政府顧問部ヲ組織シ得ヘシ」などの内容が語られている 6)。

「蒙疆国建設ニ関スル具体案」は、「蒙疆国ハ支那中央政権ニ合流セシムヘカ
ラス」「【国名】蒙疆国ニテ可ナリ、首都ハ厚和トス」「蒙疆国ノ領域蒙疆地方ト
ス、蒙古聯盟、察南及晋北ノ三自治政府ハソノ所管地域ヲ以テ新国家ニ参加シ、
今後西方並北方工作ノ進展ニ伴ヒ領域ノ拡大セラルルヲ予想ス」「独立国家ト
シ当分主席制ヲ採ル、主席ハ日本軍司令官ヲ師伝トス」「新支那中央政権カ日
本ニ承認セラレタル時相互承認ヲ行フ」などの内容が入っている 7)。

この 3 案の大きな特徴は、いずれも国民政府の宗主権を認めず、モンゴル連盟自
治政府をベースとして、フフホトを首都とする独立国家の樹立を目指している点で
ある。それは、当時のデムチグドンロブ王の主張とある程度似ていることは注目に

118

第4章　モンゴル自治邦政府の成立をめぐる日中蒙の駆け引き

値する。同時に、民族主義の助長につながるという警戒心からチンギス・ハーン崇拝を禁止し、完全に日本化を目指そうとした、関東軍の思惑も見られる。作成にあたって、モンゴル側の主張に影響されたかどうかは明確ではないが、時期が、デムチグドンロブ王の第1回目の訪日の直後にあたっており、当時、彼と関東軍の関係がもっとも緊迫していたことを考えれば、一定の影響を受けた可能性は高い。

　のちにこれらの草案がどのように扱われたかは、補助史料がないため、明らかにすることはできない。だが、1940年に、元モンゴル連盟自治政府最高顧問だった泉名英によって書かれた「蒙古国創建趣意書」が、一つの鍵を与えてくれるかもしれない。その中には、「日本ハ蘇聯邦外蒙古統治ノ政策ニ逆行シ、断乎民族独立ノ宿願ヲ獲得セシメテ、民族ノ報応帰趨ヲ求メ以テ内蒙古確保ノ目的ヲ達成スベキナリ」と、モンゴル国創設の意義が語られており、しかも、その文章の最後に、「これは昭和14年、連合政府が出来るまでの過程において主として連盟関係日本顧問の意見を大体纏めて書いて見た。金井氏、中央部にも提出されたと思うが、事前に十分討議したわけでもなく提出位、返事もなかったと思う」というメモが残されていることからみれば、少なくとも、モンゴル連盟自治政府の顧問たちは、当時、モンゴル国樹立には「好意的」であったと推測できる。そして泉が言っている「日本人顧問の意見」とは、前述の3案を指しているなら、その3案は関東軍と中央部によって却下されていたことになる。解明は今後に任せる[8]。

　いずれにせよ、最後に、蒙疆問題をめぐる日本政府と出先機関の政策上の一本化が進み、統一政権の樹立が確実になった。それを阻止することはもはや不可能となったデムチグドンロブ王は、今度はモンゴル連盟自治政府を基礎として、蒙疆連合委員会を廃止し、察南、晋北両政権を吸収して、フフホトにモンゴル自治国を樹立することを主張した[9]。

　さて、関東軍はデムチグドンロブ王の今回のモンゴル自治国という主張に対し、モンゴルの独立は認めないという条件で、受け入れる姿勢を示していた。「蒙古聯合自治国ハ東亜ノ道義ヲ昂揚宣布シ、民族協和ヲ基礎トシ、人民ノ福祉厚生ヲ図ルト共ニ、共産主義ノ剿除ヲ以テ目的トス」という表現をふくむ「蒙古聯合自治国組織方案」が、8月11日に開かれた蒙疆連合委員会管轄下の政権統合審議会ですでにできあがっていたことから推測できる[10]。また、「蒙古連合自治国」と書かれた公文箋まで印刷していたことからも、自治国を樹立する下準備がかなり活発に行われて

119

いたことが分かる[11]。

なお、それに先立つ 1939 年 7 月 8 日の第 9 回連絡会議によって決定された「支那統一政府ト蒙古聯合自治国トノ関係、調整要領」の、第 1 条には「蒙古聯合自治国ハ支那統一政府ノ成立ニ対シ協力ヲ行ヒ、適当ノ機会ニ於テ統一政府ノ交渉ニ応シ、其ノ宗主権ヲ認ム」と、第 2 条には「蒙古聯合自治政府ハ支那統一政府日支ノ国交ヲ調整シ、且ツ政府ノ政綱政策決定シ、其現実ノ動向明カトナリ、蒙古聯合自治国ト利害相一致シタル場合ニ於テ其宗主権ヲ認ム」と書かれている。「自治国」と「自治政府」という表現を混同しながら使っていることから、意見の一致がまったくなかったことがうかがえる[12]。

しかしその後、汪兆銘を看板とする新中央政権の樹立が確実になるにつれ、陸軍中央部は内モンゴルの独立問題に否定的な態度をとっていた汪兆銘の立場を考慮し、「自治国」という表現の使用を禁止する[13]。1939 年 7 月 28 日、「蒙疆統一政権設立要綱」が興亜院会議によって決定され、さらに 8 月 4 日の閣議決定をへて、正式に決められている。当案には「(1) 蒙疆聯合委員会及三自治政府ヲ統合シ統一政権ヲ樹立シ之ヲ蒙古聯合自治政府ト称ス (2) 蒙古聯合自治政府ハ高度ノ自治制トス (3) 蒙古聯合自治政府ハ民族協和ヲ基調トシ親日防共民生向上ヲ以テ施政ノ綱領トナス」とある。「蒙古聯合自治政府」という名称で決着したことがわかる[14]。こうして、デムチグドンロブ王のモンゴル自治国樹立の願いは挫折し、1939 年 9 月 1 日にモンゴル連合自治政府が成立されている。

すなわち、デムチグドンロブ王の蒙疆地域をめぐる二つの考えは[15]、いずれも関東軍と陸軍中央部によって否定され、モンゴル連合自治政府の樹立を受け入れることを余儀なくされた。その意味では、モンゴル連合自治政府とは、日本側の意思を強く反映した政権だといえる。内モンゴル自治運動はここに来て衰退期を迎えたのである。

2. 内モンゴル自治運動における汪兆銘政権の影響

2.1 「日支新関係調整要綱」

日中戦争の拡大と泥沼化につれ、戦争をいかに終結させるかが政府にとって課題となった。1938 年 7 月 12 日の五相会議で、中国に新政権を建設する方針が正式に打ち出され、11 月 3 日、近衛首相は第 2 回目の声明を発表し、従来の「国民政府を

相手にしない」という方針を変えて、帝国の求めているのは、東亜の平和と新秩序の確保であるとし、国民政府に対し、人事の更新と東亜新秩序の建設へ参加を促した[16]。

以後、国民政府内部の親日派である汪兆銘に対する懐柔政策、いわゆる「和平工作」をさらに強め、1938年11月20日、日本と汪兆銘側との間で、「日華協議記録及同諒解事項並日華秘密協議記録」が調印された。そこには「中国は満洲国を承認す」とはっきり書かれている。それに対し、モンゴル連合自治政府については、「防共特殊地域」とし、単なる中国の華北地域の一部、対ソ防共政策の一環として扱っている[17]。その詳細については、近年、盛んに行われている汪兆銘研究によって、ほぼ明かにされている。以下、簡略に述べる。

1938年12月6日、陸軍省はあらためて「昭和十三年秋季以降対支処理方策」を決定し、国民政府に対し、軍事的な圧力を掛けながら、謀略工作を一層強めた[18]。12月18日に国民政府内部に、ついに分裂がおきる。汪兆銘は蒋介石が若者に訓話を行っていた機会を狙い、脱出に成功し、昆明を経て、ハノイへ向かった。危機を感じた蒋介石は、部下を派遣して、汪兆銘に対し重慶に戻るよう勧告したが断られた。

汪兆銘のハノイ脱出直後、日本政府は12月22日、近衛首相の第3回の声明を発表し、「善隣友好」、「共同防共」、「経済提携」という三つの原則を持ち出し、国民政府に対し、抗日行為を放棄して、「東亜新秩序の建設」に参加するよう呼びかけた[19]。それに対し蒋介石は、12月26日の中央党部会議において、中国を完全に滅亡させ、東アジアを独占しようとした企図であると反論し、国を挙げて抗戦する意向を明らかにした。だが、汪兆銘は29日、ハノイから蒋介石および中央執監委員会に、いわゆる「艶電」を送り、近衛声明を擁護する意向を表明した[20]。

1939年元旦、国民党は中央常務委員会臨時会議を開き、汪兆銘の党籍を永久に剥奪し、一切の職務を剥奪すると発表した[21]。ハノイに特務を派遣し、汪兆銘の暗殺を試みたが、成功には至らなかった[22]。命の危険を感じた汪兆銘は、仕方なく直接日本の救援を求めることになった[23]。

1939年5月31日、汪兆銘ら11人が日本から派遣された特派員の保護で東京へ向かった。6月6日、五相会議で「中国新中央政府樹立方針」「汪工作指導要綱」が決定された。その中で、新中央政府の構成者に「調整方針」をあらかじめ受諾させることが決定された。つまり、日本の和平条件は「近衛声明」とか「協議記録(影佐、高宗

武協定）」ではなく、御前会議決定の「日支新関係調整方針」であることが確認された
のである[24]。

11月5日、日本側は参謀本部駐上海の影佐機関を通して、「日支新関係調整要綱」
を汪兆銘側に提出した[25]。ところが、その内容は全面平和を前提とした前年11月
の「日支協議記録協定」とは、根本的に異なっており、汪兆銘政権を事実上、傀儡に
するものであった。日本を頼るしか、道がなかった汪兆銘には抵抗するすべもな
かった。しかし、唯一内モンゴル問題については、独立局面を生み出すことを当初
から極力反対していた。そのため、日本はそれ以上要求すれば、交渉が決裂する可
能性もあるとし、当案に反映されることとなった[26]。

結局、日本側と汪兆銘の間で「日支新関係調整要綱」が調印される際、汪兆銘政権
とモンゴル連合自治政府の宗主・隷属関係は正式に承認された[27]。日本との協力
により、独立を夢見ていたデムチグドンロブ王の内モンゴル自治運動はここに至っ
て大きく後退することを余儀なくされた。だが、さらなる打撃はその後に待ってい
た。それは青島会議である。

2.2　青島会議

1939年11月30日に登場した「日支新関係調整要綱」により新政権とモンゴル連
合自治政府の宗主・隷属関係が正式に認められた。しかし、それはあくまでも、日
本と汪兆銘両者の間での確認である。モンゴル連合自治政府は、これを承認してい
ない。当時モンゴル連合自治政府以外にも、北京に王克敏の臨時政府、南京に梁鴻
志の維新政府が成立していた。それらの政権を新政権の傘下にまとめていくには、
3政権と正式な協定を結ぶ必要があった。それを実現したのが、1940年1月に開
かれた青島会議である。

青島会議は新政権樹立において重要なプロセスであったばかりではなく、日本が
対中国政策を順調に進めるうえでも極めて重視された。同会議を必ず成功させるた
め、日本側がいかに周到に考慮し、どれぐらいの力を入れていたかは、会議の規模
からもうかがわれる。参加者は、汪兆銘側の首脳部全員と維新政府の最高首脳部全
員のほか、総軍司令部の板垣参謀長、鈴木参謀副長、今井課長、その他幕僚、興亜
院華中連絡部の津田静枝中将、楠本少将、維新政府の最高顧問の原田中将、蒙疆の
酒井隆中将、「北支」の喜多中将など、現地の重要なメンバーのほぼ全員が参加し
た[28]。

第 4 章　　モンゴル自治邦政府の成立をめぐる日中蒙の駆け引き

しかし、汪兆銘を立てて、新政権を樹立しようとした日本側の動きに対し、3 政権の指導者の意見はそれぞれであり、必ずしも賛同ではなかった。青島会議に先立つ、1939 年 9 月 19 日、汪兆銘は中央政府の樹立を目指して、王克敏、梁鴻志と会談を行ったが、結局、意見が一致しないまま散会している [29]。

青島会議の開催に、もっとも反対したのは、やはりデムチグドンロブ王であった。彼は南京新政権の成立時には、モンゴル連合自治政府の従属的な扱いを理由に、新政権の傘下に入るのに反対した。モンゴル政権は蒋介石政権に反対してできたのであり、新政権の諒解を得る必要はないとの主張からである [30]。また、南京維新政府の梁鴻志も、汪兆銘を利用して和平を実現しようとした日本側の行動を批判し、不可能であるという認識を示していた。唯一、王克敏は協力的であり、進んで発言したという [31]。

各政権の十分な意見の一致を待たずに、青島会議を強行した背景には、泥沼化する日中戦争の早期解決を図る日本側の思惑が存在していた。そのため、日本側には今回の会議をどうしても成功させる必要があった。そこで、もっとも反対していたデムチグドンロブ王に対し、圧力をかけ、たとえデムチグドンロブ王が同意しなくても、モンゴル連合自治政府から代表を派遣させる方針を伝えた。中国からの離脱、独立を支持していた日本が、ここに至って従来の約束を破ったことに失望し、侮辱と怒りを感じた彼は、どうあっても青島会議に代表を派遣しないと決心した。だが、日本側はデムチグドンロブ王の同意を得ないまま李守信を派遣して、会議に参加させた [32]。

会議は 24 日からであったが、前日の 23 日、汪兆銘代表の周仏海と李守信との間で、モンゴル連合自治政府に関する協議が行われ、わずか 30 分で調印に至った [33]。協定の内容は以下のようになっている。(1) モンゴル連合自治政府は新中央政府を中国の法統を継承した正統政府として承認する。(2) 中央政府はモンゴル連合自治政府を日、満、漢、蒙各民族が高度に結合した地方政権であることを承認する [34]。

青島会議の決定に従い、南京で中央政治会議が開催され、汪兆銘政権の基本骨格が決められ、3 月 30 日、新政権が正式に発足した [35]。しかしデムチグドンロブ王は、あくまでも新政権を肯定せず、相手にしない態度を貫いた [36]。1940 年 4 月 9 日、汪兆銘が国民政府主席の名義で、張家口を訪問した際、駐蒙軍の大きな圧力に

123

もかかわらず、会見を拒否し彼を冷遇した[37]。

1940年11月30日、日本側は汪兆銘政権と新たに「日華基本条約」を締結した。この条約は、「条約」と「付属議定書」、「附属議定書に関する日華両国全権委員会了解事項」、「付属秘密協約」、「付属秘密協定」、「秘密交換文（甲）」から構成されており、その中の秘密交換文の中で蒙疆問題は次のように取り扱われている。

　　　蒙疆（内長城線〈含マズ〉以北ノ地域トス）ハ前記条約ノ規定ニ基キ、国防上及経済上、華日両国ノ強度結合地帯タル特殊性ヲ有スルモノナルニ鑑ミ、現状ニ基キ広汎ナル自治権ヲ認メタル高度ノ防共自治区域トスルモノトス
　　　中華民国政府ハ蒙疆ノ自治ニ関スル法令ニ依リ、蒙疆自治ノ権限ヲ規定スヘク、右法令ノ制定ニ付テハ、日本国政府ト協議スルモノトス[38]

青島協定の締結により、モンゴル連合自治政府が承認した新政権との宗主・隷属関係が、「日華基本条約」により、日本と新政権の間であらためて確認された。汪兆銘政権の樹立は、内モンゴル自治運動の進展を阻んだと言えるだろう。

3. デムチグドンロブ王の第2回目の訪日と独立計画推進の試み

3.1　モンゴル青年結盟党の結成

モンゴル連合自治政府の成立により、モンゴルの独立問題が完全に否定されたことは、モンゴル人の対日感情に水をかけた。それについて松崎陽は『興蒙推進要綱[39]』の中で、「昔日蒙古人の日本人に対すること兄弟の如く、今日彼の我を見る仇敵の如し」と表現している。象徴的な出来事は、モンゴル連合自治政府成立後発生したデムチグドンロブ王の重慶側との内通事件である。この事件は、最終的にはデムチグドンロブ王と関東軍の直接の話し合いによって決着を見るが、独立を否定されたモンゴル人の、日本に対する意思表明でもあった。

内モンゴル人のこのような思想的状況を、1941年4月、蒙疆連絡部から興亜院に出した報告書からも読み取ることができる。この報告書の冒頭に、「内蒙古人ハ一般ニ政治的独立ノ思想強ク、特ニ現状ニ飽キ足ラス」と紹介し、独立を主張している人々を次の4種類に分析している。

（1）王候等ノ封建制度ヲ保存シツツ蒙古ノ興隆ヲ期シ、独立ニ導カントスル
　　モノ
（2）王候制度ニハ必スシモ否定セサルモ蒙古ノ興隆ノ為ニハ、王候ノ覚醒ヲ
　　先決トナスモノ
（3）王候打倒蒙古独立ヲ標榜スルモノ
（4）青年ヲ中心トスル急進熱烈ニ封建打倒ニ依ル独立ヲ企図スルモノ [40]

　内モンゴル人のこうした思想的な動向がさらにクローズアップされたのは、モンゴル青年結盟党の結成とその活躍であろう。該党の創設者はデルゲルチョクトという人物である。その成立の背景、経緯、目的などは、当時の在張家口総領事館の報告に次のようにある。

　　往時蒙古ハ英雄「成吉斯汗」ハ武威ニ依リ四隣ヲ征服シ、亜細亜中原ノ覇者
　　ナリシモ現在ノ蒙古ハ四周各国ノ圧迫化ニ依リ全ク衰微シアリテ、サバイカ
　　ル蒙古及外蒙古ノ各地ハ事実上ソ聯邦ノ領土タリ
　　吾人ノ内蒙古亦日本ノ帝国侵略主義勢力下ニ在リテ、一部ハ満洲国ニ併合
　　セラレアリ、唯一ノ政権タル蒙古聯合自治政府ト雖モ無為無策ニシテ政治推
　　進力ノ実権ハ日本人ニ専掌セラレ、全面的ニ傀儡化シ、蒙古人独立国家ニ非ス、
　　今ニ於テ蒙古民族ハ自覚セサレハ再起シ能ハス。故ニ吾人ハ蒙古民族復興ノ
　　実践ニ全蒙地域ノ同志ヲ糾合シ、大蒙古国家建設ヲ意図シ、茲ニ「蒙古青年結
　　盟党」ヲ組織シ、蒙古各地ニ連絡員ヲ密派シ、外蒙古密偵ト連絡ヲ図リ、日本
　　官憲ノ弾圧ヲ巧ミニ欺キ、合法的裏面工作ニ依リ蒙古人各層ニ対シ独立運動
　　ヲ開始セントス [41]。

　該党の日本に対する基本姿勢は、党員であったドルジの言動にも見られるように、日本の対内モンゴル政策を「全ク欺瞞政策」であると批判し、モンゴル連合自治政府を「要人ハ表面蒙古人ヲ擁立シアルモ実権ハ日本人ニシテ、日本政府ノ出張所」のようなものであると位置づけている。さらに、日本人は「蒙古ノ為メ献身的努力シアリ」と称しても、事実上は日本侵略主義の手足にほかならず、モンゴルを真にモンゴル人のモンゴルにするには、教育を振興して、モンゴル文化の向上を図り、日本勢力を速やかに駆逐すべきであると主張するとともに、「日本人ニ蒙古語ヲ教授シ

アルコトモ決局【結局】蒙古侵略者ニ無形的武器ヲ与フルニ等シキ」と指摘し、日本に対して徹底的な不信感をむきだしにしている [42]。

　モンゴル青年結盟党はその活動範囲を内モンゴル西部地域だけにとどめず、満洲国領内に入っていた内モンゴル東部地域までひろげていた。さらに、興安北省長エルヘムバト、第10軍司令官オルジン中将、満畜社員ドンドグ [43]、デムチグドンロブ王の息子ドゴルセレン [44] など重要な人物まで、党員として獲得していた。このことから、当時の内モンゴル人のナショナリズムの高揚がうかがわれる。なお、該党の組織大綱からも、その傾向を読み取ることができる。次はモンゴル青年結盟党の組織大綱の主な内容である。

　　第一条　本党ノ名称ヲ蒙古青年結盟党ト称ス
　　第二条　本党ノ目的ヲ簡単ニ説明セハ
　　　　（1）蒙古ニ対スル外部ヨリノ圧迫及精神主義ヲ打倒シ、蒙古ノ武威ヲ再ヒ復興セシメ、民衆精神ヲ統一ス
　　　　（2）蒙古ノ文化ヲ隆盛ナラシメ、生活ヲ改新シ、以テ蒙古ノ文明水準ヲ向上セシム
　　　　（3）蒙古独立ヲ建設スル為ニ教育ヲ向上シ将来ノ独立ヲ準備ス
　　　　（4）蒙古民族ノミノ独立国家ヲ建設ス
　　　　（5）聖戦成吉斯汗ノ偉大ナル目的ヲ継承シ、五色四外国【ママ】ヲ再ヒ占領シ、世界ヲ平和ナラシメ、大蒙古ノ基礎ヲ堅固ナラシム
　　　　（6）共産党ヲ防衛ス
　　第三条　本党ニ加入スルヲ得ル者ハ蒙古ニ熱誠忠実ナル真ノ蒙古人ノミトス。蒙古ノ武威ヲ忘却シ、蒙古ノ天性ヲ喪失セル曖昧ナル蒙古人ノ加入ヲ許サス
　　第四条　本党ニ加入セントスル者ハ入党ニ関スル規則ヲ履行スルヲ要ス
　　第五条　本党ニ加入シタル者ハ現在ノ社会的地位ノ上下ヲ問ハス、又年齢ノ上下ヲ問ハス、同様ニ党員ト呼称ス
　　第六条　党員ハ党規ヲ厳守シ、党ノ命令ニ服従シ、党ノ目的達成ノ為メ忠実ニ努力スヘシ [45]

　そしてこれらのさまざまな形をとるナショナリズムが、直接的、または間接的に

「現政府蒙古人要人特ニ徳王ニ迫リ、其目的達成ニ暗躍セリ[46]」、デムチグドンロブ王の第2回目の訪日も、実はその気運を打開するための試みであった。

3.2 デムチグドンロブ王の第2回目の訪日と「蒙古建国促進案」
3.2.1 デムチグドンロブ王の第2回目の訪日

　モンゴル連合自治政府の樹立、汪兆銘政権の誕生、青島会議の開催、「日華基本条約」の締結などにより、内モンゴル自治運動は最大の危機に直面することになった。その打開のため、デムチグドンロブ王は自ら第2回目の訪日を決断し、日本の要人たちとあらためてモンゴル問題を検討しようとした。その背景には、彼の旧知である東条英機等が陸軍大臣などの要職に就いていたということがある[47]。また、日本に対して、裏切られたという気持ちを抱き、以前の約束を持ち出し、日本の真意を直接聞いてみたいという個人的意向も強く作用していたと考えられる[48]。そのため、その訪日は、日本側にとって非常に頭の痛い問題であった。

　1941年1月27日、日本政府より蒙疆連絡部長官宛に1通の電報が届く。議会開会中を理由に、デムチグドンロブ王の上京を「暫ク見合ハサシムルヤウ御指導相成度」との指示であった。どうしても訪日を阻止することができないならば、彼をさらなる困難に陥らせないように、「蒙疆自治ノ権限ハ中華民国政府制定ノ法令ニ依リ之ヲ規定スベキ」ことを、事前に諒解させるよう促していた[49]。また、これらはあくまでも青島会議において、汪兆銘代理とデムチグドンロブ王代理との間に締結された協定によるものであることを強調し、日本側の関与と責任にはまったく触れていなかった。

　デムチグドンロブ王の望んでいる「自治国」または「自治邦」問題に対しても、「蒙疆」の現況に鑑みれば、必ずしも得策ではないという見解をしめし、それより、「全力ヲ傾ケテ政治ノ浸透、経済ノ開発ニ任ズベク[50]」という日本側の立場をあらためて強調していた。つまり、当時日本側は、モンゴル連合自治政府問題に関しては、現状維持の原則を取り、それ以上、デムチグドンロブ王と交渉する意図がなかったとも言えよう。その態度は、当時作成された「徳王応待要領（案）」からも見ることができる。この案では、「徳王ノ応接ハ主トシテ外務大臣之ニ当ルコトトシ、他ノ大臣ハ成ル可ク儀礼的引見ニ止ムルモノトス」と述べるとともに、外務大臣の応待方法についても、「専ラ徳王ノ現地実情ノ説明若ハ之ニ基ク希望ノ開陳ヲ聴取スルニ止ム」と、積極的な回答をさけた。また、外務大臣から応答を求めた場合を想定し

127

て、回答の内容まで細かく規定していたが、いずれも従来の方針を繰り返すものば
かりであった[51]。

　1941 年 2 月 1 日、興亜院蒙疆連絡部長官竹下義晴は、関係方面に説明するため、
「今次訪日に依り徳王か日本に求めんとするもの」という文書を作成し、張家口総領
事代理梅川厚を通じて、外務大臣松岡洋右宛てに送った[52]。

　その中で、「蒙古に関し日本朝野の認識を新にする為にも、徳王自ら是非訪日を
決行し度しと考へ、昨年夏秋の候再三現地日本側に其意向を申出てたるも、時恰も
日支条約問題、其他に関連し南京政府との間に機微なる関係ありしを以て、今春迄
延期せしめたるものにして、正月に入り早々再ひ成る可く速に渡日し度き旨申出
てあり」と、デムチグドンロブ王の訪日に至った経緯を説明し、その理由について、
「其最主要とする所は日本朝野に対して蒙古の伝統的民族観念を披瀝し、現下蒙古
民族の苦哀を訴へ、彼等の宿願たる蒙古建国に一歩を進めんとするに在ること」と、
推測している。また、デムチグドンロブ王を始めとするモンゴル有識階級の観念に
ついて以下のように記している。

　　過去に於て漢民族か如何に考へ、国際的に如何に諒解せられあるとも蒙古
は中国てはない。清朝 ― 清は満洲族にして蒙古と同係民族てあり漢人てはな
い ― 時代一度之と合作したことはあるか未た曾て中国に従属したことはない。
蒙古は古来中国と対立し、上記の一時期を除く外は常に抗争して来たのて中
国の治下に入ったことはない。就中国民政府以来の減蒙政府には漢民族に対
する歴史的感情を一層激化した。

　　満洲事変後日本の公私人は徳王等に対し蒙古の独立を約束した。これは何
も蒙古か高度自治とか、或は実質的に独立することを日本に要望したのては
ない ― こんなことは何百年も昔から我々蒙古人か独自にやって居る ― 唯求
むる所は日本に依り独立を承認せられ、之を天下に声明せらるると云ふこと
てあった。

　　今次事変となり関東軍か内蒙に進攻した。従来関東軍との関係もあり蒙古
人は愈々日本に依り蒙古の独立か承認せられ、我々の宿願か達成される時機
か到来したことを歓喜した。然るに今次日支条約に依り我々の期待は完全に
裏切られた。従来文明【明文】なく、実質的に独立して居た蒙古 ― 之は中国政
府も夙に黙認して居た ― か今次日支条約に依り、明かに成文上に中国の従属

128

となり、中国に対し古来未た曾てなかりし退却を表示し、蒙古の歴史に拭ふへからさる汚点を残した。之は祖先に対し大衆に対し黙視することの出来ない重大事てある[53]。

さらに、デムチグドンロブ王が訪日にあたって求めるものについて、「日支条約其ものを更改することは不可能ならんも、其解釈に於て若くは補足的手段に於て、蒙古の面目の立つ如くすると共に、将来の独立に関する見遠しと保障とを得んとするに在り」、「徳王の起草せる「蒙古建国促進案」の趣旨を内閣総大臣始め日本朝野に説明し、其末尾にある「日華蒙協定草案」に基き条約を締結することを要望するもの」、「高度自治の形式に関し、欧米各国の本国と属領との関係を考察し、特に外蒙かソ聯と中華民国との協定に依り中華民国の宗主権を認め乍ら自治国（外蒙共和国）として存在する事実に範を求め、過般の日支条約に抵触せさる範囲に於て、其退却の事実を是正し、年来の目標に一歩を進め、以て全蒙古人就中王候並に覚醒したる青年達の主席に対する攻撃を緩和し、其面目を立てんとする企図に発足するもの」と、推測している。

同時に、訪日にあたって、「（1）日本政府は蒙古を如何に考へ将来如何に指導せられんとするや。（2）日本政府は将来如何なる時期に蒙古の独立を承認するや。（3）蒙古政府の政治は蒙古人をして実施せしめ、日本人は顧問として参画せしむること。往年の軍政府当時の如くならしめられ度し」などの問題に触れる可能性があると指摘するとともに、次のように述べている。

第1の件について、「日本要路の明確なる解答を要求するものと推測」し、第2の件について、「本問題は従来徳王か現地日本側に対し屢々提示したる問題にして、満洲事変以来公私の日本人か蒙古の独立を言明したる経緯もあり、今更之を根本的に抹殺するを得すさりとて、日本の国策就中国民政府との関係上今早急に、其時機に関しても言明するを得さる立場に在るを以て、従来現地側としては本問題に対しては「先つ蒙古を向上せよ。夫れに依りて蒙古の実力備はれる場合、若くは将来東亜の局勢に大変化を生する如き場合に於ては、独立を承認せらるるに至るへし。満洲事変以来公私人の言質は何も独立の時期に触れたるものに非す……」と応酬しあり」と、それまでに如何に対応して来たかについて語っている。第3の件について、「本件も徳王其他蒙古要人の屢々現地及東京に於て要望したる所にして、本件は近く予定しある政府機構の根本的改革に依り、彼等の要求を其程度満足せしめ得るも

のと信す」と語り、事実上、政府側に対し、譲歩を迫る形となっていた。それと同時に「蒙古建国促進案」をも提出していた。

すなわち、デムチグドンロブ王の訪日に先立って、日本側はすでに彼の訪日の目的を充分把握していただけではなく、「蒙古建国促進案」の日本語訳まで届いていた。長山義男の回想では、もし「陸軍省や外務省に見せたら途中で握りつぶされて、近衛総理の手許まで届かないかも知れない」。そのため、それを「秘密に携えて来日し、近衛総理に直接手交したものと思われる[54]」と記しているが、日本側にとっては、それは秘密ではなく事前に知っていた。

いずれにせよ、デムチグドンロブ王は予定通りに、1941年2月15日に、下関より東京につき、第2回目の訪日を開始した[55]。モンゴル軍総司令李守信ら18名が同行した。東京についたデムチグドンロブ王はモンゴル制服に黒シュスのモンゴル帽子、胸間には勲一等旭日章と「蒙古武功章」、チンギス・ハーン肖像入りの徽章を佩用していたという[56]。東京にいる間、天皇と会見し、儀礼上、モンゴルへの支援に感謝の気持ちを表明し、また、陸軍大臣東条英機、軍務局長武藤章少将、兵務局長田中隆吉ら日本の軍政要人と面会し、モンゴル建国問題を話し合った[57]。その際、デムチグドンロブ王は、モンゴル連合自治政府を改組し、その下にモンゴル連盟政務委員会と蒙疆自治委員会を設立する案を提出しており、それに対し武藤は好意をしめしたという。それが最終的にモンゴル自治邦政府期に、興蒙委員会の樹立につながった[58]。

2月18日午後、外務大臣官邸において、デムチグドンロブ王と松岡外相との間で会談が行われた。その様子が以下のように記録されている。

　　　先ツ徳王ヨリ今次来朝ニ関シ一応ノ挨拶ヲ述ヘタル上「自分ハ蒙古ノ生存ハ日本ニ依存スル以外途ナシト考ヘ居リ、東亜共栄圏ノ一環トシテ、新東亜建設ニ努力スル一方蒙古民族ノ復興ヲ図リ度希望ナルカ、自分トシテハ新東亜ノ一翼トシテノ蒙古ノ地位ニ付、多少ノ意見モアリ、別紙意見書ヲ作成セル次第ナリ。唯茲ニ御了解願度ハ、本意見書ハ単ニ自己一身ノ都合ヲ考ヘタルモノニ非ス、日本ニ都合悪シキ様ナコトハ飽迄モ之ヲ避クル方針ナルニ付、日本ニ於テモ東亜建設ニ差支ナキ範囲内ニ於テ、出来得ル限リノ援助ヲ与ヘラレ度」ト述ヘ、意見書ヲ手交セルニ対シ松岡大臣ヨリ
　　　「本案ハ既ニ拝見シタカ自分個人トシテハ此ノ意見ニ対シ十分同情ヲ以テ理

解シ得、蒙古人トシテハ正ニ斯クアルヘキモノト考ヘラルル処。外務大臣ト
シテハ本案ノ各項ト日支基本条約トノ関係ヲ詳細検討ノ上ナラデハ御答ヘ出
来ザル」旨述ヘタル上、案中ノ「国」「邦」ノ区別、民族論ヨリ見タル蒙古ト日本
トノ関係等ニ付敷衍説明シ更ニ

　「自分ノ根本信念トシテハ、蒙古ノ問題ニ付テモ、八紘一宇ノ精神ヲ以テ
望ムヘキテアルコトヲ固ク決意シ居レリ。八紘一宇トハ議会ニ於テモ、度々
説明セル通リ世界ノ各民族ヲシテ、各々其ノ所ヲ得シムルコトニシテ、従テ
蒙古民族カ其ノ処ヲ得ル様援助スルコトハ、日本皇道ノ大理念ト心得居レリ、
此ノ意味ニ於テ日本ハ将来支那ヲシテ、閣下ノ希望ヲ達セシムル様必ス斡旋
スベシ併レドモ、是ハ今直クト云フ訳ニハ行カザルベク。此ノ点ハ十分閣下
ニ於テモ了解サルル必要アルベシト感ズ。又自分ハ右理念ヨリ、日本カ蒙古
ヲ属国ニスルガ如キコトニモ絶対反対ナリ」トノ趣旨ヲ述ヘ、更ニ繰返シテ
蒙古ノ独立実現ニ関シ最善ヲ盡ス旨附言セルニ徳王モ喜ヒノ色ヲ浮ベ、厚ク
大臣ノ厚意ヲ謝シタル後最後ニ、一、歴史上蒙古ハ支那ニ対シ隷属関係ニア
リタルコトナシ。二、新東亜建設ノ一翼トシテ又防共ノ第一線トシテノ蒙古
ノ重要性。三、内部統制、民心収攬上ノ必要ノ三項ヲ挙ケ、一日モ早ク独立
シ度キ旨述ヘタルニ対シ、大臣ヨリ右ニ対シテハ真剣ニ考慮スベキ旨応酬シ、
約一時間半ニシテ会談ヲ終レリ[59]。

　一方、近衛文麿首相はデムチグドンロブ王と会いたがらず、風邪などを理由に
して、面会を極力回避していた。だが、デムチグドンロブ王にしてみれば、わざわざ
東京まで来て、近衛首相と会談せずに帰ることは、とてもできないものであった。
そこで、彼は「ご都合がつくまでお待ちましょう」と言って、宮城県の鶴巻温泉まで
出かけ、何日間を費した。最後に、外務省の接伴員であった長山と細川秘書官らの
仲介をへて、やっと首相官邸で、来日の挨拶以外、難しい問題を持ち出さないとい
う条件で面会することとなった。日本側から長山、モンゴル側から通訳だけが同行
した。
　面会にあたって、デムチグドンロブ王は約束どおり、当初は病気の見舞い、日本
の援助への感謝など挨拶の言葉を述べていたが、その後、突然懐中から1通の書
類を取り出して、近衛首相の前に差し出した。デムチグドンロブ王が自ら書いた
「蒙古建国促進案」であった。あまりにも突然で、近衛首相も一時戸惑ったが、すぐ

表情を取り戻し、提出された書類の頁をゆっくりめくりながら、「これは只今はじめて拝見いたすもので、後刻じっくり拝読してから関係大臣ともよく相談してご返事いたします」といって、受け取った。デムチグドンロブ王もそれ以上何も要求せず、「何卒御高覧の上御配慮給わりますようよろしくお願い申し上げます」と言って辞去し、その後、伊勢神宮を参拝し、大阪に立ち寄り、朝鮮経由でモンゴルへ帰った[60]。

3.2.2 「蒙古建国促進案」の内容

「蒙古建国促進案」は、デムチグドンロブ王が自ら書いた漢文、毛筆、楷書のものであり[61]、そこには、彼は内モンゴル自治運動の発生から、その問題を説き、最後に、「萬一自治国の名称中国の許ささる処とせは、更に降格して自治邦となす……蒙古の此の己むを得さる降格の要求に対し、宜しく日本帝国に於て絶大なる同情を賜はらんことを切望す」と、独立を切望する自らの心情をありのまま表現し、さらに、「半国家の地位を形成して、以て将来蒙古独立の実行」に便宜をはかるために、「日華蒙三方協定草案」を提示していた。次はその内容の全訳である。

「蒙古建国促進案」(徳王起草)

査ふに、我衰微数百年の蒙古民族は、幸ひ日本帝国の援助を承け復興に努力し、茲に五年。尚未た其の願ふ処に達し得すと雖も、相当に進展せさるはなし。方今正に内政の強化を謀り、以て建国の機運を待望するの秋、乃ち日支条約成立し竟に蒙古は華北と並列す。独立政権を形成せる蒙古は中国の一部分となる。蒙古官民之を聞き警異せさるなし。

蒙古民族は素より独立の光栄ある歴史を有し、曾て一度中華民国と合作せしことを除き、中国に従属せし事実なし。故に外蒙は自治より独立し、中国已に之を黙認せり、前年百霊廟の高度自治運動は中国の曾て許可せし処なり。新興満洲国にして猶且つ中国の公認する処となる。若し我蒙古其の独立をなすを快復するも、則ち中国に在りては予め理解なきにあらす、況や中国か無上の法則として奉する建国大綱中国内各弱小民族の扶植は之をしてよく自決自治せしむるにありと明文する処にして、今これに拠り唱ふれは中国は恐らく更に蒙古独立に反対する余地なからん。

日本帝国は東亜道義の国家にして、既に五年以前より蒙古建国を助成す。

必す今日中途にして改変なきを確信す。中国は軍隊の駐屯、経済開発の各節を承認す。これ蒙古は早くより已に承認する処にして、何そ中国の承認を待たん哉。若し蒙古の実力未た建国に足らすと謂はんか、蒙古敢てこれを否認する者にあらす、然れとも日本帝国は蒙古建国の援助を承認したる当時に比較し、已に相当の進歩を見、日本帝国若し充分之を扶植提携せは、蒙古は必すや早日に独立されさるに非すと信す。現に内政に於て進展を見るも、対外関係に於て逆行し、蒙古は中国政権の下にされ、吾政府当局の措置宜しからさるの致す処なりとの難責の声日に喧し人をして徒に心傷せしむ。

　思ふに、我蒙古は区区有限の力量を以て、敢て萬険を冒し、数年以前に独立を謀りしは、日本帝国の援助に借頼するにあらすして何そや。必す其の願望達成を能くする処なりと確信す。是れ蒙古軍民の連年奮闘し、其の相当の犠牲を出す処にして、目的の在る処死すとも何そ憾まん如何せん。蒙古は中国の所属となり再ひ独立の希望なし、則ち人皆誰か敢て再ひ目的なき犠牲となる者あらんや。且此の人心煥散は又向上の生気を阻碍するを恐る。蒙古軍政府蒙古聯盟自治政府以来、蒙古は平等の精神を以て当地漢民を侍【待】遇せさるなし、又加ふるに日本軍の熱心なる援助は人人皆蒙古必す国家を成立するものと信す。故に当地漢民の大部は我か蒙古政権に傾向し、更に善政を以て侍【待】遇せは、蒙漢一体とならさるなし。例へは蒙古中国の所有に帰復し、独立の声色なきに於ては、当地漢民依然として中国人民に属すると自認し、蒙古政権に対し必す軽視するの態度に出す可し。是れ日支条約中蒙古を中国の一部分と認むる一節の然らしむる処にして、則ち蒙古民心をして頽喪せしむるのみならす、且つ当地漢民をして故国を思ふ念を生せしむ。これ人情の然らしむる処にして実に蒙古政権に致命の打撃を与ふる者と云ふ可し。

　先年百霊廟に自治運動成功後は、風声の致す処、外蒙官民の来帰するものあり、又新彊【疆】青海西康西蔵等の回蔵官民、又密に代表を派し、蒙古援助のそれと同様の自治を請求せし事実あり、是蒙古の向上発展に微したるものにして、単に蒙古自身の福利たるのみならす、その影響する処、各弱小民族をして側聞興起せしめたる関係に外ならす。若し日本帝国の徹底的援助により完備せる蒙古国家を建設せは、則ち赤化の外蒙も必や自ら帰来す可く、又は東亜の各弱小民族は将に相率いて日本帝国の傘下に依存す可し。

　此の如く蒙古は中国に帰属せは、蒙古は隠忍滅亡を待つの外、固より別途

あるなし。更に東亜各弱小民族も悉く蒙古を殷鑑となし、永く他国に依附の計に出す可し。

之を要するに、蒙古独立の成否は、単に蒙古自身の興陸に関するのみならす、即ち興亜大業の成敗に繋る処大なるは決して過言に非らさるものと信す。当に世界は挙けて闘争の秋、固より武力を以て決勝の条件となす、然れとも永久和平を計らんか。即ち上述の人心の向背に注意せされは、其の功なしと云ふ可く日本帝国は機微に洞達せる士多く此の理に注意の及はさるなし。而して竟に条約中に蒙彊【彊】と華北の並列せるは己むを得さるの原因によるものに非すやと思考せらるも、既に蒙古は日本帝国の援助に依頼し、大蒙古を建設せんと切望す。更に日本を盟主となし、新亜細亜の国家群の早日に確立し、蒙古もその一員となるを欲するものにして、是れ即ち蒙古自身の生存発展の為め、瞬時も努力を拂はさるなし、又日本帝国の興亜大業の容易なる成功に想を致し、これを願望せさるものなし。現に日本帝国は日支事変処理の必要に基き、日支条約中已に蒙彊【彊】と華北の並列をなし、蒙古政権は莫大なる打撃を受けたりと雖も、然も尚表面反対するを願はす、只此の困難中に於て再ひ独立の促進を願ふのみ求めて、満洲の如く独立国となし、事情之を許されは則ち暫く中国の宗主権を承認し、自治国あるは世界上に其の例乏しからす法なき処に法を求むる当に日本帝国の同情にあり。

萬一自治国の名称中国の許ささる処とせは、更に降格して自治邦となす。

之を要する乃ち蒙古の中国に帰する消息は既に一般に伝播し、再ひ相当の弁法を以て善後策を講せされは蒙漢民心を維繋すること能はさる可し。

故に茲に日華蒙三方協定の草案六条を左記の如く具申し、一は半国家の地位を形成して以て将来蒙古独立の実行を便にす。

蒙古の此の已むを得さる降格の要求に対し、宜しく日本帝国に於て絶大なる同情を賜はらんことを切望す[62]。

「日華蒙協定草案」

一、日本帝国中華民国は均しく蒙古を自治国となすを承認す。南長城線以北の地方を以て其の統治区域となし、高度広汎の自治権を具有し、一切国政悉く之を自主す

二、日本帝国は中華民国か蒙古自治国に於る宗主権を有することを承認す

134

第4章　モンゴル自治邦政府の成立をめぐる日中蒙の駆け引き

三、中華民国は蒙古自治国と遇々【ママ】関渉事項ある時相互の協議を以て之を処理す

四　蒙古自治国は日本満洲及其他関係の国家に対し、均しく交渉権を有し公使を交換することを得、各種興亜国際団体に対【均】しく加入し、一員たることを得

五、蒙古自治国は成吉思汗年号を沿用す

六、蒙古自治国は自ら国旗国徽を制定す [63)]

　デムチグドンロブ王の今回の訪日に対し、日本側が非常に消極的であったにもかかわらず、彼があえてそれを実行したのは、日本側に対し最後の願いを賭けようとした、個人的な強い執念の結果ともいえよう。日本側から言えば、内モンゴルの独立問題は、関東軍などの出先機関によって作り上げられた謀略であったが、それだけでは解釈できない、道義上の責任を負っていた。この点については、日本政府側も十分認識しており、だからこそ、いろいろな言い訳を設け、直接の回答を避けるなど消極的な対応策を取っていたと考えられる。だが、重要なのは、今回の訪日によって、日本の政府要人に対し、内モンゴル問題を再認識させたことである。それは、その後まもなく樹立されたモンゴル自治邦政府によって具体的な形をとる。

4. モンゴル自治邦政府の成立とその意義

4.1　モンゴル自治邦政府の成立をめぐるジレンマ

　前述のとおり、デムチグドンロブ王は、第2回目の訪日の際、日本側に対し、内モンゴルの独立問題を繰り返して訴えるとともに、自らの手で書いた「蒙古建国促進案」を近衛首相に直接手渡した。そこには「日支新関係調整要綱」により、モンゴルの独立問題が否定されたことは、モンゴル人にとっては、非常に失望であり、独立が不可能なら、せめて自治邦でも認めるよう強く要望したのである。

　一方、日本駐張家口領事も日本外務大臣に対し、もしデムチグドンロブ王の願望を満たさない限りモンゴル人の心を把握できないと報告していた [64)]。また、前述の興亜院蒙疆連絡部の外務省宛の報告書の中でも次のように記されている。

　　最近一両年内蒙古内外の各種事象は蒙古人の為寧ろ不明朗なるもの多く、

135

之かため満洲事変以来の溌剌たる意気と日本信頼の念とは漸次低下しつつあるやに思はるるものあり。就中今次中支【日支】条約に関する日本に対する失望は意外に大なるものあり、此際無下に彼等の要望を拒否して南京政府との関係に於て、外蒙と比較して著しく見劣りする如き形態に置くことは有利ならさるものと思惟す。

　一般に文化の水準低きに拘はらす、民族意識は頗る強烈執拗なるものあり、就中漢民族と異り、目的の為には凡ゆる利害を超越する純真にして一徹猪突的一面あり、この性格と並に現下已に蒙古青年運動等を通して、台頭しつつある赤色地下工作とに思を致すとき、彼等に与ふる過度の対日失望は、結局思想的に逐次外蒙に通し或は抗日戦線に走らしむる結果を招来するの懸念なき能はす。今次徳王訪日の際に於ける応酬並に本草案の取扱に関しては、特に此点に御留意を望むものなり [65]。

1941年4月の蒙疆連絡部の政務部長宛の報告の中でも、「先般徳王ノ訪日モ此気運ヲ打開セントスル意図ニ出タルモノニシテ、日本側トシテモ此蒙古人ノ思想動向ヲ適宜善導シ、以テ蒙疆特殊ノ政治的使命ヲ達成セシメサルヘカラス [66]」と政府側に対し、対内モンゴル政策の見直しを迫っていた。

　また、それに先立って、1940年に元モンゴル連盟自治政府最高顧問泉名英が作成した「蒙古国創建趣意書」の中でも、「現蒙古聯合自治政府管内ニ於ケル民族ノ離反既ニ其ノ極ニ達シ、今廱イテ蒙古民族ノ宿念ヲ達成セシムルニ非ザレバ、由々シキ事態ヲ惹起スルノ憂難洵ニ深シ」と述べ、二つの「蒙古国創建要綱」を具申している。その第1案の内容は以下のとおり。

　「蒙古国創建要綱（第一案）」
　第一　方針
　　大東亜ノ建設上蒙古ノ特殊重要性ヲ確認シ、日本ニ於テ蒙古ヲ完全ニ把握シ、政戦両略攻防諸工作ノ拠点タラシメンガ為、内蒙古ヲ中心トシ蒙古国ヲ創建セントス

　第二　要領
　　一、　現在ノ蒙古聯合自治政府ヲ解消シ別途ニ名実兼備ノ蒙古国家ヲ創建ス

二、　蒙古国ト称シ徳王ヲ主権者トス

三、　蒙古国ハ現蒙古聯合自治政府ノ管轄地域ヲ以テ其ノ領土ヲ為ス。尚速ニアラシヤン旗(寧夏省)ヲ包含セシムルヨウ施策ス

四、　当分ノ間西蘇尼特(又ハ徳化)ヲ以テ蒙古国ノ首都ト為ス

五、　徳王ノ愛好セル「藍地日ノ丸」旗ヲ以テ蒙古国ノ国旗ト為ス

六、　蒙古国主権者ニ常時補弼ノ日系官吏（日本ノ内大臣ニ相当スルモノ―現在ナシ）ヲ置ク

七、　蒙古国ハ日本ノ内面指導ヲ受ケシム。殊ニ概ネ左ノ方針ニ則リ永ク蒙上漢下ノ原則ヲ一貫セシム

　（イ）漢人ノ新タナル北上ヲ禁遏シ蒙漢両民族ノ境界線ヲ確定ス

　（ロ）蒙古国中央政府ハ蒙古人及日本内地人ヲ以テ組織シ、漢人ノ関与ヲ禁遏ス

八、　蒙古国ハ草原ノ経済力ヲ培養振起シテ、東亜ニ於ケル一大牧業国タラシムルト共ニ蒙古国ヲシテ西北貿易ヲ復活セシム

九、　蒙古国政府ニ採用スル日系官吏ハ聡明ニシテ正義観強キ者少数ニ留ム

十、　蒙古国ノ中央地方ノ行政機構ハ完全ニ政戦一如ノ組織タラシム

十一、蒙古国ニ蒙古人ヲ以テ編成セル蒙古軍ヲ置ク。現蒙古軍中ノ漢人ハ速ニ之ヲ排除ス

十二、蒙古軍ノ対日又ハ対日満依存関係ヲ確立スル為、蒙古国ノ交通及通信ヲ成ルベク満洲国ニ連結セシメ、北支ニ対スル依存関係ヲ漸減ス。之ガ為速ニ新首都西蘇尼特 ― 徳化 ― 満洲国赤峰間、並ニ徳化 ― 平地泉間ノ交通路ヲ建設スルヨウ施策ス

十三、蒙古国ヲシテ外蒙古、ブリヤート共和国及西方地域ノ蒙古人ニ対シ蒙古民族収攬ノ工作ヲ行ハシム

十四、蒙古国ヲシテ西方地域ノ回教国創設ヲ強力ニ支援セシム

第三　処置

一、　蒙古国創建上必要ナル日本中央部満洲国政府及中国国民政府トノ連絡折衝等諸般ノ処置ハ陸軍中心トナリテ之ヲ行フ。尚処置事項及其ノ順序概ネ左ノ如シ

　（イ）日本中央部ニ於テ不動ノ方針ヲ確定ス

（ロ）満洲国政府ニ連絡スルト共ニ中国国民政府ニ対シ右承認セシム

（ハ）現蒙古聯合自治政府管内ニ於ケル民心離反ノ実状ニ鑑ミ、現政府日系主脳者ヲ満洲国ニ復帰セシムル等ノ手段ニ依リ、之ヲ更迭シ新蒙古国政府日系主脳者及蒙古国主権者常時補弼ノ日系官吏ヲ任命ス

（ニ）新蒙古国日系主脳者及蒙古国主権者常時補弼ノ日系官吏ヲ蒙古ニ派遣シ、徳王ヲ東京ニ招致ス

（ホ）日本天皇ヨリ徳王ニ対シ蒙古国ノ創建ト蒙古国主権者タルノ指令ヲ發ス

（ヘ）徳王ヲ直ニ帰蒙セシメ蒙古国ノ創建ニ着手セシム

（ト）蒙古国創建ノ式典ヲ本秋皇紀二千六百記念ノ佳日ヲ選ビ挙行セシム

二、現蒙古聯合自治政府所属官吏中適任者厳選ノ上新蒙古国政府ニ採用スルモ一部ハ日本又ハ満洲国ニ復帰セシム [67]

その第2案は、第1案と領土範囲のみが違っており、以下のようになっている。

三、蒙古国ハ日本ノ勢力下ニアル蒙古人地帯ヲ以テ其ノ領土トナス即チ左ノ如シ

（イ）現蒙古聯合自治政府管下ノ内蒙古五盟

（ロ）現満洲国興安省ノ一部（興安北省ノ南半興安東省ノ南部興安南省ノ西北部及興安西省ノ北半）。尚速ニアラシヤン旗（寧夏省）ヲ包含セシムルヲウ施策ス

四、現蒙古聯合自治政府管下ノ察南晋北両地区ハ前項興安省ノ一部ト交換的ニ満洲国ニ偏【編】入シ一省ト為ス [68]

上述のように、モンゴル人の対日感情の悪化を受け、日本の内部において、対内モンゴル政策の変更を求める声が日々高まっていたことがわかる。しかし、独立を認めれば、当時樹立したばかりの汪兆銘政権と外交上の問題が生じ、ひいては日本の外交政策全体にも影響を及ぼしかねない状況となっていた。つまり、満洲国の樹立後、日本は国境線をめぐってソ連との間で緊張が高まり、中国とソ連という二面戦争の危険に直面していた。そこで「日ソ中立条約」を結んで、緊張状況を少しでも

第4章　モンゴル自治邦政府の成立をめぐる日中蒙の駆け引き

緩和させ、泥沼化する日中戦争の解決を図る対策として、最終的に浮上したのが汪兆銘政権の樹立であった。そのため、この時期に、汪兆銘政権との間に、新たな問題が起これば、今まで進めてきた外交政策をあらためてやり直す必要があった。日本側にとっては、これは好ましいことではなかった。終始直接的回答を避け、消極的な対応をとっていたことの背景には、こうした事情があったと考えられる。

つまり、第2回目の訪日でデムチグドンロブ王は、至るところで熱烈な歓迎を受けたが、事実上は冷遇であった。建国問題について、日本側から何ら具体的な回答を得られないまま帰国した。外務大臣松岡洋右から前向きな発言があったが、口頭約束に過ぎなかった。したがって日本から帰った後、彼は引き続き各旗の王公たちを集め、会議を開き、独立活動を展開した。ちょうどその頃、「日ソ中立条約」が成立され、日本は外モンゴルの事実上の独立を承認した。それがそれまでの日本側の約束とは大きくかけ離れることであったため、さらなる刺激になった。それについて、蒙疆連絡部長官の報告の中では以下のように述べられている。

　　日蘇中立条約ニ依リ、日本側ガ外蒙ノ独立ヲ承認シタル事ハ、全内蒙古人ニ対シ意外ノ衝動ヲ与ヘタルガ如シ、明十七日ノジンギスカン記念式典参列（毎年恒例）ノ為ト徳王滞日ノ結果報告ヲ兼ネ、徳王ガ予テ隠密裏ニ当地ニ召集シアリタル全王候ヲ本日徳王ノ私邸ニ集メ、独立問題ニ関シ談ジタルガ如シ、其ノ内容詳知シ得ザルモ、日本側ガ内蒙ノ独立ニ対シ充分満足ヲ与ヘザルニ拘ハラズ、外蒙ヲ先ニ承認シタル事ヲ不満トシ、全王候ノ決議ヲ以テ近ク日本側ニ対シ内蒙ノ独立ヲ要望スベキモノナリトモ噂セラレアリ、真偽ハ明カナラザルモ参考迄ニ事実判明次第報告ス [69]。

いずれにせよ、最後に、日本側はモンゴル自治邦政府の樹立の承認を余儀なくされる。1941年4月4日、興亜院会議は、モンゴル連合自治政府の名称変更問題に関し、「蒙疆ノ高度自治地域トシテノ性格ニ基ク南京政府トノ関係ニ何等変更ナキ限リニ於テハ、蒙疆ノ実情ニ応スル適宜ノ名称ヲ採用スルコトニ異存ナキモノトス [70]」「爾今蒙疆カ「自治邦」ノ名称ヲ使用スルコトヲ黙認ス」と決定した。だが、汪兆銘政権と外交上の摩擦を避けるため、「当分ノ間外部ニ宣伝シ、或ハ対外公文書ニ使用スル等」を控えるという条件を加えた [71]。その翌日、陸軍省次官より「支那」派遣軍総参謀長、「北支那」方面軍、駐蒙軍各参謀長宛てに電報を送り、その方針を

139

知らせた[72]。5月11日に、駐蒙軍はチンギス・ハーン誕生日式典を利用して、デムチグドンロブ王に、近いうちにモンゴル自治邦政府の名称の採用する旨を伝えた[73]。

他方、デムチグドンロブ王は訪日から戻った後、建国の歩みを促進させるため、1941年6月1日、日本から帰郷したばかりの呉鶴齢を政務院長に推薦した。呉鶴齢は政務院長に就任後、とりあえずモンゴル連合自治政府をモンゴル自治邦政府に改組する方が、実現しやすいと主張し、興亜院蒙疆連絡部長官竹下、駐蒙軍の参謀長高橋茂壽慶に対して働きかけた[74]。

それをうけ7月5日、駐蒙軍参謀長は陸軍省次官宛に電報を送り、独ソ開戦、ドイツ、イタリアならびにその他の枢軸5ヵ国の南京国民政府を承認した新情勢において、近く「モンゴル自治邦」の名称を設定したい旨を具申するとともに、今回の改名は独立問題など何らの特別な意味はなく、単なる内政問題にすぎないことをあらためて確認した[75]。7月7日、陸軍省次官より駐蒙軍参謀長宛に返電を送り、モンゴル連合自治政府の名称変更を承認する旨を伝えたが、対外公文書や、外部においては依然として公開を控えるよう指示した[76]。こうして8月4日にモンゴル自

モンゴル自治邦政府施政綱領
出所：了恵寺提供

治邦政府が成立されることになる。

モンゴル自治邦政府はモンゴル語では「国」をあらわす「ULUS」という言葉で表現されていたため、モンゴル人の中で一般的に「国」として受け入れられ、建国への第1歩として歓迎された。だが、対外的には、相変わらずモンゴル連合自治政府であった。

4.2 最高顧問の廃止と自治の拡大

デムチグドンロブ王をはじめとするモンゴル側の強い要望に妥協する形で、最終的にはモンゴル自治邦政府が成立された。それに対して、漢人側、とくに有識者の間では、「新中国ヨリ離脱スルニ非スヤ」と疑念をもつものもいれば、日本の極めて巧妙なる政策で、「蒙古人ヨリハ寧ロ日本自身ノ為ナリ」とみる人もいて、「好感相半」であった。モンゴル人の場合、ほとんどが「蒙古独立ノ前兆」「大蒙古建設ノ希望ノ軌道ニ乗レリ」とみて、好意的に受け取めた[77]。

その後、日本側は一層デムチグドンロブ王を始めとするモンゴル人の協力を得るため、以前からデムチグドンロブ王と対立関係にあった駐蒙軍の政治参謀大橋熊男を更迭した。さらに1941年11月27日に、デムチグドンロブ王の希望に応じて、彼の宿敵でもあった金井章次に代わり、モンゴル人に友好的な大橋忠一を最高顧問として派遣して、より柔軟な姿勢をみせた[78]。

こうした日本の対内モンゴル政策における変化が、結果としてはモンゴル人地域の自治権をより拡大することとなる。ジャグチド・セチンの回想によれば、当時、モンゴル人地域に関する事務権は、ほとんどモンゴル側が自ら掌握し、日本人顧問の干渉はほとんどなかったという[79]。その手がかりとなる情報は、日本の外務省史料館に保存されている。外務省調査局第2課作成の「最近ノ蒙疆情勢 ― 視察中間報告」には、次のような記述が残されている。

　　昭和十七年三月現蒙古政府主席徳王ハ錫烏両盟ニ於テ、各旗札薩克（旗長）以下ジャラン（札蘭）ニ至ル為政者及ビ、二百名以上ノ喇嘛ヲ有スル寺廟代表者等凡ソ百五十名（錫盟）ヲ一堂ニ招集シ、諸般ノ旗政改善及ビソノ具体的方策ヲ十日間ニ亘リ文字通リ不眼【眠】不休ノ状態ニテ討議シタルコトアリ、之ヲ札薩克会議ト名ツケルガ、コノ会議ニ例ヲトリテ、之ヲ観ルニ会議ハ全然徳王個人ノ発意ニヨリテ為サレ、日本人ヲ一人モ参加セシメズ極秘裡ニ決行シ、ソノ決議事項ハ

民生ニ関スル事項

喇嘛ニ関スル事項

ホリシヤニ関スル事項等[80]。

　モンゴル自治邦政府の樹立によって、モンゴル側は、盟旗事務に関する権限をほ
ぼ取り戻す。それに拍車をかけたのは、最高顧問の廃止である。つまり、大橋は最
高顧問に就任するや、モンゴルの独立問題など当時公の場で禁止されていたデリ
ケートな話題を公然と主張したり、デムチグドンロブ王の指導権を尊重したりする
など、非常に親モンゴル的な態度を示した。それをきっかけに、その周辺との関
係、とりわけ駐蒙軍ならびに興亜院蒙疆連絡部と関係が悪化し、軍内部では大橋排
除の空気がますます濃厚となった[81]。しかし、デムチグドンロブ王と呉鶴齢両氏は、
「大橋罷免ノ場合彼等モ辞職スヘキ[82]」との意を表明し、大橋罷免の動きに反対した。
　その後、陸軍省は「円満ニ退任セシムル」ため、大橋顧問宛に書簡を送り、自らの
辞職を非公式に進めたが、彼本人に却下される[83]。そこで6月29日、陸軍次官か
ら駐蒙軍参謀長宛に電報を送り、「大橋顧問ヨリ蒙疆政務状況ヲ直接聴取致シ度キ
ニ付、成ルヘク速カニ上京スル如ク取計ハレ度[84]」と命令した。大橋顧問は余儀な
く、現職のまま帰国した[85]。
　日本に戻った大橋は、モンゴル自治邦政府の日系要人を通して、デムチグドンロ
ブ王に対して辞意を伝えるとともに、解任を懇願したが、デムチグドンロブ王はそ
れを受理しなかった。彼はまた駐蒙軍参謀長に対し、大橋氏を無理に引き戻したこ
とに、モンゴル人は失望していることを伝え、「最高顧問制度廃止ニ依リ自然解任
トスルコト執ルヘシ」と主張し、参謀総長もそれに同意した[86]。
　大橋最高顧問の辞任問題をめぐる一連のやり取りは、こうして、最高顧問の廃止
ということで決着をつけた。それにより、モンゴル自治邦政府におけるデムチグドン
ロブ王の権限が、大幅に回復したのである[87]。

小　結

　本章では、モンゴル連合自治政府とモンゴル自治邦政府の相違点を、内部の構造
ではなく、その変化の過程に焦点をあて、国際と地域の関係から解明することを試
みた。

　　　　　　　　　　　第４章　　モンゴル自治邦政府の成立をめぐる日中蒙の駆け引き

　従来の研究のほとんどは、モンゴル連合自治政府の成立により、関東軍の支配が
著しく強まり、植民地支配の特徴が確実になったことに注目し、一元的な結論を導
き出してきた。しかし、モンゴル自治邦政府の成立の経緯を考察すると、日本側の
妥協もあったことがわかる。これは両政権の根本的に異なる点である。つまり、モ
ンゴル連合自治政府は、日本側の意思が強くはたらいた政権であり、モンゴル自治
邦政府は各勢力の意向の妥協によって成立した政権であった。

　日本側の妥協の原因を考えると、何よりも無視できないのは、デムチグドンロブ
王の第２回目の訪日、重慶との内通事件、モンゴル人の反日感情の悪化などであ
り、それが原因で当時、日本の内部でも、内モンゴル政策の変化を求める声がます
ます高まっていた。この問題について、従来、中央政府と関東軍の間の対立が主に
クローズアップされてきたが、実際は関東軍内部、とりわけモンゴル連盟自治政府
の顧問たちと蒙疆連合委員会の顧問たちの間でも、相当意見の相違があったこと
は、本章によって明らかとなった。「皇蒙国建設要綱」「新蒙聯邦国建設要綱案」「蒙
疆国建設ニ関スル具体案」「蒙古国創建要綱」など一連の草案はそれを裏付けるだろ
う。これらの草案の重要な特徴は、いずれも中国政府の宗主権を否定しており、こ
の点において、デムチグドンロブ王の主張と似ていることがわかる。

　最終的には、各勢力の相互の妥協が実現され、モンゴル自治邦政府の樹立が認め
られることになるが、その背後には、汪兆銘という「ブレーキ」がかけられていた。
モンゴル自治邦政府という名称を許可しながら、対外的には宣伝を控えるという条
件を加えていたのはまさにそれを物語っている。それ以外にも、民族自決運動の広
がりや、太平洋戦争に突入しようとしていた日本の対外政策のジレンマも影響して
いたと思われる。

　このようにして成立したモンゴル自治邦政府では、モンゴル人地域は漢人地域と
違い、事実上の自治権を獲得していた。また、次の章に述べるように、興蒙委員会
の活躍により、蒙旗建設事業にある程度の実績を収め、百霊廟自治運動期にスロー
ガンとして取り上げていた、「自治」と「復興」の目標へ大きく近づいていた。これは
モンゴル人の民族解放運動が挫折に直面しながらも、継続していたことを意味して
おり、それを可能としたのは、政治のイニシアチブが終始モンゴル側にあったこと
である。内モンゴル近代史において、モンゴル自治邦政府の歴史的意義は非常に大
きいと主張している本当の原因はこれである。

143

■ 注

1) 森久男『徳王の研究』創土社、2000 年、p.170。
2) 「蒙疆聯合委員会総務委員長就任ニ際シ与フル指示」(極秘)、(支那事変関係一件第十九巻)、外務省記録 A-1-1-0、外務省外交史料館。
3) 前掲『徳王の研究』、p.171。
4) 泉名顧問「蒙疆政権強化策」(七三四、五、一三)、(支那 - 支那事変北支 -657)、防衛省防衛研究所。
5) 同上。
6) 同上。
7) 同上。
8) 泉名英「蒙古国創建趣意書」、(支那 - 支那事変北支 -658)、防衛省防衛研究所。
9) ドムチョクドンロプ『徳王自伝』(森久男訳)岩波書店、1994 年、p.234。
10) 蒙疆聯合委員会「議案」(昭和十四年八月十一月)、前掲(支那 - 支那事変北支 -657)。
11) 前掲『徳王自伝』、p.235。
12) 「支那統一政府卜蒙古聯合自治国卜ノ関係、調整要領」(第九回連絡会議々案、昭和一四、七、八)、(支那事変ニ際シ支那新政権樹立関係ノ件／出先機関ノ意見書類)、外務省記録 A-6-1-1、外務省外交史料館。
13) 札奇斯欽『我所知道的徳王和当時的内蒙古 (二)』東京外国語大学アジア・アフリカ言語文化研究所、1993 年、p.88。
14) 「蒙彊統一政権設立要綱」(閣議決定、昭和十四年八月四日)、(支那事変ニ際シ支那新政権樹立関係一件／支那中央政権樹立問題(臨時維新政府合流問題連合委員会関係、呉佩孚運動及反共、反蒋救国民衆運動)第十巻)、外務省記録 A-6-1-1、外務省外交史料館。
15) 第 3 章で述べている「建国案」のことである。
16) 劉健清・王家典・徐梁伯『中国国民党史』江蘇古籍出版社、1992 年、p.475。
17) 上村伸一『日本外交史 20』(日華事変(下))鹿児島研究所、1971 年、pp.266-269。
18) 陸軍省「昭和十三年秋季以降対支処理方策」(昭和一三、一二、六)『現代史資料 9』みすず書房、1964 年、p.555。
19) 前掲『中国国民党史』、p.475。
20) 中華民国外交問題研究会『日本製造偽政府組織与国連的制裁侵略』、1966 年、pp.494-496。中央日報『蒋総統秘録 6』、1986 年、p.199。
21) 前掲『蒋総統秘録 6』、p.200。臼井勝美『日中戦争』(新版)中央公論新社、2000 年、p.119。
22) 小林英夫・林道生『日中戦争史論 — 汪精衛政権と中国占領地』御茶ノ水書房、2005 年、p.120。吉田壮人『蒋介石秘話』かもがわ出版、2001 年、p.97。
23) 前掲『日本製造偽政府組織与国連的制裁侵略』、p.518。
24) 前掲『日中戦争』(新版)、p.120。
25) 前掲『中国国民党史』、p.480。
26) 長山義男「徳王の悲劇」『自由』自由社、1987 年、p.108。
27) 中嶋万蔵「青島会議」『高原千里』らくだ会、1973 年、p.77。
28) 同盟通信社東亜部長横田実氏述「青島会議と新政権の見通し」(昭和十五年三月)、(本邦対内啓発関係雑件／講演関係 / 日本外交協会講演集第八巻)、外務省記録 A-3-3-0、外務省外交史料館。

29) 前掲『日本外交史20』、pp.300-304。

30) 中嶋万蔵「徳王について」、前掲『高原千里』、p.71。

31) 前掲「青島会議と新政権の見通し」。

32) 前掲『我所知道的徳王和当時的内蒙古(二)』、p.70。

33) 前掲「青島会議と新政権の見通し」

34) 前掲『我所知道的徳王和当時的内蒙古(二)』、p.70。

35) 前掲『日中戦争史論 ― 汪精衛政権と中国占領地』、p.149。

36) 前掲『我所知道的徳王和当時的内蒙古(二)』、p.71。

37) 前掲『徳王自伝』、p.262。

38) 前掲『日中戦争史論 ― 汪精衛政権と中国占領地』、pp.158-162。前掲「徳王の悲劇」、p.109。

39) 松崎陽『興蒙推進要綱』厚和蒙古研究所、1941年、pp.11-17。

40) 「蒙疆ノ状況報告ノ件」(昭和十六年四月二十一日)、(支那事変関係一件第五巻)、外務省記録 A-1-1-0、外務省外交史料館。

41) 「蒙古独立運動ヲ目的トスル「蒙古青年結盟党」ノ策動ニ関スル件」(昭和十五年)、(満蒙政況関係雑纂／内蒙古関係第五巻)、外務省記録 A-6-1-2、外務省外交史料館。

42) 同上。

43) 同上。

44) Wčirbatu, *Demčugdongrub-ün Wčirbatu*, Öbür Mongγol -un arad-un keblel-ün qoriy_a, 2003, p.16.

45) 前掲「蒙古独立運動ヲ目的トスル「蒙古青年結盟党」ノ策動ニ関スル件」。ちなみに、モンゴル青年結盟党については、エルドンバヤルの「日本支配期、内モンゴルにおける「蒙古青年結盟党」の設立と消滅(1938-1941年)」など一連の論文がある。『内陸アジア史研究』(23)、2008年、pp.95-113。

46) 前掲「蒙疆状況ノ報告ノ件」。

47) 前掲『我所知道的徳王和当時的内蒙古(二)』、p.81。

48) 前掲「徳王の悲劇」、pp.107-108。

49) 「徳王上京ノ件」(極秘、昭和十六年一月二十七日)、前掲(支那事変関係一件第五巻)。

50) 同上。

51) 「徳王応待要領」(案、極秘)、同上五巻。

52) 「「今次訪日に依り徳王か日本に求むるもの」送付の件」(極秘第八〇号、昭和十六年二月一日)、(各国名士ノ本邦訪問関係雑件／蒙古人ノ部／徳王)、外務省記録 L-3-3-0、外務省外交史料館。

53) 興亜院蒙疆連絡部「今次訪日に依り徳王か日本に求めんとするもの」(昭和十六年一月十八日)、同上部。

54) 前掲「徳王の悲劇」、pp.110-111。

55) 『読売新聞』(夕刊)、1941年2月15日。

56) 同紙(朝刊)、1941年2月16日。

57) 前掲『我所知道的徳王和当時的内蒙古(二)』、p.82。

58) 前掲『徳王自伝』、p.266。

59) 「松岡大臣、徳王会談録」(一六、二、一八午後五時)、前掲(各国名士ノ本邦訪問関係雑件／蒙古人ノ部／徳王)。

60) 長山によると、近衛首相との会見は2月27日午前10時で、デムチグドンロブ王の東京

出発は翌朝となっているが、実際は、3月8日午前9時東京駅発特急つばめに乗って離京していることからみれば、会談は3月7日に行われたと考えられる。前掲「徳王の悲劇」、pp.110-111。『読売新聞』(夕刊)、1941年3月9日。

61) 前掲「徳王の悲劇」、p.111。

62) 前掲「今次訪日に依り徳王か日本に求めんとするもの」。

63) 「日華【蒙】協定草案」、前掲(各国名士ノ本邦訪問関係雑件／蒙古人ノ部／徳王)。前掲『我所知道的徳王和当時的内蒙古(二)』、p.82。

64) 前掲『我所知道的徳王和当時的内蒙古(二)』、p.83。

65) 前掲「今次訪日に依り徳王か日本に求めんとするもの」。

66) 前掲「蒙疆ノ状況報告ノ件」。

67) 「蒙古国創建要綱(第一案)」、(支那－支那事変北支-658)、防衛省防衛研究所。

68) 「蒙古国創建要綱(第二案)」、同上658。

69) 「蒙疆長官発政務部長宛電写」(極秘)、前掲(支那事変関係一件第五巻)。

70) 「四月四日興亜院会議決定」(極秘)、(陸軍省－陸支密大日記-S16-63-86)、防衛省防衛研究所。

71) 「蒙疆【ママ】自治邦ニ関スル件」、同上日記。

72) 「次官ヨリ支那派遣軍総参謀長、北支那方面軍、駐蒙軍各参謀長宛通牒陸支秘九六九号」(極秘、昭和拾六年四月五日)、同上。

73) 「次官宛発信者戊集団参謀長蒙参電第三一八号」(極秘、昭和一六年五月一九日)、(陸軍省－陸支密大日記-S16-52-75)、防衛省防衛研究所。

74) 前掲『徳王自伝』、p.273。

75) 「次官宛発信者戊集団参謀長戊集参電第五五八号」(七月五日)、前掲(陸軍省－陸支密大日記-S16-63-86)。

76) 「陸軍次官ヨリ支那派遣軍参謀長・戊集団参謀長・甲集団参謀長宛電報陸支密電一四〇」(極秘、昭和拾六年七月七日)、同上日記。

77) 「蒙古自治邦発布ニ対スル反撃ニ関スル件」(蒙参特発第五七六号)、(陸軍省－陸支密大日記-S16-106-129)、防衛省防衛研究所。

78) 前掲『徳王自伝』、p.275。

79) 前掲『我所知道的徳王和当時的内蒙古(二)』、pp.89-94。

80) 外務省調査局第二課「最近ノ蒙疆情勢 — 視察中間報告」(秘、昭和十八年六月)、前掲(満蒙政況関係雑纂／内蒙古関係第五巻)。

81) 「大橋顧問及軍対立問題ニ関スル件」(六月二十七日発)、(大東亜戦争関係一件／館長符合扱来電綴第六巻)、外務省記録 A-7-0-0、外務省外交史料館。

82) 同上。

83) 軍務課「大橋顧問ノ取扱ヒニ関スル件」、(陸軍省－陸支密大日記-S17-29-66)、防衛省防衛研究所。

84) 「大橋顧問招致ノ件」、同上日記。

85) 「大橋顧問帰朝ノ件」(六月二十七日発)、前掲(大東亜戦争関係一件／館長符合扱来電綴第六巻)。

86) 「大橋顧問辞任ノ件」、同上六巻。

87) 前掲『我所知道的徳王和当時的内蒙古(二)』、p.99。

第5章 興蒙委員会の設立と蒙旗地域の復興事業

モンゴル自治邦政府宣伝ポスター
出所：了恵寺提供

モンゴル自治邦政府の樹立により、モンゴルの自治が可能となったことは、内モンゴル自治運動にとっては、大きな意味を持つものである。さらなる意義は、1942年5月11日、興蒙委員会第2回定例会議で、モンゴル自治邦政府の最高顧問大橋忠一が「蒙古政府の出来タト言フコトハ、興蒙政策ヲ実行センカ為テアリ、私ノ当地ニ来マシタノモ矢張リ其ノ為テアリ」「諸君ノ戴イテイル徳王ヲ中心トシテ、一致団結シ蒙古ノ復興ニ努力シ、一大帝国ノ出来ンコトヲ望ム[1]」と訓示したように、蒙旗地域の復興事業にあった。この2点（自治と復興事業）により、モンゴル自治邦政府は、モンゴル連合自治政府とその性質を異にする。一方、その復興事業の担い手となっていたのは、興蒙委員会である。しかし従来の研究では、モンゴル自治邦政府の存在すら注目されていなかったため、その中の一機構に過ぎなかった興蒙委員会の存在も、当然無視されてきたのである。

興蒙委員会はいかなる組織であったのか。本委員会の設立のきっかけ、目的は何か。設置に当たってのモンゴル側と日本側の思惑は何だったのか。興蒙委員会の蒙旗地域における復興事業の内容は何か。内モンゴル自治運動における興蒙委員会の役割をどう見るべきか。本章では、これらの問題を明らかにする。

1. 興蒙委員会の設立とモンゴル側と日本側のそれぞれの思惑

1939年9月のモンゴル連合自治政府の樹立により、内モンゴル自治運動は事実上後退した。デムチグドンロブ王は百霊廟自治運動からそれまでの一連の政治運動に対し、あらためて検討を加え、モンゴルの独立、および建設事業のどちらをも実現できなかったことに対して深く反省し、このままの状況が続けば、モンゴル民族の存続が危ぶまれると考えた[2]。さらに、1941年12月8日太平洋戦争勃発後、彼は日本には勝ち目がなく、モンゴルの独立を決定するのは、日本ではなく国際社会だと判断し、将来に備え、蒙旗地域における建設事業を行う必要があると考えるようになった[3]。

彼は2回目の訪日の際、蒙旗地域の建設事業推進のため、陸軍大臣東条英機等の要人と会見し、モンゴル連合自治政府の改革案を提出した。同改革案には、のちの興蒙委員会の母体とも言えるモンゴル事務を専門に処理するモンゴル連盟政務委員会の設置などの内容が盛り込まれており、日本側も理解を示していた。

一方、日本側でも、モンゴルの復興問題に関して、同様の動きがあったことは、

興亜院蒙疆連絡部部長であった竹下少将が、1940年7月に作成した「外蒙接壌地方強化ニ関スル応急施策研究私案[4]」から推測できる。この案では、「蒙古政府ノ機構ニ相当大ナル改革ヲ加へ……以テ蒙古興隆ニ関スル施策ノ統一期ス」という主張がなされ、さらに、政権内に興蒙部を新設するなど、多くの具体案が提出されていた。以下、主な内容を取り上げる。

(1) 興蒙部ヲ新設シ、蒙古ノミニ関スル調査、企画、民生、産業、文教、衛生、物資配給ニ関スル事務、並ニ盟公署、牧業総局ノ監督ニ関スル事務ヲ掌ル。西「ソニット」ニ興蒙部支部ヲ設置シ、主トシテ蒙地ノ調査研究連絡ニ任ス

(2) 各部ニハ蒙古課ヲ設ケ各部ノ業務ト興蒙部トノ業務ノ連繋、並ニ各部ニ関係スル文書ノ翻訳業務ヲ掌ル

(3) 蒙古全体会議並蒙古委員会ヲ設置シ蒙古ニ関スル重要事項ノ審議決定ヲ行フ

(4) 蒙文図書館編纂委員会ヲ設ケ、又興蒙部直轄ノ蒙文図書印刷所ヲ附設シ、以テ蒙文図書ヲ活溌ニ蒙地ニ配布ス

　同じころに出されていた行政機構改革案でも「蒙民生活ノ現況ト全蒙民一般ノ熱烈ナル宿望ニ対へ【シ】、速ニ蒙古民族ノ復興ヲ期ス[5]」と書かれ、日本側の興蒙政策の一面が窺える。そのほか、1941年12月に、モンゴル軍軍事顧問であった松崎陽らが作成した『興蒙推進要綱』も、「共栄圏確立」の見地から、蒙旗地域における建設事業の必要性を訴えており[6]、中亜問題研究会が発行した『内蒙古対策論』も、戦争期における総動員体制の観点から、蒙旗地域の復興を唱えていた[7]。

　すなわち、モンゴル側も、日本側も、その思惑は異なっていたとはいえ、モンゴルの復興という点では一致し、結果的に興蒙委員会の設立につながったと考えられる。そして、それを可能にしたのはデムチグドンロブ王の2回目の日本訪問である。

　1941年上旬、デムチグドンロブ王は日本から戻った後、モンゴル連合自治政府の行政改革を実行し、興蒙委員会を設立した。その主要な任務は、「蒙古復興政務ノ責任ヲ負ハシムルコト[8]」である。さらに、「経済の確立、教育の普及徹底、民生の向上」を3大施政方針とし[9]、モンゴル行政に属するものすべてを興蒙委員会に任せ、漢人地域あるいは漢人行政に関するものは従来どおり内政部の管理下に

おいた [10]。

6月1日、政務院は興蒙委員会官制を発令した。それによれば、興蒙委員会は、官制上では政務院に直属し、政務院長の統督をうけ、主管事項を掌理(第1条)。委員長はその主務政務に関し、「法律、教令又は院令の制定、廃止又は改正を要するものありと認むるときは案を具し、政務院長に提出し」(第2条)、政務院会議を要求することができる(第3条)。さらに、「主管政務に関し職権又は特別の委任に依り会令を発し」(第4条)、「盟長、省長及特別市長を指揮監督し、其の命令又は処分にして、成規に違ひ公益を害するものありと認むるときは、之を停止又は取消すこと」ができ(第5条)、興蒙政治の企画と実施に当たっていた。組織構成は、下に総務、民政、教育、実業の4処を置き(第14条)、蒙旗に関する民政、教育、実業および保安に関する事項を掌理し(第11条)[11]、蒙旗地域のあらゆる行政を独自で運営できるシステムを整えていた。

2. 興蒙政策の確立

2.1 「蒙旗建設十個年計画」の確定

興蒙委員会設立からまもなく、調査隊が編成され、1941年8月6日からおよそ1ヵ月間、シリーンゴル盟各旗で実態調査がなされた。興蒙委員会の委員長スンジンワンチグ王は自ら隊長を務め、ジャグチド・セチンを秘書官にした。この調査は、モンゴル自治邦政府から課された、モンゴル復興政務の責任を負い、「施政ノ浸透ヲ図リ、民衆ヲシテ本委員会設立ノ意義ヲ知ラシムルト共ニ委員会各職員ヲシテ純蒙地域ノ実態ヲ認識セシムル為」になされた [12]。調査に当たり、デムチグドンロブ王より次のような訓示が出され、そこには興蒙委員会に対する彼の期待が含まれていた。

(一) 政府興蒙委員会に於て今回の旗の調査を試みられたるは極めて機宜を得たることと思考す。充分旗の実状を調査せられたし。蒙古は現に文明にとり残されているから特に調査して其の現状を知られたし。

(二) 調査に当りてはよいところ悪いところを客観的に考察し、主観的な考察をせぬこと。何を伸し何を残しておく可きか、更に文明の不振の原因は何処にあるかを充分に考察せられたし。

(三) 民衆の感情を害せざること [13]。

調査は、総務班、民政班、教育班、実業班、保安班、施療班の六つの班に分かれて実施され、方法は、主に各旗関係者の発言を記録したものであった。そのすべてが「確実ナリト言フコトハ勿論出来ナイ」が、内容はかなり充実し、現地の概況を相当程度あきらかにしているため、のちの興蒙委員会の政策推進の拠り所となった[14]。

翌年2月26日、バンディド・ゲゲーン・スムにおいてシリーンゴル盟ジャサグ会議が開かれた。会議には主席等モンゴル自治邦政府要人多数が参加し、蒙旗地域における唯一の政治単位である旗の行政の健全な発展を期し[15]、旗財務、宗教、ホルショー（協同組合）など各方面について討議を行った[16]。5月11日に、興蒙委員会はあらためて、管下各盟正副盟長、連絡委員等の有力者を招集し、張家口で第2回興蒙委員会定例委員会議を開き、施政経過報告、施政計画事項の説明を行うとともに、各処の提案事項を審議し、興蒙対策の確立を図った[17]。

一連の会議を経て、6月23日、第4回政務院会議が開かれることとなった。この会議では、興蒙政策として「蒙旗建設要綱」が採択され、興蒙委員会の3大施政方針に基づいて蒙旗行政を実施し、旗自体の確立と政府行政力の浸透を図るため、蒙旗建設隊を組織して、各旗の行政指導に当たらせることが確認された。また、従来の旧制度をそのまま踏襲していた蒙旗行政に対し、社会制度の改善策を実施し、蒙旗行政の急速なる発展と浸透を図ることにした。具体的な内容は次のとおりである。

(1) 本建設は三期(十年)計画とし、第一期を四個年とす。
(2) 第一期建設は興蒙委員会を中心とする蒙旗建設隊（各盟旗公署を含む）を編成し、それぞれ各旗を指導監督する。
(3) 本年度計画として、西蘇尼特旗（錫盟）、四子部落旗（烏盟）、及び廂黄旗（察盟）の三旗を指定し各旗にそれぞれ模範村及び中心村を新設す。
(4) 模範村は状況の許す限り旗公署所在地に設置す。
(5) 各模範村を核心とし数個の中心村を設定す。
(6) 本建設は左記各項に重点を置くものとす。
　　a　模範村及び中心村の地点選定及びその建設
　　b　各旗公署の整備強化及び旗制、旗地の研究調査
　　c　各旗興蒙学校及びその分校並びに校外教室の設立

d 各旗喇嘛寺廟の整理及び喇嘛制度の復古
 e 各旗ホリシヤ及び該支部の充実並びに定期交易
 f 各旗財政の確立
 g 保健所の設立と駆黴の実施
 h 家畜防疫の積極的実施
 i その他蒙旗建設に必要なる事項 [18]。

興蒙政策の確立である。

2.2 蒙旗建設隊の設立

「蒙旗建設十個年計画」が出されてまもなく、1942 年 7 月 10 日、興蒙委員会は蒙旗建設第 1 期計画として、蒙旗建設隊の人事決定を行った。政務院長の呉鶴齢が自ら総監となり、興蒙委員会委員長（シリーンゴル盟長）スンジンワンチグ王が督弁に任命された。日本側から木村裕次郎が専門顧問となった [19]。同月 15 日、蒙旗建設隊の結成式が張家口市の遠来荘飯店で挙行され、軍、興亜院、政府各部局および関係代表等が列席した。会議で蒙旗建設隊は呉鶴齢政務委員長から藍地に黄文字で「蒙旗建設隊」と記された隊旗が授与され、興蒙委員会委員長の挨拶に続き、政務院長の訓示、来賓の祝詞があり、最後に隊員代表の宣誓が行われた。その内容は以下のとおりであり、そこにも興蒙政策における日蒙両者のそれぞれの思惑が垣間見られる。

（1）蒙旗建設隊隊員は興蒙委員会三大施政方針たる経済の確立、教育の普及徹底、民族更生の施策具現のため義勇奉公す。
（2）蒙旗建設隊隊員は渾然一体となり精神力の団結に依り総力体制を整へ、移動行政指導者として蒙旗行政の確立に献身す。
（3）蒙旗建設隊員は東亜共栄圏の一環たる蒙古の特殊使命完遂のために速かに健全なる蒙旗民生の向上に努め、以て東亜新秩序建設に挺身す [20]。

　式典の終了直後、蒙旗建設隊のメンバー全員が張家口を出発、各指定旗へ向かった。初年度には、シリーンゴル盟西スニド旗、チャハル盟フブート・シャラ旗、オラーンチャブ盟ドゥルブン・フーヘド旗の 3 旗を指定旗として定め [21]、各旗の内務行政の実地指導にあたるとともに、旗民の福祉増進のために公共施設の建設

を行った[22]。同建設隊の本部は徳化におかれた。

こうして興蒙政策が本格的にはじまった。

3. 興蒙政策の内容

興蒙委員会は、「経済の確立、教育の普及徹底、民生の向上」という三つの施政方針を打ち出し、蒙旗地域における復興事業に向かって着実に動き出した。次にその具体的内容について検討してみたい。

3.1 経済の確立
3.1.1 公共施設の設置

1941年12月29日から、当時、モンゴル自治邦政府の最高顧問に就任したばかりの大橋忠一は、約2週間をかけて、蒙旗地域に対し現地調査を実施した。その後書いた文章の中で、「モンゴル人に対する施設というものが極めて不十分である[23]」と指摘していたように、モンゴル自治邦政府の管轄下にあったシリーンゴル盟、チャハル盟、オラーンチャブ盟の各蒙旗地域は、地理的条件、経済的背景、文化的慣習などさまざまな要因により、文明から立ち遅れた状態に置かれ、公共施設もほとんどなかった。経済確立のため、公共施設の建設が最優先課題とされた。

翌年から興蒙委員会は蒙旗建設隊を組織し、各旗における模範村、中心村のような公共施設の建設を重点的に始めた[24]。その初年度の建設規模は「表5-1」のとおりである。これらの公共施設には、興蒙学校、ホルショーなど多くの施設が含まれており、その役割をあらわすなら「表5-2」のとおりである。公共施設の建設地の選定基準は、中心公共施設（模範村）を主に旗公署所在地に建設し、行政、経済、産業の中心地にした。分置公共施設（中心村）を旗内地方民の福祉施設として、将来行政の地方中心点に成りうるところに設置した。建設の範囲はあくまでも純モンゴル地域に限定された[25]。

翌年、興蒙委員会は、新たにシリーンゴル盟の東アバハナル旗、東ホーチド旗、オラーンチャブ盟のダルハン旗、チャハル盟の上都旗の4旗をモデル旗として指定し、模範村、中心村の建設を行う。シリーンゴル、オラーンチャブ、チャハル3盟の盟長を支隊長とする三つの支隊を編成し、現地に派遣し、直接蒙旗建設活動の

153

表 5-1：蒙旗建設工事初年度状況および各施設間数分配表

旗盟	フブート・シャラ旗				西スニド旗			ドゥルブン・フーヘド旗			合計
参加者	120 人				80 人			80 人			280
村別／建物別	A	HB1	HB2	小計	A	SB	小計	A	DB	小計	7
管理所	9	7	7	23	—	8	8	5	7	12	43
保安隊	5	—	3	8	—	—	—	—	—	—	8
興蒙学校	25	14	14	53	38	17	55	5	13	18	126
ホルショー	5	3	—	8	5	5	10	—	3	3	21
農場	2	—	—	2	2	—	2	—	—	0	4
牧場	5	—	—	5	5	—	5	3	—	3	13
加工場	5	—	—	5	7	—	7	6		6	18
小計	56	24	24	104	57	30	87	19	23	42	233
木材基地	多倫				豊鎮			フフホト			

出所：『蒙旗建設現地工作状況中間報告書』をもとに作成 [26]。なお、この表においては、A は中心公共施設のことで、HB1、HB2、SB、DB は、それぞれイント分置公共施設、ゴルバンホドグ分置公共施設、ホルドン・スム分置公共施設、オラーンエンゲル分置公共施設のことである。

表 5-2：公共施設の内容の一覧

施設名	役　　割
興蒙学校	牧民子弟の教育、社会教育の実施
ホルショー	生活必需品の廉価供給、家畜の買い入れ
工場	生活必需品の自給、家内手工業技術の伝習、乳製品・皮毛の加工
保健所	住民に対する保健衛生思想の普及、治療の実施
農場	共施設内に居住する者に対し、勤労愛好精神を普及させるため、蔬菜園および小規模苗圃を経営
牧場	突発的家畜防疫に備えるとともに、小規模なる試験的牧場を経営

出所：『蒙旗建設現地工作状況中間報告書』をもとに作成 [27]。

指揮を取らせた。同時に、前年度に指定した 3 旗に対しても、2 年目の建設を実施した。また、中央と地方の連絡を円滑にするため、蒙旗建設隊の本部を徳化から興蒙委員会に移した [28]。建設事業にあたっては、文化生計会および各旗のホルショーからも出資があった [29]。

　このように、興蒙委員会は指定旗における公共施設の建設のほか、また、民政関

係の事業として、旗行政事務の指導、旗下部機構の強化、旗行政の確立、生活の改善、衛生思想の普及などについても行政指導を行った[30]。

　1944年3月10日、興蒙委員会第6回定例会が政府講堂で開催された。会議では、蒙旗建設第1期第3年度の計画として、シリーンゴル盟のアバガ右旗、アバガ左旗、東スニド旗の3旗、オラーンチャブ盟のモーミャンガン旗、チャハル盟のショローン・チャガーン旗のあわせて五つの旗を指定旗とし、従来どおりの建設を行った。それまでの興蒙委員会が中心となっていた体制から、旗自身が主体となる体制へ変わった[31]。その背景には旗行政の充実があったと考えられる。

3.1.2　ホルショーの運営

　当時の蒙旗地域における経済活動のもっとも基本的なパターンは、モンゴル人の生産物資たる家畜ならびに各種の畜産品を漢人地域の穀物食料品あるいは生活必要物と交換する、いわゆる「草地売買」である。それを掌握していたのは、徳華洋行、瓦利洋行など少数の外国系商人を除けば、ほぼすべてが漢人商人であった[32]。その後、日本の進出により状況が変わり、大蒙公司、蒙疆畜産公司など日系商社が新たに加えられたが、本質的には何の変化もなかった[33]。しかし、ホルショー制度の導入により、その状況はついに変わり始めた。

　ホルショー制度の最初の提案者は、チャハル盟の参与官であった簡牛耕三郎である。彼は早くも1939年、日本の協同組合に似たような方式を導入することを主張した。同時に、康保県の小野田参事官の紹介で、内地から組合関係の仕事に携わっていた石井実雄を招聘し、具体案の作成を依頼した[34]。石井は現地に入るとすぐ、タイブス右旗の旗民の生活に対し、3ヵ月間におよぶ実態調査を実施し、結果として、「協同組合設立の急務とその性格および組合方針」ならびに「組合問題に関する若干の補足的意見」という二つの調査資料をまとめ簡牛に提出した。作成に当たって、彼はあくまで現地の状況から設立事業を出発させるべきことに力点をおき、当時、既存の内地の産業組合および満洲、「北支」の合作社などの存在にとらわれない姿勢をとったという[35]。その主な内容は以下のとおりである。

　（1）新政府の使命と蒙古の現状
　（2）蒙旗における協同組合の絶対必要性
　　a．政治における優位性と蒙古の現状

b. 蒙古人の民度向上策としての協同組合 [36]。

　ホルショーの設立案が出来上がるや、簡牛はまず政府当局に対し、その実行を提案した。しかし、政府側の理解を得られなかったため、チャハル盟の独自の計画として、設立を決意し、蒙旗地域における最初のホルショーは、タイブス右旗において誕生することとなった [37]。運営資金は当初、蒙旗王公および旗民自体の醵金によって集めた 30 万元によって賄われていたが、後になって、蒙疆銀行からも融資が提供されるようになった [38]。
　ホルショーが設立されてほどなく、蒙旗地域において大きな反響を呼んだ。そのため、中央政府の要人の中にも、蒙旗全体に推し進めようとの声が出始めた [39]。それを受け 1940 年 11 月、各旗長官等の会議を開催した。会議において、モンゴル民族の経済生活をモンゴル人自体で確保し、それまで蒙旗経済を牛耳ってきた漢人商人の排除を目的とする [40]、ホルショー大綱が、当時モンゴル連合自治政府の主席だったデムチグドンロブ王の主導のもとで可決された。それにより、モンゴル人の経済活動への参加が初めて可能となった [41]。
　その主要な内容は次のとおりである。

(1) モンゴル各旗はその民衆のため、将にその所有する牲畜皮毛等の生産品をなるべく高価にて販売するようにするとともに米、麺、茶、布等の日常品を廉価にて購入し、以ってその生活の安定を期する。最近数年来、各旗長官代表等はしばしば会議を重ねた結果、西スニド旗、タイブス右旗の事業経営の実例に倣い、各旗民衆に令して生活団体を成立し、これをホルショーと称す。

(2) 各旗生活ホルショーは均しく株主制とし、1 株 10 元とす。各旗民衆は毎戸 1 株から 300 株を担任す。また無力の者は毎戸 1 株とし、その旗のホルショー、又は銀行、あるいは富裕者より借用し、毎年その得た利潤に応じて返還する。

(3) 各旗生活ホルショーは、盟公署との連絡及び共同事務処理・購入販売等の便宜上、毎盟各ホルショーは、代表、副代表を各一人ずつ推選する。

(4) 各旗ホルショーの会計は各自独立して処理す [42]。

第5章　興蒙委員会の設立と蒙旗地域の復興事業

　ホルショー制度の導入が正式に決定されると、その方針に従い、デムチグドンロブ王はすぐさま、従来のモンゴル生計会を整理して、その下にホルショーを設けることを決めた。同時に政務院長だった呉鶴齢を会長に兼任させ、中嶋万蔵を顧問として招聘した[43]。以後、ホルショー機構は各旗において相次いで誕生し、わずか1年たらずのうちに、すべての旗において結成されることになった[44]。蒙旗建設隊の報告によれば、シリーンゴル盟の10旗の場合、1941年8月までに全旗にわたってホルショーが設置されていた。

　モンゴル自治邦政府成立後、モンゴル地域の唯一の経済機関だったホルショーの存続と発展を「経済の確立」政策の重要な一環として設定して、さまざまな対策を講じた。ホルショー設立直後に、実務講習会を前後3回にわたり開講し、経営と簿記などの実務について指導し、ホルショー経営の向上をはかった[45]。また、1942年2月26日に開かれた、シリーンゴル盟のジャサグ会議では、ホルショーについて、初年度決算の整理、簿記規格の規定、利益配当の決定、拡充策の決定、経営の合理化、物資配当の規定などの決議を採択するとともに[46]、各旗ホルショーの総合的な指導機関として、張北にホルショー連合会を設置し、各旗におけるホルショーの強化に乗り出した[47]。さらに翌年5月6日に開催された、興蒙委員会第4回定例委員会議予備会議では、新たに「ホルショーの整備充実案」が採択され、一層の発展を目指した。

　ところが、短期間内に多数のホルショーを設立するには限界もあり、準備不足による経営の行き詰まりなど失敗のケースも少なくなかったという[48]。蒙疆銀行の調査によれば、1942年の実績では依然として漢人商人は優勢で、その理由として次のように述べている。

　ホルショーの首脳部は旗の役人であり、通常、旗公署の所在地の固定家屋に店を構え商売を行うが、決して遊牧する一般モンゴル人の跡を追って移動することはなかった。しかも掛買、物々交換などの取引方法を拒否し、現金主義を固持していた。漢人商人は、「出撥子」という手段によって、一般モンゴル人の季節による移動先に商品をもってきてくれるだけではなく、取引方法においても相手の好みを応じて柔軟に対応できていた[49]。

　だが、これはあくまでもホルショーが設立されてからわずか2年後の話であり、このような短期間内に長年の歴史をへて、モンゴルの草原にその根を深く張っていた漢人商人のネットワークを完全に排除するということは、物理的にも、人力的に

157

も不可能であっただろう。それも一つの原因だったかもしれないが、漢人商人をホルショーに組み入むような対策がとられていた。

いずれにせよ、政府の一連の努力により、各旗におけるホルショーの内容は著しく充実し、着実に成果をあげていたと考えられる。たとえば、当時、モンゴル地域の復興事業として進められていた模範村、中心村の建設事業に対して、ホルショーは一定の助成金を提供していた[50]。1943年10月1日設立の「蒙古皮毛股份有限公司」への融資状況から見ても、総資本金1000万元のうち240万元がホルショーから出ていた。そのほかは、自治邦政府500万元、大蒙公司および蒙疆畜産公司各100万元、漢人業者60万元であり、ホルショーが行った融資額は全体の24%と、漢人商人の4倍になって、大きく成長していたことが分かる[51]。ホルショーとその公司の関係は、「旗ホルショーハ本公司ノ指定収貨業者トナリ、指定セラレタル地域ノ収貨ニ当リ、一括本公司ニ引渡シ、本公司ハ之ニ対シ見返物資ノ供給ヲ為スモノ[52]」であった。また、ホルショー運動の普及に伴い、モンゴル人の経済観念にも変化が起こり、個人運送業者まであらわれたという[53]。

なお、梅棹忠夫が終戦直前に実施した調査のフィールド・ノートにも、ホルショーについての事例が数多く含まれており、そこからホルショーが従来草地売買において支配的な立場にあった漢人商人に取って代わり、モンゴル人の日常生活に浸透しつつあった趨勢を読み取ることができる[54]。その中からモンゴル人の経済活動ともっとも関係のある事例を下表に整理した。

「表5-3」では、局地的な小規模な調査であったとは言え、ホルショーが漢人商人に取って代わっていたことが明らかである。その理由として、当時のモンゴル人は、「シリーンゴルは、漢人の指定業者は入れないこと」、「ホルショーは旗の命令

表5-3：1944年の時の草地売買におけるホルショーと漢人商人の比較

事例 ＼ 取引相手	ホルショー	漢人商人	その他	総数
家畜を売る	9	なし	11	20
羊（ヤギ）毛のゆくえ	23	なし	10	33
買いもの	9	なし	3	12
茶を買う	8	1	3	12

出所：「梅棹忠夫のフィールド・ノート」をもとに作成。

第5章　興蒙委員会の設立と蒙旗地域の復興事業

で羊毛の集荷ができる強み[55]」があることなどをあげているが、実際は当時、事実上の「半独立国家」であったモンゴル自治邦政府の成立により、モンゴル人が自治権を獲得し、政治の主導権を握るようになったことが、その背景にあったと考えられる[56]。

3.2　教育の復興

3.2.1　興蒙教育の実施

モンゴル自治邦政府の管轄下にあった蒙旗地域の教育水準は、従来から他地域より立ち遅れていた。モンゴル連盟自治政府の時期、デムチグドンロブ王の命令により、シリーンゴル、オラーンチャブ両盟の各旗に小学校が設立されたが[57]、内容的には、教育設備の欠如、教科書の不足、未就学児童の比率が高いなど、多くの問題を抱えていた[58]。「表5-4」から、施設の不備、未就学児童の数が就学児童の数よりはるかに多かったなどの実態がわかる。教職員のレベルも比較的低く、私塾で何年間かモンゴル語を勉強したか、モンゴル学院等で何ヵ月かの訓練を受けた程度で、正式な教育を受けた教員は極めて少なかった[59]。

興蒙委員会成立後、教育改革により、モンゴル連合自治政府内政部教育科の各民族教育一括管理から、分割して管理する体制に変えられた。漢人と回人の教育諸事

表5-4：シリーンゴル盟各旗の小学校状況（1941年）

旗名	小学校の建物	学生数	未就学児童数
東ウジュムチン	包2土房6	45	223
西ウジュムチン	包6	75	193
西スニド	煉瓦房32	104	711
東スニド	包3煉瓦房20	75	639
西アバガ	包4	31	250
東アバガ	包4土房5	45	498
西アバハナル	土房10	54	139
東アバハナル	土房14	35	306
西ホーチド	土房7	25	112
東ホーチド	土房4	32	281
合計	包19土房98	521	3,352

出所：『錫林郭勒盟実態調査報告』をもとに作成[60]。

159

項は従来どおり内政部教育科にゆだねられたが、モンゴル人の教育事業は興蒙委員会が自ら管理することになった。蒙旗地域の復興で何よりも重要なのは、教育の復興であるという指摘がなされ、教育の普及と徹底が、委員会の3大施政方針の一つとして取り上げられた。

1941年12月、興蒙委員会は、管下5盟の文教関係者を招集し、興蒙委員会文教関係者会議を開き、教育に関する諸問題について討議を行った[61]。また、教員のレベルの向上を図るため、蒙旗小学校の成績優良な教員を集めて、蒙旗小学校教員練成会を開催し、日本語、モンゴル語、教育学、世界事情、学校経営、体育、衛生など各科目について再教育を実施した[62]。第1回目の蒙旗小学校教員再教育講習会が、1941年12月5日から翌年1月16日にかけて行われ、小学校の現職教員31名が参加し、主に教授方法などの指導を受けた[63]。他方、興蒙学院、各モンゴル中学校、青年学校、各種訓練所などに牧業、農業、手工業実習場が設置され、モンゴル人に対する実務教育の普及と徹底が図られた[64]。

これらの具体的な対策を経て、各旗の教育状況が著しく改善されることとなった。興蒙委員会の委員長スンジンワンチグ王は、シリーンゴル盟管下の各旗を視察し、初年度の成果について次のように述べている。

　　　各旗民の教育に対する関心が昂り、従って就学児童率も著しく向上し、昨年に較べ約卅【三十】パーセントの増加を示している。女子教育の普及については各旗とも力を入れており、各旗興蒙学校に女子部を新設、国民教育として現地に則【即】応した実務教育を施しており、着々成果を挙げている[65]。

しかし、蒙旗建設隊の調査報告の中でも指摘されたように、旗立小学校は依然として、「学年の区別判然せず学級編成、教員の担当割も亦相当考慮を要するものあり。学校事務に付いても甚だ粗放にして未だ学校としての形態を充分に整ふるに至らざる状況なり[66]」といった多くの問題点を抱えており、有効な措置が急務となった。

そこで、興蒙教育政策として新たに導入したのが、各旗に興蒙学校とその分校、ならびに校外教室を設置する案であった。この案は、1942年6月23日に開催された政務院第4回会議によって決定されており、蒙旗建設隊の設立に伴って実施されはじめた。

蒙旗建設隊は現地に入ると、教育行政系統の確立のため、各旗毎に従来の旗立小

160

学校を興蒙学校として改編し、所要地点には同校分校を設立した。また、新たに学校を増設するとともに、学校内容を充実させるため、中央の文教指導要領にしたがって、教授方法、訓育方法、学校経営等について多くの具体策を取り入れた[67]。その中からいくつかを取り上げると次のとおりである。

(1) 学生の智能程度を考査して学年を決定せり。

(2) 教員数及教室の状況を勘案して単式或は復式となし、学級編成替をなさしめたり。

(3) 教員の担当割を判然たらしめ、特に第一学年教育を重要視せしむることにせり。

(4) 三旗に各一名宛応援勤務者を配属せり、之れ等は何れも日本留学卒業生にして日本語教授を担当せしむるの外学校管理事務を担当せしめ、且つ旗公署教育行政事務を兼務せしむることにせり[68]。

この結果、学校の数も生徒の数も大幅に増え、1942年末には、シリーンゴル盟だけでも公立学校21校、生徒数1,454人に、私立学校17校、生徒数909人まで拡大した[69]。しかも、次の「表5-5」のとおり、すべての旗に女子家政学校が設置されたことは、蒙旗地域の教育史にとっては画期的な出来事であった。

表5-5：シリーンゴル盟各旗における女子家政学校状況（すべて旗立）

旗別	教員数	生徒数
西スニド	5	50
東スニド	3	25
西アバガ	2	12
東アバガ	3	25
西アバハナル	2	12
東アバハナル	2	12
西ホーチド	2	12
東ホーチド	2	12
西ウジュムチン	3	25
東ウジュムチン	2	15
合計	26	200

出所：蒙疆新聞社『蒙疆年鑑』(1944年版)をもとに作成[70]。

1943 年 3 月 19 日、興蒙委員会はあらためて各関係者の会議を開き、教育は民族復興の根本であることを再確認し、近い将来、一般国民に対しても、義務教育を実施する方針を決めた[71]。その翌年 3 月 10 日に開かれた興蒙委員会第 6 回定例委員会議において、教育の振興政策として、量とともに質の向上を目指す方針を打ち出し、教師の身分についても、官吏待遇にする施策を模索し、教育を重視する方針をさらに鮮明にした[72]。このように、興蒙委員会の活発な動きによって、蒙旗地域における近代的な教育システムが、逐次形成され始めた。

3.2.2 僧侶に対する再教育

周知のように、仏教の浸透は、モンゴルの社会に深刻な影響を与えた。モンゴル自治邦政府の管轄下にあった蒙旗地域も例外ではなかった。当時のオラーンチャブ盟だけでも、管内の 3 万人あまりのモンゴル人のうち、6 千人ぐらいは僧侶であったと言われている。シリーンゴル盟においても、「表 5-6」のように、僧侶の数が全人口の 20.9%、男子総数の 42.6%に達していた。

このような状況は、人口の激減、労働力の不足、経済の破綻など深刻な社会問題を引き起こし、モンゴル社会の衰退の一因にもなっていた。その弊害については、1939 年 8 月に、駐蒙軍岡部軍医部が、西スニド地域のモンゴル人に対し、実態調

表 5-6：シリーンゴル盟における僧侶調査表

旗名＼内容	A	B	C	D	E	F	G
西スニド	21	2	1,502	8,114	18.5%	3,859	38.9%
東スニド	18	1	1,371	6,490	21.1%	2,813	48.7%
西アバガ	4	2	1,012	3,530	28.7%	1,637	61.8%
東アバガ	5	2	957	5,379	17.8%	2,584	37.0%
西アバハナル	3	2	671	2,339	28.7%	1,164	57.6%
東アバハナル	2	1	482	2,031	23.7%	1,047	46.0%
西ホーチド	5	—	406	1,498	27.1%	790	51.3%
東ホーチド	7	—	452	1,962	23.0%	1,002	45.1%
西ウジュムチン	9	7	3,538	17,905	19.8%	9,198	38.4%
東ウジュムチン	6	—	629	3,508	17.9%	1,756	35.8%
合計	80	17	11,020	52,756	20.9%	25,850	42.6%

出所：『蒙疆年鑑』（1944 年版）をもとに作成[73]。なお本表では、A は仏教寺院数、B は僧侶数 200 以上の廟数、C は僧侶総数、D は総人口数(1943 年)、E は総人口に対する僧侶の比率、F は男性、G 男性に対する僧侶の比率をそれぞれ代表する。

162

査を実施し、その後まとめた調査報告書の中でも、仏教は「民族性軟化、民族繁殖防止、経済生産カノ減少」をもたらしていると指摘している [74]。「蔵文経文を読経するのみにして西蔵文化に依存し、恰も蒙古とは別社会にあるかの [75]」ごとき大勢の僧侶の再教育は、「復興途上にある蒙古民族の緊喫事 [76]」として浮上し、各方面から多大の関心を集めるようになった。

　興蒙委員会樹立後、1942 年 2 月、シリーンゴル盟において、ジャサグ会議が開かれ、仏教対策として、僧侶廟の統廃合、一部僧侶の還俗、少年僧侶の制限、僧侶の質の改善などさまざまな政策が打ち出され、僧侶に対して検定試験を実施することになった。さらに、仏教寺院に学校施設を設置し、学齢僧侶に対して蒙旗民としての基礎教育を行うとともに、モンゴル文字を知らない一般僧侶に対し、識字運動を展開することになった [77]。

　しかし、それに対し、一部保守勢力から抵抗があったため、興蒙委員会は、現地指導にあたっていた蒙旗建設隊を通じて、ジャサグに対し教育の必要性を力説した。さらに、彼らを通じて、仏教寺院の責任者に命令を出し、寺院内で興蒙学校分校を開設し、15 歳以下の少年僧侶に対して、国民教育を実施した。蒙旗建設初年度計画に指定された 3 旗の場合は、その状況は「表 5-7」のとおりである。

　以後、仏教寺院内に興蒙学校分校が相次いで設置され、1943 年の調査によれば、シリーンゴル盟だけでも、仏教寺院内に設置した学校数は 16 校に達し、501 人の生徒が教育を受けた。詳細は「表 5-8」のとおりである。

表 5-7：仏教寺院内に設置した興蒙学校分校の規模について

旗名	校名	生徒数	教員
ドゥルブン・フーヘド	マンダラ・スム分校	16	2
同	シラムレン・スム分校	13	2
西スニド	ホショー・スム分校	20	2
同	班禪廟分校	40	1
フブート・シャラ	ホタラトルゴム・スム分校	16	1
ドゥルブン・フーヘド	ハブチラ・スム分校	17	1
合計	6	122	9

出所：『蒙旗建設現地工作状況中間報告書』をもとに作成 [78]。

表 5-8：シリーンゴル盟の各旗における仏教寺院内の興蒙学校分校について

旗	学校数	教員数	生徒数
西スニド	3	7	160
東スニド	2	5	85
西アバガ	—	—	—
東アバガ	1	2	25
西アバハナル	1	2	20
東アバハナル	1	1	26
西ホーチド	—	—	—
東ホーチド	6	11	125
西ウジュムチン	—	—	—
東ウジュムチン	2	5	60
合計	16	33	501

出所：『蒙疆年鑑』(1944 年版)をもとに作成 [79]。

　同様の措置は、オラーンチャブ盟においても講じられた。1941 年 5 月 1 日、興蒙委員会は、管内各王府、各旗公署、および僧侶の代表者を百霊廟に招集し、モンゴル民族復興対策に関する会議を開催した。会議において、仏教改革を順調に進めるための対応策として、僧侶に対し教育訓練を実施することが決定された [80]。翌年から、新たに僧侶検定試験制度が導入され、検定試験の合格者には証明書を発給、不合格者には入隊、還俗などの措置をとり、僧侶に対する教育管理をさらに強化した。同時に、仏教寺院の統合を実現し、24 だった仏教寺院を 4 にした [81]。

　このように、僧侶に対する再教育を復興モンゴルの重要な課題としてとらえ、積極的に進めたことは、僧侶の数が圧倒的に多かった当時社会において、復興教育の一環にもなったといえよう。

3.3　民生の向上

　興蒙委員会の施政方針の第 3 は民生の向上であり、この面においても、多くの対策をとった。バンディド・ゲゲーン・スムに民生改善のため、「徒弟養成所」を設置し、一般授産事業のほか絨毯、バター、フェルトの製造者、木工、大工の徒弟を募集し、将来蒙旗建設に必要な人材を養成した [82]。また、家畜防疫の実施、綿羊改良所の建設、文化所の拡大、郵便局の設置などのさまざまな事業を起こし、民生の

第5章　興蒙委員会の設立と蒙旗地域の復興事業

向上を図ったが[83]、もっとも力を注いだのは、保健・医療施設の拡大と充実だと考えられる。次に、興蒙委員会の保健・医療施設の拡大・充実事業を事例としながら、その実態について考察してみたい。

当時のモンゴル自治邦政府管轄下にあった蒙旗地域、とくにシリーンゴル盟、チャハル盟では、「衛生保健思想が皆無に近い、喇嘛医以外は医事というものはない」と表現されるほど、近代的医療から程遠い状態に置かれていた。次の「表5-9」を参照されたい。

加えて、伝染病の蔓延、乳児死亡率の上昇など衛生面に起因した多くの問題に悩まされていた[84]。その後、善隣協会の内モンゴル進出により、近代的な医療施設の兆しが見え始めたものの、民間団体の非公式的な運営のため、施設の規模、活動の範囲などが非常に限られていた。そこで、興蒙委員会は、設立の当初から衛生保健意識の向上と医療施設の普及事業に積極的に取り組むことになり、保健衛生施策の進展を復興事業の重要な一環として取り上げた[85]。蒙旗建設隊による公共施設の建設に、医療室の設置が含まれていた。

表5-9：シリーンゴル盟における各病院の状況

旗名	成立年月	所在地	設備	従業員構成
東ウジュムチン	なし	—	—	—
西ウジュムチン	なし	—	—	—
西スニド	1940年11月	西廟	3間房子	院長以外9人
東スニド	1940年3月	ゲント・スム	固定家屋(2)包(1)	主任以外25名
西アバガ	1940年3月	王府	3間房子	主任以外2名
東アバガ	1940年1月	—	4間房子	院長以外7名
西アバハナル	1940年9月	旗公署	包1間	監督以外3人
東アバハナル	1940年2月	貝子廟	4間房子	監督以外4名
西ホーチド	1940年5月	ハンプ・スム	3間房子	主任以外2名
東ホーチド	1940年5月	ワンゲン・スム	1間房子	主任以外3人

出所：『錫林郭勒盟各旗実態調査報告』をもとに作成[86]。

1943年5月、興蒙委員会は第4回定例会議を開いた。会議では、新たに保健所の整備拡充案が可決され、オラーンチャブ、イフジョー両盟での保健所増設が決定された。蒙旗建設指定旗では、模範村、中心村の建設と並行して保健所を設置、日

165

系医師を増員し、蒙医養成所卒業のモンゴル人助手を各保健所に配置した[87]。

　興蒙委員会をはじめとする各関係機関の努力により、蒙旗地域の人々の保健衛生認識が向上した。1944 年までに、バンディド・ゲゲーン・スム、百霊廟などに新たに 8 ヵ所の保健所が設置され、蒙旗地域における保健衛生施策の推進に大きな役割を果たした。これらの実績を踏まえ、興蒙委員会は、さらに、3 年間で残りのすべての蒙旗に保健所を設置する計画を打ち出した。保健医療施設の充実を図る一方、当時モンゴル民族の保健衛生面において深刻な問題になっていた梅毒などに対しても、徹底的な治療に乗りだした。

　1943 年 4 月、興蒙委員会は、試験駆黴計画を策定し、東ホーチド旗を清浄地区に指定、メルゲンバートル民政処長を班長、前田高級輔佐官を副班長とする治療班を現地に派遣した。同班は 2 ヵ月にわたり、東ホーチド旗の南半部の旗民に対し、強制的に血液検査、サルバルサンの注射など医療措置をとり、駆黴の徹底を図った。その翌年には、さらに、同旗の北半分にも、衛生担当官を派遣し、前年と同様に徹底的な治療を行った[88]。このチームの東ホーチド旗におけるこうした取り組みとその成果が評価され、1944 年 3 月に開かれた第 6 回興蒙委員会定例会議において、東ホーチド旗を中心として、清浄地区を全蒙旗地域に押し広める方針が決定され、地方に対しても協力を求めた[89]。

　1944 年から、あらためて「保健婦養成計画要綱」を策定し、旗民に対し、保健衛生の指導、疾病予防の指導、母性・幼児の保健衛生指導、傷病者の療養指導、およびその他の日常生活上必要な保健衛生指導など、各種の指導を実施するため、保健婦養成所を新設した。15 から 21 歳までの小学校卒業者、またはこれと同等以上の学力をもつモンゴル人女子を募集し、解剖学、生理学、環境および学校衛生、結核、そのほか慢性伝染病予防など日常生活に欠かせない多くの知識を教え、卒業後、保健所、学校等に配属する計画であった[90]。

　興蒙委員会のこれらの対策により、蒙旗地域における近代医療施設の普及事業が、脆弱でありながらも成果をあげはじめた。しかし、まもなく訪れる日本の敗戦、モンゴル自治邦政府の崩壊によって夭折する。

小　結

　モンゴル自治邦政府の時期、デムチグドンロブ王は蒙漢分治政策を実施した。漢

第 5 章　興蒙委員会の設立と蒙旗地域の復興事業

人・回人地域の行政は従来どおり内政部の管理下にのこし、蒙旗地域に関わる行政
はそのすべてを興蒙委員会に任せた。それにより、興蒙委員会による蒙旗地域の復
興事業が可能になった。その背景には、モンゴル自治邦政府の樹立によって、モン
ゴル側の事実上の自治権の獲得があった。本章では、主に興蒙委員会による蒙旗地
域における復興事業計画の策定と、その具体的内容について考察した。結論として、
以下のことを指摘しうる。

　まず、興蒙委員会はデムチグドンロブ王の第 2 回目の訪日をきっかけとして設立
された。設立の目的は蒙旗地域の復興であったが、復興問題に対する日本側とモン
ゴル側の解釈は異なっていた。デムチグドンロブ王は、当時すでに、モンゴルの独
立は国際的諸関係と密接にかかわるもので、単に日本との関係だけに左右されるも
のではないという認識をもち、蒙旗地域の復興事業が将来のモンゴルの利益につな
がると考えていた。それに対し、日本側からみれば、モンゴル地域の復興は、防共
政策の確立、太平洋戦争の続行のために望まれたものだった。

　次に、興蒙委員会の設立後、その施政方針として「経済の確立、教育の普及、民
生の向上」という三つの目標が打ち出され、蒙旗地域における復興事業が展開され
た。移動式の行政組織—蒙旗建設隊が結成され、直接、公共施設の建設、行政指導
にあたった。結果的に、モンゴル自治邦政府管轄下にあった蒙旗地域は、脆弱とは
いえ、確実に復興への道を歩み始めた。ここで重要なのはその方向性である。モン
ゴル地域に限った独立政権の樹立を目指していたデムチグドンロブ王は、独立政権
の夢が潰えた今、モンゴル地域に関係する行政のすべてを専門的に扱う興蒙委員会
に、自らの期待を託したに違いない。当時にあって、興蒙委員会こそがデムチグド
ンロブ王にとって真のモンゴル政府だったと言えよう。

■注
1)　興蒙委員会編「興蒙委員会定例委員会会議議事録」、森久男『徳王の研究』創土社、2000 年、
　　p.175。
2)　札奇斯欽『我所知道的徳王和当時的内蒙古 (二)』東京外国語大学アジア・アフリカ言語文化
　　研究所、1993 年、p.76。
3)　同上書、p.90。
4)　竹下少将「外蒙接壌地方強化ニ関スル応急施策研究私案」(極秘、昭和十五年七月)、(支那事
　　変関係一件第五巻)、外務省記録 A-1-1-0、外務省外交史料館。

167

5）「行政機構改革理由書」、同上五巻。

6）松崎陽『興蒙推進要綱』厚和蒙古研究所、1941 年、pp.11-17。

7）中亜問題研究会『内蒙古対策論』、1942 年、pp.48-100。

8）興蒙委員会『錫林郭勒盟各旗実態調査報告』、1941 年、序言。

9）『蒙古』(9：8)、1942 年、p.91。

10）前掲『我所知道的徳王和当時的内蒙古(二)』、p.83。

11）蒙疆新聞社『蒙疆年鑑』、1944 年、pp.112-122。

12）前掲『錫林郭勒盟各旗実態調査報告』、序言。

13）同上報告、p.2。

14）同上報告、序言。

15）『蒙古』(9：5)、1942 年、p.107。

16）同上誌、p.6。

17）『蒙古』(9：7)、1942 年、p.89。

18）蒙疆新聞社『蒙疆年鑑』、1943 年、pp.112-113。前掲『蒙古』(9：8)、pp.91-92。

19）『蒙古』(9：9)、1942 年、p.121。

20）蒙古自治邦政府蒙旗建設隊『蒙旗建設現地工作状況中間報告書』、1943 年、p.102。

21）前掲『蒙古』(9：9)、p.122。

22）同上誌、p.1。

23）大橋忠一「蒙古視察の感想」『蒙古』(9：4)、1942 年、p.4。

24）『蒙古』(9：12)、1942 年、p.111。

25）同上誌、pp.9-10。たとえば、フブート・シャラ旗における模範村、中心村の建設地の選定
にあたっては、次のような記述がある。「現在地図上より見るときは旗公署所在地は旗中心
地点にあらざる東北部になるも、其の原因が旗地内の南部たる三分の一の地帯は……漢人
農民の居住地帯である。したがって実際旗民の居住せる牧野地帯は北方の三分の二地帯に
して是等牧野の地帯よりして見れば旗公署所在地は中心点となる。」この記述から、当時の
公共施設の建設範囲は純モンゴル地域だけに限定されていたことが分かる。

26）前掲『蒙旗建設現地工作状況中間報告書』、pp.91-95。

27）同上書、pp.7-8。

28）『蒙古』(10：7)、1943 年、pp.79-87。

29）同上誌、p.96。

30）『蒙古』(9：11)、1942 年、p.98。

31）『蒙古』(11：5)、1944 年、p.91。

32）前掲『蒙疆年鑑』、1944 年、p.125。

33）前掲『徳王自伝』、p.301。

34）川口典夫「思えば懐かし察ハ爾の十年」『思出の内蒙古』らくだ会、1975 年、p.130。簡牛耕三
郎「草原のホリシヤ(協同組合)」、同上書、p.71。

35）石井実雄「思い出は遠くて近くに在り」『高原千里』らくだ会、1973 年、pp.625-627。

36）前掲「草原のホリシヤ(協同組合)」、p.72。

37）前掲「思えば懐かし察ハ爾の十年」、p.131。

38）前掲『蒙疆年鑑』、1944 年、p.125。

39）前掲「草原のホリシヤ(協同組合)」、p.75。

第5章　　興蒙委員会の設立と蒙旗地域の復興事業

40）蒙疆銀行調査局『錫林郭勒盟経済事情（第一報）』、1943年。

41）『蒙古』（8：2）、1941年、p.171。

42）呉美恵「呉鶴齢回想録」『日本とモンゴル』（24：9）、1989年、p.121。

43）ドムチョクドンロプ『徳王自伝』（森久男訳）岩波書店、1994年、p.301。

44）前掲「草原のホリシヤ（協同組合）」、p.75。

45）表武雄「左翼旗豪利細亜と私の歩み」、前掲『思出の内蒙古』、p.90。

46）前掲『蒙古』（9：5）、p.6。

47）前掲「左翼旗豪利細亜と私の歩み」、p.90。

48）前掲『蒙古』（10：7）、pp.75-77。

49）前掲『錫林郭勒盟経済事情（第一報）』。

50）前掲『蒙古』（10：7）、p.96。

51）大日本帝国大使館事務所『蒙古牧業政策の沿革並現況』、1944年、p.44。

52）「蒙古皮毛股份有限公司設立ニ関スル件」（本邦各国間合弁会社関係雑件／日、蒙疆間ノ部）、
　　外務省茗荷谷研修所旧蔵記録E、外務省外交史料館。

53）前掲『蒙古』（9：12）、p.112。

54）「梅棹忠夫フィールド・ノート」、梅棹忠夫アーカイブズ所蔵、国立民族学博物館。

55）前掲「梅棹忠夫のフィールド・ノート」

56）ガンバガナ「モンゴル自治邦の実像と虚像」『中国21』（27）、2007年、pp.209-228。

57）中国人民政治協商会議内蒙古自治区委員会文史資料研究委員会『徳穆楚克棟魯普自述』、
　　1984年、p.71。

58）前掲『錫林郭勒盟各旗実態調査報告』、pp.100-126。

59）前掲『蒙旗建設現地工作状況中間報告書』、p.27。

60）前掲『錫林郭勒盟各旗実態調査報告』、pp.107-126。

61）『蒙古』（9：2）、1942年、p.104。

62）宝鉄梅「蒙疆政権下のモンゴル人教育」『環日本海研究年報』（11）、2004年、p.52。

63）『蒙古』（9：3）、1942年、p.94。

64）『蒙古』（9：10）、1942年、p.90。

65）前掲『蒙古』（9：12）、p.112。

66）前掲『蒙旗建設現地工作状況中間報告書』、p.44。

67）前掲『蒙古』（9：11）、pp.98-99。

68）前掲『蒙旗建設現地工作状況中間報告書』、p.45。

69）前掲『蒙疆年鑑』、1944年、p.377。

70）同上書、p.174。

71）『蒙古』（10：6）、1943年。内蒙古教育志編委会『内蒙古教育志（二）』内蒙古大学出版社、
　　1995年、p.230。

72）前掲『蒙古』（11：5）、p.90。

73）前掲『蒙疆年鑑』、1944年、pp.173-174。当時の資料を相互に比較してみれば多少出入りが
　　あるが、『蒙疆年鑑』（1944年版）の方が内容的にもっとも正確であると判断し、ここで引用
　　することにした。ちなみに、『蒙疆年鑑』（1943年版、p.129）によれば、当時のシリーンゴル
　　盟各旗の僧侶の総数は11,146名になっている。

74）岡部部隊軍医部『内蒙古西蘇尼特附近蒙古人生活状態調査資料』、1939年、p.13。

169

75）前掲『蒙旗建設現地工作状況中間報告書』、p.56。

76）『蒙古』(9：1)、1942 年、p.96。

77）前掲『蒙古』(9:5)、p.6。当時、仏教寺院ではチベット文字しか知らない僧侶が少なくなかった。

78）前掲『蒙旗建設現地工作状況中間報告書』、p.56。

79）この表においては、東ウジュムチン旗の生徒総数のうち 28 名は女子生徒である。なお、西アバガ、西ホーチドおよび西ウジュムチンの 3 旗のところは空欄になっているが、僧侶学校を設置していなかったか、それとも記入もれなのかは不明である。

80）前掲『蒙古』(9：1)、p.96。

81）前掲『蒙旗建設現地工作状況中間報告書』、pp.54-56。たとえば、ドゥルベン・フーヘド旗の場合、旗内の 24 仏教寺院の 1,672 名僧侶に対し、「喇嘛検定試験」を実施した際、合格者と不合格者はそれぞれ 375 人と 150 人に達した。合格者 375 人に証明書を発給したのに対し、不合格者 150 人に対し、入隊、還俗などの措置を取った（そのうち、55 人をモンゴル軍に入隊させ、残りの 95 人を還俗させている）。そのほか、15 歳未満の少年僧侶 115 人を、時期を見て還俗させることにした。

82）前掲『蒙古』(9：12)、p.112。

83）前掲『蒙古』(9：1)、p.95。1941 年 11 月 21 日に蒙旗地帯の最初の郵便局である「貝子廟郵電局」がシリーンゴル盟公署貝子廟において設置されたという。

84）前掲『内蒙古西蘇尼特附近蒙古人生活状態調査資料』、p.13。

85）前掲『蒙古』(11：5)、pp.87-88。

86）前掲『錫林郭勒盟各旗実態調査報告』、pp.73-78。この資料によれば、東ウジュムチン旗は、1940 年 3 月 10 日の火災で薬財を焼失しており、その後、まだ病院が設置されていなかった。西ウジュムチン旗の場合、薬材を管内各廟に分配して施療を行っていたため、そもそも病院が設置されていなかったという。また、東スニド旗の調査にも不十分な点がある。

87）前掲『蒙古』(10：7)、p.81。

88）『蒙古』(11：8)、1944 年、p.95。

89）前掲『蒙古』(11：5)、pp.87-88。

90）前掲『蒙古』(11：8)、p.96。

第6章 日ソ関係と内モンゴル自治運動

ハルハ河門橋渡河
出所：満洲―ノモンハン―166、防衛省防衛研究所提供

内モンゴル自治運動の原動力となっていたのは、言うまでもなくデムチグドンロブ王をはじめとする内モンゴル人の民族主義者たちの動向である。しかし、その地盤には国際情勢の動態という無視することのできない大きな背景があり、それがどこへ向くかによって、自治運動の行方は大きく左右され、場合によっては決定的な影響を受けた。これまでは主に日中関係に焦点を当てながら、この問題を語って来たが、地理的な関係により、従来からモンゴル問題に多大な影響を与えてきたことを考えれば、日ソ（ロシア）関係の視点からも分析を加える必要があるだろう。

　日本軍の全満進出と満洲国の樹立をきっかけに、日ソ関係が緊迫化し、ハルハ廟事件に象徴されるように、国境問題をめぐる紛争が絶えず起きた。内モンゴルは日本の外交政策の中で防共基地として登場し、まもなくモンゴル軍政府が樹立されたのは、この時期である。これらの国境紛争が最後にノモンハン事件としてあらわれたが、日本側の敗北により幕を引き、それをきっかけに、日本の国際戦略はそれまでの「北進論」から「南進論」へ舵を切った。さらにその後、日本外交において松岡洋右外相の「四国同盟論」が浮上し、結果的に、「日ソ中立条約」の成立に至る。条約締結にあたり松岡は、ソ連の外相モロトフに対し、日本がソ連の外モンゴルと新疆における勢力範囲を認める代わりに、ソ連は日本の「北支」と内モンゴルにおける勢力範囲を認めるよう要請したが、相手によって却下された。一方、東南アジア地域では、日本の南進論の推進によって、それらの地域の民族独立運動が助長され、結局、独立につながった。

　本章では、日ソ関係におけるこれらの一連の出来事の内モンゴル自治運動における意味とインパクトに注目し、当時の国際情勢の動態が日本の外交を媒介としながら、いかに内モンゴル自治運動に影響を与えていたかを、さらなる広い視野から考察し、それによって、当時の国際関係の中の内モンゴル問題のあり方を明らかにする。

1. 日ソ国境紛争と防共基地としての内モンゴル

1.1　ハルハ廟事件とマンチューリ会議

　1905年のポーツマス条約とその後の一連の日露の間の秘密協定によって、満蒙地域における日露のそれぞれの勢力範囲が確定されたが、その後、石原莞爾ら関東軍参謀たちの満蒙領有計画によって新たな展開を見せた。石原は「満蒙問題につい

て」と題する講演で、「北満にロシアが勢力を有する限り、日本の国防は安全とはいえぬ、満蒙問題が完全に解決され日本の勢力が北満に及べば、わが国防の第一線は黒竜江の大河より大興安嶺にわたる線にこれを選定し、フルンボイルの砂漠地を前地とするから、ロシアの優勢な兵力をもってする攻勢もすこぶる困難となり、おそらく東漸を断念せざるをえないであろう」と分析していた[1]。

　満洲事変後、関東軍は計画どおり北満洲を支配下に収め、翌年満洲国を樹立させた。こうして従来からロシアの関心地域として設定されていた北満、とりわけ、ロシアが運営してきた「中東鉄道」を関東軍が横切って進出してきたことは、日露戦争以来の満蒙における日ソ両国の伝統的な勢力構造を破壊するものであり、日ソ関係に重大な影響を及ぼす結果となった[2]。

　1933 年 3 月、日本は中東鉄道とシベリアとの間の列車運転を中止、5 月に東北国境での接続点を閉鎖し、全満地域の支配に乗り出した。かつて張学良支配下でこのような事態が起こった時にはソ連は武力をもって権力を守ったが、今回はモスクワの日本大使館を通じて申し入れを行い、交渉による解決を図った。結局、1935年 3 月、ソ連は中東鉄道を 1 億 7,000 万円で、満洲国に手渡す[3]。

　石原が描いた満蒙占領はこのような形で実現されるが、同時に日ソ関係の悪化を意味するものであった。それが主に国境紛争として現れた。関東軍の調査によれば、満ソ国境紛争件数は、1932 ～ 1934 年の間に 152 回だったが、1935 年 176 回、1936 年 152 回、1937 年 113 回、1938 年 166 回と、1935 年を機に著しく増えていることがわかる[4]。同時に、満洲国とモンゴル国の国境付近においても同様の紛争が頻繁に起こっていた。有名なハルハ廟事件は、1935 年 1 月 8 日に発生している。

　ハルハ廟事件後、こうした国境紛争を防ぐために、日本の外務省の提案で、満洲国とモンゴル国の間でマンチューリ会議が設定された。1935 年 6 月 3 日から 1937年 11 月 15 日までの間に、中断を重ねながら前後 4 回開かれている。最初の会議には代表として満洲国から興安北省長・リンシン（主席代表）、北警備軍軍司令官オルジン少将、外交部政務司長神吉正一らの 12 人、モンゴル側から全軍総司令官第 2 代理 G. サンブー（主席代表）、東部第 2 騎兵軍団長 G. ダンバー、政府閣僚 D. ドクソムらの 8 人が参加している[5]。結局、交渉は決裂して失敗に終わる。原因は、当時の極東状態に決定的な役割を演じる日ソ両国が、国境問題で互いに譲歩する考えをまったく持っていなかったことにあった[6]。

　マンチューリ会議の決裂によって、日ソの対立の度合いは一段と増し、双方とも

173

軍事強化の道を歩み始めた。ソ連は、当初満洲常駐の日本軍および満洲軍に比して、その半分にも足りないと見なされていた、満ソ国境線付近の極東ソ連軍の兵力を積極的に増加させた。その規模は 1936 年末の時点で、狙撃 16 師団、騎兵 3 個師団、戦車 1,200 軸、飛行機 1,200 機、潜水艦 30 隻、総兵力 29 万、1937 年には狙撃 50 個師団（約 150 万人）が対日戦に指向されると判断された。軍事予算においても、1935 年に 14 億ルーブルだったが、1936 年には一気にはね上がり 40 億ルーブルに達した [7]。外モンゴルに接してザバイカル軍管区を新設したのもこの頃であった。

モンゴル国も国境線全地域の防衛を強化し、マンチューリ西方のヘルムトからハルハ廟に至るまでの国境の強化に努め、ボイル湖西方に軍事拠点を置いた。国防費を倍増させ、兵役在隊期間を 30％、装備を 40％増強するなどの措置をとった。1934 年 11 月 27 日、モンゴル国の要請で軍事侵入に対して、全力をあげて相互に援助するという内容の「ソ蒙紳士協定」が両者の間で締結された [8]。さらに 1936 年 3 月 12 日、モンゴル国の首都オラーンバートルにおいて、第三国により両国が攻撃される場合、相互に武力援助を行うという内容を含む「ソ蒙相互援助条約」が双方の間で調印され、軍事的連繋が一層強化された。

日本の世論はこの条約を、「日満両国に対する決戦通告ともみなすべき」と深刻に受け止めた。ソ連側も条約締結にあたってそれなりの覚悟を決めていた。1936 年 3 月 1 日、クレムリン宮において、日ソ関係について尋ねられたソ連の最高指導者スターリンは、「若し日本政府がモンゴル共和国を攻撃し、同国の独立を侵害する場合には、ソビエト政府はモンゴル共和国に対して援助を与えねばならない……ソビエト政府は 1921 年当時と同様の手段を講じて、モンゴル共和国政府を援助するだろう。おそらく日本軍はオラーンバートル奪取を企図するだろう」と、強い言葉で日本を牽制していたという [9]。ここに言う 1921 年とは、赤軍が外モンゴルに進撃し、ウンゲルンの白軍を追い払い、外モンゴルをソ連の支配下に置いた年であり、「当時と同様の手段」とは、日本との戦争を意味するものであった [10]。

このように、日本の満洲国の傀儡化と、ソ連の外モンゴルの衛星国化により、日ソ両国は国境を隔てて陣をとり、直接対峙することとなった。それにより、それまで緩衝地とされていたこの地域は、存在の意味を失い、残されたのは武力衝突という限られた選択肢しかなかった。そこで日ソの駆け引きの新たな舞台として登場したのは、当時自治運動が起きていた内モンゴル西部地域であり、関東軍による「内蒙古工作」はまさにこの頃に始まる。第 2 章ですでに述べたように、当時関東軍参

謀長だった板垣征四郎が、兵団高級幕僚軍直属部隊長会において、長い演説を行い、「内蒙古政権ヲ確立シ、之ヲ中心トシ全蒙古民族ヲ打テ一丸トスル独立蒙古国ノ建設」をすると、関東軍の方針を述べていたのもこの時期にあたる[11]。つまり、ハルハ廟事件に象徴されるような日ソの国境紛争と対立は、日本の「西進出」を促し、それが内モンゴル自治運動を促進させる効果があったと言えよう。

1.2　防共基地としての内モンゴル

　内モンゴル地域が日本の防共政策の前線として登場したのには複雑な国際的背景がある。ハルハ廟事件など一連の国境紛争によって、傷つけられた日ソ関係は、マンチューリ会議の開催による問題解決を試みたが、結果に結びつくことに至らず、悪化の一途を辿った。一方、ヨーロッパにおける政治情勢も同様で、1930年代に入るとさまざまな危機に直面することとなった。1933年1月、ドイツではヒトラーが政権を握るや、2年後の1935年3月16日に再軍備宣言を行った。1935年10月3日に、ムッソリーニのイタリアのエチオピア侵攻があった。

　1935年、モスクワで開催された第7回コミンテルン大会において、ソ連政府は、日本、ドイツ、イタリアのファシズム勢力に対して、人民戦線戦術で対抗することを決定した[12]。直後の1935年10月、日本政府はいわゆる「広田三原則」（排日の停止、日満支提携、共同防共）を発表した[13]。さらにその後、日本は国際連盟からの撤退、軍縮条約の廃棄などによる国際的孤立状態から脱出するために、ドイツへの接近をはかり、11月末、参謀本部の若松只一中佐をドイツに派遣し、ナチス党外交部長リッベントロップと会談し、防共協定の締結を提案した[14]。こうして日本の防共政策が正式に軌道に乗る。以後、「赤化ルート論」が日本の世論において支配的となり、それに地理的な要因が加わり、内モンゴル地域はついに日本の防共基地の最前線として浮上したのである。

　いわゆる「赤化ルート」とは、当時、「コミンテルンの世界革命の思想とその諸手段を世界に運搬するための特殊通路」と解釈されていたが、具体的には東亜に向かって切り開かれたルート[15]、すなわち張家口、フレーを結ぶ自動車

防共基地としての内モンゴル
出所：『写真週報』（20）、国立公文書館提供

道路と、1933 年に貫通した綏遠、新疆を結ぶ自動車道路を指し、いずれも内モンゴルの政治と経済の中心地を通っていた[16]。

この言葉が流行り始めたのは 1925 ～ 1927 年の中国革命のころである。当時ソ連はウラジオ経由で中国の表玄関であった上海、広東へ、あるいは西北からのルートで革命勢力に積極的な援助を与えていたことがきっかけであった。その後国共合作が分裂し、国民政府の対ソ連外交変更により、一時現実味を失ったが、1935 年の遠征後、「紅軍」―― 共産党軍が西北地方へ移動し、陝北地域において革命基地であるソビエト区域を設立するや、忘れられていた「赤化ルート」という言葉は新たに復活する[17]。

他方、1930 年 4 月、トルクシーク鉄道の完成により、シベリアとトルキスタンが結ばれた。この総延長 2,519 キロメートルに及ぶ線路が、新疆を包囲する形をとっていた[18]。その後満洲事変が起こると、実権者たる盛世才は満洲から逃れ同地に入り、そこでソ連寄りの政権を確立させた[19]。新疆に対するソ連のこうした政治的、経済的なアプローチは、当時日本では、新疆が赤化されつつあり、第 2 の外モンゴルになりかねないと見なされていたため、その神経を尖らせていた[20]。とくに、新疆を通じて中国共産党がソ連と直接に連絡をとれば、中国ソビエトの拡大につながるため、日本にとってはけっして望ましいものではなかった[21]。結局、内モンゴル地域はその地理的な条件により、これらの赤化ルートを遮断するうえで、重要な役割を果たすと日本側に判断され、ますます重視されるようになった。それについて、日本の外務省の資料には以下のように記されている。

　　　蘇連邦ノ赤化工作ハ、外蒙古及新疆ヲ通シテ内蒙並北支那ニ迫リツツアリ、之カ防止ノ為ニ、早キニ及ンデ内蒙古ニ親日満勢力ヲ樹立シ、我積極支援ノ下ニ防共工作ヲ施スコト焦眉ノ急ナリトス[22]。

また、天沖郷廟氏は以下のようにまとめている。

　　　ソ連は新疆から甘粛の廊下と通って、支那西北に押し出しつつある。一方、外蒙古を基礎とするソ連勢力は内蒙古西部から寧夏方面に伸びつつある。この情勢は北支をしてソ連と直接関係をおきつつある。ソ蒙相互援助条約の発表は、この政策に対する自信の表明である。日本の北支に於ける地位はきわ

めて危険である。そこで日本は極東安定工作のコースとしてソ連らの進出に対する防共同盟陣となっていかざるを得ない。然るにこの陣営に対し、ソ連の赤化陣は支那北部を東西につなぎ（新疆北支）さらに南北に繋いで（外蒙北支）十字状を描いている。日ソ戦争における日ソの決戦的戦線は実は東部満蒙境に非ずして蒙古戦線にあることは明確である[23]。

　以上は、関東軍副参謀長板垣がデムチグドンロブ王を訪問し、独立政権の樹立を促し、その直後のモンゴル軍政府樹立の国際背景である。

　1936年11月25日、「日独防共協定」が成立し、そこには「共産主義的破壊に対する防衛の為協力せんことを欲し[24]」とする方針がはっきり打ち出され、ソ連に対する日本の敵対心がむきだしになった。さらに同年末に冀東防共政権、冀察政権を誕生させた[25]。日本は当時、防共協定は国際共産主義を対象とし、ソビエト敵対政策をとるものではないと説明していたが、モロトフ外相は、11月29日の臨時ソビエト大会において、「日本内政問題は吾人に関する所ではないが、日独協定については一言を要する。同協定は其の目的防共に在らずして実は支那並に欧羅巴及蘇連邦侵略に在ることは周知の事実である」と一蹴、抗議措置として、すでに仮調印を済ましていた漁業協定の本調印を拒絶した。こうして日ソの関係はますます悪化していった[26]。

　その後、中国では、綏遠事件を発端とする西安事件の発生により、「国共合作」による抗日統一戦線が実現した。ソ連も対中政策を変え積極的に対蒋援助政策を打ち出し、対日本集団安全保障体制の確立による封じ込めを強めた[27]。さらに日中戦争勃発後、蒋介石の対日抗戦の決意を評価し、対蒋援助を約束し、1937年8月22日、「中ソ不可侵条約」が調印された[28]。

　こうした抗日統一戦線の結成、中ソ条約の成立、軍事協力の約束等は、日本側には対日包囲網の形成として見られた。それを遮断するには、防共線の強化しかなく、よって対日包囲網を失敗に追い込む、これが当時の日本側の思惑であった。以後、防共線の十字路とも言われた内モンゴルに対し謀略工作を次第に強め、その結果誕生したのが、1939年9月のモンゴル連合自治政府である。その施政方針に、「共産主義ノ害毒ヨリ諸民族ヲ解放シ世界防共戦線ノ強化ニ資ス[29]」とかかげられているように、この政権はまさに日本の防共基地たるものであった。

2. ノモンハン事件と日本の国際戦略の変化

2.1 ノモンハン事件の経過

　1939 年夏、5 月 11 日から 9 月 15 日の間に、当時の満洲国とモンゴル人民共和国の国境付近で、国境地帯の領土の帰属をめぐって、4 ヵ月にわたる戦闘が繰り返された。いわゆるノモンハン事件である。それまでの一連の国境紛争の最終段階であった。この「事件」に関する研究は数多くあるため、ここでは詳細に語らない。先行研究の成果を踏まえながら簡単に触れておく[30]。

　「事件」の発端となったのは 5 月 11 日に起きた小競り合いであり、それについて満洲国、モンゴル国、関東軍、ソ連の解釈はそれぞれ異なっているが、いずれも非を相手側に求めるという点では共通している。当事者であるモンゴル側の史料には以下のようにある。

> 　　五月一一日、小銃、重機、軽機を装備した兵員四〇〇名からなる日本軍部隊がノモンハン・ブルト・オボ地点で蒙古人民共和国領土を侵略した。日本軍部隊は、八粁進入し、国境警備前哨を包囲して銃撃し、よって、警備兵二名が戦死し、一名が負傷した。優勢なる敵の攻撃を受け、わが前哨は蒙古領深く後退、日満軍は、わが領土内へ二〇粁侵入したが、到着した国境警備隊予備隊によって、ノモンハン・オボ南方ヌレン・オボ附近で阻止され、五月一二日の晩までに国境外までに撃退された[31]。

　ノモンハン事件の研究で知られる牛島康允によれば、その日の衝突は、これまで相次いで発生していた衝突事件と、規模としても性質としても、とくに異なるものでもないし、突発的なものでもない、連続している紛争の一つにすぎなかったという。ではなぜ、大規模戦争に拡大したのか。彼は以前と異なるものとして指摘したのは、日本側の対処方針の変化であった[32]。

　それは有名な「満ソ国境紛争処理要綱」であり、事件に先だつ 1939 年 4 月 25 日、関東軍司令官植田謙吉の作戦命令として示達されていた。そこには「侵さず、侵さしめざるを満洲防衛の根本基調とす」る方針が示され、さらに、「ソ連軍（外蒙軍を含む）の不法行為に対しては周到なる準備の下に徹底的に之を膺懲し、ソ軍を慴伏せしめ、その野望を封殺す」る、と記されている[33]。

第 6 章　　日ソ関係と内モンゴル自治運動

　小競り合い発生 2 日後の 13 日、その通報が満洲軍からハイラルの第 23 師団司
令部に届いた時、関東軍の作戦命令を受けて帰任していた小松原師団長は、団体長
会同を開き指揮下の部隊に対して、作戦命令の徹底を伝達する最中だったという。
彼は直ちに、歩兵 16 連隊と捜索隊主力に出動を命じると共に、ハイラル駐屯の満
洲国軍の騎兵部隊を配属して現地へ急行させた。また、出動について関東軍司令官
に報告すると同時に、事件拡大に備えて自動車部隊約 100 両や、ハイラル駐屯の
航空部隊を師団長の指揮下に入れるよう要請した 34)。

　5 月 21 日、モロトフ外相は駐ソ連の日本大使東郷茂徳をクレムリンに呼び付け、
「ノモンハン方面における日満軍の侵略行為に関して、ソ連政府はモンゴルとの相
互援助条約にもとづき、厳重に抗議する」ことを伝え、抗議文書を東郷に手渡し
た 35)。しかし、日本政府の方針は「事件を満蒙間の局地問題として取扱い不拡大方
針を執ること、本事件に関してソ蒙相互援助条約を事実上認め、ソ連邦の外蒙に対
する支配権を容認する結果に陥らない様注意すること」であった 36)。そのため、25
日、東郷によって出された回答は、「日本政府はソ蒙相互援助条約を承認しておら
ず、ゆえに外蒙古の事件について貴国からの抗議をうける立場にはない。今回の事
件は外蒙兵の不法な越境によって起ったものゆえ、すでに満洲国よりモンゴル人民
共和国に厳重に抗議ずみである。なお貴国が事件に関与しているとするなら、日本
政府は日満共同防衛の見地から、その打ち切りを強く要求する」と一歩も譲る気配
がなかった 37)。これがスターリンの覚悟を決める決め手となる。彼の命令で、白
ロシア軍管区軍司令官代理のジューコフ中将の、ノモンハン派遣を決定したのは、
この日のことである。

　6 月 1 日、ジューコフはミンスクの第 3 騎兵軍団司令部で、演習の評価を実施中、
国防人民委員部への出頭命令をうけた。翌日、モスクワで国防人民委員から「直ち
に現地に赴くよう」命令を受けた彼は、諸準備を整え、6 月 5 日朝、モンゴルのタ
ムスク・ブラグに到着した 38)。彼は直ちに前線を視察し、状況把握に努めた。国
防人民委員部に対し空軍兵力の増強、歩兵 3 個師団、戦車隊 1 個旅団と砲兵の増強
を要請し、承認を得た。7 月に、狙撃 3 師団、戦車 2 旅団、装甲自動車 3 旅団、空
挺 1 旅団に砲兵部隊を合わせた兵種からなる第 1 集団軍が編成され、彼が指揮を
執ることとなった 39)。

　8 月に入り、ソ蒙連軍は大攻勢を開始した。関東軍は大打撃を被ったが、中国戦
線から戦力増強をはかり、9 月 10 日ごろにソ連軍に対し、反撃攻勢をしかける計

179

画であった[40]。しかし、ヨーロッパ情勢は予想外の展開をみせた。8月23日、ソ連は突如ドイツと「独ソ不可侵条約」を締結し、世界を驚かせた。8月28日、平沼内閣は「欧州情勢は複雑怪奇」という言葉を残して総辞職し、30日に阿部信行内閣が成立した。9月1日、ドイツのポーランド侵攻があり、同3日、イギリス、フランスはドイツに対して宣戦布告し、世界大戦が勃発した。

新阿部内閣の対外政策の中心は、「支那事変」の処理にあり、対ソ国交改善に積極的であった。9月4日、日本政府は東郷駐ソ大使に対し、全般的国交調整を主眼とする交渉を指示、その一環としてノモンハン事件を併行的に、かつ急速に処理するよう通達した[41]。

9月9日からクレムリンにおいて、東郷大使とモロトフ外相との間で停戦交渉がはじまった。その間も断続的な戦闘が続き、9月15日に日本側の最後のタムスク爆撃があった。その直後モスクワで停戦協定が成立し、16日午前2時（日本時間午前8時）を期に一切の軍事行動を停止した[42]。ノモンハン事件の終結である。

2.2 日ソ国交改善の試み

ノモンハン事件後、日本の国際戦略に大きな変化が訪れた。それまでの北進論から南進論へ舵を切った。しかし、米英を敵にして太平洋と東南アジアへ出るには、北方から来るソビエト連邦の潜在的脅威を和らげる必要があった[43]。こうした文脈の中で浮上したのがソビエト連邦との関係改善であり、それがソ連の対中援助を停止させ、泥沼化していた日中戦争の終結にもつながると考えられた。以後、日本の有力な政治・軍事指導者は、過去にたびたびソビエト側から提議があった不可侵条約、もしくは中立条約の実現にはじめて積極的な姿勢を示すようになった。

一方、ソ連側も、1939年冬から始まったソ連・フィンランド戦争によって国際的に孤立していたため、対日提携に意欲的であった。それを察知した日本の外務省は、対ソ国交調整を一層積極的に推進し、1940年4月22日に、防共の方針を堅持するとしながらも、条件付きの日ソ不可侵条約の締結を考慮する、という内容を含む「第二次対外施策要綱」を作成した。軍内部においても同様な動きがみられた。参謀本部の情報部長の土橋勇逸少将は、日中戦争の処理方策として、とくに、重慶政権への経済封鎖を重視する考えから、対ソ接近構想を練り、新外交方針を4月初めに参謀本部の部長会議に提出し一同の承認を得ていた[44]。

1940年6月1日、東郷茂徳駐ソ大使とモロトフの間で、満蒙国境問題に関する

会談が実現され、両国の懸案を速やかに解決することで一致した[45]。7月2日、東郷がモロトフに対して口頭で、日ソの平和友好関係維持、領土保全の相互尊重を希望した。同時に大使から「日ソ中立協定草案」が提出された[46]。その第1条に「両締約国ハ一九二五年ノ蘇連邦日本国間基本条約カ両国国交ノ基礎ヲ為モノナルコトヲ確認ス。両締約国ハ平和及友好ノ関係ヲ維持シ相互ニ領土権ヲ尊重スヘキコトヲ声明ス」る、とある[47]。モロトフ委員は原則同意を表明したが、日ソ間政治諒解の成立は米ソ・「ソ支」の関係を悪化させ、ソ連の利益はなく、日華事変の処理を促進し、南方への積極行動も可能となることから日本側に著しく有利である、相当の代償を求めなくてはならないと述べた[48]。

　日ソの接近は、両国の不調和を清算して世界新秩序の建設の戦いに協力させることを希望していたドイツに歓迎された。1940年7月4日、在独国来栖三郎大使より有田外務大臣にあてた電報では、ドイツ側が日ソ関係の改善を希望していることを伝えた[49]。以後、日本はドイツと頻繁に接触し、日ソ関係の仲介と反英同盟の締結を繰り返し要請し、浮上したのが「日独伊蘇同盟論」であった。防共から反英に向けた日本外交の転換は、当然ながらモスクワには歓迎されたが、アメリカの対日態度を一層硬化させた。

　1940年7月17日、米内光政内閣が倒れ、22日に第2次近衛文麿内閣成立、新外相に松岡洋右が任ぜられた。彼は外相に就任するや、自らの「松岡構想」を推進した。それは、まず「三国同盟」の成立を図り、この同盟の威力をかりて「日独伊蘇四国協商」の実現をはかり、それによって米英を牽制して、日本の南進政策を推進し、最終的には、アジア・アフリカにおいて4ヵ国がそれぞれ生活圏を分割し、世界の新秩序を樹立しようとするものであった。

　1940年7月27日、松岡の主導で、第2次近衛内閣は「世界情勢ノ推移ニ伴フ時局処理要綱」を承認。方針として「帝国ハ世界情勢ノ変局ニ対処シ、内外ノ情勢ヲ改善シ速ニ支那事変ノ解決ヲ促進スルト共ニ、好機ヲ捕捉シ対南方問題ヲ解決ス」ることがあげられた。さらに、「独伊トノ政治的結束ヲ強化シ、対蘇国交ノ飛躍的調整ヲ図ル」ことが訴えられるとともに、「対南方問題解決ノ為武力ヲ行使スルコトアリ」と定められている[50]。こうして南方問題を決する案、いわゆる南進論が本格化するにつれ、ソビエト連邦との中立条約締結は日本外交の最優先課題となった。

　8月5日、松岡外相の訓令により東郷はモロトフを訪ね、新しく誕生した新内閣が中立協定の早期締結を望んでいることに言及し、7月2日の提案に対するソ連側

の回答を督促した。8月14日、モロトフは東郷を招き、中立協定締結についての日本政府の提案に対するソビエト政府の回答を文書の形で手渡した。

そこには、日本政府の中立協定を締結する提案に対してのソビエト政府の肯定的な態度が示されていたが、協定提携にあたっては、日本の利益だけでなく、ソビエト連邦の利益も考慮されるべきであると述べられている。さらに、第1条がポーツマス条約の効力を残している1925年の北京条約（日ソ基本条約）を両国関係の基礎として維持すると規定していることは、現在の情勢に合致しない。日本が50万人にのぼる占領軍を満洲に投入し、そのことによって満洲に対する中国の主権を侵害し、ポーツマス条約を一方的に侵犯している現状においてはなおさらであると、日本側の草案に対して抗議している[51]。しかし、それに対する東郷の反応は、「両国ノ国交ノ調整セントスル此ノ機ニ及ビ「ポーツマス」条約違反云々ヲ持出サルルハ不可解ナリ、蘇側ハ満洲ニ付テ何カ求メントスルモノナリヤ[52]」という状況だった。

その後、松岡による人事移動により、8月29日に東郷大使が召還され、代わりに建川美次陸軍中将が駐ソ大使として赴任。新大使のモスクワ着任にあたるモロトフ外相の最初の言葉は、「ドイツがポーランドを半分よこしたのだから、日本の提案にソ連が同意したら、どんな贈物をくれるか」という領土の要求であった[53]。

3. 「日ソ中立条約」と内モンゴル問題

3.1 「日蘇国交調整要綱案」と内モンゴル問題

1940年9月27日、日独伊の間で「三国同盟条約」が成立された。その方針では大東亜および欧州地域における新秩序の建設が訴えられていたが[54]、「独ソ不侵略条約成立後の独ソ親善関係を更に日ソ関係に拡大して、日ソ国交調整を図り、出来得れば進んで日独ソの連携に持っていき、之によって英米に対する日本の地歩を強固ならしめ、以て支那事変の処理に資せんとする」という隠された意図もあった[55]。

「三国同盟」成立後、日本の外務省はただちにソビエト連邦との協定締結の条件についての「日蘇国交調整要綱案」の作成に取りかかった。この案の特色は、中立条約方式を放棄して日ソ間に、独ソ不可侵条約と同趣旨の不可侵条約を採用し、さらに、日ソ両国の勢力範囲についても取り極めようとしたものであった[56]。数回の修正後に出されたのが、1940年10月4日の「日蘇国交調整要綱案（試案）」である。第5条に、日ソ間の相互の諒解事項として次のように書かれている。

第6章　日ソ関係と内モンゴル自治運動

（イ）蘇聯ハ内蒙古及中国北部三省ニ於ケル日本ノ伝統的関心ヲ承認シ、日本
　　ハ外蒙古及新疆ニ関スル蘇聯ノ伝統的関心ヲ承認ス
（ロ）蘇聯ハ日本力将来大東亜共栄圏内ノ南方ニ進出スルコトヲ容認スヘク日
　　本ハ蘇聯力中央「アジア」地方ニ進出スルコトヲ容認ス [57]

　松岡主導のこの要綱には、「伝統的関心」という表現が使われながら日本側の主張
が語られているが、その「伝統」とは本当にこの記述どおりであったのだろうか。次
に日露戦争、とりわけポーツマス条約後に、日露の間で結ばれていた一連の秘密条
約において、勢力範囲問題がいかに話し合われていたかを見てみよう。

　1907年7月30日に調印された第1回日露協約は、「露西亜国ハ日本国ト韓国ト
ノ間ニ於テ、現行諸条約及協約ニ基キ存在スル政治上利害共通ノ関係ヲ承認シ、該
関係ノ益々発展ヲ来ス当リ之ヲ妨礙シ又ハ之ニ干渉セサルコトヲ約ス」（第2条）、
「日本帝国政府ハ外蒙古ニ於ケル露西亜国ノ特殊利益ヲ承認シ、該利益ヲ損傷スヘ
キ何等ノ干渉ヲ為ササルコトヲ約ス [58]」（第3条）となっており、日露両国は韓国と
外モンゴルにおける相互の特殊利益を確認していたことが分かる。また、満洲問題
については、以下のように書かれている。

　　日本国ハ満洲ニ於ケル政事上及経済上ノ利益及活動ノ集中スル自然ノ趨勢
　ニ顧ミ、且競争ノ結果トシテ生スルコトアルヘキ紛議ヲ避ケムコトヲ希望シ。
　本協定追加約款ニ定メタル分界線以北ノ満洲ニ於テ、自国ノ為又ハ自国臣民
　若ハ其ノ他ノ為何等鉄道又ハ電信ニ関スル権利ノ譲与ヲ求メス、又同地域ニ
　於テ露西亜国政府ノ扶持スル該権利譲与ノ請求ヲ直接間接共ニ妨礙セサルコ
　トヲ約ス。露西亜国ハ亦同一ノ平和的旨意ニ基キ前記分界線以南ノ満洲ニ於
　テ、自国ノ為又ハ自国臣民若ハ其ノ他ノ為何等鉄道又ハ電信ニ関スル権利ノ
　譲与ヲ求メス、又同地域ニ於テ日本国政府ノ扶持スル該権利譲与ノ請求ヲ直
　接間接共ニ妨礙セサルコトヲ約ス [59]。

　こうして満洲における日露の勢力範囲、つまり、日本は南満洲において「特殊利
益」を、ロシア側は北満洲で「特殊利益」をもっていることが相互の承認によって確
認される。しかし、それを明確に設置するまでには至っていなかった。そのため日

183

露の間で、満洲におけるそれぞれの勢力範囲をあらためて明確化する必要があった[60]。それが具体化されたのは1910年7月4日に調印された第2回日露協約であり、そこには以下のように定められている。

第一条　日本国及露西亜国ハ、一九〇七年ノ秘密協約追加条款ニ定メタル分界線ヲ以テ、満洲ニ於ケル両国特殊利益ノ各地域ヲ画定セルモノト承認ス

第二条　両締約国ハ前記地域内ニ於ケル其特殊利益ヲ相互ニ尊重スルコトヲ約ス[61]

ここで言う分界線とは、「露韓国境ノ北西端ニ始マリ琿春及必爾滕湖北端ヲ経テ秀水站ニ至ルマテ逐次直線ヲ画シ、秀水站ヨリハ松花江ニ沿ヒ嫩江ノ河口ニ至リ之ヨリ嫩江ノ水路ヲ遡リテ托羅河ノ河口ニ達シ、此ノ地点ヨリ托羅河ノ水路ニ沿ヒ同河ト「グリニッチ」東経百二十二度ノ交叉点ニ至ル」までの線である[62]。

このように日本は韓国に続き、南満洲をも自らの勢力範囲にすることに成功するが、その一方で北満洲をロシアの勢力範囲として承認している以上、北満洲に対するそれ以上の勢力拡大は、もはや不可能であり、協約違反でもあった。しかし、南満洲の西方に位置する内モンゴルについては、その境界線がまだ不明確であったため、従来のような外交手段による拡大の余地はまだ残っていた[63]。

それが1911年の外モンゴルの独立宣言後に可能となり、1912年7月についに第3回日露協約が締結される運びとなる。その第2条には次のように記されている。

内蒙古ハ北京ノ経度（「グリニッチ」東経百十六度二十七分）ヲ以テ之ヲ東西ノ二部ニ分割ス。日本帝国政府ハ前記経度ヨリ西方ノ内蒙古ニ於ケル露西亜国ノ特殊利益ヲ承認シ、且之ヲ尊重スルコトヲ約シ露西亜帝国政府ハ該経度ヨリ東方ノ内蒙古ニ於ケル日本国ノ特殊利益ヲ承認シ、且之ヲ尊重スルコトヲ約ス[64]。

つまり、上述の一連の秘密協約の内容から、当時の日露間の勢力争いにおいて、韓国（朝鮮半島）、南満洲、東部内モンゴルと外モンゴル、北満洲、西部内モンゴ

ルといった少なくとも六つの地域が登場していることが分かる。前の三つの地域が日本の勢力範囲として決められ、後の三つの地域がロシアの勢力範囲となっている。日ソ交渉史の自然的な成り行きから見れば、これこそが「伝統」とも言えるだろう。ところが、「日蘇国交調整要綱案」では、「内蒙古」（ここでは内モンゴル西部地域を指している）が日本の勢力範囲となっている。日本がすでに韓国併合を実現し、北満を領土の一部とする満洲国をも支配下に置いていた情況では、上述の六つの地域のうち、五つが日本の影響下に入っていたか領土化していたことを意味するものであった。

　それは、ソ連側からみれば、「伝統」から大きく逸脱し、到底受け入れがたいものであった。そのため、モロトフは当初からこの問題について、ポーツマス条約時から受け継がれて来た日露の満洲地域における「伝統」が、日本の北満占領によって侵害されたと抗議をしていたのである。すなわち、日ソの「伝統」に対する解釈はまったく異なっていた。

　日本案では、代償として新疆をソ連の勢力範囲にするとしていたが、新疆問題は日ソ間の問題というより、むしろ中ソ、ひいては英国を巻き込む問題であり、それまでの一連の条約によって相互間で一定の諒解が得られていた問題とは別次元の課題でもあった。

3.2 「日ソ中立条約」の締結

　1940 年 10 月 13 日、リッベントロップ外相はスターリンあてに長文の書簡を送り、モロトフのベルリン訪問を要請した。それを受けモロトフは、翌月にベルリンを訪問し、12 日から 13 日にかけて合計 4 回にわたって会談を行った。

　12 日朝の第 1 回会談において、リッベントロップから「四国協商案」に対する概括的説明があった。モロトフは「過去の勢力圏は最近の情勢、事件によって無効無意味になって終わった [65]」と発言し、勢力範囲の現状に不満を滲ませた。

　12 日午後から 13 日の午前にかけて第 2 回と第 3 回の会談が行われた。ヒトラーも同席しモロトフとの間で、バルカン半島問題、フィンランドの問題をめぐって激しいやり取りがあった [66]。また、会談の全体的な流れから見れば、モロトフが「大東亜圏の境界を明瞭にするためにも、まず詳細に定義しなくてはならない……列強としてはソ連は決してヨーロッパ、アジアの重要問題に無関心ではいられない [67]」と発言し、ソ連が勢力範囲に対し強い関心を寄せていたことが分かる。

185

これがドイツ側のその後の主張に対し、影響を及ぼしたかどうかは定かではない
が、13 日夜ドイツ外相用防空壕の中で行われた最後の会談にあたって、ドイツ外相
は「四国協商」の協定草案、いわゆる「リッベントロップ腹案」の内容をモロトフに対
し述べた。ここでは外相は 4 国の領土的希望について秘密協定締約を提案し、勢力
範囲として、ドイツはアフリカ、イタリアは北部および北東アフリカ、ソ連はイン
ド洋に向かうソ連領土以南の地域と定め、日本の希望については、「今後さらに外
交折衝により明確にする必要があるが」と断りながら、「日本列島及び満洲国の南に
一線を画することにより、比較的容易に境界に画定できよう」と付け加えている [68]。
　注目したいのは日本の勢力範囲について「満洲国の南」と規定し、北満を領土化し
ていた満洲国における日本の支配それ自体に対する否定的な内容となっていること
である。しかし会談に先だつ 11 月 10 日、松岡が来栖大使を通じてドイツ側に対
して日ソの不可侵条約の成立について斡旋を求めた際、リッベントロップから日本
側に出されていた「腹案」には、こうした内容はなく、「将来ノ勢力範囲トシテ日本
ニハ南洋」となっていた。それだけでなく、松岡のその後の「対独伊蘇交渉案要綱」
は、この「腹案」をソ連側に受諾させるということを前提条件として作成されていた。
　結局、勢力範囲の再編をめぐる独ソの交渉は、意見の対立により決裂した。ヒト
ラーは対ソ攻撃を行う意志を固め、有名な「バルバロッサ作戦」の命令を出すことと
なった [69]。こうして「四国協商」の前提をなすドイツの仲介は、実現の可能性を急
速に失うことになるが、松岡は依然として勢力範囲の再確定にこだわっていた。
　11 月 18 日、ベルリンからモスクワに戻ったモロトフは、駐ソ大使建川を招き、
リッベントロップと行った会談を引き合いに、日本側が出していた不可侵条約の締
結問題に回答した。その際「ソ連の世論は失地回復を伴わない不侵略条約は想像す
ることができない [70]」という理由で、中立条約の締結を提案し、さらに、不可侵条
約を締結する場合、「モンゴルや新疆のようなロシアが失った領土の返還問題にも
触れざるを得ないであろう [71]」と、中立条約と北サハリンにおける日本利権の解消
に関する議定書案を大使に提示した。
　ここで言う「モンゴル」は、どの地域を指すのであろうか。当時、外モンゴルはす
でにソ連の完全なる影響下に置かれていたこと、1912 年の第 3 の日露協約におい
て、西部内モンゴル地域をロシアの勢力範囲に指定していたにもかかわらず、実際
は日本の支配下にあったこと、それに「失地」として扱われていたことなどからみれ
ば、内モンゴル西部地域を指していたと考えられる。

186

第6章　日ソ関係と内モンゴル自治運動

　しかしその後、松岡は訪欧外交の目標として作成し、1941年2月3日の大本営政府連絡会議の審議によって正式に決定された「対独伊蘇交渉案要綱」の第2条では、依然として「帝国ハ蘇聯ノ新疆外蒙ニ於ケル地位ヲ了承シ、蘇聯ハ帝国ノ北支蒙疆ニ於ケル地位ヲ了承ス。新疆外蒙ト蘇聯トノ関係ハ蘇支間ニ於テ取極メシムルモノトス」るとなっていた。しかも、第1条には「蘇聯ヲシテ所謂「リッペントロップ」腹案ヲ受諾セシメ」るとの日ソ国交調整の前提条件が語られ、ドイツの仲介によって「四国協商」を成立させることが想定されていた[72]。

　また、「世界ヲ大東亜圏、欧洲圏（アフリカヲ含ム）、米洲圏、蘇聯圏（印度、「イラン」ヲ含ム）ノ四大圏トシ（英国ニハ豪洲及「ニュージーランド」ヲ残シ概ネ和蘭待遇トス）帝国ハ戦後ノ媾和会議ニ於テ之カ実現ヲ主張ス」るとした松岡の壮大な計画も示されていた[73]。

　要するに、独ソ関係の冷却化により、今まで松岡が描いてきた「四国同盟論」の実現はほぼ不可能になったにもかかわらず、日本政府が依然としてそれにこだわっていたともいえよう。酒井哲哉は「その対応が鈍いものであったことは間違いない」と指摘している[74]。

　その後、松岡のモスクワ訪問は形式上訪欧の寄り道として設定された。往路では松岡はスターリンとモロトフと形式的な面談を行い、帰路ではモロトフとの間では4月7日、9日、11日と3回にわたって会談が実施された。

　1回目の会談では、主に北サハリンの利権問題について話し合い、双方の意見が大きく違っていたため、終始一致することができなかった。2回目の会談において、松岡から「勢力圏に関する秘密議定書の調印が必要である。その中では日本の勢力圏は内モンゴル、中国北部であり、ソビエト連邦の勢力圏はモンゴル人民共和国、新疆であると明示することにしよう」との要請があったが、モロトフは「より詳細な準備が必要である」としか述べず、事実上無視される結果となる[75]。第3回目の会談は、主にモンゴル人民共和国と満洲国の処遇問題をめぐる話であったが、やはり最後まで意見の一致を見なかった。

　こうして会談は決裂の寸前まで至ったが、その後、スターリンと松岡の会談が急きょ実現され、わずか25分間という短い時間で相互の妥協が見られた。松岡が語る「外交電撃戦」が功を奏し、4月13日「日ソ中立条約」が成立されるが、多くの問題が棚上げにされた。

187

4. 内モンゴル自治運動におけるノモンハン事件のインパクト

　前述のとおり、ノモンハン事件後、日本の外交政策に大きな変化があった。1940年7月27日の大本営政府連絡会議によって決定された「世界情勢の推移に伴ふ時局処理要綱」はそれを代表するものである。そこには、アジアにおけるヨーロッパの植民地を、その宗主国が対ドイツとの戦争の劣勢に乗じ、植民地を再分配する方針が示された。以後、日本の関心は次第に太平洋へ推移していったのである[76]。

　1941年6月22日、ドイツは対ソ連奇襲攻撃を実施し、独ソ戦争が全面的に勃発した。日本の最高指導部は、こうした好ましい国際情勢の変化を利用して、ソ連東部を攻撃するか、それとも南方進撃を実施するか、という選択肢に直面した。日本では連日のように大本営連絡会議が開かれ、独ソ戦と絡んで日本はどのような行動を取るべきかについて検討された。「日ソ中立条約」の主役だった松岡洋右は、ソ連侵攻をもっとも主張した一人だが、杉山をはじめとする参謀本部はそれに反対した[77]。

　激論の末、決定されたのは、7月2日の「情勢の推移に伴ふ帝国国策要綱」である。そこには「南方進出の歩を進める」と書かれているが、同時に、「独「ソ」戦争ノ推移、帝国ノ為メ有利ニ進展セハ、武力ヲ行使シテ北方問題ヲ解決シ北辺ノ安定ヲ確保ス[78]」るとも書かれており、ソ連侵攻を完全に放棄したわけではなかった。東条英機も当時、「ソ連が熟柿のように地上に落ちる」ときにソ連を攻撃する考えがあった。日本陸軍も「関東軍の兵力がシベリアにおける赤軍兵力よりも三倍の強力に達した場合」、あるいは「独ソ戦の結果、ソ連が敗退し、シベリアの赤軍の内部崩壊の兆候が明瞭となった時」に、対ソ戦に踏み切る予定だった。その情報を把握した伝説的なスパイ・ゾルゲは、ソ連政府に対して、1941年7月30日に「モスクワが占領されるなら日本は参戦する」と報告していた[79]。それに先立ち6月24日に策定された「情勢の推進に伴う帝国国策要綱大本営海軍部案」でも、北方問題については、同様に「独「ソ」戦争ノ推移帝国ノ為極メテ有利ニ進展セハ、武力ヲ行使シテ北方問題ヲ解決シ北辺ノ安定ヲ確保ス」と決め、ソ連攻撃を排除したわけではなかった[80]。

　しかしその後、ドイツ軍が独ソ戦争において絶対的な有利にたち、次々と勝利、冬を目前にし、モスクワからわずかの距離まで迫って、首都占領の寸前に至っていたにもかかわらず、結局、日本はソ連侵攻を決行しなかった。しかもドイツ側は絶えず侵攻を促していたという。長年ソ連と敵対し、「北進」を積極的に準備してきた

第6章　日ソ関係と内モンゴル自治運動

日本にとっては、状況はそれまでにない大きな機会でもあった。それでも日本は「南進」にこだわりつづけた。その理由は何か。東条が言ったように時期が未だ「熟柿」になっていなかったのか。それとも「日ソ中立条約」による道義的な責任に捕われたのか、あるいはノモンハン事件のショックによるものだったのか。

　ノモンハン事件の経験者だった稲田正純は「ソ連極東軍との対決」では、ノモンハン事件の敗北にその一因を求め、ノモンハン事件は日本のそれまでの戦略を変えたと書いている。当時ドイツの日本駐在大使オットも、ドイツ外相リッベントロップに送った電報の中で、日本の軍関係者は赤軍との戦争において、自らの能力に対して懐疑的であり、勝つ自信に欠けている。とりわけ関東軍の参謀たちにその傾向があり、それはノモンハン事件からもたらされたものであろうと、説明していた[81]。

　逆にいえば、ノモンハン事件がなかったら、ドイツの説得と戦果の魅力によってソ連侵行の可能性は充分ありえたということを意味している。さらに仮説を立てるなら、もし、ソ連を侵行していたら、真珠湾攻撃をしていなかったかもしれない。すなわち太平洋戦争が起きていなかったかもしれない。もし、太平洋戦争がなかったら、内モンゴル自治運動も違った方向に向いていたかもしれない。あくまでも仮説であるが、内モンゴル自治運動におけるノモンハン事件の重要性を問うには必要だと考える。

　だが、現実はそれと正反対であった。ノモンハン事件はそれまでの日本の国際戦略を従来の北進論から南進論へ変えた。それが結果的には太平洋戦争につながった。それによって、それまで日本の北進論という国際戦略の中で設計されていた、日本の内モンゴル問題の地政学的な意味に大きな変化が起きた。以後、南進論の推進によって、東南アジア地域問題は内モンゴル問題に取って代わり、結果的に、この地域の諸民族の独立運動につながったのである。

　この問題について、数多くの研究成果がある[82]。ここでは以下の段落を引用するに留めたい。

　　太平洋戦争以前に欧米植民地主義の支配下になって、いろいろな形態において苦難の闘争を続けてきた東南アジア諸国の民族独立運動は、その戦争および戦時中のこれら諸国に対する日本の侵略のインパクトをうけ、しかも、これら新しい事態に対し主体的、積極的な対応をおこなって、著しい成長発展を遂げた。そして、成長発展は、太平洋戦争後、つまり第二次世界大戦後

189

における東南アジア民族運動の一層の高揚と、これら諸国の独立をもたらす
決定的要因となった。実際、太平洋戦争と日本の侵略は、東南アジア民族独
立運動における一大転換点であったということができよう[83]。

小　結

　本章では日ソ関係を軸としながら、内モンゴル自治運動が置かれていた国際情勢
の動態について分析を試みた。満洲国の出現をきっかけとする、日ソ・満蒙の国境
紛争は、ハルハ廟事件に象徴されるように、1935 年に入ってから急増した。マン
チューリ会議が設定され、問題解決を試みたが、当事者たちの思惑が異なっていた
ため、失敗に終わり、日ソ関係は悪化の一途を辿った。それが軍事面では国境警
備部隊の増強、外交面では同盟陣営の構築によって現れた。「ソ蒙相互援助条約」
(1936 年)の樹立、「中ソ不可侵条約」(1937 年)の締結などはいずれもそれを物語っ
ている。それに対抗し、日本は「広田三原則」に続き、防共線の創設による赤化ルー
トの遮断というプランを打ち出し、1936 年 11 月に「日独防共協定」、さらに、1940
年 9 月にイタリアが加えられ、「三国同盟」を成立させた。

　日ソの対立軸はこうして構築されるが、当時の内モンゴル地域は、地政学的に
ちょうどその真ん中に位置していたため、この両陣営から来る衝突のエネルギーを
吸収することとなり、結局、内モンゴル地域は日本の国際戦略の中で、防共基地と
して急浮上したのである。それにより、日本外交における内モンゴル問題の重要度
が増し、分離・独立の動きが一気に高まった。第 2 章に述べた、板垣征四郎の内モ
ンゴル独立演説、独立国の建設を最終目的としたモンゴル軍政府の樹立の背景には、
こうした国際情勢のダイナミックな動きがあった。

　しかしその後、ノモンハン事件の結果により、日本の国際戦略は大きな転換点を
迎えた。南進論が浮上し、日本の関心は内モンゴル地域から太平洋へ、とりわけ東
南アジア地域へ移った。それが内モンゴル問題の地政学的な意味を変える結果とな
る。それまで東アジア地域をめぐる国際情勢の動態は、内モンゴル自治運動にはプ
ラスの効果として吸収されていたが、ここに至ってマイナスに転じた。モンゴル連
合自治政府の樹立により、内モンゴル自治運動が低調期を迎えた国際的な要因はこ
こにあり、それが第 8 章によってさらに明らかとなる。「日ソ中立条約」の成立に
あたって、松岡洋右外相が、ソ連に対し、日本の内モンゴルにおける勢力範囲を認

190

めるよう要請したのも、実際は、内モンゴル問題にそれ以上関わりたくないという、気持ちの現れであったと言えよう。

　要するに、ノモンハン事件は、国際関係における内モンゴル問題の地政学的な意味を変更し、それによって、内モンゴル自治運動の失敗を運命づけたと言っても過言ではなかろう。逆に、東南アジア地域の民族解放運動がそれにかわり、結果的には、独立につながったのではなかろうか。

■注

1)　小林幸男『日ソ政治外交史 ― ロシア革命と治安維持法』有斐閣、1985 年、p.65。
2)　酒井哲哉「日米開戦と日ソ関係」、細谷千博ほか編『太平洋戦争』東京大学出版会、1993 年、p.134。
3)　判澤純太「ノモンハン事件と国際環境」『政治経済史学』(252)、1987 年、pp.3-5。
4)　防衛庁防衛研修所戦史室『関東軍 1』(対ソ戦備・ノモンハン事件) 朝雲新聞社、1969 年、p.310。
5)　マンダフ・アリウンサイハン「満洲里会議に関する一考察」『一橋論叢』(778)、2005 年、p.116。
6)　同上論文、p.128。
7)　前掲「ノモンハン事件と国際環境」、p.6。
8)　牛島康允『ノモンハン全戦史』自然と科学社、1989 年、pp.22-28。
9)　斎藤二郎『支那をめぐる日ソ英米』今日の問題社、1936 年、p.82。
10)　同上書、p.110。
11)　「軍参謀長口演要旨送付ノ件通牒」(極秘)、(陸軍省 - 陸満密大日記 -S11-9-41)、防衛省防衛研究所。
12)　工藤美知寿『日ソ中立条約の研究』南窓社、p.42。
13)　前掲「日米開戦と日ソ関係」、p.139。
14)　前掲『日ソ中立条約の研究』、p.42。
15)　鈴木武雄「大陸ルート論」『アジア問題講座第三巻』創元社、1940 年、pp.376-377。
16)　日森虎雄「赤色ルート論」、同上書、pp.157-158。この自動車道路は民国七年に修築され、フレーから北へ進んでキャフター鉄道に繋っていた。全長 1613 キロメートル。
17)　前掲「赤色ルート論」、p.148。
18)　千葉山男『極東赤化の現段階と中国共産党の動向』辺境問題研究所、1935 年、p.21。
19)　前掲『支那をめぐる日ソ英米』、p.114。
20)　前掲『極東赤化の現段階と中国共産党の動向』、p.2。
21)　同上書、p.22。
22)　「内蒙工作ノ現状」(極秘)(昭和十一年五月十三日、枢密院ニ於ケル大臣ノ説明資料)、(満蒙政況関係雑纂／内蒙古関係第三巻)、外務省記録 A-6-1-2、外務省外交史料館。
23)　天沖郷廟『日ソの危機を探る』今日の問題社、1936 年、p.34。
24)　外務省『日本外交文書』(第二次欧州大戦と日本　第一冊　日独伊三国同盟・日ソ中立条約) 六一書房、2012 年、p.3
25)　前掲『支那をめぐる日ソ英米』、p.110。

26）前掲『日ソ中立条約の研究』、pp.43-44。

27）前掲「日米開戦と日ソ関係」、p.143。

28）同上論文、p.147。

29）岡部部隊参謀部「蒙疆建設ノ基本原則ト其現況」（昭和十五年四月十五日）、（支那事変関係一件第五巻）、外務省記録A-1-1-0、外務省外交史料館。

30）この事件に関していまだ多くの議論がある。「事件」か「戦争」かについての議論があり、モンゴルでは「ハルハ河戦争」と呼ばれてきたのに対し、日本では「事件」として扱われてきた。結果から見れば大がかりな戦争であったことには間違いない。しかも、それまでになかった大きな近代戦争であったと言われている。また、誰が勝者であったかについての議論もある。これまで日本では「ノモンハン事件」は関東軍の惨敗というのが通説であったが、最近の旧ソ連側の史料が公開されるにつれ、日本軍は決して惨敗していたのではなく、むしろ兵力、武器、補給の面で圧倒的な優位に立っていたソ連軍に対して勇敢にたたかったという意見も出されている。なかでは「日本軍はむしろ勝っていた」という論さえも現れている。また、日ソの死傷者数についてもさまざまな説があり、従来ソ連はイデオロギー的な宣伝などもあり、日本側の死傷者数を大きく膨らませる一方で、自国の人的被害や損害を故意に小さく見せようとしてきたが、冷戦崩壊期の機密文書の解禁によって信用できそうな数値がロシアでも公表されるようになった。三浦信行ほか「日露の史料で読み解く「ノモンハン事件」の一側面」『アジア・日本研究センター紀要』(5)、2010年、pp.73-95。

31）前掲『ノモンハン全戦史』、p.38。

32）同上書、p.37。

33）辻政信『ノモンハン秘史』毎日ワンズ、2009年、p.70。

34）森山康平『はじめてのノモンハン事件』PHP研究所、2012年、p.72。

35）半藤一利『ノモンハンの夏』文芸春秋、2001年、p.107。

36）前掲『日ソ中立条約の研究』、p.56。

37）前掲『ノモンハンの夏』、p.150。

38）中山正夫『ソ連側資料からみたノモンハン事件』防衛研修所、1978年、p.46。

39）前掲『ノモンハン事件』、p.76。

40）前掲「日露の史料で読み解く「ノモンハン事件」の一側面」、p.78。

41）前掲『日ソ中立条約の研究』、pp.57-58。

42）前掲『はじめてのノモンハン事件』、p.308。

43）ボリス・スラブィンスキ『日ソ中立条約 ― 公開されたロシア外務省機密文書』岩波書店、1996年、p.59。

44）前掲『日ソ中立条約の研究』、pp.61-68。

45）「有田外務大臣【宛】第七七四号ノ一、東郷大使）」（大至急、極秘、昭和十五六月十日）、（日、蘇中立条約関係一件（満洲国、外蒙ノ領土保全並不可侵声明ヲ含ム）第一巻）、外務省記録B-1-0-0、外務省外交史料館。

46）前掲『日ソ中立条約 ― 公開されたロシア外務省機密文書』、p.59。

47）「松岡外務大臣【宛】第一一三九号ノ一、東郷大使）」（別電、昭和十五年八月十六日）、前掲（日、蘇中立条約関係一件（満洲国、外蒙ノ領土保全並不可侵声明ヲ含ム）第一巻）。

48）堀内謙介『日本外交史21』（日独伊同盟・日ソ中立条約）鹿島平和研究所、1971年、p.267。

49）外務省『日本外交文書』（第二次欧州大戦と日本　第一冊　日独伊三国同盟・日ソ中立条約）

六一書房、2012 年、p.173。

50) 「世界情勢ノ推進ニ伴フ時局処理要綱」（大本営陸軍部大本営海軍部、昭和十五年七月）、（中央 ― 戦争指導重要国策文書 ― 1088）、防衛省防衛研究所。

51) 前掲『日ソ中立条約 ― 公開されたロシア外務省機密文書』、pp.61-62。

52) 「松岡外務大臣【宛】第一一三八号ノ一、東郷大使」（昭和十五年八月十六日）、前掲（日、蘇中立条約関係一件(満洲国、外蒙ノ領土保全並不可侵声明ヲ含ム)第一巻)。

53) 前掲『日ソ中立条約の研究』、pp.74-75。

54) 前掲『日本外交文書』、p.250。

55) 前掲『日本外交史 21』、p.263。

56) 前掲『日ソ中立条約の研究』、p.79。

57) 外務省「日蘇国交調整要綱案」（試案、昭和十五年、十、四)、（帝国ノ対外政策関係一件(対支、対満政策ヲ除ク)第一巻）、外務省記録 A-1-0-0、外務省外交史料館。

58) 外務省『日本外交年表竝主要文書(上)』原書房、1965 年、p.280。

59) 同上。

60) 中見立夫『「満蒙問題」の歴史的構図』東京大学出版会、2013 年、p.36。

61) 前掲『日本外交年表竝主要文書(上)』、p.336。

62) 同上書、p.281。

63) 前掲『「満蒙問題」の歴史的構図』、p.36。

64) 前掲『日本外交年表竝主要文書(上)』、p.369。

65) 米国国務省『大戦の秘録 ― 独外務省の機密文書より』（邦訳) 読売新聞社、1948 年、pp.289-294。

66) 同上書、p.315。

67) 同上書、p.321。

68) 同上書、p.322-325。

69) 同上書、p.338。

70) 前掲『日本外交史 21』、p.273。

71) 前掲『日ソ中立条約 ― 公開されたロシア外務省機密文書』、p.71。

72) 「対独伊蘇交渉案要綱」（極秘、昭和一六、二、三、決定)、（中央 ― 戦争指導重要国策文書 ― 1128）、防衛省防衛研究所。ちなみに、ここで語っている「蒙疆」には内モンゴル(西部地域)が入っている。

73) 同上。

74) 前掲「日米開戦と日ソ関係」。

75) 前掲『日ソ中立条約 ― 公開されたロシア外務省機密文書』、pp.107-109。

76) 森山優「「南進論」と「北進論」」、倉沢愛子ほか編『支配と暴力』岩波書店、2006 年、p.194。

77) ボリス・スラヴィンスキ『日ソ戦争への道―ノモンハンから千島占領まで』（加藤幸廣訳) 共同通信社、1999 年、pp.238-240。

78) 外務省『日本外交年表竝主要文書(下)』原書房、1965 年、pp.531-532。

79) 前掲『日ソ戦争への道―ノモンハンから千島占領まで』、pp.241-250。

80) 防衛庁防衛研修所戦史室『関東軍 2』(関特演・終戦時の対ソ戦)朝雲新聞社、1974 年、p.9。

81) StuartD.Goldman, "The Influence of Khalkhin Gol on the Outbreak, Conduct, and Outcome of World War Ⅱ"、今西淳子、ボルジギン・フスレ編『ノモンハン事件 70 周年 ― 2009 年ウラ

ンバートル国際シンポジウム報告論文書』風響社、2009 年、pp.79-80。

82）東南アジア地域の民族解放運動について、信夫清三郎『太平洋戦争と「もう一つの太平洋戦争」』勁草書房、1988 年。後藤乾一『近代日本と東南アジア』岩波書店、1995 年。谷川栄彦「太平洋戦争と東南アジア民族独立運動」『法政研究』(53：3)、1987 年、などの研究成果は数多くある。

83）前掲「太平洋戦争と東南アジア民族独立運動」、p.362。

第7章 太平洋戦争と日本の対内モンゴル政策

モンゴル自治邦政府ポスター
出所：了恵寺提供

1941 年 12 月 8 日、太平洋戦争勃発。4 年間にわたって日本と戦い、首都を占領された蒋介石の国民政府は、こうして連合国側と正式に手を結んだ。以後、日中戦争の行方は太平洋戦争の戦況に左右されるようになる。とくに、1943 年 12 日 1 日に米英中による「カイロ宣言」が発表され、連合諸国が協力して日本を無条件降伏させる旨が宣言された後は、なおさらであった。それまで日中関係、または日中戦争の進展に絶えず影響されてきた日本の対内モンゴル政策、ならびに内モンゴル自治運動も間接的でありながら、太平洋戦争の影響を受けるようになった。

　当時、内モンゴル自治運動は一定の進展を遂げ、すでにモンゴル自治邦政府期に入っていた。この政権は「半独立」的な特徴をその性格として持っており、事実、蒙旗地域は自治を獲得して、復興事業に取り組んでいた。その背景には、「日華基本条約」があり、この条約の「蒙疆地域の特殊性並びに、蒙疆地域における駐兵権を認める」の条文が、モンゴル自治邦政府の「半独立」的な状態を保障する根拠になっていた。

　太平洋戦争の前哨ともいえる日米交渉においては、まさにこの蒙疆地域の「特殊性」、ならびに「駐兵権」の撤廃問題が一つの焦点となった。この問題をめぐっての日米両国の折り合いが最後までつかなかったことが、戦争突入の一因となった。そのときの日本側が提出した最後の譲歩案では、蒙疆地域における駐兵権を 25 年間延長するとなっていた。当時の状況からみれば、モンゴル自治邦政府の「半独立」状態を少なくとも 25 年間維持するということとつながるものである。そのため、この問題をいかに処理するかということは、内モンゴル自治運動にとっては、いうまでもなく重要な問題であった。

　従来の研究では、これらの問題についての研究はほとんど見当たらない。太平洋戦争の諸問題を扱った研究は数多くあるものの、ほとんどが内モンゴル自治運動にまで言及していない。反面、内モンゴル自治運動と関係する研究成果は、最近になって続々と登場しているが、太平洋戦争との関連性を明らかにしたものは見られない。

　本章のねらいは、その空白を埋めることである。具体的に言えば、「日華同盟条約」の締結問題を事例としながら、太平洋戦争が日本の対内モンゴル政策、および内モンゴル自治運動の行方にいかなる影響を与えたかということを明らかにし、それによって国際情勢の変化がいかに民族地域の運命に影響を与えていたかということを考察したい。

1. 日米交渉と太平洋戦争の勃発

1.1 南進論の浮上と日米交渉

1937 年 7 月 7 日の盧溝橋事件をきっかけに始まった日中戦争は、長期化、かつ大規模化するにつれ、兵力と物資の不足、国内経済の疲弊、国民生活の逼迫など、多くの問題を引き起こし、戦争終結の見込みはますます遠のいた。

大陸における日本軍は、1938 年 10 月末、広東省、および武漢の 3 鎮を相次いで攻略したが、占領地域の拡大に伴う守備兵力の増大が作戦兵力の不足を招き、大規模な作戦の実行は漸次困難となった。1939 年に実行された主だった作戦として、華北における治安安定のための山西作戦、華南における輸送遮断のための南寧作戦などが挙げられるに過ぎないことが、それを物語っている。満蒙においては、待機していた大軍が北方のソ連側に行動を制限され、中国大陸への移動が不可能となった。一方、中国側の抗戦意識はますます熾烈となり、戦況は次第に持久戦の様相を呈し始めた[1]。

日本側、とくにその陸軍は、何らかの方法で日中両国交渉を通じて戦争を解決へ導こうとさまざまな対策を試みたが、思いどおりの成果を得ることができず、二国間の交渉による解決の道は行き詰まってしまう。そこで浮上したのは、多国間における解決であった。つまり、「日独伊三国同盟」の締結のもとで、南方に武力を行使し、自給自足圏を構築する。それによって、持久戦の基礎を固め、漸次日中戦争の解決を図るという構造であった[2]。こうして南進論が浮上するが、それにあたって、前章ですでに述べたように、ノモンハン事件が一つの重要な要因になっただけではなく、ドイツの謀略もそのうらにあった。

当時ドイツは、1940 年の英国上陸作戦を放棄していたにもかかわらず、「英国侵入は決して放棄されたものではなく……対英上陸作戦に成功する自信をもっている。その作戦は 1941 年には必ず実行する。そのとき、英国帝国が崩壊し」、その際、日本は十分な分け前を獲得するためにも、その機会を逃してはいけない、「この千載一遇の機会を逸しては、機会はふたたび来ないだろう」と宣伝し、それを信じ込んだ日本は、積極的に南進論を推進していくことになった。それは、当時流行した「バスに乗り遅れるな」ということばに象徴されている[3]。

しかし、南進論の推進は、日米間の対立を顕在化する結果となった。とくに、前章で述べたように、1940 年 7 月 27 日の大本営連絡会議において、「世界情勢ノ推

進ニ伴フ時局処理要綱」を決定し、南方問題を解決するため武力を行使するという方針を確認したことは、その対立を決定的にした。この方針に基づいて日本は9月22日に「北仏印」への進駐を決定し、9月27日にベルリンにおいて「日独伊三国同盟」を締結した。それに対し、10月12日にルーズベルト大統領は、「脅迫や威嚇には屈しない」との演説を行い、日米関係は一層悪化した。こうして世界は独伊日の枢軸国とこれに対する英仏米の連合国陣営とに二分される結果となった [4]。

1941年4月17日、大本営陸海軍部は「対南方施策要綱」を策定。日本は、英米蘭などの対日禁輸によって自存が脅かされた場合、または、アメリカが単独もしくは英蘭中国などと協同して、日本に対する包囲体勢を強め、それが日本として受け入れることができなくなった場合、「帝国は自存自衛の為武力を行使す」とし、米国に対する強硬な方針が改めて確認された [5]。

一方、日米の間で「日米諒解案」をめぐる交渉も行われた。日本側は米国に日中問題に関して「米国の仲介によってその解決を期し、蒋介石にしてこれを聞かざれば、米国は蒋援助を中止すべし」と要求したのに対し、米国側はあくまでも「合衆国が堅持する自由主義」を強調し、「内蒙及び北支の一定地域に於いて、日本軍隊の駐屯を認む」ような「第三国の主権に影響」を与える行為に同調することはできないという、いわゆる「ハルの四原則」を堅持した。そのため、交渉を続けるには、日本側はそれまでの政策を全面的に転換する必要があった [6]。しかし、それは当時の日本、とりわけ陸軍にとって、到底受け入れがたいことであった。両国の基本姿勢が根本的に対立していたため、会談を重ねても容易に合意には至らず、かえって悪化の一途を辿っていた。

1941年6月22日、独ソ戦が始まるや、わずか3日後の25日に大本営連絡会議において「南方戦争促進に関する件」が決定され、「南部仏印に於ける所要軍隊の駐屯」が認められた。さらに7月2日の御前会議で「情勢ノ推移ニ伴フ帝国国策要綱」が決定され、もしアメリカが反対するならば、対米戦も辞さないという極めて重要な案が承認された [7]。この決定のもとで7月21日に「南仏印」への進駐を強行することとなった。

アメリカは対抗策として直ちに日本に対する凍結令を実施し、米国における日本企業の資金を凍結し(7月26日)、日本との通商を全面的に停止した [8]。8月1日には石油の全面禁輸に踏みきった。

在米日本資産の凍結と石油の全面禁輸は、日本の戦争経済に致命的な打撃を与え

ることとなった。それを打開するために、8月8日に近衛文麿首相が、野村吉三郎大使を通じてルーズベルト大統領との首脳会談の開催を打診したが、ハル国務長官は中国問題において解決の見通しがつかない限り、首脳会談はできないといって拒否した[9]。一方軍内部では、このまま亡国を待つより、むしろ南方資源を確保するため、英米との一戦も辞さないという積極的な方針に転換すべきである、という強硬な意見が一層高まる。「十月下旬を目途として、対英米戦の準備を完成する」という内容を盛り込んだ「帝国国策遂行要領」が、9月6日に御前会議で決定され、日米開戦はもはや時間の問題となった[10]。

1.2　中国における駐兵問題と、ハルノートの出現

日本の南進論が浮上し、日米交渉は始まってから半年ほどたっても、解決の糸口はまったくつかめず、かえって日米両国の対立が深まるばかりであった。その最大の障害になっていたのは、中国からの日本軍の撤兵問題である。これをいかに処理するか、つまり日本が一連の戦争によって中国で得ていた既得権益に固執するか、それとも対米戦を避けるために中国からの撤兵を含む譲歩か、この選択が交渉の方向性を決める大きな分かれ道となっていた。

1941年5月12日、日本側では一つの案が浮上する。この案では、米国政府が「近衛声明に示されたる三原則及右に基き、南京政府と締結せられたる条約、及び日満支共同宣言に明示せられたる原則を了承し、且日本政府の善隣友好の政策に信頼し直ちに蒋政権に対し和平の勧告を為すべ[11]」きであるとされていた。ここで述べられている「条約」とは、実際は、1940年11月30日に日本と汪兆銘政権との間で調印された「日華基本条約」を指し、それに対するアメリカの承認を求めていた。しかしアメリカ側は、もしそれを承認することになれば、その内容に示されている、満洲国の承認はもちろんのこと、蒙疆地域の特殊性、ならびに日本の駐兵をも承認する必要があった。それは当時の状況からみれば、蒙疆地域の「半独立」状況、ならびに蒙旗地帯の復興につながるもので、それゆえ、内モンゴル自治運動の進展にとって、いうまでもなく大きな意義をもっていた。

それに対する米国案は6月21日に出された。そこには「(1) 南京政権の取り消し(2) 満洲の中国への復帰 (3) 治安駐兵を認めず日本兵の無条件撤兵 (4) 防共駐兵の否認」などの原則が提示され、アメリカはこれによって日本側の案に真っ向から対立する姿勢をしめしていた[12]。

それから数ヵ月経った1941年9月13日に、連絡会議において決定されたのは、「日支和平基礎条件」である。ここでは、日本側は「日支両国ノ安全ノ脅威トナルヘキ共産主義的並ニ、其他ノ秩序攪乱運動防止及治安維持」のために、「内蒙及北支ノ一定地域ニ於ケル日本国軍隊ノ駐屯」が必要であると主張していた[13]。それに基づいて作成されたのが「九月二十五日日本案」であり、日本はこの案でも米国に対し、「支那事変解決に対する日本政府の努力と誠意とを諒解し、之が実現促進の為、重慶政権に対し戦闘行為の終結及び和平恢復の為、速やかに日本政府と交渉に入る様橋渡しを為すべく」と求めるとともに、「日本国政府は支那事変解決に関する基礎的一般条件が、近衛声明に示されたる原則及び右原則に基づき既に実施せられたる日支間約定及び事項と矛盾せざるものなること」を堅持する従来の方針を崩していない[14]。

　回答案は10月2日に、ハル国務長官によって提出された。そこには、防共のための駐兵をしておくということは、他の地域は撤兵しても、内モンゴルと華北の防共駐兵は無期限に置いておくことを意味している、とあり、日本の方針に反対していた[15]。このように交渉開始後数ヵ月たっても、ほとんど進展がなかった。

　その後も日米の間で一連の交渉が続けられるが、両者の溝は埋められなかった。時間が経過するにつれ、交渉の最大の難点は中国からの日本軍の撤兵問題であることが明らかになった。アメリカ側は自ら要求する「中国からの撤兵」問題で、態度をますます強硬にしたが、日本側には一歩も譲る気配はなかった。陸軍の主張は中国から絶対に撤兵せず、彼らにとっては撤兵は敗戦に等しいものであった[16]。とくに、陸相東条の態度は、近衛首相らと対照的に非常に強硬であったという。

　『周仏海日記』によれば、米国は一時、日本の撤兵を条件に南京政府を承認し、汪蒋合作政府の樹立を認める姿勢を見せたことがあったという[17]。それに対し、近衛首相は「戦争すれば、リスクが大きい。外交にもリスクがあるけれども、一時的なものである」という観点から受け入れる考えを持っていたという。ところが、東条への説得を試みたところ、東条は「撤兵という問題は軍の心臓であり」と猛反発し、一歩も譲らなかったという[18]。

　1941年9月中旬、畑俊六支那派遣軍総司令官は、後宮淳総参謀長を東京に派遣し、アメリカに譲歩し、「支那事変解決に専念すべし」という見解を東条陸相と杉山参謀総長に伝えた。東条は「第一線の司令官は前を向いておればよい、後ろを向くべからず」と回答し、譲る気配をまったく見せなかった[19]。こうして駐兵問題は、日本

第7章　太平洋戦争と日本の対内モンゴル政策

側内部においても意見の一致なく、いよいよ最終局面を迎えることになった。

　10月13日、近衛の私宅で近衛首相、東条陸相、及川古志郎海相、豊田貞次郎外相、鈴木貞一企画院総裁による5者会議が開かれ、戦争か和平かをめぐっての最後の会談が行われた。この会議においても、東条は「駐兵問題だけは陸軍の生命であって、絶対に譲れない」と、強弁[20]。その翌日に開かれた閣議では、近衛首相の「日米交渉はむつかしいが、駐兵問題に色つやをつければ、成立の見込みはあると思ふ」という発言に対し[21]、「撤兵問題ハ心臓ダ。撤兵ヲ何ト考ヘルカ。陸軍トシテハ之ハ重大視シテ居ルモノタ。米国ノ主張ニ其儘服シタラ支那事変ノ成果ヲ壊滅スルモノタ。満洲国ヲモ危クスル。更ニ朝鮮統治モ危クナル……普通世界列国ナレハ領土割譲ノ要求ヲヤルノハ寧ロ当然ナノテアル……駐兵ニヨリ事変ノ成果ヲ結果ツケルコトハ当然テアッテ世界ニ対シ何等遠慮スル必要ハナイ[22]」といって激しい言葉で反駁し、さらに「今日を何日と心得ていますか。10月14日です。10月上旬を目途ということなのに、すでにそれが過ぎている。明日はもう15日になるのに、それでも決定ができないのですか。どうぞ決断をお願いします」と、近衛首相の最終の決断を迫った。答弁に困った近衛は、10月16日に内閣総辞職することとなり、その後、陸相東条に大命が下り、18日に東条内閣が成立することになった。外相に東郷茂徳、海相に島田繁太郎がそれぞれ就任し、陸相は首相が自ら兼任することになった[23]。

　10月23日、東条内閣の最初の連絡会議が開かれた。その後、連日のように現状分析、日米交渉の見込みについての審議が行われ、11月5日に「帝国国策遂行要綱」が採択された。この要綱は甲乙両案から成る。甲案では、最大の焦点となっていた駐兵問題について「華北および蒙疆の一定地域および海南島に和平成立後所要期間駐屯（25年を目標）」と、期限のうえでの一定の譲歩があった。乙案は、主に日本側が軍を南仏印より北部に撤収し、米国側が蒋介石援助の打ち切りと凍結令撤回を行い、状況緩和後、また新たに交渉を開始するという案であった[24]。対する米国側の案が、11月26日にハル国務長官によって、野村、来栖三郎大使に提出された。それは「米日間協定の基礎概略」、いわゆるハルノートであり[25]、その中でアメリカは、満洲事変発生前の状態に還元する要求を新たに加えている。内容は次のとおりになっている。

　（1）一切の国家の領土保全及び主権の不可侵原則

201

（2）他の諸国の国内問題に対する不関与の原則

（3）通商上の機会及待遇の平等を含む平等原則

（4）紛争の防止及平和的解決並びに平和的方法及び手続に依る国際情勢改善
　　の為、国際協力及び国際協定準拠の原則[26]

　日本は最大の焦点であった中国からの日本軍の撤退については、交渉の成り行き
から中国本土からの撤退と理解していた。しかし、ハルノートは中国本土のみなら
ず、満洲国からの撤兵をも要求していた。これは満洲国の解体を強いた米国側の最
後の通牒であると日本側に深刻に受け止められ、両国の交渉決裂が決定的となった。

　3日後の29日、重臣会議が開催され、日米交渉についての最後の審議が行われ
た。戦争に反対するものは一人もいなかった。開戦以外、ほかの道はないという認
識で一致した[27]。「対米交渉が十二月一日午前零時迄に成功せば武力発動を中止す」
と、期限を限定したが、もはや戦争を回避する余裕がなくなっていた[28]。

　12月8日未明、山本五十六が率いる聯合艦隊の航空部隊が、ハワイにある米軍
基地に対し奇襲攻撃を行い、太平洋戦争の幕が開いた。

2.「対支新政策」の登場と汪兆銘政権の参戦問題

2.1　「対支新政策」の登場

　1941年12月8日、日本は真珠湾の米軍基地を攻撃して太平洋戦争を始めたが、
この戦争をいかに終結させるかについては、はっきりした計画を持っていなかった。
戦争終結のシナリオとしては、アメリカの屈服は不可能であるという認識から、イ
ギリスと重慶政府を打倒することが戦争終結の鍵であると判断していた[29]。その
ため、開戦後まもなく1941年12月24日の連絡会議で、「情勢の推移に伴う対重
慶屈伏工作」を決定し、重慶側に対する従来の「和平工作」を「屈伏工作」に変更する
ことにした[30]。

　その後、南太平洋の戦線において大きな戦果をあげるや、従来の態度を一層強硬
にし、1942年3月27日、参謀本部は「対重慶戦争指導要綱」を決定、「大東亜戦争
前と戦争開始後との帝国の対支態度に根本的変化を求むべき」という方針を打ち出
した。さらに、「支那事変」を一挙に解決するため、9月に入ってから対重慶作戦を
断行する計画を作成し、さっそくその準備に入った[31]。

第 7 章　太平洋戦争と日本の対内モンゴル政策

　ところが、開戦 6 ヵ月後のミッドウェーの海戦と、同年 7 月以降に行われたガダルカナルの陸上戦において、日本の海陸両軍は、いずれも開戦以来はじめての敗北を喫し、それまでの積極的な攻撃からもっぱら守勢に転じることになった[32]。そしてこの方面に兵力を集中せざるを得なくなり、中国戦場から急遽第 6 師団、第 17 師団、第 51 師団等をブーゲンビル、ニューギニア方面に移動。戦局の変化により、日本側は計画の変更を余儀なくされ、12 月初頭になってついに対重慶作戦を中止するに至った[33]。

　こうして「支那問題を一刻も早く解決したい、そうして対米英戦争に専念したい」という日本側の思惑は、戦局の推移にともなって行き詰まり、一時膠着状態に入る。でもその後、状況打開のための方針転換を要望する空気がますます強くなっていった。とくに、常時大軍を中国戦場に送っていた陸軍においてなおさらであった[34]。

　そして浮上したのは、いわゆる「対支新政策」である。この政策の主な骨子は、1943 年 1 月の汪兆銘の「国民政府」参戦をきっかけとする治外法権や租界の撤廃、華北・内モンゴルに対する特殊地域化方針の放棄、1940 年締結の「日華基本条約」の全面改訂の実施の 3 点によって、日中関係の再構築をはかるとともに、汪兆銘政権の政治力を強化するというものであった。積極的に推進していたのは、当時駐華大使であった重光葵であるが、後になって天皇と東条首相もそれを支持することになったという[35]。

　一方、参謀本部内においても、新政策導入の動きが存在していた。1942 年 11 月末、参謀本部第 1 部長であった田中新一は、戦争を通じては「支那事変」の解決の目途が立たないと判断し、「戦争完遂のためには、支那四億の民心をわが方に引きつけねばならぬ。こうすることにより重慶問題を解決せねばならぬ」という旨の研究私案を作成し、連絡会議の事務当局に提案した。この案は大東亜省の杉原荒太や海軍省の木坂中佐をはじめとする多くの人の賛意を得たという[36]。軍部のこうした方針転換の背景には、太平洋戦争開始当初の連戦連勝の勢いが失われ、重慶問題の解決も楽観視できなくなった状況があった。

　1942 年 12 月 21 日、御前会議が開かれ、本会議において「大東亜戦争完遂の為の対支処理根本方針」が決定され、「対支新政策」が本格的に始動することになった。ねらいは「国民政府参戦を以て日支間局面打開の一大転機とし、日支提携の根本精神に則り、専ら国民政府の政治力を強化する」とともに、重慶の抗日の根拠名目を覆滅させ、最終的に一日も早く「支那事変」を解決に導くことにあった[37]。

203

2.2　汪兆銘政権の参戦問題

　日本側で「対支」政策の転換をめぐって、新たな動きが出始めていたとき、汪兆銘の南京政府内にも太平洋戦争への参加を求める声があがっていた。それが表面化したのは、1942年7月17日の汪兆銘政権財政部長周仏海の日本訪問である。

　周仏海の訪日の表向きの目的は、「中国」の幣制改革に対する日本の協力に謝意を表明することであったが、実際は、東京訪問の際、東郷外務大臣を訪れ、「中国」の参戦問題についても協議をしていた。ところが、当時東郷は汪兆銘政権の参戦について、全面和平の妨害になるという見解から賛成はしなかった。それに対し周仏海は、汪兆銘政権の参戦は全面和平と無関係で妨げにはならず、かえって「国民政府」（汪兆銘政権のこと、以下同様）の強化に有利であると弁明した[38]。その後1942年7月24日に、東条首相と会談する際、あらためて参戦問題を取り上げ、「国論統一の必要上並に和平の際、重慶が出て来るということになると国民政府が参戦して置いた方がよい。国民政府は之に依りて獲物を求めんとするものに非ず」と、汪兆銘政権の参戦を強く希望した[39]。それに対し東条首相は、参戦理由については「正当である[40]」と認めながらも、「本問題は事重大なるを以て貴方でも充分研究せられ度し」と述べ、慎重な態度を崩さなかった[41]。

　1942年9月22日、平沼騏一郎、有田八郎、永井柳太郎の3特使が南京を訪れ、汪政権と海南島租借、華北・蒙疆の独立、戦争遂行に伴う物資などの提供について協議を行う際、汪兆銘があらためて参戦問題をとりあげ、参戦を再三希望したが、やはりはっきりした回答は得られなかった[42]。日本側のこうした消極的な態度の裏には、汪兆銘政権の戦力に期待できないという判断があった[43]。

　この問題が真剣に議論されはじめたのは、1942年10月29日の第115回連絡会議である。会議において、永野軍令部総長が「国民政府」が参戦すれば、南京、上海などの「国民政府」治下の要衝が敵側の爆撃をうけ、「既ニ相当苦難シアル国民ガ更ニ苦シムコトトナリ、却テ悪結果ヲ招来スルコトトナル」と発言した。東条首相は、「国民政府」が参戦しても、実力的には帝国に寄与することがないが、「民心ヲ纏メテ……国民ノ頭ヲ一致サセルト言フ効果ヲ重視シテ参戦サセルガ可ナリ」と反論し、参戦問題に対し理解を示していた。また、青木一男国務大臣からも賛成の意見が提示され、最終的には、「国民政府ノ参戦並ニ之ニ伴フ対支措置ニ関スル件」が、可決された。「帝国ハ国民政府ノ参戦希望ヲ容レ同政府ヲシテ米英ニ対シ成ルヘク速カ

第 7 章　太平洋戦争と日本の対内モンゴル政策

ニ宣戦セシメ、以テ支那側ノ対日協力ヲ促進シ大東亜戦争ノ完遂ニ資ス」という方針が決定されることとなった[44]。

　続いて 11 月 27 日の連絡会議では、「国民政府参戦は明年一月中旬以後成るべく速やかに適当の機会を捉へて之を行はしむることを目途として諸般の準備を整ふ」と、参戦の時期が提示されるとともに、参戦問題を契機として従来の対華政略に根本的な検討を加えるべきであるという、重要な意見が出され、参戦をきっかけに「対支」政策の変化の可能性がほのめかされた。同時に、「差当り既存条約又は協定等の範囲内で研究を進め、已むを得なければ若干の修正を加える[45]」という条件が加えられた。

　1942 年 12 月 20 日、東条首相は汪兆銘の南京政府の参戦に関しては、「帝国ハ国民政府ノ希望ニ応シ、同政府ノ米英ニ対スル宣戦ニ同意ス」と、対重慶方策については、「帝国ハ重慶ニ対シ、之ヲ相手トスル一切ノ和平工作ハ之ヲ行ハサル方針ナリ、国民政府ニ於テモ右帝国ノ態度ノ同調セラレンコトヲ希望ス[46]」という談話を発表、参戦が現実となった。それは日本の「対支政策」に残された最後の王手であった。

3.「日華同盟条約」の締結と蒙疆問題

3.1　「日華基本条約」の改訂問題

　1942 年 11 月 27 日の連絡会議の決定ならびに東条首相の談話により、汪兆銘政権参戦が現実味を帯びてきた。それにあたって、汪兆銘より東条首相に対し、「中国国内の一部には参戦により中国の軍事経済は一層其の自主性と独立性を失ふに非ずやと疑惧するものあるも、友邦日本が中国の主権を尊重することと、中国が虚心坦懐に日本の援助を受け入れることとは、必ずやその宜しきを得るものと信ずる」という申し入れがあり、参戦の条件として、中国の主権尊重を要求した。東条首相は「中国に於ける租界、治外法権其の他特異の諸事態は、中国の主権及領土尊重の趣旨に基き速に之が撤廃乃至調整を図る[47]」と応じた。両者とも主権の尊重を訴えているが、その解釈には大きな隔たりがあった。つまり、日本側にとっては、1940 年 11 月に成立した「日華基本条約」の範囲内での主権であり、汪兆銘側にとっては、主権を尊重するとはこの条約の改訂を意味するものであった。

　1943 年 1 月 9 日、汪兆銘政権が御前会議の趣旨に沿って、米英に対し宣戦布告

を行った。それに応じて、日本側は汪兆銘政府との間で租界還付および治外法権撤廃に関する日華間の新協定を調印するとともに、既往の条約、すなわち「日華基本条約」についても「改訂ヲ考慮スヘキ旨」を発表した。また、3月13日に東条首相が南京を訪問した際、汪主席の歓迎宴席で演説し、その旨を重ねて強調した[48]。

　翌日の3月14日、汪兆銘は、周仏海、汪兆銘政権立法院院長陳公博等と華北問題について協議を重ねたうえで、東条首相を答礼訪問し、「国民政府」軍創設について説明するとともに、日本側に対し武器の援助を希望した。また、「日華基本条約」で設定された華北地域の「特殊化」問題について「全国が団結してはじめて戦争に協力する力量になる」と、その取り消しを要求した[49]。こうして「日華基本条約」の改訂問題が、本格的に日汪の交渉のテーブルにあがることとなった。

　4月6日、陳公博が日本に渡り、「日華基本条約」の改訂問題について協議を行った。陳公博は日本に向かう前日の4月5日、汪兆銘、周仏海等と今回の会談の要点について協議し、条約の改訂、華北地域の特殊化の取り消し問題を、重点的に議論することで意見の一致をみていた[50]。

　4月9日、陳公博が東条首相と会談。その際、彼は「全ク自分個人ノ意見ニシテ国民政府ヲ代表セル意見ニ非サル」と断りながらも、「日華基本条約」の改訂問題に触れ、華北地域が「半独立」状態に置かれていた状況に対し、「日中両国」が全面協力すべきである現在においては、「南北対立ノ状態ヲ放任スルコトハ両国国民ノ疑惑ヲ惹起セシムル」ことであると説明した。さらに、重光葵大使が「日本ハ決シテ中国ヲ分割牽制スルカ如キ意思ナシ」と繰り返して表明しているにもかかわらず、現状は中央と華北は政治、経済、交通、金融等すべてを別個にして、「華北ハ宛然独立国家ノ如キ」であると、華北の分離状態に対して不満を表明した。また、「国民政府」がすでに参戦を表明している現在、これを機会に「カカル疑惑ヲ一掃スヘ」きであり、人力と物力を挙げて日本に協力するためにも全国一体となり、全面的な計画を立てる必要があり、その点においても「特ニ首相ノ考慮ヲ求ムル所以ナリ」と、参戦の見返りに華北地域の特殊性を取り消すよう強く求めた[51]。

　東条首相はたとえ個人的な意見であっても、自分はこれを「国民政府」の要人の意見として「深ク念頭ニ留メ置クヘシ」と、一定の配慮を見せながらも、「国民政府ノ行政力ハ果シテ全国ニ浸透シ得ル自信アリヤ」と、疑問を投げかけた。陳公博は「国民政府」が未だその統治下の民衆の信頼を得ていない状況を認めたが、「参戦ヲ機ト

シテ国民ハ始メテ政府ヲ支持スル至レリ。吾々カ政府治下ノ民心ヲ把握シ得レハ、今後之ヲ全国ニ及ホスコトハ決シテ不可能ニ非ス」と、あくまでも参戦を目処にして華北地域への主権回復を求めていた[52]。しかし、蒙疆地域の特殊性の取り消しについては、直接要求していなかったのである。

その後、「日華基本条約」の改定問題をめぐる交渉が、日本政府と汪兆銘政権の間で頻繁に行われるようになったが、それを一気に終盤まで推し進めたのは、1943年4月の東条首相の内閣改造によって外相に就任した重光葵であった。彼は「対支新政策」の積極的な推進者であり、彼の関与のもとで議論はさらに深まった。

5月26日の大本営政府連絡会議で、重光葵外相の「日華基本条約と同盟条約の二本立で行くのは適当でなく、同盟条約一本立の方がよい」という発言があり、続いて5月31日の御前会議では、「大東亜政略指導大綱」が可決される。対中方策としては、「大東亜戦争完遂の為の対支処理根本方針」の徹底具現を図るために、「日華基本条約」を改訂して「日華同盟条約」を締結することになった[53]。

以後、具体的な内容をめぐる交渉が始まるが、両者の間で相変わらず大きな意見の食い違いが存在していた。それは「日華基本条約」の根本をなしていた地域の特殊性及び駐兵権問題に顕著にあらわれた。

3.2 蒙疆地域の処遇をめぐる日汪の駆け引き

前述したように、1943年3月の東条首相の南京訪問によって、日汪の間で「日華基本条約」の改訂問題が持ち上がり、その直後の4月に、汪兆銘は陳公博を東京に派遣し、主権回復を理由に華北地域の特殊性の取り消しを要求。東条首相は一定の理解を示すが、具体的な回答はなかった。

この問題に関して、当時日本側はいかなる方針を持っていたのか。その答えは1943年6月1日に外務省政務第2課が作成した「日華同盟条約締結ニ伴フ基本条約及附属書類規定事項ノ取扱方」という研究案に見ることができる。

この案では、「基本条約ハ之ヲ完全ニ廃棄スルト共ニ同盟条約一本槍ニテ進ムコト」が方針として訴えられているが、問題の中心である「蒙疆、華北等ノ特殊性」については、「戦時中ノ軍事経済上ノ協力トシテ許容セシムル外、中国側ノ国内法ノ問題トシテ、取扱上テ充分ナルヘク」と書かれており、当分の間中国の国内法に基づきながら、地域の特殊性、とりわけ華北・蒙疆の特殊性を維持しようとした日本側の思惑がうかがわれる[54]。

また、軍隊の駐屯問題に関しては、「日本側要求基礎条件」の第1条では、中国側に対し「満洲国ヲ承認スルコト」を求め、第3条では、「東亜共同防衛ノ見地ヨリ、必要ト認ムル期間」において、「蒙疆及北支三省ニ軍隊ヲ駐屯ス」ることを認めるべきであると要求した[55]。

　つまり、当時日本側は、華北・蒙疆地域の特殊性だけではなく、軍隊の駐屯問題についても、現状維持の考えを持っていたと考えられる。しかし、汪兆銘側にとっては、それは地域の「事実上の独立」を認めることになるため、日本側の案に対し難色を示し、最後までその取り消しを強く主張したのである。

　1943年7月12日、汪兆銘公館において、汪兆銘政権から汪兆銘、陳公博、周仏海、日本側から畑総司令官、松井太久郎総参謀長が参加し、2者会談が行われた。席上、汪兆銘側から次のような主張が出される。

　まず、汪兆銘から「経済提携及駐兵ノ問題カ条約改正ノ重点ト思考シアリ」と、軍隊の駐屯問題が条約改訂のうえで何よりも重要な課題であるという認識を示した。同時に、この問題を「戦争後ハ何トカ解決シテ頂キ度イ」とも述べ、解決に期待を寄せるとともに、期限をおくことについて一定の配慮をみせた[56]。

　次に、周仏海は「蒙疆は自治と称しているが、別の年号を持ち、別の旗を揚げており、明らかに独立国となっている。日本側が中国の統一を援助、促進し、このような分裂状態を長引かせないよう切に要望する」と述べ、「事実上の独立」状況に置かれていた蒙疆の現状に対し強い危機感を表した[57]。さらに、「日華新関係調整条約」の締結の際、陶希聖と高宗武によって条約の内容が暴露され、「北ハ蒙疆ヨリ南ハ海南島、上ハ気象ヨリ下ハ国防資源迄全部日本ニトラレタ」と、中国国内で非難されてきた歴史を取り上げながら、「条約改正ノ際日本側ノ御勇断ヲ望ンテ已マサル次第ナリ」と、汚名返上のためにも蒙疆の自治を取り消すよう注文をつけた[58]。

　陳公博からは「条約改訂ノ問題」における「胡麻化シノ外交的儀礼式ノヤリ方ハ避クルヘキナリ」との指摘があり、日本側の今までのやり方を暗に批判した。さらに、蒙疆問題について、その自治の許可は国民党の綱領の一つであったが、許可しなかったのは、「果シテ蒙古ニ自治ヲ与ヘテ安心ナリヤトノ心配」からであり、ソ連との関係が万一の事態となれば、日本としても「蒙古ノ自治ニ就テハ同様ノ心配アリ」と思うから、「条約改正ノ際ハ蒙疆ノ事モ考ヘ直ス要ナキヤト思料シアリ」と、蒙疆地域の現状に対して否定的な見解を示した[59]。

　翌日、汪兆銘は日本軍事顧問永井大佐を通じ、臨時議会で「日華基本条約」の改訂

208

第 7 章　太平洋戦争と日本の対内モンゴル政策

を言明された東条首相に謝意を表明するとともに、「改訂に当りては基本条約第四、第五、第六に付考慮御願度」という申し入れを行い、軍の駐屯問題について日本側に改めて考えるよう促した[60]。

また、7 月 14 日、周仏海が来訪した清水書記官と「日華基本条約」の改訂問題について話し合う際にも、日中両国のこれまでの条約の特徴を「第一は、中国をいくつかに分裂させ、実際に統一させない。第二は、陸軍、海軍の駐屯方式で中国を統制している」と指摘し、これから実施される条約改訂には、中国の分裂と統制の 2 点を取り除くべきであると主張していた[61]。

他方、日本側の当時の思惑は、1943 年 8 月 6 日、陸・海・外・大東亜 4 省の第 1 回合同研究によって出された「日華間条約ノ改訂問題ニ関スル研究」案から窺い知ることができる。

この案では、「日華基本条約」の軍事関係事項における駐兵権および撤兵問題について、「華北、蒙疆ニ於ケル防共駐屯（基本条約第三条）、治安駐屯（基本条約第四条）及艦船部隊ノ駐留（基本条約第五条、附属秘密条約第一条）並ニ撤兵（附属議定書第三条）ハ之ヲ廃止ス」と決定し、軍隊の駐屯問題に関しては、汪兆銘側の要求を受け入れるが、地域の「特殊性」問題については、華北・揚子江下流等の地域の政治的、思想的、文化的な「特殊性ヲ存続セシムル意向」がないと決定するにとどまり、蒙疆地域に関しては、「諸民族結集ニ関スル帝国ノ政略ニ応セシメ現状ニ依リ広汎ナル自治ヲ認メシム」と定め、依然としてその特殊性の存続に意欲を見せた[62]。

しかし、その後の 8 月 11 日の第 2 回目の会合で、各地特殊性の調整については、「蒙疆ノミ」を特別にするのが不適切であるという指摘があり、結局、華北およびその他の地域と同様に取り扱うことになり、蒙疆地域についての汪兆銘側の要求をほぼそのまま受け入れることになった。背景には戦局における不利な状態から抜け出すためにも、引き続き汪兆銘政権と連携を保っていく必要があったと考えられる。しかし陸軍側、とりわけ駐蒙軍は、相変わらず蒙疆だけの現状を尊重することを強く希望していたという[63]。

その後も「日華基本条約」の改訂問題をめぐってのさまざまな議論が続けられるが、9 月 18 日、ようやく連絡会議の審議を経て、「日華基本条約改訂協約締結要綱」が決定された。この案では、駐兵権については、「駐兵権は之を要求せず」に、各地域の特殊性の処理については、「軍事上乃至経済上緊密なる合作を要する特殊地帯として制約しありたる蒙疆、華北、揚子江下流地域及華南沿岸島嶼に関する事項は之

209

を廃止し」を決定。蒙疆の特殊性だけではなく、「高度自治」という表現もついに姿を消すことになった[64]。

9月21日、汪兆銘は陳公博とともに日本を訪問した。訪問中、汪兆銘は天皇を始めとして、東条首相、東郷外相、青木一男大東亜大臣、島田海相等と相次いで会談し、国際情勢および重慶政権の投降勧告、中日全面和平の条件などについて討議した。東条首相は全面和平が実現すれば、日本は中国での全軍隊を撤退し、「辛丑条約」に定めた駐兵権の放棄、地域の特殊性の取り消しも約束した[65]。

3.3　「日華同盟条約」の締結とその影響

汪兆銘政権の参戦問題の具体化、ならびに「日華基本条約」の改訂問題の浮上につれ、汪兆銘側は参戦の見返りに地域の特殊性、ならびに軍隊の駐兵権の撤廃を要求したが、その範囲は当初は華北地域だけにとどまっていた。しかし、交渉の進展に伴って、要求の範囲は蒙疆地域までに拡大し、最終的には、日本側はその要求をほぼそのまま受け入れる。10月30日、南京において「日華同盟条約」ならびに「付属議定書」が、谷正之大使と汪兆銘行政院長との間で調印、即日実施された。

この条約の第1条では、「日本国及中華民国は両国間に永久に善隣友好の関係を維持する為、相互に其の主権及領土を尊重しつつ各般に亘り互助敦睦の手段を講ずべし」と、主権と領土の尊重を、第5条では、「昭和十五年十一月三十日即ち中華民国二十九年十一月三十日の日本国中華民国間基本関係に関する条約は其の一切の付属文書と共に、本条約実施の日より効力を失ふものとす」と決め、地域の特殊性ならびに軍隊の駐屯容認の「日華基本条約」が解消された[66]。それによって、「事実上の独立」状態にあったモンゴル自治邦政府は存続の根拠を失い、内モンゴル自治運動は方向転換を余儀なくされた。

その意義について、当時交渉にあたって中心的な役割を果たしていた、汪兆銘側の主要人物たちは以下のように語っている。

汪兆銘は「日中同盟条約之分析」の中で、「これは百年来中国が不平等条約の束縛を受けていた痕跡を一掃したもの」と評価し、また、この条約の特徴については、「日華基本条約の第三条第二項の防共駐兵、第四条の治安駐兵、第五条の歴来の慣例に基づいていた駐兵が完全に廃止されたことである……第二点は基本条約第六条第二項にある華北及び蒙疆という文言、第三項にもある同じ文言、さらに長江下流域という文言、これらは中国領域内に特殊地帯が存在することを感じさせ、また経

済面に止まらず、政治、軍事も含めて分裂の危機を感じさせるが、新同盟条約の第三条は特殊地帯の憂慮を完全に取り除いた」と述べている [67]。

周仏海は1943年9月24日の日記で、「中日基本条約にはあらゆるところで日本が中国を支配し、また分割しようとする意図が表明されており、とくに駐屯規定はその一であり、華北及び内蒙古などの地方の特殊化はその二である。今回、東条が全面和平が実現した暁には、全ての軍隊を撤退させ、辛丑条約で規定されている駐兵権までも放棄するであろうし、各地の特殊化の状況に至っては、現下においても次第に解消していくであろう、と述べたということは、余が口を酸っぱくして努力してきたことの結果の一つである」と自賛している [68]。

陳公博は終戦後のいわゆる「漢奸裁判」のうえの弁論において、「日華同盟条約」について、その内容はいっさいの秘密付属協定書を取り消し、そのうえ華北駐兵および経済合作をもなくし、内モンゴルを中国に返還させたもので、残るところは東北問題だけになったと答弁し、その意義を語っている [69]。

いずれも中国の国家統合に一定の役割を果たしたことを強調しているが、分裂状態に本質的な変化が訪れたのは、実際は戦争終結のことであった。

4. 戦争終結のシナリオとモンゴル自治邦政府の崩壊

1944年、第2次世界大戦に新たな転機が訪れた。ヨーロッパ戦場で、6月4日に史上最大の作戦といわれた英米軍のノルマンディー上陸作戦が実施され、ドイツ軍が背後から突かれる形となり、太平洋戦場においては、6月15日にアメリカ軍のサイパン上陸作戦と、B29爆撃機による日本本土空爆が始まり、戦況はますます枢軸国に不利となった [70]。それにともなって、戦争処理問題をめぐる国際社会の動きも活発となり、日本の敗戦はもはや時間の問題となってきた。

戦争をいかにして終わらせるかが、日本政府にとって切実な問題となり、以後、日本では終戦の観点からさまざまな政策が講じられるが、その交渉相手となったのは、8年間にわたり日本と戦ってきた蒋介石の重慶政権であった。

こうして日本の対重慶工作が始まった。そのシナリオは、「(1)南京政府を通じて行う (2)ソ連を活用する (3)直接接触する」の三つが考えられた [71]。その中で蒙疆問題、あるいは内モンゴル問題がいったいどのような形で取り組まれていたか、それまでの日本の対内モンゴル政策を考えると興味深いこの問題について、簡単に触

れておきたい。

　上述のように、1944年に入ってからの太平洋戦線における相次ぐ敗北は、日本の日華和平工作の重要性を再認識させた。当時の小磯国昭内閣は、重慶政府との和平交渉を進めるため、1944年8月下旬から断続的に最高戦争指導会議を開き、一応、「総理大臣が外務大臣と連絡し、国民政府を通じその自発的形式において行う[72]」方針を決定したが、その具体化については、内部の意見がまとまらなかった。たとえば、満洲国問題について、「支那ノ領域タラシムルコトヲ認ム[73]」か、それとも「代償的意味合ヲ含メテ、南方地域ニ関シ考慮ノ余地アルコトヲ仄メカス[74]」かの間で絶えずゆれ、結局、「現状ヲ変更セシメサルモノトス[75]」で決着した。

　他方、蒙疆地域の取り扱い問題についても、「対重慶政治工作ノ実施ニ関スル件」では、「支那ノ内政問題トシテ取扱ハシム[76]」と述べているが、その翌日の研究案——「国民政府ニ提示スヘキ和平条件ノ腹案」では、「蒙疆ノ取扱ニ関シテハ進ンテ触レサルモ、国民政府ヨリ要求アリタル場合ハ、国民政府ノ主権ヲ認メツツ、現状維持スル旨ヲ回答ス[77]」と書かれ、非常に流動的であったことがわかる。

　1944年11月10日、汪兆銘が名古屋病院で病死。それに伴って汪兆銘政権の無力化が一層進み、その主張はほとんど日本の対外政策の中で反映されなくなった。それを裏付けるのは、12月13日の最高戦争指導会議において決定された「陳主席代理上京ニ伴フ応接要領ニ関スル件」であろう。というのは、この決定に先立って、11月30日に周仏海から矢崎勘十最高顧問に対し、華北・内モンゴルの統一案が出されており[78]、さらに、陳公博からも、「華北、蒙疆ヲ南京ノ直轄下ニ置ク[79]」との申し出があったにもかかわらず、それらの要請がまったく無視され、本決定では「蒙古聯合自治政府ト国民政府トノ関係ニ関シテハ現状ヲ維持スル[80]」と決め、事実上、「日華基本条約」の基準にまで逆戻りしていたからである。

　結局、「国民政府」最高軍事顧問の矢崎勘十から、「国民政府」を通じての重慶工作は当面成功の見込みがなく、今後は中立国を利用して重慶との接触をはかる以外に方法がない、との報告があり、「国民政府」を通じての重慶工作は失敗に終わる[81]。

　そこであらためて中立国を利用する工作が中心となった。この工作はかねてから検討され、1944年8月19日の最高戦争指導会議では、その方針がすでに決定されていた。そこには次のように書かれている。「「ソ」ニ対シテハ中立関係ヲ維持シ、更ニ国交ノ好転ヲ図ル。尚ホ速カニ独「ソ」間ノ和平実現ニ努ム。重慶ニ対シテハ速

カニ統制アル政治工作ヲ発動シ、支那問題ノ解決ヲ図ル。之カ為極力「ソ」ノ利用ニ努ム [82]」。しかも、その具体的な内容を盛り込んだ、「対「ソ」外交施策ニ関スル件（案）」、ならびに「対「ソ」施策ニ関連スル帝国ノ対「ソ」譲歩ノ限度腹案」が、9 月 12 日に決定されており、そこでは「帝国ハ現下ノ情勢ニ鑑ミ」「日「ソ」中立関係ノ維持及国交ノ好転 [83]」につとめる方針が述べられ、さらに、それが何らかの諒解に達した場合に、ソ連の「満蒙ニ於ケル勢力範囲ノ承認」も差し支えないとされていた [84]。

　しかし、日本のこのような思惑は、ドイツ側の拒絶、1944 年 11 月のスターリンの「日本の真珠湾空襲は不意打ちで、日本は侵略者というべきである」演説、1945 年 2 月 11 日のヤルタ協定におけるソ連の日本に対する宣戦の約束、さらに、4 月 5 日の外務大臣モロトフの佐藤尚武大使に対する「日ソ中立条約は今後延長しない [85]」通告、8 月 8 日のソ連の日本に対する宣戦布告などの一連の事件により、またも挫折する。残るのは重慶政権と直接接触する方法だけとなった。いわゆる「繆斌工作」はまさにこうした背景の下で始まった。しかし、政府内部だけでも重光葵をはじめとする数多くの反対者がいたため、結局物別れとなり、終戦期における日本の一連の重慶工作はことごとく失敗することになる。

　ところで、視点を変えてみれば、これらの工作は日本側による一方的なものであり、相手側からみれば、当初から成功の可能性がほとんどなかった。なぜなら、1943 年 10 月に米英ソ 3 国外相によって「一般的安全保障に関する四ヵ国宣言」が発表され、戦後の和平維持のための国際組織の創立がうたわれていた。さらに、11 月 19 日からカイロで蒋介石、ルーズベルト、チャーチルの会談が実現され、そこでは、日本の戦後処理問題が協議され、朝鮮の独立問題にまで触れられていたからである [86]。

　このような国際情勢の中で、重慶政権が勝利を目前にした連合国の陣営から離脱して、戦後の処理問題まで議論されている日本との妥協の道に走ることは到底考えにくく、現実性を欠くものであった。それに何らかの意味があったとすれば、それまでの日本の対内モンゴル政策の基本構造を終戦のシナリオの中であらためて再現し、それによって、日本の対内モンゴル政策の研究に最後の証拠を残したことであるだろう。

　8 月 15 日、日本政府はポツダム宣言を受諾し無条件降伏した。19 日、デムチグドンロブ王は張家口から北京へ脱出し、モンゴル自治邦政府の崩壊は決定的となる。こうして 10 年以上続いた内モンゴル自治運動は失敗に終わり、日本の対内モンゴ

ル政策に終止符が打たれた [87]。

小　結

　日中関係、とりわけ日中戦争に影響されてきた、日本の対内モンゴル政策、および内モンゴル自治運動は、1941 年 12 月 8 日の太平洋戦争の勃発によって新たな局面を迎え、それ以後、日米関係を中心とした国際情勢の変化にも大きく影響された。本章では、「日華同盟条約」を事例とし、その詳細を明らかにしようと試みた。

　日米交渉の決裂は太平洋戦争の直接の原因になるが、汪兆銘政権と日本側が交わした「日華基本条約」で定められた蒙疆地域の特殊性と、駐兵権の撤廃問題が交渉決裂の一因となった。交渉にあたっては、日本、とくに陸軍は、あくまでも蒙疆地域における駐兵権の維持を堅持し、最後の譲歩案でも「25 年間」という期限限定の駐兵権を求めた。この 25 年間は、内モンゴル自治運動にとっては、一定の意味をもっていた。すなわち当時の状況から言えば、それはモンゴル自治邦政府の「事実上の独立」、または蒙旗地帯の「自治」と「復興」につながるはずであった。しかし結果的には、日米交渉は成功に至らず戦争へ突入することになった。

　開戦当初の段階では、日本は軍事的に大きな勝利を収めていたが、1943 年に入ってからは、ミッドウェー海戦とガダルカナル陸戦で、開戦後はじめての敗北を喫し、それまでの攻勢から守勢への転換を余儀なくされた。そこで劣勢挽回のために導入されたのが、「対支新政策」であり、それに伴って浮上したのが汪兆銘政権の参戦、ならびに「日華基本条約」の改訂問題であった。

　その後、「日華基本条約」の改訂問題をめぐる日汪の交渉が始まる。汪兆銘側が参戦の条件としてもっとも主張したのは、華北・蒙疆地域の特殊性、ならびに駐兵権の撤廃問題に関するものであった。日本側、とくに陸軍は、少なくとも蒙疆だけの特殊性は維持しようとしたが、すでに守勢に転じていた戦局の巻き返しには、汪兆銘政権のさらなる協力が必要であったため、最終的には、汪兆銘側の要求をほぼそのまま受け入れる形で「日華同盟条約」が締結された。こうして「日華基本条約」に定められた蒙疆地域の特殊性と駐兵権が取り消され、蒙疆地域の高度自治も姿を消した。

　「日華同盟条約」は汪兆銘政権の「主権回復」と「領土の尊重」を強調し、形式上、汪兆銘政権の国家統合に一定の役割を果たす結果をもたらした。が、「日華基本条約」

において、内モンゴルに対する汪兆銘政権の宗主権が認められ、それによって、プロセス上大きく後退していた内モンゴル自治運動は、今度は高度自治さえもが否定されることになった。これは日本の対内モンゴル政策が、事実上、白紙に戻ったことを意味した。背景には汪兆銘側の動きがもちろんあったが、急激に変化しつつあった国際情勢も無視することはできないと思われる。

その後、汪兆銘政権が弱体化するや、日本にはあらためて「日華基本条約」の維持に執着するような姿勢があらわれ、さらに、戦争終結工作にあたって、ソ連から何らかの譲歩を引き出すため、新たに「満蒙」をソ連の勢力範囲にする案まで作成されることになった。しかし、それらのもののいずれもが日本の対内モンゴル政策の構造的なメカニズムにおける流動性、ならびに非一貫性を立証するのみで、検討に値するようなものではなかった。ただ興味深いのは、当初帝政ロシアを意識しながら始まった日本の「満蒙問題」が、最後に、その原点に戻るように、ソ連を意識しながら作成された「満蒙」に関する「案」で、幕を閉じることになるが、その「蒙」があらわす意味はまたも違っていた。

■注
1) 今井武夫『支那事変の回想』みすず書房、1980年、p.113。
2) 波多野澄雄「日本の視点 — 陸軍にとっての「真珠湾」」、五百旗頭真・北岡伸一編『開戦と終戦 — 太平洋戦争の国際関係』情報文化研究所、1998年、p.89。
3) 重光葵『昭和の動乱』原書房、1978年、p.148。
4) 同上書、p.150。
5) 鈴木隆史「日中戦争をめぐる国際関係」、井上清・衛藤瀋吉編『日中戦争と日中関係』原書房、1988年、p.190。
6) 前掲『昭和の動乱』、pp.178-180。
7) 木村時夫『昭和史を語る』早稲田大学出版部、1988年、pp.78-80。
8) 前掲『昭和の動乱』、p.186。
9) 前掲「日中戦争をめぐる国際関係」、p.191。
10) 前掲『昭和史を語る』、p.96。
11) 前掲『日中戦争』(新版)、p.137。
12) 同上書、p.138。
13) 「日支和平基礎条件」(連絡会議提案、昭和一六、九、一三)、(日・米外交関係雑纂／太平洋ノ平和並東亜問題ニ関スル日米交渉関係(近衛首相「メッセージ」ヲ含ム)第八巻)、外務省記録 A-1-3-1、外務省外交史料館。
14) 加瀬俊一『日本外交史23』(日米交渉)鹿島平和研究所、1970年、p.216。

215

15) 松本重治『近衛時代（下）』中央公論社、1987年、p.212。

16) 藤原彰「日米開戦後の日中戦争」、前掲『日中戦争と日中関係』、p.291。

17) 蔡徳金編『周仏海日記』(村田忠禧ほか共訳)みすず書房、1992年、p.625。

18) 前掲『近衛時代（下）』、p.213。

19) 前掲『日中戦争』(新版)、p.139。

20) 前掲「日米開戦後の日中戦争」、p.291。

21) 前掲『日中戦争』(新版)、p.139。

22) 参謀本部編『杉山メモ ── 大本営・政府連絡会議等筆記（上）』原書房、1967年、pp.349-350。

23) 前掲『昭和史を語る』、pp.101-102。

24) 前掲『昭和の動乱』、p.204。

25) 前掲『近衛時代（下）』、pp.160-161。当時アメリカ側は、日本案の受け入れを拒否するが、その代わりに、「暫定協定案」を日本側に出す考えを持っていた。しかし、その内容は、中国を犠牲するものがあったので、蒋介石の猛反発を受けたという。そのうえ、イギリス側も賛成していなかったため、結局、暫定案を日本に出すことをやめ、11月26日に、ハルノートを提出することになる。

26) 前掲『昭和史を語る』、pp.109-110。

27) 前掲『昭和の動乱』、pp.205-207。

28) 前掲『昭和史を語る』、p.107。

29) 前掲「日本の視点 ── 陸軍にとっての「真珠湾」」、p.219。

30) 種村佐孝『大本営機密日誌』芙蓉書房、1979年、pp.146-147。

31) 同上書、pp.155-156。

32) 前掲『昭和史を語る』、p.166。

33) 前掲『大本営機密日誌』、pp.183-184。

34) 服部卓四郎『大東亜戦争全史』原書房、1965年、pp.362-363。

35) 前掲「日本の視点 ── 陸軍にとっての「真珠湾」」、p.234。

36) 前掲『大本営機密日誌』、p.184。

37) 太田一郎『日本外交史24』(大東亜戦争・戦時外交)鹿島平和研究所、1971年、pp.254-266。

38) 前掲『周仏海日記』、p.469。

39) 前掲『日本外交史24』、p.256。

40) 前掲『周仏海日記』、p.471。

41) 前掲『日本外交史24』、p.256。

42) 小林英機・林道生『日中戦争史論 ── 汪兆銘政権と中国占領地』御茶ノ水書房、2005年、p.228。ところが、今回の訪問においては、華北、蒙疆の独立についての協議が確かにあったかどうかについては、ほかの史料では確認できていない。

43) 波多野澄雄『太平洋戦争とアジア外交』東京大学出版会、1996年、p.80。実際においては、汪兆銘政権が参戦後、一兵も戦場に送り出すことなく、ただ政治、経済、軍事、文化、教育などの諸政策を戦時体制化することであった。

44) 参謀本部編『杉山メモ ── 大本営・政府連絡会議等筆記（下）』原書房、1967年、pp.153-157。

45) 前掲『大東亜戦争全史』、pp.364-365。

46) 「東条総理大臣ノ汪行政委員長ニ対スル談話要領」(昭和一七、一二、二〇)、(大東亜戦争関係一件／中華民国国民政府参戦関係第一巻)、外務省記録 A-7-0-0、外務省外交史料館。

第 7 章　太平洋戦争と日本の対内モンゴル政策

47）前掲『日本外交史 24』、pp.269-270。
48）「基本条約ニ関スル問題」（極秘、昭和十八年四月十四日記）、（大東亜戦争関係一件／中華民国国民政府参戦関係／日華同盟条約関係）、外務省記録 A-7-0-0、外務省外交史料館。
49）前掲『周仏海日記』、p.540。
50）同上書、p.547。
51）「東条総理大臣陳特使会談要録」（極秘、昭和十八年四月九日）、前掲（大東亜戦争関係一件／中華民国国民政府参戦関係／日華同盟条約関係）。
52）同上。
53）前掲『日本外交史 24』、pp.294-296。
54）「日華同盟条約締結ニ伴フ基本条約及附属書類規定事項ノ取扱方）」（研究、十八、六、一）、前掲（大東亜戦争関係一件／中華民国国民政府参戦関係／日華同盟条約関係）。
55）「日本側要求基礎条件」（極秘）、同上史料。
56）「七月十二日総司令官、汪主席会談ノ際主席及陳、周ノ条約改正ニ関スル希望ノ私的意見」、同上。
57）前掲『周仏海日記』、p.580。この内容を同上史料からも確認できる。
58）前掲「七月十二日総司令官、汪主席会談ノ際主席及陳、周ノ条約改正ニ関スル希望ノ私的意見」。
59）同上。
60）前掲『日本外交史 24』、p.298。
61）前掲『周仏海日記』、p.580。
62）「日華間条約ノ改訂問題ニ関スル研究」（第一回陸海外大東亜合同研究、昭和十八年八月六日）、前掲（大東亜戦争関係一件／中華民国国民政府参戦関係／日華同盟条約関係）。
63）「日華間条約改訂問題ニ関スル研究中間報告」（十八、八、十三）、同上史料。
64）前掲『日本外交史 24』、pp.301-303。だがそれに先だって、8 月 25 日の「日華間新条約締結要綱案」では、蒙疆問題に対しては、「戦後支那側ノ内政問題トシテ根本的調整ヲ加ヘラルルコトハ異存ナキ所ナルモ……支那側ノ自主的措置トシテ中華民国ノ宗主権ハ之ヲ認メツツ高度ノ自治ヲ認メシメ」と決定されており、高度自治問題についてぎりぎりまでの交渉が行われていたことがわかる。大東亜省「日華間新条約締結要綱案」（昭和十八年八月二十五日）、前掲（大東亜戦争関係一件／中華民国国民政府参戦関係／日華同盟条約関係）。
65）蔡徳金・李恵賢『汪精衛偽国民政府紀事』中国社会科学出版社、1982 年、p.225。「辛丑条約」、また「北京議定書」ともいう。1901 年 9 月 7 日に北京で調印された義和団事変における列国と清国・義和団との戦闘の事後処理に関する最終議定書。日本の外交文書における正式名称は、「北清事変に関する最終議定書」である。
66）前掲『日本外交史 24』、pp.312-313。
67）前掲『日中戦争史論 ― 汪兆銘政権と中国占領地』、p.232。汪兆銘「日中同盟条約之分析」中国国民党中央委員会党史委員会『中華民国重要資料初編 ― 対日抗戦時期』（第六編傀儡組織三）、1981 年、pp.449-452。
68）前掲『周仏海日記』、p.605。
69）金雄白『同死共生の実体』（池田篤紀訳）、1960 年、p.395。ちなみに、陳公博の元の話は次のとおりである。「至于同盟条約的内容, 已取消一切秘密附件, 更取消所谓华北驻兵及经济合作, 而且更将内蒙返还于中国, 所剩下的只有东北问题了。」中国国民党中央委員会党史委員会『中

217

華民国重要資料初編 ― 対日抗戦時期』（第六編傀儡組織四）、1981 年、p.1565。

70) 前掲『昭和史を語る』、p.322。前掲『日中戦争』（新版）、p.172。

71) 前掲「日本の視点 ― 陸軍にとっての「真珠湾」」、p.248。

72) 前掲『大本営機密日誌』、p.234。

73) 「重慶工作実施ニ関スル件」（昭和一九、八、三一）、（大東亜戦争関係一件／本邦ノ対重慶工作関係）、外務省記録 A-7-0-0、外務省外交史料館。

74) 「対重慶政治工作ノ実施ニ関スル件」（昭和一九、九、一）、同上史料。

75) 「対重慶政治工作ノ実施ニ関スル件」（最高戦争指導会議、昭和一九、九、五、決定）、同上。

76) 同上。

77) 「国民政府ニ提示スヘキ和平条件ノ腹案」（別紙）、前掲（大東亜戦争関係一件／本邦ノ対重慶工作関係）。ちなみに、ここで言っている「国民政府」とは汪兆銘政権を指している。ここで、蒙疆の「現状維持」をあらためて強調しているのは、その背景に同政権の弱体化があったと考えられる。

78) 前掲『周仏海日記』、p.728。

79) 伊藤隆・武田知己編『重光葵　最高戦争指導会議記録・手記』2004 年、p.229。

80) 同上書、p.236。

81) 前掲『大東亜戦争全史』、p.668。

82) 参謀本部『敗戦の記録』原書房、1967 年、pp.55-56。

83) 「対「ソ」外交施策ニ関スル件」（案、一九、九、一二）、（大東亜戦争一件）、外務省記録 A-7-0-0、外務省外交史料館。

84) 「対「ソ」施策ニ関連スル帝国ノ対「ソ」譲歩ノ限度腹案)」、同上一件。しかし、ここで言っている「満蒙」とは、当時の満洲国と内モンゴル西部地域を指していたと考えられる。

85) 前掲『昭和史を語る』、pp.323-354。

86) 前掲『日中戦争』（新版）、pp.165-167。

87) 前掲『徳王自伝』、p.313。

終章 モンゴル自治邦政府の歴史的意義

モンゴル自治邦政府ポスター
出所：了恵寺提供

明治維新後勢力拡大を目指してきた日本の大陸政策を起源とする満蒙政策と、20世紀初期に始まったモンゴル民族の解放運動に原点を置く内モンゴル自治運動は、満洲国樹立による日本の東部内モンゴル支配後、ついに鉢合わせをすることとなった。10年以上に及ぶ日本の対内モンゴル自治運動政策はこうして始まる。しかし、それぞれが、それぞれのそれまでの法則によって発展し続けていたため、内モンゴル自治運動史には、当初から民族解放運動としての内モンゴルと、日本の政策としての「内モンゴル」という二つの軸が存在していた。しかも、この二つの軸は常に相手を吸収し、自分のために奉仕させようとする相互牽制の原理を持っていたため、内モンゴル自治運動における日蒙関係は「協力」と「対立」の連続であった。本書では、この二つの軸を辿りながら当時の日本の対内モンゴル政策を検討し、それによって、内モンゴル自治運動の複雑かつ流動的な動きの原因を明らかにした。

　内モンゴル自治運動の始まりは百霊廟自治運動である。当時国民政府の中で、背後に日本の存在が疑われたが、実際は日本とは関係なく、それまで起きていた一連の民族解放運動と同様の、モンゴル人のイニシアチブによる民族解放運動に過ぎなかった。手段は日本との「協力」という形を取ったが、それは、当時の内モンゴル問題の国際化によるものであった。

　政治のイニシアチブがモンゴル側にあったからこそ、百霊廟自治運動は挫折に直面しながらも、最終的にはモンゴル自治邦政府の成立に至り、目標としていた「自治」と「復興」へ一歩近づくことができた。しかも、終戦後も新たな形をとって継続した。これは、前史から受け継がれた民族解放運動の「流れ」が、途切れていなかったことを意味する。この点において、満洲国とは根本的に違っており、後者の場合には、マンジュ人のナショナリストたちによるイニシアチブもなく、前史から受け継がれた連続性もなかった。だから、終戦とともに幕を閉じたのである。

　にもかかわらず、なぜ、「デムチグドンロブ王政権」は、時に満洲国との比較の対象となるのか。それは、政策としての「内モンゴル」という軸に置いてしか当時の諸事象を見ていなかったからである。その結果、内モンゴル自治運動史研究において、「蒙疆政権」という漠然とした概念が登場し、日本の大陸政策の一貫性が強調されてきた。しかしながらこの「蒙疆」とは、「鮮満」「満蒙」と同様に、それまでの日本の膨張政策の延長線のうえに誕生した、一連の地域概念の一つに過ぎない。そこには先住民、つまりモンゴル人のオーソドックスなヒストリーを否定するというメカニズムが働いている。そのため、「蒙疆」という枠組みの中で、内モンゴル自治運動史を

語ると、当然ながらモンゴル人のイニシアチブ、つまり、モンゴル人が果たした役割が無視される。内モンゴル近代史研究において、きわめて重要な出来事であるモンゴル自治邦政府の存在が見落とされてきた原因はここにある。

　では、モンゴル自治邦政府という事象をどう説明すればよいのか。日本の政策としての「内モンゴル」という軸は、高度自治を唱えるモンゴル連合自治政府の樹立で限界に達し、その後後退した。これは、「日華同盟条約」における「蒙疆」の高度自治の廃止、終戦にあたっての「満蒙」という表現の新たな登場などから明らかである。したがって、この軸において考察を行うと、モンゴル連合自治政府後に成立したモンゴル自治邦政府について、合理的な説明がつかない。だが、その反対軸においてみると、百霊廟自治運動からモンゴル自治邦政府までの歴史は、モンゴル人のナショナリズムに支えられながら成長してきた民族解放運動の一部であり、そこには近代モンゴル人の一貫した「自治」と「復興」の主張があった。モンゴル連合自治政府は一つの通過点という解釈もありうる。

　ここでは、複眼的な視点からこの二つの軸を、同時にその内在する対立関係において、研究を進めることが重要である。従来の研究は、この二つの軸を混同させ、内モンゴル自治運動史の過程で出来た一連の政権を、一元的な観点からみてきた。したがって、諸政権の関係を正しく認識することができなかった。実際は、それらの政権は、モンゴル総司令部対モンゴル軍政府、モンゴル連盟自治政府対蒙疆連合委員会、モンゴル連合自治政府対モンゴル自治邦政府のように、対立する二つの軸のうえで、牽制と駆け引きを行いながら対称的に存在していた。

　当時、日本はモンゴルを「蒙疆」と解釈し、モンゴル人による民族解放運動を満洲国同様、日本の大陸政策の延長線の産物にしようとした。しかし、それはモンゴル側にとっては、民族解放運動が乗っ取られることを意味するものであったため、デムチグドンロブ王は抵抗し続けた。同時に彼も東方からやってきた日本の「西進」のエネルギーを、いかにモンゴルのために利用するかに注意を払った。その努力は、最終的にモンゴル自治邦政府の樹立に至り、完全な独立はかなわなかったものの、蒙旗地域の復興事業につながった。当政権はモンゴル語で「国家」を意味する「ULUS」という言葉で呼ばれていたように、モンゴル人にとっては、事実上の「独立政権」であった。そこにはモンゴル地域と関係する行政のすべてを専門に扱う興蒙委員会が、ミニ政府的な役割を果たしていた。しかし、これはあくまでも民族解放運動という軸においてだけの話であり、反対側の軸においてみれば、モンゴル連

合自治政府の成立を境に、日本の対内モンゴル政策はその後「満蒙」時代へ逆戻りしている。これは二つの軸はここに至って、それぞれの道を歩み始めたことを意味するものである。表向きにはモンゴル連合自治政府の看板を揚げ、内部においては蒙旗地域の復興事業に取り組んでいたモンゴル自治邦政府の二重性格は、このように形成した。

　しかし、戦乱が続く当時の状況により、その復興事業自体は非常に脆弱で、当時の満洲国とは比較にならないかもしれないが、それが代表する方向性は、およそ半世紀に及んだモンゴル民族解放運動の方向性であり、その意味では、内モンゴル近代史において重要な一ページとなったと筆者は考える。当事者であるジャグチド・セチンが、モンゴル自治邦政府時代を高く評価し、デムチグドンロブ王にとっては、第2の黄金時代であったと言った訳もここにあるだろう。求められるのは、歴史を牽引してきたイニシアチブの問題をいかに正しく理解するかということである。

　この問題は、実は外モンゴルの独立史を考える際にも重要である。当時、外モンゴルは、「独立から自治」、「自治から自治の廃止」という険しい時代を乗り越え、最終的に完全なる独立を勝ち取ったことの背景には、支援をもとめてロシアへ派遣された代表団によって、革命のイニシアチブがモンゴル側に渡されていたという事実があったからであろう。この事実を無視したら、モンゴル国さえ満州国との比較の対象になりうるだろう。

　あえて仮説を立てるなら、当時、もしモンゴル人が政治のイニシアチブをとっていなかったら、モンゴル自治邦政府の成立はなかっただろう。モンゴル人のイニシアチブのない状況でモンゴル自治邦政府の成立があったとすれば、蒙旗地域の政治状況は満洲国領内のモンゴル地域のようなものになっていただろう。モンゴル人がイニシアチブをとっていても、モンゴル自治邦政府の成立はなかったとすれば、民族解放運動としての内モンゴル自治運動は、政策としての「内モンゴル」に乗っ取られていたことを意味するだろう。モンゴル人のイニシアチブもなく、モンゴル自治邦政府の成立もなかったとすれば、「デムチグドンロブ王政権」は、満洲国と同様に傀儡扱いされても議論の余地はないだろう。これはあくまでも仮説だが、モンゴル連合自治政府とモンゴル自治邦政府の相違点を語るうえで、必要だと考える。

　内モンゴル自治運動が民族解放運動であった以上、それを支えるナショナリズムとそれに反対する宗主国との対立は当初から存在していた。それに第三勢力として

終　章　モンゴル自治邦政府の歴史的意義

加えられたのが日本である。しかし、当時の日本の対内モンゴル政策はけっして一枚岩ではなかった。内部において、関東軍と陸軍省の関係に現れるように、さまざまな対立問題を抱えていた。外部において、地理的な原因や、宗主国との関係により、日中、日ソ外交にも影響されていた。しかも、その対中、対ソ関係自体は日本の国際関係の一環であったため、それを媒介としながら影響を与える国際情勢の動態も無視することが出来ない重要な要因となっていた。

　こうして内モンゴル問題はそれまでの単なる民族問題ないし地域問題の枠を超え、極東アジアをめぐる国際関係の内モンゴル側面となり、その多元性が形成された。以後、国際情勢の動態は、内モンゴル自治運動にとっての地盤的な存在となり、それがどちらへ傾くかによって、自治運動は大きく左右され、場合によっては運命を決める要因にもなった。

　満洲国の樹立により、東部内モンゴル地域を支配下に押さえた日本にとっては、西部内モンゴル地域が次なる目標になることは、それまでの日本の拡大政策の法則によれば、自然の成り行きであった。いわゆる日本の「内蒙古工作」はこうして始まる。それは対中政策の視点からみれば、「土肥原・秦徳純協定」に象徴されるように、華北分離政策の一環であった。さらなる背景には、国境紛争による緊迫した日ソ関係と、そこから派生した、日本の防共線構築という壮大なプランがあった。

　こうした日本の、中国に対する分離政策、ソ連に対する防共政策は、結果として内モンゴル自治運動に有利な国際環境を提供した。内モンゴルの独立を認めなければモンゴル人の協力を得にくいことを痛感させられた関東軍の、独立抑止方針から支援への転換がさらなる起爆剤となった。板垣征四郎の内モンゴル独立に関する演説はちょうどこの時期にあたる。その後、内モンゴル自治運動は飛躍的な発展を遂げ、ほどなくモンゴル軍政府の樹立に至る。

　しかし、綏遠事件の失敗により事態は新たな展開を迎えた。関東軍は独走的態勢を一時改め、日中外交を重視し、内モンゴル独立に反対する政府側に歩み寄る。こうして内モンゴルの独立問題はあらためて牽制されることになるが、それに新たな転換期が訪れるのは日中戦争勃発の時である。

　日中戦争勃発後、関東軍は占領地域経営という視点から、蒙疆連合委員会を成立させた。それは、陸軍省の反発を招き、また一方で、デムチグドンロブ王をはじめとするモンゴル側の建国の主張とも対立した。以後、占領地域の支配問題をめぐる3者の激しい対立が始まる。さらに、日中戦争の進展により、汪兆銘政権樹立が日

223

本の国策として進められるにつれ、汪兆銘と日本の関係は内モンゴル自治運動の進展に大きく影響することとなった。「内蒙古独立ニ関スル件」などモンゴルの将来を占う多くの「草案」が次々と否定され、モンゴル連合自治政府が設立され、さらに青島会議によって当政権における「国民政府」（汪兆銘政権）の宗主権が認められたことなどの裏には、いずれも汪兆銘の影があった。これはモンゴル連合自治政府期の樹立により、内モンゴル自治運動が低調期に入ったことの原因でもある。同時に、政策としての「内モンゴル」が一歩先に走り、民族解放運動としての内モンゴル自治運動が乗っ取られたことを意味するものでもあった。しかしその後、デムチグドンロブ王による巻き返しが図られたため、蒙旗地域の「自治」と「復興」が保障されたモンゴル自治邦政府が成立され、民族解放運動としての内モンゴル自治運動はあらためて軌道に乗る。

　一方、ハルハ廟事件を象徴とする国境問題をめぐる日ソの関係悪化は、内モンゴル地域を日本の防共基地の最前線として浮上させたという意味では、内モンゴル自治運動にとってはプラスの効果があった。しかし、その後のノモンハン事件の失敗による南進論の登場は、それまでの日本の国際戦略における内モンゴル問題の地政学的な重要性を失わせたという意味では、マイナスであった。「日ソ中立条約」にあたって、松岡洋右がソ連に対し、蒙疆地域の現状維持を迫ったのは、それ以上内モンゴル問題にかかわりたくないという気持ちのあらわれであっただろう。以後、国際情勢の動態は内モンゴル自治運動にとってはますます不利となり、前進させるには、デムチグドンロブ王を始めとするモンゴル人の民族主義者たちの努力しかなかった。その努力の結果は、「半独立」的なモンゴル自治邦政府の成立であり、それによって内モンゴル自治運動はようやく実り始めたが、デムチグドンロブ王にとってはそれが限界でもあった。

　他方、南進論の推進により東南アジア地域の民族解放運動が助長され、結局、独立につながった。南進論のきっかけはノモンハン事件とも言われているが、結果は言うまでもなく、太平洋戦争における日本の敗北である。敗者 ― 日本との「協力」によって、内モンゴルの政治状況の突破口を狙った内モンゴル自治運動はこうして幕を閉じたが、内モンゴル近代史においては、モンゴル自治邦政府の樹立という大きな遺産を残したことも決して無視することができないだろう。

補論 戦前期内モンゴルにおける草地売買について
―― シリーンゴル盟を事例として

露天市の雑貨商
出所：鉄路総局『多倫・貝子廟並大板上廟会事情』(1934年)

果てし無い草原で家畜の群れを追いながら遊牧生活を行っていたモンゴル人にとって、日常生活における衣食住のほとんどは家畜から由来するものであったが、家畜から生産できないもの、たとえば小麦粉や、磚茶、砂糖などの食料品、綿花、長靴、鞭鞍、煙草などの雑貨品の大部分は近隣する農耕民から買わなければならなかった。こうした需要により市場が形成され、相互交易が盛んに行われていたが、その中心的な役割を果たしていたのは、いわゆる「旅蒙商」と呼ばれる漢人商人であった。綏遠、張家口、ドローン・ノールなどモンゴル周辺の地方集散市場に中国内地の商品を仕入れ、それを草原に持ち込んでモンゴル人に供給し、その見返りとして牛や、羊などの家畜、あるいは羊毛や、牛皮などの畜産品、または獣毛皮類か湖塩などいわゆる「蒙貨」を集め、これらの商品をその周辺都市に持ち帰って販売するのが、彼らの商業形態であり、その行為が当時総じて「草地売買」と呼ばれていた。

　草地売買は戦前期内モンゴルにおいて、モンゴル人を相手とする漢人の商業資本のもっとも基本的な活動形態であり[1]、主に現地で行商する漢人商人によって支配されていた。中には稀であるがモンゴル人が自ら進んで蒙貨を周辺の地方集散市場まで携行し、そこの雑貨店や、「牛馬店」、「皮毛棧」等に販売するケースもあった。また、露商瓦利洋行のような外国系商人も少ないながら活動していた。その後、日中戦争の勃発と日本の内モンゴル進出につれ、状況が変わったものの、大蒙公司、蒙疆畜産公司など日系商社が新たに加えられただけであった。それに一つの転換期が訪れたのは1940年のホルショー制度の登場であり、それによって、モンゴル人の草地売買への参加は可能となった。

　では、草地売買とは何か。それがいかに構成され、いかなる工程の中で動いていたのか。またホルショーとは何か。それの登場は何を意味するものであったのか。これらの問題は、戦前期内モンゴルの経済状況を語るにあたって、いずれも興味深い話であるが、今までの研究ではほとんど注目されず、それに代えて「蒙疆」という地域の境界線を超えた枠組の中で、当時の内モンゴルの経済問題が取り扱われてきた。したがって、この補論でシリーンゴル盟を事例としながら、戦前期内モンゴルにおける草地売買の実態を探るとともに、それの近代内モンゴル社会に与えた影響を検証する。

1. 旅蒙商の業態

　草地売買において、その主役となっていたのは、いわゆる「旅蒙商」と呼ばれる漢人商人であり、その業態は実に多種多様であった。たとえば、張家口市における旅蒙商の場合、中には当地に店舗をもち使用人をして「蒙地」(モンゴル地域)に赴かせ、取引をするものと、零細資本を有するものが単独ないし2、3名で合資し、それぞれ自己の責任で蒙地に出向き、取引をするものがあった[2]。前者の内部組織は、会社と同様、出資者としての「財東」(資本主)のほかに、経理(経営者)がおり、その下に「夥計」(手代)、「学徒」(丁稚)などが配置され、さらに、その夥計の中には、蒙地に赴いて取引を専門に行う者と店内に残留する者をそれぞれ置いていた。それに対し、後者は組織的に比較的単純で、宰領する「掌櫃的」1名と2、3ないし6、7名の夥計によって構成され、規模が大きいとき、稀に厨夫が伴うことがあった[3]。しかしながら、これはあくまでも資金力と組織構成による分け方であり、その営業パターンと商業形態によれば、さらに「坐荘」や、「行荘」、または「販子」と区別されるが、その詳細な説明は後に持ち越す。その組織と業態のいずれを問わず、草地へ出かけて行商する商人を総称するもう一つの用語に「出撥子」があり、地域によって

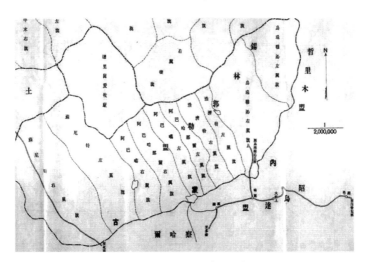

図ホ-1：シリーンゴル盟地図
出所：南満洲鉄道株式会社『内外蒙古接壌地域附近一般調査』(1924年)。

「撥子」「売買家」、「草地売買」、「外路」、「外管」等の名称も用いられることがあった⁴⁾。

　さて、出撥子とは草地売買においてもっとも基本的な存在であって、史料によれば、当時張家口、ドローン・ノール、その他満洲国の林西、洮南、開魯等からシリーンゴル盟へと行商する出撥子の数は概算して 1,500 人にのぼっていたという⁵⁾。モンゴル人向け商品を携へ、草原の奥地まで出回って、水草を追い転々極まりないモンゴル人宅を訪れ、彼等が要求する物資を供給し、その代わりに蒙貨を購入し、それをモンゴル周辺の地方集散市場に持って行って売り捌くのが彼らの本来の業務である。その蒙貨の買い取り方法については、関東軍の調査資料には次のように描写されている。

　　　一般出撥子ノ蒙貨買付方法ヲ見ルニ、夫レカ各市場ノ坐荘ヨリ派出セル行荘ト、坐荘ヲ有セサル行荘トニ限ラス、両三名ノ行荘者カ数量ノ牛車ニ蒙人向商品ヲ載積シ、十里ニ一戸、五十里ニ二戸ト謂フ人煙稀ナル土地ニ蒙古包ヲ訪レテ、月餅一包、大布一件ト謂フ零碎ナル商品ヲ貸付ケ、一定地域ヲ数カ月ニ亘ッテ巡回シ、再ヒ買付回収ノ為数カ月ノ旅ヲ兼ネテ、曩ノ蒙古包ヲ訪ンテハ羊毛五斤、馬鬃一斤ト謂フ零碎ナル決済品ヲ集メル。百斤ノ羊毛ヲ買付ケル為ニハ数十日ノ旅ヲ続ケル。此ノ行事カ年ニ一回乃至二回繰返サレ稀ニハ三回繰返スモノモアル。斯クシテ掻集メタル貨物ハ林西、開魯、貝子廟、多倫方面ニ搬出セラレ再ヒ蒙古人向け商品ヲ仕入ルル⁶⁾。

　これが出撥子の日常の生活であるが、それには行荘と坐荘と二つの形態があった。坐荘とはモンゴル奥地の諸王府・廟府付近に固定家屋をもって店舗を開設する特権を王公より与えられたものを指し、定住所を有せず常に天幕を張りながら遊牧地を行商するものが行荘と呼ばれた⁷⁾。行荘にも坐荘にも、独立資本をもって小規模な商いをしているものもあれば、経棚、ドローン・ノール、張家口など辺境地域の商業中心地に本拠をおき、数多い支店網の形成し、蒙地においてそれぞれの縄張りをもつものもあった⁸⁾。

　さて、坐荘の開設にあたっては、モンゴルの貴族たちとの信頼関係が重要であり、通常は 3、4 年ぐらいの行荘生活をへて王府方面と顔馴染みになってから許可をとるのが普通であるが、その答礼として商人から王公、または僧侶へ一定の贈答品が

送られていた。たとえば、同上資料によれば、シリーンゴル盟の中心地であったバンディド・ゲゲーン・スム（貝子廟）において坐荘を開設するとき、通常は商人なら20-30元の礼物を送り、職人であれば5、6元程度であり、開設後は地租の意味で春秋2回にわたって相応の礼物を送っていた。そのほかの旗の例からみてもほぼ同様である [9]。

坐荘の中には地方集散市場の貿易商の支店・出張所等の性質を有するものもあれば、独立経営によるものもあった。彼らは本店あるいは取引先の問屋より仕入れたモンゴル人向けの嗜好品を店舗に置き、客の来店を待って商品を販売するのが普通だが [10]、中にはさらに出撥子を派遣し、附近のモンゴル人と直接やり取りするものもあった。その場合、それらの派遣された人は行荘と呼ばれた。

言い換えれば、行荘とは出撥子の本来の姿であり、中には地方集散市場の店舗から派遣された者と、蒙地市場の坐荘より派遣された者がいた。また、個人経営の行荘専業者もいたが、いずれにしろ組織構成は同じである [11]。商品の運搬は概ね数輌の牛車によるが、駱駝を使用する時もあった。その場合、使役する「脚逞夫」を雇用することがあった [12]。

一隊の行荘の一行商期間内に取り扱われる商品は、概ね100元ないし400-500百元程度と称され、稀には1,000元を超えるものもあったが、坐荘の奥地への発展と同種商人の増加による競争の激化によって市場が圧縮され、小規模の行荘が多くなった [13]。当時シリーンゴル盟においては、大規模な商取引を行っている商人は自ら相当数の行荘を有するかたわら、他の行荘専業者を利用して集貨に努める傾向にあって、バンディド・ゲゲーン・スム等名市場における各坐荘は概ねこの類いにあたる [14]。

行荘のモンゴル人との取引は一般的に信用取引によるものであり、彼らが要求する商品を提供する代わりに、畜産品を得るが、次回の取引に持ち越すために、賃借関係が完全に清算されることはほとんどなかった。モンゴル人より獲得した商品を主に蒙地内の坐荘、販子等に売却していたが、地方集散市場まで自身で搬出し、関係する各商店に売却することもあった [15]。

では、東ウジュムチン旗ノーナイ・スム進出の開魯出身の行荘石某等3名1班の例を見てみよう。関東軍の調査報告には次のように記録されている。

　　　昨年度ニ於テ資本百元以テ開魯ヨリ対蒙取引商品ヲ購入シ、ノーナイ・スー

ム一員ニ於テ蒙貨ト交換シ、之ヲ開魯ニ搬出シテ二百二十五元ニ売却シ、再ヒ百元ヲ以テ開魯ヨリ物資ヲ購入シ蒙貨ヲ獲テ、開魯ニ於テ百八十元ヨリ獲タト称シテ居ル。即チ一人当タリ一年間ノ利益七〇元弱ニ該ル。又一班ノ行荘ニ於テ五百元以上ノ商品ヲ携ヘタルモノハ皆無テ一班ノ行荘テハ荷捌カ不可能ト謂ハレテ居ル [16]。

ちなみに、旅蒙商の平均年収は、だいたい「経理 180 元、房長 180 元、小房長 140 元、夥計 40 元、学徒 12 元、厨夫 48 元、更夫 48 元」であったことを考えればそれなりの利潤を得ていたことが明らかであるが、その利益の一部はさらに出撥子に対して搾取的立場に立つ販子へ流れていた。

販子とは、原則として出撥子の如く商品を携帯して行商することなく、単身あるいは 1、2 名の使用人をつれて奥地に入り、畜産品の買い付けを行うものである。取引相手は、概ね王公、牧民および出撥子であり、伝統的に信用を利用して交易を行うのが普通であった。その場合、契約に依る取引と票 (手形) に依る取引と二つの方法があり、収集した貨物をモンゴル人、または出撥子などに依託するか、あるいはその使用人の手を使って、張家口に搬出し、その後、問屋へ売却するか、委託販売を行っていた。出撥子による中間利潤の分割収取を避けるには、モンゴル人から直接買い付けする必要があったが、広大な大地で彼らを追うことは販子にとっては決して有利なことではなかった。しかも、移動する「包」(ゲル) の一集団が彼らに提供する蒙貨の量は、彼らが要求する総額にとってはきわめて少量であったことを考えればなおさらであった。そのため、彼らは蒙地内の集散市場において大量買い付けをする傾向にあった [17]。

では、1935 年にバンディド・ゲゲーン・スムに進出した成記蒙荘の事例を見てみよう。

　　　昨年中天津ニ於ケル一部支那貿易商ノ共同出資ニ依リ、成記毛荘カ組織セラレ貝子廟市場ニ出動シ、同地ニ於テ羊毛二十四万斤ヲ買付ケタカ、其ノ買付方法ハ同地ノ老舗タル経棚祐興棧ニ宿泊シ、同地ノ坐荘、行荘ノ所有羊毛ヲ百斤当リ現大洋十八元程度ヲ以テ購シタ [18]。

つまり、草地取引においては資金の豊富な販子が支配的な立場にあり、バンディ

ド・ゲゲーン・スムのような蒙地集散市場と辺縁の商業都市の集散市場の間では、両者を結合する紐帯的な役割を果たすとともに、モンゴル人と出撥子を問屋的商舗―皮毛棧等に連携させる仲介者的機能をも有していた。取引方法には信用取引が支配的であったが、現金取引も必要に応じて行われていた[19]。

2. 草地売買における取引市場

2.1 草地取引市場としてのバンディド・ゲゲーン・スム

既述のように、草地売買においてさまざまな業態をもつ商人が活躍していたが、その関係は対立するものではなく、逆に互いに依存しながら蒙地の独特の環境に順応する機能を有する組織として進化していた。かつて行荘とは張家口、ドローン・ノール、林西など辺境都市における雑貨店など問屋的商舗から派遣されることが多かったが、蒙地において多くの坐荘が現れるにつれ、それらの坐荘から派遣された小規模の行荘が支配的となり、次第にモンゴル人との直接取引において重要なる役割を果たすこととなった。

関東軍の調査資料によれば、当時、シリーンゴル盟において、東ウジュムチン旗のノーナイ・スム、西ウジュムチン旗の王府、オラーンハーラガ・スム、ラミーンフレー・スム、東ホーチド旗のワンギーン・スム、オゴムス・スム、東アバガ旗のミント・スム、東アバハナル旗のバンディド・ゲゲーン・スム、ダイラマハイ・スム、西スニドのチャガーンオボー・スム、王府などほぼすべての主要な寺院および王府において坐荘の姿が見られていた。その中で坐荘をもっとも多くを抱え、草地取引市場としてもっとも有名だったのは、東アバハナル旗に位置するバンディド・ゲゲーン・スムであり、当時調査対象となった15の寺院の79の坐荘のうち32がここを根拠地としていた。また、手工業に従事する漢人97戸のうち28戸がバンディド・ゲゲーン・スムに住居を置いていた[20]。

その中で規模がもっとも大きかったのは経棚に本拠地を置く商人集団であり、配下には数多くの出撥子が属していた。彼らはそれらの出撥子を西ウジュムチン旗王府、オラーンハーラガ・スム、ラミーンフレー・スムなど周辺市場へ送り出しながら、きわめて零細なる取引を行っていたが、それが繰り返される中で、ダブソンノール・スムなどさらなる奥地において、永興源のような、バンディド・ゲゲーン・スムを仕入れ先か仕向け地とする坐荘まで現れた[21]。それはバンディド・ゲ

ゲーン・スムが従来のモンゴル周辺都市の地方的集散市場にとってかわったことを意味するものだけではなく、坐荘を基地として侵入してくる漢人社会の勢いが垣間見られる瞬間でもある。

では、バンディド・ゲゲーン・スムにおいていったいいつごろから坐荘が現れたかについては、資料の関係上、確認することができないが、『蒙古高原横断記』には、その 1931 年の様子について次のように記録している。

> 支那商人の売買場は三十戸程度の聚落で、廟の東喇嘛塔の稍々東北にあり、フェルトの包や葦のような草を壁にした包 — ウブスン・ゲルや泥壁の屋舎等より成り [22]。

この数字には木匠、鉄匠のような漢人職人が含まれているかどうかは定かではないが、その 3 年後に実施された鉄路総局の調査資料には、以下のような詳細な情報がある。

> 【バンディド・ゲゲーン】廟東北十五支里の地点に、漢満人皮襖舗四戸、廟東方二支里の地点に貿易商、画匠、泥匠、木匠、鉄匠、靴商等十五戸、西南一支里十八戸、東南十八支里に二十二戸、同じく三十支里に一戸の漢満人商戸が部落を形成して居る。蒙人居住者は、廟の東方に両三戸を見るに過ぎない [23]。
>
> また、それらの漢満商人を営業別に示せば、貿易商 29 戸、酢醤舗 1 戸、木匠 13 戸、泥匠 2 戸、銅匠 1 戸、鉄匠 1 戸、画匠 2 戸、牛車店 1 戸、皮襖舗 4 戸、製靴業 2 戸、休業 3 戸、計 60 戸。その内、貿易商は常時にモンゴル人向け雑貨を陳列して顧客を呼び、普通雑貨商と異なる所はなかった。木泥銅鉄画匠は寺廟の御用工人にして、皮襖舗、製靴店は専らモンゴル人を顧客としていた [24]。

バンディド・ゲゲーン・スムの漢人商人は、その位置する地点により、東商、西商、南商と称されていたが、有する資本により、「小売買家」、「大売買家」とも区別された。さらに、その小売買家には固定資本を有する小売買家と流動資本による移動的小売買家と 2 種類あった。前者は固定家屋ないしモンゴル人が住む包など固

定資本を多少有し、資本金を2名ないし5名ぐらいで共同で出し合って経営を行っていたものを指す。販売商品たる雑貨類は主にドローン・ノールあるいは満洲国の経棚、林西方面より仕入れるか、あるいは大売買家の商品の融通を受けて営業していた。いわば坐荘にあたるが、張家口、ドローン・ノールの如く辺境都市に本店を有していなかった。後者の方は全然固定資本を有せず、零細なる資金と牛車1台ないし数台を有し、モンゴル人の如く奥地の包から包を転々とし、主として雑貨を売買するいわゆる行荘である[25]。

それに対し、大売買家とは膨大な資本を持ち、組織された経営のもとで商売を行うもので、通常は

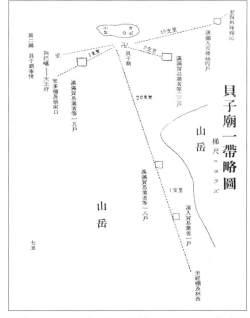

図ホ-2：バンディド・ゲゲーン・スム一帯略図
（1934 年）
出所：鉄路総局『多倫・貝子廟並大板上廟会事情』
（1934 年）。

資本主が代表者1～2名を派遣し、店内全般の経済に当たらせ、さらにその代表者がほかの多くの使用人を雇用し、バンディド・ゲゲーン・スム以外の各地に支店を持っていた。年間取引金額が10万元にのぼるとも言われ、主に呉服類と麺穀類を専門としていた。呉服雑貨類を商うものは主として西商地区に固定家屋、または包を有して居住し、その資本主は北京人が多く、使用人の大半も北京人であった。麺穀類を取り扱うものは南商地区に多く、山西省出身のものが多かった[26]。

純牧畜地域であるシリーンゴル盟においては、主要な商品たる蒙貨といえば、周知のように羊、牛、馬などの牲畜か、羊毛、駝毛、羊皮、牛皮、馬皮などの畜産品であったが、旱獺、狐、沙狐、狼等野獣の皮も少なくなかった。モンゴル人はこれらの商品を売り渡すかわりに旅蒙商から自らの生活必要品を求めていたが、地理的関係、あるいは遊牧生活の需要性により、それらの輸入品の種類はけっして豊富ではなかった[27]。概ね次のように分類できる。①綿布、緞子、其の他織物、靴、

233

帽子類、革具、柔革等、②茶、砂糖、煙草、焼酎、小麦粉、其の他雑穀類、③灯油、石油、其の他日用雑貨品、④家具及び馬装馬具、⑤仏像、仏具及び装飾品其の他[28]。

そして毎年、商品の出回る季節になればモンゴル人であれ商人であれ、人が集まりやすい仏教寺院や、王府等にそれぞれの商品を携行して取引を行うが、季節によって流通するものも違っていた。だいたい 12 月中旬より 1、2 月にかけて羊、牛等家畜の皮および狐、沙狐、狼、旱獺等野獣の皮が出回り、5 月から 6 月にかけては牲畜類および羊毛、駝毛の取引が盛んであった[29]。

以下はバンディド・ゲゲーン・スムにおける 1934 年度の主要な輸入商品の市場相場である[30]。ほかの調査資料と比較して見れば多少出入りがあるが、そもそも草地売買においては、いわゆる相場というのは、買手と売手の交渉次第であったため、一定の価格というものはなかったと言えよう。

表ホ - 1：バンディド・ゲゲーン・スム市場における 1934 年度輸入商品相場

品　種	買子廟相場(元)	仕入地	仕入地相場(元)
小米 1 斗	0.99	経棚	0.75
筱麺 100 斤	4.0	経棚	3.5
磚茶 1 個	0.55	張家口	0.4
白酒 1 斤	0.20	経棚	0.17
月餅 1 斤	0.30	経棚	0.20
嗅煙草 1 包(1/4 斤)	0.50	張家口	0.30
白糖 1 斤	0.24	赤峰	0.16
大布 1 疋(60 尺)	1.80	赤峰	1.60
靴子 1 足	5.50	張家口	4.5
細布 1 疋	9.0	赤峰	7.0
洋布 1 疋	8.0	赤峰	6.0
葫油 30 斤	6.0	経棚	5.0

出所：「察哈爾省特別調査報告書」より作成。

では、いったいどれぐらいの蒙貨がバンディド・ゲゲーン・スムの取引市場に出回っていたかについては、その正確な数字を出すことは難しいが、鉄路総局の調査資料によれば、当時バンディド・ゲゲーン・スムに滞在していた 29 の坐荘の

補論：戦前期内モンゴルにおける草地売買について

1934年度における牲畜ならびに畜産品の取引数量は、羊毛111,200斤、駝毛5,750斤、牛390頭、馬102頭、羊17,735頭、羊皮18,850枚、馬皮458枚、牛皮1578枚であった[31]。しかし、この数字はあくまでもバンディド・ゲゲーン・スム在住商人による買い付け数量であり、出回り期になるとここに出動して買い付けをなす張家口、北平、天津、経棚、林西、ドローン・ノールなどの地方から来る貿易商はきわめて多かったため、バンディド・ゲゲーン・スム集散の蒙貨の実際の数量はこの数字よりはるかに多かったと考えられる。バンディド・ゲゲーン・スム居住の貿易業者の中で最古老だった裕興桟の支店経理の話によれば、その1年間の蒙貨集散概数は、羊60,000頭、牛1,170頭、馬300頭、羊毛500,000斤、羊皮56,500枚、牛皮4,700枚、馬皮1,370枚であった[32]。ところが、この数字は関東軍が当時、同じ裕興桟主人に対して聞き取り調査を行って出された数字とは多少の開きがある。

　次の「表ホ-2」は、関東軍の調査によるバンディド・ゲゲーン・スムと[33]、シリーンゴル盟の1年間の蒙貨集散概数を比較したものである[34]。それによると、バンディド・ゲゲーン・スム市場のシリーンゴル盟の取引市場における割合がいかに大きかったかということが分かる。とりわけ、羊、羊毛、旱獺皮の取引においては、その強みが明らかであるが、その取引によって買収された蒙貨のおよそ80％が張家口へ流れ、残りは経棚、ドローン・ノール、林西などほかの市場へ渡っていたという[35]。

表ホ-2：バンディド・ゲゲーン・スムとシリーンゴル盟の1年間の蒙貨集散概数の比較

市場＼商品	羊 （頭）	牛 （頭）	馬 （頭）	羊毛 （斤）	駝毛 （斤）	羊皮 （枚）	牛皮 （枚）	馬皮 （枚）	旱獺皮 （枚）
貝子廟	50,000	700	—	40-500,000	6,000	40,000	3,000	500	40,000
シリーンゴル盟	181,000	16,400	7,000	2,035,000	42,000	324,000	45,300	16,700	110,000
貝子廟の割合	27.6%	4.2%	—	19.7-24.6%	14.3%	12.3%	6.6%	3%	36.4%

出所：「察哈爾省特別調査報告書」より作成。

　では、シリーンゴル盟全体において、その流通状況は如何なるものであったのか。関東軍の調査団が、蒙地における1ヵ月余りの調査と瓦利洋行、祐興桟などの老舗に対する聞き取り調査、または他の陸軍某機関、張家口領事館、通遼満鉄駐在員、現地各業者など関係する機関の資料を吟味したうえで出した数字によれば、シリー

235

ンゴル地域の貿易市場における主要な蒙貨の出回り状況は「表ホ-3」の通りである[36]。

だが、これらの数字は推測によるものであり、必ずしも正確とはいえないが、シリーンゴル盟全体においては、馬と牛を除けば、ほかの商品の大多数が張家口を経由して「支那」方面へ輸出されていた計算になっている。では、地方集散市場としての張家口において、いったいいかなる取引が行われていたのであろうか。次にこの問題について述べたい。

表ホ-3：シリーンゴル盟の取引市場における蒙貨の出回り状況

仕向地	種類	羊(山羊含)(頭)	牛(頭)	馬(頭)	羊皮(枚)	牛皮(枚)	馬皮(枚)	旱獺皮(枚)	羊毛(斤)	駝毛(斤)
	総数	181,000	16,400	7,000	324,000	45,300	16,700	110,000	2,035,000	42,000
支那向	張家口	81,300	1,300	2,100	219,000	21,000	10,000	80,000	1,480,000	42,000
	多倫	48,700	2,900	100	18,000	4,700	700	—	35,000	
	合計	130,000	4,200	2,200	237,000	25,700	10,700	80,000	1,515,000	42,000
	割合	71.8%	25.6%	31.4%	73.2%	56.73%	64.1%	72.7%	74.4%	100%
満洲向	経棚	30,000	200	—	11,000	800	300	—	—	—
	林西	21,000	3,000	800	50,000	2,500	1,700	—	—	—
	通遼	—	7,000	3,000	20,000	15,000	3,000	—	—	—
	洮南	—	2,000	1,000	6,000	1,000	1,000	18,000	—	—
	海拉爾	—	—	—	—	—	—	12,000	—	—
	合計	51,000	12,200	4,800	87,000	19,300	6,000	30,000	520,000	—
	割合	28.2%	74.4%	68.6%	26.9%	42.6%	35.9%	27.3%	25.6%	—

出所：「察哈爾省特別調査報告書」より作成。

2.2　地方集散市場としての張家口

モンゴル地域の貿易を語る際、張家口が早くも明の時代から名声を築いていたことは周知のことである。当時、張家口大境門を始めとするモンゴルの周辺都市に茶馬市が設けられ、蒙漢貿易が盛んに行われていたが、正常な商業形態として発達することはできなかったという。その理由について後藤富男は、明朝は長城を境として遊牧民との対立抗争の状態にあったことと、当時の人々の日常生活において、交

補論：戦前期内モンゴルにおける草地売買について

易に依存することが少なかったことを取り上げている[37]。

清朝期に入ってからは茶馬市の名称はなくなったが、互市はますます盛んに行われていたため、張家口における旅蒙商の数は順調に増え続けた。たとえば、康熙初年頃に張家口に約10店を数えた旅蒙商は、同じく60年には約80店までに増えている[38]。その後、雍正年間には90余店、乾隆年間には190余店、嘉慶年間には230余店、道光年間には260余店、咸豊年間には約290余店、同治年間には350余店、光諸前半には400余り、後半には530余店になった[39]。

民国期において、当時、徐樹錚が外モンゴルに乗り込み、活仏に迫り自治を撤回させるや、ただちに軍工をもって張庫自動車路を修築し、軍事的、経済的、政治的にモンゴルを民国に結び付ける方策をとったことで、拍車がかけられ、さらに718店までに膨らみ最盛期を迎えた[40]。関東軍の調査によれば、民国8年（1919）の張庫（張家口－フレー）自動車営業開始当時は、張家口において、対蒙貿易商の数はなんと1600戸、貿易額は1億5千万元に達し、ドローン・ノールにおいても、貿易商2千戸、貿易総額は4千万元に達していたという[41]。

ところがその後、ロシア革命の余波、外モンゴルの社会主義化などの影響をうけ、漢人商人の往時の黄金時代は著しく衰退し、張家口における旅蒙店舗は、民国18年（1929）に569店にまで激減した[42]。それに追い打ちをかけたのは、満洲国の成立と日本の内モンゴル進出であり、それにより張家口の旅蒙商はさらに衰退し、1940年初めごろに業者の数は約220店まで激減していた。しかもその中で、張家口に本拠地を置き、店舗を構えて営業していたのは、永誠銘、福興隆など13店にすぎなかった。うち5店は明徳北に、8店は大境門外にあって、しかもそれらの大部分は開店して間もないものであった。その他は単独、或いは2、3名ないし7、8名の者が寄り合って商品を仕入れ、これを自ら蒙地に搬入して売りさばくという、きわめて小規模なものであった[43]。

とは言え、シリーンゴル盟の草地売買における張家口の位置は不動であった。たとえば、シリーンゴル盟一帯において畜産品一般の大部分は張家口を経由して外部へ流れていた。また、シリーンゴル盟へ流入する漢人商品の大部分も張家口より輸入されていた。

次は、1938年度の張家口における13の店舗の資本金、取引額、使用運搬手段、主要取引地などにかかわる情報である。

「表ホ-4」からわかるのは、ほぼシリーンゴル盟全域が、張家口の旅蒙商の取引

237

表示－4：張家口における13の店舗の1938年度の状況

内容 店名	資本額(元)	開業年	使用人数	使用駝車数	取引高(圓) 持込高	取引高(圓) 持帰高	主要取引地	主要取引商品
永誼銘	8,000	1906	59	牛車80	16,000	20,000	東スニド	鉄製品、煙草
福興隆	4,000	1931	29	牛車22	2,500	3,300	東西スニド	磚茶、綿布、呉服
積慶祥	4,000	1928	50	駱駝36	4,000	5,500	西スニド	ハダグ、皮靴
隆盛玉	2,000	1915	27	駱駝8 馬車8	9,000	11,000	東西スニド	磚茶、呉服
合盛隆	1,000	1938	20	駱駝16	3,500	4,700	西スニド	雑貨
德義隆	500	1935	22	駱駝10 牛車10	3,500	5,000	東スニド、アバガ、ウジュムチン	食料品
億合源	500	1905	25	牛車16	4,000	5,600	東スニド	雑貨
億合通	480	1916	22	牛車20	5,000	6,500	東スニド、アバガ	帽子、小間物
永興隆	12,000	1730	59	牛車50	6,500	8,300	東スニド	綿布、食料品
公慶德	2,000	1896	54	駱駝16	8,000	11,000	東スニド、アバガ	磚茶
義元成	1,000	1903	29	駱駝20	5,000	6,200	貝子廟、正白、明安	靴、馬具
玉華成	500	1917	25	牛車13	6,000	7,500	鑲黄、正白、鑲白	呉服、生煙、磚茶、帽子、馬具、鉄製品
錦栄長	400	1936	17	駱駝7 牛車8	5,000	7,600	西スニド	同上
合計	36,380	―	438	―	78,000	102,200	―	―

出所：蒙疆銀行調査課「張家口に於ける旅蒙貿易」(1939年)、後藤十三雄「草地における支那商人」(1942年)、後藤富男「近代内モンゴルにおける漢人商人の進出」(1958年) より作成。だが、開業年については資料同士の相違点がみられており、ここでは上記の二つの論文をもとにした。

補論：戦前期内モンゴルにおける草地売買について

圏内に入っていたということであり、さらにその店舗の所在地により分類すると、西スニド旗 67 店、東スニド旗 53 店、東西アバハナル旗 22 店（大部分はバンディド・ゲゲーン・スム）、東西アバガ旗 17 店、東西ホーチド旗 6 店、東西ウジュムチン旗 24 店、チャハル盟においては、ジョローン・チャガーン、フブート・チャガーン、フブート・シャラ以下の各旗に 29 店、オラーンチャブ盟四子王府に 1 店となっている[44]。また、当時東西スニドを除く、シリーンゴル盟の各市場における坐荘の取引物資の流通状況に対して実施した関東軍の調査によっても、バンディド・ゲゲーン・スム在住の坐荘が仕入れた総額 76,600 元の商品の内訳は、張家口 61,780 元、ドローン・ノール 12,800 元、林西 13,400 元、経棚 1,400 元、バンディド・ゲゲーン・スム 1,700 元となっており、バンディド・ゲゲーン・スムの取引市場においても、張家口は主な仕入地となっていたことが明らかである[45]。

張家口における蒙貨取引市場において、旅蒙商はいうまでもなく主役となっていたが、それ以外にも、さまざまな形態をもつ取引機関があって、草地売買を側面から支えていた。その中でまず取り上げられるのは、いわゆる「雑貨舗」である。雑貨舗とは、当初は蒙貨を携行して交易を行うモンゴル人を店内に宿泊させ、取引をなすものであったが、後に行政の変化と制度の複雑化により、モンゴル人の往来がほとんど途絶えたことで、出撥子、販子などの根拠地となり、旅蒙貿易を中継機関として支えるようになった。当時張家口には義和永、徳恒永、聚元、同記、福慶裕、永盛長などの有名な雑貨舗があった。

この種の雑貨舗の出撥子との取引関係は概ね一定しており、通常、出撥子が草地売買に出る際、雑貨舗から取引商品を貸し付け、モンゴル人との取引が終わり次第、交易品である蒙貨の相当額をもって決済を行うものであったが、決済貨物が不足の場合、次回に持ち越すこともあった。中には稀であるが現金取引に備えて、「大洋」の貸し付けを行う雑貨舗もあったが、後に大洋の入手がますます困難となったため、ほとんど行われなくなった。いずれにせよ、雑貨舗にとっては出撥子と販子は商品の販売をモンゴル地域に求めるうえでは、欠かすことのできない重要な存在であり、相互の関係は非常に緊密であった[46]。

次に、「毛棧」、「皮棧」、「毛皮棧」などの称号をもつ皮毛棧を取り上げることができる。それは出撥子、販子によって搬出された蒙貨を収集して、縁辺市場に参集する各地商人に売却したり[47]、宿泊所、倉庫などを備え、奥地より毛皮を携行する生産者、行商人等を宿泊させ、売買の仲介をしたりする問屋的業者である[48]。出

239

撥子、または販子によって搬出された蒙貨のほとんどがここに集結していた。当時張家口は野獣皮の加工地として有名で、草地売買の最盛期に百数十の毛皮商がいたという[49]。

皮毛棧と似たもう一つの機関に畜産店があり、取り扱われる商品によって「牛店」、「馬店」とも称されていた。蒙貨を売買する商人ならびにモンゴル人を宿泊させ、彼らに代わって買手を探し、取引が成立すれば双方から仲介の手数料を取るのが彼らの主な仕事であるが、構内に多数の家畜舎と飼料を備蓄し、販売するものもいた[50]。

また、「牙紀」という問屋と買主の間の取引を仲介する完全なブローカーがおり、取引が成立し次第、その報酬として成立した取引高から一定の割合で手数料をとっていた。「経紀」とも呼ばれていたが、自ら店舗を構えることなく、絶えず関係商人の間に出入りし、商品の需給、移動の状態を熟知していて、売手と買手の間に連絡を取りながら商売を成立させるのが得意であった。そのほか、張家口において、中国本土あるいは蒙地へ流入する農作物、または工業品を扱う取引機関として「糧棧」、「山貨店」、「貨棧」、「運賃棧」などをも取り上げることができるが、ここでの言及は控えたい[51]。

3. 草地売買の流通工程

いわゆる草地売買とは、旅蒙商による蒙地に搬入される商品の仕入れから始まるが、それらの商人にとっては、仕入れた商品を売るのが目的ではなく、むしろそれを貨幣の代わりに使って蒙貨を買い集め、さらにその蒙貨を地方集散市場まで携行して売りさばき、そしてその工程によって莫大な利益を得るのが最終の目的であった。したがって、ここには漢人商品の仕入れからそれらの草原での販売と、蒙貨の仕入れからそれらの地方集散市場での販売という二つの過程が存在していたが、いずれにおいても、ごくわずかな外国系の商人を除けば、ほぼすべてが漢人商人によって行われていた。では、その流通工程とはどんなものだったのか、ここで草地取引市場としてのバンディド・ゲゲーン・スムと地方集散市場としての張家口を結ぶ貿易ルートにおいて、その実態を検討してみよう。

3.1 漢人商品の流入過程

草地への出発に先立って、張家口の旅蒙商は現地住民の需要に合わせ商品の仕入れを行う。しかし、これらの商品の原産地は張家口に限られるわけではなかったので、綿布雑貨は京津方面、綢緞は杭州、生莏は山西曲沃、磚茶は漢口方面からなど、そこで生産されない商品はほかの地域から調達しなければなかった。したがって旅蒙商を相手とする卸商が、各地から張家口に集まっていた。蒙疆銀行によると、1938年には、その数は数百にのぼっていた。業者別にみると、次のようであった。

綢布業　85　靴帽業 108　百貨業 136　茶業　　20　皮靴業　　39　首飾業 17

雑貨業　10　京業　　41　油酒業　42　鼻煙業　2　ハダグ業　2

旅蒙商にとってはこれらの店舗は問屋的な存在であり、旅蒙商はここから各自の需要に基づいて仕入れを行っていた。1937年度について崇礼県商務会が推定したところによると、張家口の旅蒙商が仕入れた商品の主なるものは、綿布 26 万元、磚茶 25 万元で飛び抜けて多く、これに続いて煙草 8 万元、皮靴 5 万元となっていた [52]。

商品の仕入が済めばいよいよ蒙地への出発であり、張家口の旅蒙商の場合、その時期がほぼ一定し、3月から5月にかけて一斉に出発した。搬入商品の運搬には牛車または駱駝が使用されるが、前者のほうが多かった。駱駝を使用する場合、その管理人はモンゴル人ならば 20 頭ほどに付き 1 名、漢人ならば 6、7 頭に付き 1 名を必要とし、牛車場合は 6、7 輛ないし 10 輛に付き 1 名の管理人を雇わなければならなかった。その場合、雇用費は駱駝は 1 頭につき何元、牛車は積載量 100 斤に付き何元と支払われていた [53]。なお、奥地に出かけるにあたっては、その道順はだいたい一定しており

1) 張家口 ― 徳化 ― 東西スニド
2) 張家口 ― 張北 ― ドローン・ノール ― バンディド・ゲゲーン・スム ― 東西ウジュムチン
3) 張家口 ― 張北 ― 四子王府 ― バンディド・ゲゲーン・スム
4) 張家口 ― 張北 ― 康保 ― バンディド・ゲゲーン・スム

と4通りに分かれていた。そのうち3本の道がシリーンゴル盟を目指していたが、自動車道路とは必ずしも一致するものではなかった[54]。目的地までの距離がそれぞれ違っていたため、所有する日数も異なっていた。最も遠かった東ウジュムチンの場合、牛車で60日も要したという。蒙地へ商品を搬入するにあたって、張家口および崇礼において、商品の種類、価額によって課税されていた[55]。

　張家口の旅蒙商の蒙地入りは年に2～3回であり、通常現地に達すると、それぞれの根拠地を中心として取引を行うものだが、バンディド・ゲゲーン・スムなどに根拠地を持たずに、直接出撥子を出すものも少なくなかった[56]。彼らの草地での取引について、従来は物々交換と評する人も少なくなかったが、実際はそれとは違って、貨幣による計算に基づく一種の物々交換の方法であり、その場合、取引商品の何れにも大洋などの貨幣を建値とする価額が付けられていた[57]。

　こうした方法による取引は、シリーンゴル盟の取引市場において、全体の70～80%を占めており、その原因について、「貨幣価値ニ対スル認識カ極メテ不妥当[58]」との指摘がたびたび為されていたが、それよりはむしろ政治の不安定により貨幣自体に信頼度が全くなかったからともいえる。

　たとえば、当時チャハル省において、チャハル省商業銭局券、交通銀行張家口分行券、その他天津北平における中国、交通、河北省、北洋保商、中国農工、大中、中国実業、中南等各銀行が発行する紙幣が流通しており[59]、ドローン・ノールだけでも、当初は中国、交通銀行、興業銀行発行の紙幣が流通し、後に西北銀行金券、山西標、熱河票などさまざまな貨幣がとってかわっていた[60]。

　こうした通貨の混乱が頻繁に起きていた金融事情の中で、その貨幣を信用して使うこと自体が不可能であり、それにそもそも制度的に拠り所がなかったことを考えれば、たとえ不利であったとしても、その方法以外の選択肢はなかったかもしれない。逆に漢人商人側から言えば、その方法は利を貪るうえで最良の手段であったという[61]。なぜならその過程において、彼らは利益をあげる機会は2回あったからである。それについて後藤富男は次のように指摘している。通常なら商人は仕入れた商品を販売して差益をあげれば、それで一つの過程がおわるが、出撥子はさらに牧畜生産物を買叩いて、この過程においてもう一度利益をとることができた[62]。それも一つの原因であったかもしれないが、山西商人は物資との交換でなければ一切商品を渡していなかったという[63]。

　また、貨幣による取引方法については、まったくなかったわけではないが、そ

補論：戦前期内モンゴルにおける草地売買について

の場合、モンゴル人の間にその価値が認められていた大洋のほうが支配的であった[64]。時に生活の中で日常的に使われる布や、磚茶、ハダグなどの商品をもって評価の建値にして取引を行うこともあった。たとえば、当時、西ウジュムチン旗ラミーンフレー・スムにおいて、モンゴル人より漢人職人に対して工費を払う際、磚茶が使われており、職人側も磚茶をもって同廟活仏に対し、借家賃を納付し、磚茶をまるで貨幣同様に利用していた[65]。

それ以外、商人およびモンゴル人の間に信用を有する地方集散市場の商売より発行された「匯票」とよばれる約手が紙幣として使われることもあったが、上層社会の人々に限られていた[66]。しかもそこには、その紙幣への信頼というよりは、個人的な信頼関係が土台となっていたので、実際は貨幣の性格から大きく離脱したものであったともいえよう。資料によると、当時西ウジュムチン王府において、王が同地坐荘新義祥よりシルクとその他の商品を購入するにあたり、張家口徳恒永発行の約手をもって決済を行っていた例があった[67]。

だが、モンゴル人との取引と違って、商人対商人の取引は張家口、経棚、林西、及びその他の有力商売の発行する約手による取引が中心で、現銀の授受は皆無に近かった。理由としては、遠隔地貿易における現銀の輸送などが不便であったことが考えられる。また、バンディド・ゲゲーン・スム、西ウジュムチン王府、東ウジュムチン・ノーナイ・スム附近の商人どうしは国幣（満洲国）の決済に応じることもあったが、ここにおいても多年の取引によって形成された信用関係が土台となっていた[68]。それ以外、取引の際、品名、数量、金額、取引月日、代金支払い期日場所等を明記する票を発行して手交し、その後、相手方はこれを指定の場所に携行して支払いを受けて取引が完了する、いわゆる票による取引方法もあったが、主に販子と出撥子の間で行われていた[69]。

3.2　蒙貨の流出過程

草地での取引が終わるや、さっそく周辺市場へ物資を搬送することになる。バンディド・ゲゲーン・スムの場合、その経路として経棚、林西などを通過して満洲国へ行くのと、張家口、ドローン・ノールを経由して「北支」へ運ばれるのと二つのルートがあった。その距離、所要日数、運賃は「表ホ-5」のとおりであり[70]、その中で張家口へ運ばれる際、だいたい以下の三つ経路が設定されていた。

243

表ホ -5：バンディド・ゲゲーン・スムとその周辺市場の状況

	市場名	距離(支里)	牛車所要日数	運賃 (100斤に付、単位：元)
買子廟	張家口	1,000	30日	3.0
	多倫	500	12日	1.5
	経棚	300	8日	0.7
	赤峰	900	30日	5.0
	林西	480	12日	1.0
	オラーンハラガ・スム	400	7日	0.7
	オゴムス・スム	200	3日	0.5

出所：「察哈爾省特別調査報告書」より作成。

1) 西ウジュムチン・バンディド・ゲゲーン・スム ― 西スニド ― 張家口

2) バンディド・ゲゲーン・スム ― ヤント・スム ― 張北 ― 張家口

3) バンディド・ゲゲーン・スム ― ドローン・ノール ― オラーン・ノール ―
張北 ― 張家口 [71]

搬送にあたっては牛車が中心であったが、駱駝、駱駝車、大車等、トラックを使うこともあった [72]。だが、これらの交通手段は主に皮毛、湖塩、木材などの商品を運ぶのに利用されており、羊や、牛など家畜を輸送するときは、牧夫を雇って放牧しながら送ることがもっとも普遍的かつ合理的であった。

バンディド・ゲゲーン・スムから張家口まで家畜を輸送する時の状況について関東軍の調査資料には次のように記録している。

【羊の場合】各坐荘ハ主トシテ自家常備ノ店員ヲ以テ輸送セシムルカ、時ニ応ジテハ漢人又ハ蒙人牧夫ヲ雇傭シテ輸送セシムルコトカアル。張家口向ケノ場合ハ、通常五百頭乃至千頭ノ一群ヲ輸送スルニ三、四名ノ乗馬看視人ヲ要シ、二十日乃至三十日ニテ到着スル。自家使用人ノ場合ハ、乗用馬ヲ貸与シ道中ノ食料品（主トシテ白麺、干肉等）及天幕、炊事道具ヲ携帯セシメ、張家口滞在中ノ宿食料費（一日四角見当）ヲ給与スル。輸送者ヲ雇傭スル場合ハ、一人当七元乃至一五元ヲ支払ヒ、往復ノ食費（一角見当）ヲ支給スル外、乗馬ヲ貸与スル [73]。

このように、旅蒙商によって蒙貨は外地へ輸送されることになるが、それにあ

244

補論：戦前期内モンゴルにおける草地売買について

表ホ -6：草地より物資を張家口に搬入するときの正税[75]

種別	単位	税額	種別	単位	税額
牛	1 頭	0.60	牛皮	1 枚	0.10
馬	1 頭	0.80	馬皮	1 枚	0.08
駱駝	1 頭	1.30	駝皮	1 枚	0.06
羊	1 頭	0.125	羊皮	1 枚	0.02
套毛	100 斤	0.08	駝毛	100 斤	1.00
狼皮	1 枚	0.30	狐皮	1 枚	0.15
羔皮	1 枚	0.025	旱獺皮	1 枚	0.025

出所：『察哈爾省特別調査報告書』より作成。

たっては、通過地域において、家畜の場合1頭単位で、皮の場合1枚単位で細かく決められていた正税を払わなければならなかった。それだけではなく、牙税、護路費、脚戸費、保護費などさまざまな地方税も支払っていた。とりわけ、チャハル省における地方税はきわめて多岐にわたり、煩雑であったという[74]。

　だが、これらの徴税はほぼすべてが漢人地域において設定されており、モンゴル人地域においては、統一された徴税制度がまだ整備されていなかったため、ほとんどの旗は坐荘の開設、行荘の入境にあたってだけ、少額の税金をとるか、その代りに贈られるいわゆる「礼品」をもらうぐらいで済ませていた。ここにシリーンゴル盟においてもっとも大きな旗であった西ウジュムチンを例としてみれば次のようである。

　　満洲国側商人ハ坐荘、行荘ヲ問ハス其ノ入境時ニ於テ、年一回一車輛ニ付現大洋四元ヲ徴税セラルルモ、支那側商人ハ無税テアル。坐荘ノ関税ニ就テハ、少クモ四、五年ハ王府方面トノ取引ニ従事シ、相当ノ信用ヲ獲タ後テナケレハ許可セラレナイ。許可ト同時ニ其ノ規模ノ大小ニ応シテ、王府ニ対シ五元乃至三十元程度ノ礼物ヲ為シ、其ノ後ハ年ニ、三回ニ亘リ四、五元程度ノ礼物ヲ贈ッテ居ル。地方喇嘛附近ニ在ル坐荘ハ廟ニ対シテ、月餅一包程度ノ簡単ナ贈物ヲ為ス習慣カアル。又各地寺廟ニ定住シ、或ハ渡リ歩イテ居ル。皮匠、木匠、画匠、泥匠、銅匠、靴匠等ノ工人ハ、夥シイ数ニ上ルモ、之ニ対スル税金其ノ他ノ諸掛ハナイ。唯定住者ハ帰国ノ都度手土産品トシテニ、三元ノ礼物ヲ所在地廟ニ贈ル程度テアル。尚ダブスノールノ採塩税率ハ本旗人ハ無税、他旗蒙古人ハ一牛車（三百五十乃至四百斤積載）ニ付、塩税三銭銀子、装

245

車工銭一銭銀子、漢人ハ一牛車塩税一両銀子、装車工銭一両銀子テアル[75]。

シリーンゴル盟の各旗の中で、最大の取引市場であるバンディド・ゲゲーン・スムを抱える東アバハナル旗だけが、1934年10月から、駱駝、牛、馬は1頭購入につき5角、羊、山羊は5分、皮毛は1牛車、1駄子につき5角、雑貨（各地より搬入される）は1牛車、1駄子につき5角との税率を決め、旅蒙商より徴税するようになっていたが[76]、実際は「蒙旗地帯に於ては一般に何等徴税せられることない。蒙地と県治地区との接壌地域である宝昌県、康保県又は張北県に至って税捐局卡ありて徴税す[77]」との有様で、ほとんど機能していなかった。したがって、さまざまな形式をもつ税金より発生する付加価値をモンゴル人が負担する構造となっていたともいえよう。

そして最後に、奥地のモンゴル人より買い集めた蒙貨は、各地の旅蒙商によって張家口の取引市場に集まり、さらに中国本土ないしは海外へ流れて行き、草地売買の一つの工程が終わるが[78]、それにあたって、さまざまな取引機関が関与していた。たとえば、家畜の場合、牛馬店に販売を委託するのが普通だが、資金の回収を急ぐ時は、牛馬店にその手数料や、牙紀の手数料、または相当なる危険負担保険金を控除した価額で売却し、その後、牛馬店は牲畜交易公会において、牙紀と協力して買手に売却することもあった[79]。皮毛の場合、概ね大境門外の皮毛棧、或いは皮荘毛店、まれに問屋的存在である貨棧に対して取引が為されていた[80]。また、張家口より平津地

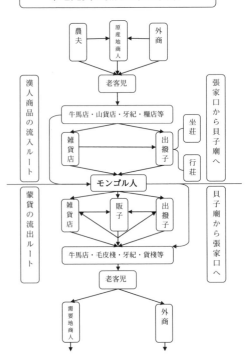

図ホ-3：草地売買の流通工程の図示

出所：『蒙疆の畜産』（1940年）、『張家口を中心とする流通機構に就て』（1936年）より作成。

方へ移動するにあたっては、貨桟を通じての鉄道で運送する方法もあるが、家畜の場合は、牧夫によって陸路を追って行われるのが一般的であった[81]。海外輸出にあたっては、有力な輸出港としての天津には、英商（仁記）、米商（徳台）、露商（亘利）、日商（三井）等外資企業がかかわっていた[82]。

小　結

　戦前期内モンゴルにおいて、草地売買という特殊な形態をもつ取引方法があり、それにさまざまな業態をもつ漢人商人たち、いわゆる旅蒙商が主役となっていた。本補論ではその実態を検証してみた。結論として言えることは、以下のようなことである。

　第1に、草地売買において中心的な存在だった旅蒙商は、当初、地方的集散市場としてのドローン・ノール、張家口など周辺都市を拠点とし、出撥子としての行荘を組織しモンゴルの奥地まで送り、商品の取引を行っていたが、その後、蒙地において坐荘が現れるにつれて、これらの地域から派遣される行荘が減少し、その代わりに、奥地の坐荘から出される行荘が支配的となった。その結果としてバンディド・ゲゲーン・スムのような草地取引市場が形成され、従来の周辺都市の役割を果たすことになる。同時に、坐荘を基地としながら忍び寄ってくる漢人移民の様子が垣間見られる瞬間でもあった。

　第2、草地での取引方法に関して、従来は物々交換という指

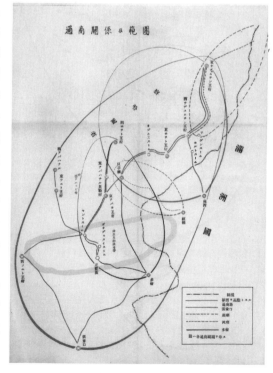

シリーンゴル盟通商関係および範囲
出所：東亜産業協会『察哈爾蒙古の近情』（1934年）

摘があったが、必ずしもそうではなく、実際は貨幣を建値とする物々交換という方法であった。その要因について、モンゴル人の貨幣に対する認識の不足との分析がしばしばあったが、それよりむしろ政治の不安定により、流通していた貨幣自体に信用度がまったくなかったとの解釈もありうる。そのうえ、当時のモンゴル人には拠り所となる制度がなかったことが、こうした傾向を一層強める一つの要因にもなっていた。

　第3、草地売買におけるモンゴル人の活躍については、従来の研究ではほとんど知られていなかったが、実際は1940年のホルショー制度の導入によって、その参加は可能となっていた。しかも、それからわずか4年ぐらいの短い間に、それまでの草地売買において支配的な立場にあった漢人商人と拮抗するまでに成長していた。これはモンゴル自治邦政府の重要性を経済の面から裏付けるものであるが、第5章にすでに述べているため、ここでは省略した。

　第4、1941年のモンゴル自治邦政府の成立によって、モンゴル人が「自治権」を獲得し、政治の主導権を握っていたことは、モンゴル人のホルショーを通じての草地売買への参加の政治的な保障となった。同じ現象は外モンゴルの近代史においても見られていた。たとえば、社会主義の政権が誕生すると、漢人商人が一掃されることとなった。それは、近代内モンゴルにおける草地売買において、モンゴル人が疎外されていたことの最大の原因は、自ら政治の主導権を持たず、他者に分割統治されていたことを意味するものであった。

■注
1) 後藤富男「近代史内蒙古における漢人商人の進出」『社会経済史学』(1)、1958年、p.43。
2) 蒙疆銀行調査課『張家口における旅蒙貿易』(蒙疆商業調査資料第一緝)、1939年、pp.5-6。
3) 南満洲鉄道株式会社産業部資料室『張家口を中心とする流通機構に就いて』(産業調査資料第一編)、1936年、pp.33-34。
4) 後藤十三雄「草地における支那商人」『内陸アジア』(2)、1942年、p.100。
5) 朝日新聞社東亜問題調査会『蒙疆 — 朝日東亜リポート5』、1939年、p.35。
6) 関東軍参謀長西尾寿造「察哈爾省特別調査報告書提出ノ件通牒」(昭和十一年一月二十一日)(陸軍省 - 陸満密大日記 -S11-3-35)、防衛省防衛研究所。本報告書は、関東軍調査班が1935年4月上旬から6月下旬の間に、当時のチャハル省の管轄下にあったモンゴル地域に対して実施した特別調査の結果であり、「畜産篇」「人口篇」「鉄道交通篇」「商業篇」「自動車交通及通信事情篇」「一般経済事情篇」「経済事情篇」と、全部で七つの篇によって構成されてい

248

る。当時のモンゴル地域の社会状況を研究するうえで、貴重な史料になりうる。以下「察哈爾省特別調査報告書」とする。

7) 同上。

8) 前掲「草地における支那商人」、p.100。

9) 前掲「察哈爾省特別調査報告書」。ちなみに、草地売買が盛んとなり、市場が形成されるにつれ、バンデッド・ゲゲーン・スムが当時、漢人商人の間では貝子廟として知られるようになった。

10) 農林省畜産局『蒙疆の畜産』、1940年、p.73。

11) 前掲「察哈爾省特別調査報告書」。

12) 前掲『張家口を中心とする流通機構に就いて』、pp.33-34。

13) 同上書、p.34。

14) 前掲「察哈爾省特別調査報告書」。

15) 前掲『張家口を中心とする流通機構に就いて』、pp.34-35。

16) 前掲「察哈爾省特別調査報告書」。

17) 前掲『張家口を中心とする流通機構に就いて』、pp.36-38。

18) 前掲「察哈爾省特別調査報告書」。

19) 前掲『張家口を中心とする流通機構に就いて』、p.38。

20) 前掲「察哈爾省特別調査報告書」。

21) 同上。

22) 東亜考古学会蒙古調査班『蒙古高原横断記』日光書院、1941年、p.79。

23) 鉄路総局『多倫・貝子廟並大板上廟会事情』、1934年、p.74。

24) 同上、p.76。

25) 山脇部隊本部「蒙疆資源要覧（其四）」（蒙調資持第一九号、昭和十五年）、（陸軍省－陸支密大日記 –S15-117-212）、防衛省防衛研究所。

26) 同上。

27) 前掲「察哈爾省特別調査報告書」。

28) 南満洲鉄道株式会社庶務部調査課『内外蒙古接壤地域附近一般調査』（満鉄調査資料第三六編）、1924年、p.203。

29) 前掲『多倫・貝子廟並大板上廟会事情』、pp.77-80。

30) 前掲「察哈爾省特別調査報告書」。

31) 前掲『多倫・貝子廟並大板上廟会事情』、p.77。

32) 同上書、p.79。

33) 前掲「察哈爾省特別調査報告書」。

34) 同上。

35) 前掲『多倫・貝子廟並大板上廟会事情』、p.79。

36) 前掲「察哈爾省特別調査報告書」。

37) 前掲「近代内蒙古における漢人商人の進出」、p.47

38) 前掲『蒙古の遊牧社会』、p.236。

39) 前掲「蒙疆資源要覧(其四)」。前掲『張家口に於ける旅蒙貿易』、p.3。

40) 前掲『蒙古の遊牧社会』、pp.237-238。

41) 前掲「察哈爾省特別調査報告書」。

42) 前掲『蒙古の遊牧社会』、pp.237-238。

43）同上書、p.239。

44）同上書、p.247。

45）前掲「察哈爾省特別調査報告書」。

46）同上。

47）前掲『蒙疆の畜産』、p.74。

48）前掲「察哈爾省特別調査報告書」。

49）日本国際協会『支那各省経済事情』、1935 年、p.189。

50）前掲「察哈爾省特別調査報告書」。

51）前掲『張家口を中心とする流通機構に就いて』、pp.43-47。

52）前掲『蒙古の遊牧社会』、pp.247-249。

53）前掲『張家口に於ける旅蒙貿易』、p.16。

54）前掲「草原における支那商人」、p.115。

55）前掲『張家口に於ける旅蒙貿易』、p.20。

56）前掲「草地における支那商人」、p.115。

57）前掲『蒙疆 ― 朝日東亜リポート 5』、p.35。

58）前掲「察哈爾省特別調査報告書」。

59）前掲『張家口を中心とする流通機構に就いて』、pp.22-23。

60）前掲「察哈爾省特別調査報告書」。

61）戊集団軍医部「内蒙古貝子廟附近兵要衛生蒙古人生活状態調査資料」（内蒙古調査資料其三、
　　昭和十四年十月）、（満洲－満蒙－6）、防衛省防衛研究所。

62）前掲「近代内蒙古における漢人商人の進出」、p.68。

63）同上論文、p.66。

64）前掲『張家口を中心とする流通機構に就いて』、pp.22-23。

65）前掲「察哈爾省特別調査報告書」。

66）同上。

67）同上。

68）前掲『張家口を中心とする流通機構に就いて』、pp.38-39。

69）同上書、p.38。

70）前掲「察哈爾省特別調査報告書」。

71）同上。

72）同上。

73）同上。

74）同上。

75）同上。

76）同上。

77）前掲『張家口を中心とする流通機構に就いて』、p.56。

78）前掲「内蒙古貝子廟附近兵要衛生蒙古人生活状態調査資料」。

79）前掲『張家口を中心とする流通機構に就いて』、p.54。

80）同上書、p.57。

81）同上書、p.54。

82）前掲「察哈爾省特別調査報告書」。

参考文献

●文書館史料

外務省外交史料館
外務省記録
1門1類2項78（内田外務大臣ノ対支那（満蒙）政策ニ関シ伊集院公使ヘノ訓令（極秘）（阿部政務
　　局長稿「対支那（満蒙）政策概要」）松本記録）：
　「支那政府ニ提出スヘキ覚書案」（未定稿）
　「支那殊ニ満蒙ニ於ケル帝国ノ地位ニ関スル件」（大正元年十一月十三日）
　「支那ニ関スル外交政策ノ綱領」
A門1類0項0目（帝国ノ対外政策関係一件（対支、対満政策ヲ除ク）第一巻）：
　外務省「日蘇国交調整要綱案」（試案、昭和十五、十、四）
A門1類1項0目（帝国ノ対支外交政策関係一件第六巻）：
　関東軍参謀部「内蒙古工作ノ現状ニ就テ」（昭和十一年四月二十八日）
A門1類1項0目（帝国ノ対支外交政策関係一件第八巻）：
　「有田大使ノ関東軍側トノ会談」（昭和十一年三月二十九日）
　「須磨総領事喜多武官会談要領」（極秘、昭和十一年五月二日）
A門1類1項0目（支那事変関係一件第一巻）：
　三宅喜二郎「支那事変の研究」
A門1類1項0目（支那事変関係一件第五巻）：
　「徳王上京ノ件」（極秘、昭和十六年一月二十七日）
　「徳王応待要領」（案、極秘）
　「蒙彊長官発政務部長宛電写」（極秘）
　竹下少将「外蒙接壤地方強化ニ関スル応急施策研究私案」（極秘、昭和十五年七月）
　「行政機構改革ノ理由書」
　「蒙彊ノ状況報告ノ件」（昭和十六年四月二十一日）
　岡部部隊参謀部「蒙彊建設ノ基本原則ト其現況」（昭和十五年四月十五日）
A門1類1項0目（支那事変関係一件第十四巻）：
　「支那新中央政府樹立指導方策」（極秘、五相会議決定、昭和十三年七月十五日）
A門1類1項0目（支那事変関係一件第十八巻）：
　「内蒙古独立ニ関スル件」（極秘）
　企画委員会書記局「対蒙政策要綱」（極秘）
A門1類1項0目（支那事変関係一件第十九巻）：
　「蒙彊聯合委員会総務委員長就任ニ際シ与フル指示」（極秘）
A門1類1項0目（支那事変関係一件第二十七巻）：
　「第四回会議議事要録」（極秘、十一月六日）
　「支那事変」
A門1類1項0目（支那事変関係一件／善後措置（和平交渉ヲ含ム））：
　「在京独逸大使ニ対スル回答案」（極秘、昭和一二、一二、一〇、亜、一）

「在京独逸大使ニ対スル回答案」(閣議決定、昭和十二、十二、二十一)
「昭和十三年三月廿三日在上海日高総領事発広田外務大臣宛電報第九六四号」
「昭和十三年七月十四日上海日高総領事発宇垣外務大臣宛電報第二一九八号」
Ａ門１類１項０目(日、支外交関係雑纂／昭和十一年南京ニ於ケル日支交渉関係松本記録)：
「川越大使ヨリ有田外務大臣九一六号ノ一」
「川越大使ヨリ有田外務大臣九三二号ノ一～二」
「川越大使ヨリ有田外務大臣九三三号ノ一～三」
Ａ門１類３項１目(日・米外交関係雑纂／太平洋ノ平和並東亜問題ニ関スル日米交渉関係(近衛
首相「メッセージ」ヲ含ム)第八巻)：
「日支和平基礎条件」(連絡会議提案、昭和一六、九、一三)
Ａ門３類３項０目(本邦対内啓発関係雑件／講演関係／日本外交協会講演集第四巻)：
高木幹事報告要旨「満洲、北支、中支の皇軍慰問並に現地見聞の一端」(昭和十三年三月)
外務政務次官松本忠雄氏述「北支那の現勢を討察して」(昭和十三年一月)
Ａ門３類３項０目(本邦対内啓発関係雑件／講演関係／日本外交協会講演集第八巻)：
同盟通信社東亜部長横田実氏述「青島会議と新政権の見通し」(昭和十五年三月)
Ａ門６類１項１目(支那事変ニ際シ支那新政権樹立関係ノ件／出先機関ノ意見書類)：
「支那統一政府ト蒙古連合自治国トノ関係、調整要領」(第九回連絡会議々案、昭和一四、七、八)
Ａ門６類１項１目(支那事変ニ際シ支那新政権樹立関係一件／支那中央政権樹立問題(臨時維新
政府合流問題連合委員会関係、呉佩孚運動及反共、反蒋救国民衆運動)第十巻)：
「蒙疆統一政権設立要綱」(閣議決定、昭和十四年八月四日)
Ａ門６類１項２目(満蒙政況関係雑纂／内蒙古関係第二巻)：
「察哈爾省政府委員卓特巴札普ノ申出ニ関スル件」(機密第八六号)
「内蒙古烏珠穆沁及蘇尼特無線電台設置ニ関スル件」
「参謀次長宛電報関東軍参謀長関第三四号」(昭和九、一、一六)
「参謀次長宛電報関東軍参謀長関第二九号」(昭和九、一、一六)
「内蒙古錫林郭勒盟徳王代表郭王ノ来京ニ関スル件」(普通第一〇〇号)
「参謀次長宛電報関五九一号」
Ａ門６類１項２目(満蒙政況関係雑纂／内蒙古関係第三巻)：
「内蒙古軍政府ノ内情」(十一、五、九)
「内蒙工作ノ現状」(極秘、昭和十一年五月十三日枢密院ニ於ケル大臣ノ説明資料)、
財団法人善隣協会「内蒙の雪害とその救済の必要」
「蒙古雪害ニ関スル件」(機密第九十二号、昭和十一年四月四日)
「有田外務大臣【宛】第一〇三号、中根領事代理」(部外秘)
「有田外務大臣【宛】電報第六八号、中根領事代理」(部外極秘)
「次官、三艦隊、駐満海、旅要各参謀長、次長、天津在勤武官佐藤【宛】燕第五一番電、北平栗
原補佐官」
「次官、三艦隊、駐満海、旅要各参謀長、次長、天津在勤武官佐藤【宛】在北平栗原補佐官」(極
秘、其ノ一)
「満洲国ト内蒙トノ相互援助協定ニ関スル件」(昭和十一年五月十九日)
「内蒙古独立運動概観」
「内蒙工作ノ現状」(秘密)

252

A門6類1項2目(満蒙政況関係雑纂/内蒙古関係第五巻):
　　外務省調査局第二課「最近ノ蒙疆情勢 ― 視察中間報告」(秘、昭和十八年六月)
　　「蒙古独立運動ヲ目的トスル「蒙古青年結盟党」ノ策動ニ関スル件」(昭和十五年)
A門7類0項0目(大東亜戦争一件):
　　「対「ソ」外交施策ニ関スル件」(案、一九、九、一二)
　　「対「ソ」施策ニ関連スル帝国ノ対「ソ」譲歩ノ限度腹案」
A門7類0項0目(大東亜戦争関係一件/中華民国国民政府参戦関係第一巻):
　　「東条総理大臣ノ汪行政委員長ニ対スル談話要領」(昭和一七、一二、二〇)
A門7類0項0目(大東亜戦争関係一件/中華民国国民政府参戦関係/日華同盟条約関係):
　　「基本条約ニ関スル問題」(極秘、昭和十八年四月十四日記)
　　「東条総理大臣陳特使会談要録」(極秘、昭和十八年四月九日)
　　「日華同盟条約締結ニ伴フ基本条約及附属書類規定事項ノ取扱方」(研究、十八、六、一)
　　「日本側要求基礎条件」(極秘)
　　「七月十二日総司令官、汪主席会談ノ際主席及陳、周ノ条約改正ニ関スル希望ノ私的意見」
　　「日華間条約ノ改訂問題ニ関スル研究」(第一回陸海外大東亜合同研究、昭和十八年八月六日)
　　「日華間条約改訂問題ニ関スル研究中間報告」(十八、八、十三)
　　大東亜省「日華間新条約締結要綱案」(昭和十八年八月二十五日)
A門7類0項0目(大東亜戦争関係一件/本邦ノ対重慶工作関係):
　　「重慶工作実施ニ関スル件」(昭和一九、八、三一)
　　「対重慶政治工作ノ実施ニ関スル件」(昭和一九、九、一)
　　「対重慶政治工作ノ実施ニ関スル件」(最高戦争指導会議、昭和一九、九、五、決定)
　　「国民政府ニ提示スヘキ和平条件ノ腹案」(別紙)
A門7類0項0目(大東亜戦争関係一件/館長符合扱来電綴第六巻):
　　「大橋顧問帰朝ノ件」(六月二十七日発)
　　「大橋顧問辞任ノ件」
　　「大橋顧問及軍対立問題ニ関スル件」(六月二十七日発)
B門1類0項0目(日、蘇中立条約関係一件(満洲国、外蒙ノ領土保全並不可侵声明ヲ含ム)第一巻):
　　「有田外務大臣【宛】第七七四号ノ一、東郷大使」(大至急、極秘、昭和十五六月十日)
　　「松岡外務大臣【宛】第一一三九号ノ一、東郷大使」(別電、昭和十五年八月十六日)
　　「松岡外務大臣【宛】第一一三八号ノ一、東郷大使」(昭和十五年八月十六日)
E門1類6項0目(本邦ノ地方政府及個人ニ対スル借款関係雑件/蒙古其ノ他ノ部):
　　「徳王へ百万円借款関係」
L門3類3項0目(各国名士ノ本邦訪問関係雑件/蒙古人ノ部):
　　「「今次訪日に依り徳王か日本に求めんとするもの」送付の件」(極秘第八〇号、昭和十六年二
　　　月一日)
　　興亜院蒙疆連絡部「今次訪日に依り徳王か日本に求むるもの」(昭和十六年一月十八日)
　　「松岡大臣、徳王会談録」(一六、二、一八午後五時)
　　「日華【蒙】協定草案」

外務省茗荷谷研修所旧蔵記録
E門(本邦各国間合弁会社関係雑件/日、蒙疆間ノ部):

「蒙古皮毛股份有限公司設立ニ関スル件」

防衛省防衛研究所
陸軍一般史料／満洲／満蒙
　満洲－満蒙－6：
　　戊集団軍医部「内蒙古貝子廟附近兵要衛生蒙古人生活状態調査資料」(内蒙古調査資料其三、
　　　昭和十四年十月)
　満洲－満蒙－151：
　　「蒙古聯盟自治政府七三三年甲年度行政概要」(成吉思汗紀元七三三年六月三十日)
　満洲－満蒙－178：
　　関東軍参謀部「対蒙(西北)施策要領」(昭和十一年一月)
陸軍一般史料／支那／支那事変
　支那－支那事変北支－657：
　　泉名顧問「蒙疆政権強化策」(七三四、五、一三)
　　泉名英「蒙古国創建趣意書」
　　蒙疆聯合委員会「議案」(昭和十四年八月十一月)
　支那－支那事変北支－658：
　　「蒙古国創建要綱(第一案)」
　　「蒙古国創建要綱(第二案)」
陸軍一般史料／中央／戦争指導
　中央－戦争指導重要国策文書－555・556：
　　「蒙疆方面政治指導重要(其一)案件綴」(昭和十二年十二月)
　中央－戦争指導重要国策文書－1088：
　　「世界情勢ノ推進ニ伴フ時局処理要綱」(大本営陸軍部・大本営海軍部、昭和十五年七月)
　中央－戦争指導重要国策文書－1128：
　　「対独伊蘇交渉案要綱」(極秘、昭和一六、二、三、決定)
陸軍省大日記／陸満機密・密・普大日記
　陸軍省－陸満密大日記－S11－2－34：
　　「対内蒙施策実施要領ニ関スル件」(極秘)
　陸軍省－陸満密大日記－S11－3－35：
　　関東軍参謀長西尾寿造「察哈爾省特別調査報告書提出ノ件通牒」(昭和十一年一月二十一日)
　陸軍省－陸満密大日記－S11－5－37：
　　「陸軍次官宛発信者関東軍参謀長関電四七六号」(秘)
　陸軍省－陸満密大日記－S11－9－41：
　　「軍参謀長口演要旨送付ノ件通牒」(極秘)
　陸軍省－陸満密大日記－S11－10－42：
　　「作戦用資材使用ニ関スル件」
　　「陸軍次官宛関東軍参謀長関電九五八」(秘)
　　「陸満【ママ】次長ヨリ関東軍参謀長ヘ電報」(暗号)
　陸軍省－陸満密大日記－S12－7－54：
　　「陸軍次官宛関東軍参謀長関電三三一」(秘)

「陸軍次官宛関東軍参謀長関電三三二」（秘）

「大臣ヨリ関東軍司令官宛電報案」（極秘）

「次官ヨリ関東軍参謀長宛電報案」（極秘）

陸軍省－陸満密大日記－S12－11－58：

「内蒙軍整備要領ノ件」（極秘）

陸軍省－陸満密大日記－S12－19－66：

「次官次長宛関東軍参謀長電報関電第一六七号」（秘至急）

「次官ヨリ関東軍及支那駐屯軍参謀長宛電報案」（極秘、至急、関電第一六七号返）

陸軍省－陸満密大日記－S13－12－72：

関東軍司令部「時局処理要綱」（昭和十二年八月十四日）

「時局処理要綱ニ関スル件」（関参謀第一九四号）

「次官次長宛関東軍参謀長」（関電第一二二号）

「次官ヨリ関東軍参謀長及支那駐屯軍参謀長宛電報」（暗号至急、関電一二二号返）

陸軍省大日記／陸支機密・密・普大日記

陸軍省－陸支機密大日記－S12－2－89：

「次官ヨリ関東軍北支方面軍参謀長宛通牒陸支機密第一九六号」

陸軍省－陸支密大日記－S15－117－212：

山脇部隊本部「蒙疆資源要覧(其四)」（蒙調資持第一九号、昭和十五年）

陸軍省－陸支密大日記－S16－63－86：

「四月四日興亜院会議決定」（極秘）

陸軍－陸支密大日記－S16－52－75：

「次官宛発信者戊集団参謀長蒙参電第三一八号」（極秘、昭和一六年五月一九日）

陸軍省－陸支密大日記－S16－63－86：

「蒙疆【ママ】自治邦ニ関スル件」

「次官ヨリ支那派遣軍総参謀長、北支那方面軍、駐蒙軍各参謀長宛通牒陸支秘九六九号」（極秘、昭和拾六年四月五日）

「次官宛発信者戊集団参謀長戊集参電第五五八号」（七月五日）

「陸軍次官ヨリ支那派遣軍参謀長・戊集団参謀長・甲集団参謀長宛電報陸支密電一四〇」（極秘、昭和拾六年七月七日）

陸軍省－陸支密大日記－S16－106－129：

「蒙古自治邦発布ニ対スル反撃ニ関スル件」（蒙参特発第五七六号）

陸軍省－陸支密大日記－S17－29－66：

軍務課「大橋顧問ノ取扱ヒニ関スル件」

「大橋顧問招致ノ件」

国立公文書館

『写真週報』（20 号）、1938 年、内閣情報局関係出版物

国立民族学博物館

「梅棹忠夫フィールド・ノート」、梅棹忠夫アーカイブズ所蔵

公刊史料

川端一郎ほか編『日露（ソ連）基本文書・資料集』（改訂版）

外務省『日本外交年表並主要文書（上・下）』日本国際連合協会、1955 年

外務省『日本外交年表並主要文書（上・下）』原書房、1965 年

外務省『日本外交文書』（第二次欧州大戦と日本　第一冊　日独伊三国同盟・日ソ中立条約）六一
　　書房、2012 年

外務省『日本外交文書』（昭和期Ⅱ第一部第四巻上）三陽社、2006 年

『現代史資料8』（日中戦争（一））みすず書房、1964 年：

　　関東軍参謀本部「暫行蒙古人指導方針要綱案」（昭和八年七月十六日）

　　参謀部「対察施策」（昭九、一月、二四）

　　松室考良「蒙古国建国に関する意見」

　　関東軍参謀本部「対蒙（西北）施策要領」（昭和十一年一月）

　　「対支政策に関する件」（陸・海・外三省関係課長間で決定、昭和九年十二月七日）

　　「北支及内蒙に対する中央部の指導」（軍務局より関東軍に開示、昭和十年八月二十八日）

　　「帝国外交方針」（総理、外務、陸軍、海軍四大臣決定、昭和十一年八月七日）

　　関東軍参謀部「内蒙古工作の現状に就て」（昭和十一年四月二十八日）

　　松井忠雄大尉「「綏遠事件始末記抜粋」抜粋」

　　「関東軍当局談」（昭和一一、一一、二八）

　　「内蒙古時局対策案」

　　陸軍省「西安事変対策要綱」（昭和十一年十二月十四日）

　　駐満海軍部「察哈爾方面視察報告」（昭和十一八月二十七日）

　　「綏遠問題の重要性」（東京朝日新聞、昭和十一年十一月十九日）

　　「綏遠事件に関する海軍情報記録」

　　関東軍参謀部「蒙古工作の過去の経緯及将来に於ける軍の方針」（昭和十二年一月）

　　参謀本部第二課「対支実行策改正意見」（昭和十二年一月六日）

　　参謀本部第二課「帝国外交方針改正意見」（昭和十二年一月六日）

　　太田一郎事務官「「対支実行策」及「第二次北支処理要綱」の調整に関する件」（昭和十二年二月廿
　　　　日）

　　「海軍の対支実行策案」（昭和十二年三月五日）

　　「大支実行策」（外務、大蔵、陸軍、海軍四大臣決定、昭和十二年四月十六日）

『現代史資料9』（日中戦争（二））みすず書房、1964 年：

　　関東軍司令部「察哈爾方面政治工作緊急処理要綱」（昭和一二、八、一三）

　　「時局処理等ニ関スル東条関東軍参謀長ト中央間往復電」

　　関東軍司令部「蒙疆方面政治工作指導要綱」（昭和拾弐年拾月壱日）

　　「蒙疆聯合委員会設定ニ関シ蒙疆聯合委員会ト関東軍司令官トノ秘密交換公文送付ノ件」

参謀本部編『杉山メモ ― 大本営政府連絡会議等筆記（上・下）』原書房、1967 年

米国国務省『大戦の秘録 ― 独外務省の機密文書より』（邦訳）読売新聞社、1948 年

●文献資料

【日本語】

朝日新聞社東亜問題調査会『蒙疆 ― 朝日東亜リポート 5』、1939 年

天沖郷廟『日ソの危機を探る』今日の問題社、1936 年

家近亮子編『中国近代政治史年表』晃洋書房、1993 年

池田憲彦「満蒙から蒙疆へ ― 近代日本はモンゴルを裏切り続けた その三」『自由』(516)、2003 年

石井実雄「思い出は遠くて近くにあり」『高原千里』らくだ会、1973 年

伊藤隆・武田知己編『重光葵　最高戦争指導会議記録・手記』、2004 年

今井武夫『支那事変の回想』みすず書房、1980 年

今村均「今村均回想録」『日中戦争』芙蓉書房出版社、1993 年

イリナ「徳王の訪日と日本の内モンゴル政策について」『国際文化論集』(31)、2004 年

色川大吉・原田勝正『年表日本歴史 6』筑摩書房、1993 年

岩波書店編集部『近代日本総合年表』(第三版)岩波書店、1991 年

上村伸一『日本外交史 20』(日華事変(下))鹿児島研究所、1971 年

臼井勝美『日中戦争』(新版)中央公論新社、2000 年

牛島康允『ノモンハン全戦史』自然と科学社、1989 年

内田勇四郎『内蒙古における独立運動』朝日新聞西部本社編集出版センター、1984 年

于逢春「「満洲国」及び「蒙疆政権」のラマ教僧侶教育政策」『日本の教育史学』(45)、2002 年

『梅棹忠夫著作集 2』中央公論社、1990 年

エルドンバヤル「日本支配期、内モンゴルにおける「蒙古青年結盟党」の設立と消滅 (1938-1941 年)」『内陸アジア史研究』(23)、2008 年

岡部部隊軍医部『内蒙古西蘇尼特附近蒙古人生活状態調査資料』、1939 年

緒方貞子『満州事変と政策の形成過程』原書房、1966 年

江口圭一『日本帝国主義史論』青木書房、1975 年

太田一郎『日本外交史 24』(大東亜戦争・戦時外交)鹿島平和研究所、1971 年

大谷正義「徳王と内蒙古自治運動」『地方行政』(8：6)、1941 年

大橋忠一「蒙古視察の感想」『蒙古』(9)、1942 年

小川繁「内外蒙古に対する露国の活動」財団法人東亜経済調査局、1930 年

表武雄「左翼旗豪利細亜と私の歩み」『思出の内蒙古』らくだ会、1975 年

鹿島守之助『日本外交史 11』(支那問題)鹿島平和研究所、1971 年

加瀬俊一『日本外交史 23』(日米交渉)鹿島平和研究所、1970 年

片倉衷『回想の満洲国』経済往来社、1978 年

川上親輝「蒙疆政権は高度自治へ進む」『外交時報』(816)、1938 年

川上親輝「徳王と蒙疆」『東洋』(42)、1939 年

川口典夫「思えば懐かし察哈爾の十年」『思出の内蒙古』らくだ会、1975 年

祁建民「占領下の蒙疆の教育」『植民地教育史研究年報』(2)、1999 年

岸田蒔兵『五十年後の蒙古民族』厳松堂書店、1940 年

木村時夫『昭和史を語る』早稲田大学出版部、1988 年

金雄白『同死共生の実体』(池田篤紀訳)、1960 年

工藤美知寿『日ソ中立条約の研究』南窓社、1985 年

257

栗原健「第一次・第二次満蒙独立運動」『日本外交史研究』原書房、1966 年

栗原健『対満蒙政策史の一面』原書房、1966 年

栗屋憲太郎ほか『東京裁判資料・田中隆吉尋問調書』大月書店、1994 年

栗和田和夫『蒙疆と駐蒙軍』(出版社不明)、1993 年

興蒙委員会『錫林郭勒盟各旗実態調査報告』、1941 年

小林知治『板垣征四郎』国防攻究会、1938 年

小林知治「蒙古大帝国の建設を観る」『中央公論』(603)、1927 年

小林英夫『ノモンハン事件』平凡社、2009 年

小林英夫『日中戦争と汪兆銘』吉川弘文館、2003 年

小林英機・林道生『日中戦争史論 — 汪兆銘政権と中国占領地』御茶ノ水書房、2005 年

小林幸男『日ソ政治外交史 — ロシア革命と治安維持法』有斐閣、1985 年

小山【不明】「蒙古連盟自治政府の建設 — その世界史的意義」『満洲評論』(13：19)、1937 年

ガンバガナ「モンゴル自治邦の実像と虚像 — 日本の外交政策からのアプローチ」『中国 21』(27)、
　2007 年

ガンバガナ「綏遠事件と日本の対内モンゴル政策」『言語・地域文化研究』(11)、2005 年

ガンバガナ「汪兆銘と内モンゴル自治運動 — 日本の対内モンゴル政策を中心に (1938 年)」『日本
　モンゴル学会紀要』(35)、2005 年

ガンバガナ「内モンゴル自治運動における興蒙委員会の役割について」『言語・地域文化研究』
　(13)、2007 年

ガンバガナ「内モンゴル自治運動と太平洋戦争期における日本の対内モンゴル政策について —
　「日華同盟条約」を中心に」『東北アジア研究』(16)、2012 年

後藤十三雄「草地における支那商人」『内陸アジア』(2)、1942 年

後藤富男「蒙古復興の新生面 — 親愛なる蒙古青年諸君に呈す」『東洋』(42)、1939 年

後藤富男「新生蒙古に徳王を訪ふ」『東洋』(41)、1938 年

後藤富男「近代史内蒙古における漢人商人の進出」『社会経済史学』(1)、1958 年

後藤富男『蒙古政治史』高山書院、1963 年

後藤乾一『近代日本と東南アジア』、岩波書店、1995 年

呉鶴齢「蒙古代表団 — 南京政府との交渉」『日本とモンゴル』(22：1)、1987 年

呉美恵「呉鶴齢回想録」『日本とモンゴル』(21：1)、1986 年

呉美恵「呉鶴齢回想録」『日本とモンゴル』(24：9)、1989 年

斎藤二郎『支那をめぐる日ソ英米』今日の問題社、1936 年

蔡徳金編『周仏海日記』(村田忠禧ほか共訳)みすず書房、1992 年

酒井哲也「日米開戦と日ソ関係」、細谷千博ほか編『太平洋戦争』東京大学出版会、1993 年

佐々木健悦『徳王の見果てぬ夢 — 南北モンゴル統一独立運動』社会評論社、2013

佐藤元英『昭和初期対中国政策の研究』原書房、1992 年

重光葵『昭和の動乱』原書房、1978 年

信夫清三郎『太平洋戦争と「もう一つの太平洋戦争」』勁草書房、1988 年

鈴木武雄「大陸ルート論」『アジア問題講座第三巻』創元社、1940 年

鈴木隆史「日中戦争をめぐる国際関係」、井上清・衛藤瀋吉編『日中戦争と日中関係』原書房、
　1988 年

『世界画報』(日支大事変号)(14：10)、国際情報社、1938 年

参考文献

副島昭一「中央東北侵略と十五年戦争の開始」、藤原彰・今井清一編『十五年戦争史 1　満州事変』青木書房、1988 年

斯日古楞氏「日本支配下の蒙疆畜産政策」『現代社会文化研究』(27)、2003 年

斯日古楞「日中戦争以前の「蒙疆」畜産経済の実態 ― 畜産貿易を中心として」『東アジア・歴史と文化』(13)、2004 年

善隣協会『新生を歩む内蒙古』、1934 年

高木翔之助『蒙疆』北支那経済通信社、1939 年

竹尾弌「蒙古民族の歴史的役割とその将来 ― 辺疆問題の研究　其の三」『東洋』(42)、1939 年

橘誠『ボグド・ハーン政権の研究 ― モンゴル建国史序説 1911-1921』風間書房、2011 年

田中吉六「蒙疆政権の基本的考察」『外交時報』(902)、1942 年

田中隆吉『太平洋戦争の敗因を衝く』(改訂版)長崎出版、1992 年

谷川栄彦「太平洋戦争と東南アジア民族独立運動」『法政研究』(53：3)、1987 年

種村佐孝『大本営機密日誌』芙蓉書房、1979 年

千葉山男『極東赤化の現段階と中国共産党の動向』辺境問題研究所、1935 年

中亜問題研究会『内蒙古対策論』、1942 年

張啓雄「汎モンゴル統一運動」『人文学報』(85)、2001 年

陳鵬仁「日本の汪兆銘工作」『問題と研究』中華民国国立政治大学国際問題研究中心、1997 年

辻政信『ノモンハン秘史』毎日ワンズ、2009 年

丁暁杰「自治運動から関東軍との連携へ ― 徳王と日本との関係 その一」『比較社会文化研究』(18)、2005 年

鉄路総局「多倫・貝子廟並大板上廟会事情」、1934 年

寺島英明「日中戦争期の諸問題 ― 徳王についての検証」『総合歴史教育』(38)、2002 年

寺広映雄「綏遠事件と西北抗日情勢の新展開」『東洋史研究』(32：1)、1973 年

東亜考古学会蒙古調査班『蒙古高原横断記』日光書院、1941 年

東亜産業協会『察哈爾蒙古の近情』、1934 年

東京学芸大学日本史研究室編『日本史年表』東京堂、1999 年

東洋協会調査部『最近の内蒙古事情』東洋協会、1936 年

戸部良一「日中和平工作の挫折」、五百旗頭真・北岡伸一編『開戦と終戦 ― 太平洋戦争の国際関係』情報文化研究所、1998 年

大日本帝国大使館事務所『蒙古牧業政策の沿革並現況』、1944 年

ドムチョクドンロプ『徳王自伝』(森久男訳)岩波書店、1994 年

中嶋万蔵「徳王について」「青島会議」『蒙疆回顧録』『高原千里』らくだ会、1973 年

中見立夫「ハイサンとオタイ ― ボグド・ハーン政権下における南モンゴル人」『東洋学報』(57)、1976 年

中見立夫「地域概念の政治性」『アジアから考える 1・交錯するアジア』東京大学出版社、1993 年

中見立夫『「満蒙問題」の歴史的構図』東京大学出版会、2013 年

中山正夫「ソ連側資料からみたノモンハン事件」防衛研修所、1978 年、p.46

長山義男「徳王の悲劇」『自由』(29)、1987 年

波多野澄雄「日本の視点 ― 陸軍にとっての「真珠湾」」、五百旗頭真・北岡伸一編『開戦と終戦 ― 太平洋戦争の国際関係』情報文化研究所、1998 年

波多野澄雄『「大東亜戦争」の時代日中戦争から日米戦争へ』朝日出版社、1988 年

259

波多野澄雄『太平洋戦争とアジア外交』東京大学出版会、1996 年

西義顕『悲劇の証人 — 日華和平工作秘史』文献社、1962 年

日本国際協会『支那各省経済事情』、1935 年

日本国際政治学会編『太平洋戦争への道 1』(満州事変前夜)朝日新聞社、1963 年

日本国際政治学会編『太平洋戦争への道 2』(満州事変)朝日新聞社、1962 年

日本国際政治学会編『太平洋戦争への道』(別巻・資料編)朝日新聞社、1963 年

堀内謙介『日本外交史 21』(日独伊同盟・日ソ中立条約)鹿島平和研究所、1971 年

農林省畜産局『蒙疆の畜産』、1940 年

秦郁彦「綏遠事件」『日本外交史研究』、1961 年

服部卓四郎『大東亜戦争全史』原書房、1965 年

判澤純太「ノモンハン事件と国際環境」『政治経済史学』(252)、1987 年

半藤一利『ノモンハンの夏』文芸春秋、2001 年

日森虎雄「赤色ルート論」『アジア問題講座 第三巻』創元社、1940 年

広川佐保「蒙疆政権の対モンゴル政策 — 満州国との比較を通じて」、柴田善雅・内田知行編『日本の蒙疆占領 1937-1945』研文出版、2007 年

藤原彰「日米開戦後の日中戦争」、井上清・衛藤瀋吉編『日中戦争と日中関係』原書房、1988 年

藤原彰・今井清一編『十五年戦争史 1』(満州事変)青木書房、1988 年

二木博史「ダムバドルジ政権の内モンゴル革命援助」『一橋論叢』(92：3)、1984 年

二木博史「ダムバドルジ政権の敗北」『東京外国語大学論集』(42)、1991 年

二木博史「蒙疆政権時代のモンゴル語定期刊行物について」『日本モンゴル学会紀要』(31)、2001 年

宝鉄梅「蒙疆政権下のモンゴル人教育」『環日本海研究年報』(11)、2004 年

宝鉄梅「蒙疆政権下の対モンゴル人日本語教育について」『現代社会文化研究』(31)、2004 年

宝鉄梅「蒙疆政権下のモンゴル人教育 — 錫林郭勒盟の初等教育の実施を中心に」『環日本海研究年報』(11)、2004 年

宝鉄梅「綏遠事件と華北分離工作」『現代社会文化研究』(27)、2003 年

バートル「徳王と一九三〇年代の内モンゴル自治運動 — 徳王の「民族」・「国家」観を中心に」『アジア文化研究』(11)、2004 年

バートル「一九二〇年代の内モンゴル政治における二つの潮流 —「自治」と「建省」論をめぐって」『アジア文化研究』(13)、2006 年

防衛庁防衛研修所戦史室『関東軍 1』(対ソ戦備・ノモンハン事件)朝雲新聞社、1969 年

防衛庁防衛研修所戦史室『関東軍 2』(関特演・終戦時の対ソ戦)朝雲新聞社、1974 年

ボリス・スラヴィンスキ『日ソ中立条約 — 公開されたロシア外務省機密文書』岩波書店、1996 年

ボリス・スラヴィンスキ『日ソ戦争への道 — ノモンハンから千島占領まで』(加藤幸廣訳)共同通信社、1999 年

松崎陽『興蒙推進要綱』厚和蒙古研究所、1941 年

松室孝良「徳王と蒙古」『日本及日本人』、1942 年

松本重治『近衛時代(上)』中央公論社、1986 年

松本重治『近衛時代(下)』中央公論社、1987 年

松本忠雄「蒙疆視察所感」『東洋』(41)、1938 年

マンダフ・アリウンサイハン「満洲里会議に関する一考察」『一橋論叢』(778)、2005 年

三浦信行ほか「日露の史料で読み解く「ノモンハン事件」の一側面」『アジア・日本研究センター紀要』(5)、2010年

南満洲鉄道株式会社産業部資料室『張家口を中心とする流通機構に就いて』(産業調査資料第一編)、1936年

南満洲鉄道株式会社庶務部調査課『内外蒙古接壌地域附近一般調査』(満鉄調査資料第三六編)、1924年

村田孜郎『蒙古と新疆』善隣協会調査部、1935年

村田孜郎「徳王とその周囲」『中央公論』(600)、1937年

蒙疆銀行調査局『錫林郭勒盟経済事情(第一報)』、1943年

蒙疆銀行調査課『張家口における旅蒙貿易』(蒙疆商業調査資料第一輯)、1939年

蒙疆新聞社『蒙疆年鑑』、1943年

蒙疆新聞社『蒙疆年鑑』、1944年

蒙古会『蒙古軍事史』、2004年

蒙古自治邦政府興蒙委員会『清末に於ける綏遠の開墾』、1942年

蒙古自治邦政府興蒙委員会『中華民国治蒙法令及決議案集』、1942年

蒙古自治邦政府蒙旗建設隊『蒙旗建設現地工作状況中間報告書』、1943年

『蒙古』(8:2、7)、1941年

『蒙古』(9:1、2、3、5、7、8、9、10、11、12)、1942年

『蒙古』(10:6、7)、1943年

『蒙古』(11:5、8)、1944年

森久男『徳王の研究』創土社、2000年

森久男「蒙古軍政府の研究」『愛知大学国際問題研究所紀要』(97)、1992年

森松俊夫「蒙疆八年の守り」『高原千里』らくだ会、1973年

森山優「「南進論」と「北進論」」、倉沢愛子ほか編『支配と暴力』岩波書店、2006年

森山康平『はじめてのノモンハン事件』PHP研究所、2012年

楊井克己『蒙古資源経済論』三笠書房、1941年

山本有造『「満洲国」の研究』京都大学人文科学研究所、1993年

吉田壮人『蒋介石秘話』かもがわ出版、2001年

『読売新聞』(朝刊)、1937年11月23日、1938年1月17日、1941年2月16日。『読売新聞』(夕刊)、1937年11月23日、1941年2月15日、1941年3月9日

らくだ会『高原千里』、1973年

らくだ会『思出の内蒙古』、1975年

リ・ナランゴワ「内モンゴルにおける「蒙疆」政権 ― 日本による「傀儡国家」の性質」、倉沢愛子ほか編『支配と暴力』岩波書店、2006年

劉傑「汪兆銘政権の樹立と日本の対中政策構造」『早稲田人文自然科学研究』(50)、1996年

【中国語】

博彦満都「烏泰王叛乱事件」、中国人民政治協商会議内蒙古自治区委員会文史資料研究委員会(以下中国内蒙古文史資料委員会と省略する)編『内蒙古文史資料1』、1979年

蔡徳金・李恵賢『汪精衛偽国民政府紀事』中国社会科学出版社、1982年

陳紹武 「徳穆楚克棟魯普和蒋介石之関係」、中国内蒙古文史資料委員会編『内蒙古文史資料1』、1979年

『大公報』天津版、1933 年 10 月 24 日、26 日、27 日、28 日。11 月 6 日、11 日、24 日。1934 年 1 月 18 日、30 日。3 月 8 日、4 月 24 日

徳穆楚克棟魯普『徳穆楚克棟魯普自述』、中国内蒙古文史資料委員会編、1984 年

方範九『蒙古概況與内蒙古自治運動』商務印書館、1934 年

傅作義「綏遠事件経過詳記」、中国内蒙古文史資料委員会編『綏遠抗戦』、1986 年

格日勒「額爾徳尼郡王松津旺楚克」、中国内蒙古文史資料委員会編『内蒙古文史資料 35』、1989 年

郭道甫『蒙古問題講演録(1929 年)』内蒙古自治区達斡爾歴史語言文学会、1987 年

哈斯瓦斉尓「尼冠洲之死」、中国内蒙古文史資料委員会編『内蒙古文史資料 6』、1979 年

郝維民『内蒙古近代簡史』内蒙古出版社、1990 年

郝維民主編『内蒙古自地区史』内蒙古大学出版社、1991 年

郝維民・斎木徳道爾吉『内蒙古通史綱要』内蒙古人民出版社、2006 年

『蒋総統秘録(六)』中央日報、1968 年

李友仁、郭伝『中国国民党簡史』北京档案出版社、1988 年

劉健清、王家典、徐梁伯『中国国民党史』江蘇古籍出版社、1992 年

盧明輝『蒙古自治運動始末』中華書局、1980 年

盧明輝『徳王其人』遠方出版社、1998 年

内蒙古教育志編委会『内蒙古教育志(一、二)』内蒙古大学出版社、1995 年

彭平陽「政海風雲五十年」、中国内蒙古文史資料委員会編『内蒙古文史資料 35』、1989 年

色楞敖爾布、達胡拉巴雅爾 「云端旺楚克事略」、中国内蒙古文史資料委員会編 『内蒙古文史資料 35』、1989 年

蘇赫巴魯 「郭爾羅斯前旗札薩克斎黙特色木丕勒史略、中国内蒙古文史資料委員会編『内蒙古文史資料 35』、1989 年

田志和・馮学忠『民国初期蒙旗 "独立" 事件研究』内蒙古人民出版社、1991 年

陶布新「百霊廟自治運動」中国内蒙古文史資料委員会編『内蒙古文史資料 29』、1987 年

忒莫勒『建国前内蒙古方志考述』内蒙古大学出版社、1998 年

王徳勝「北洋軍閥対蒙古政策幾個問題的初析」『内蒙古近代史論叢 3』内蒙古人民出版社、1987 年

王芸生『六十年来中国与日本 6』新知三聯書店、1980 年

汪兆銘「日中同盟条約之分析」、中国国民党中央委員会党史委員会『中華民国重要資料初編 ― 対日抗戦時期』(第六編傀儡組織三)、1981 年

汪炳明「蘇尼特右旗郡王徳穆楚克棟魯普生平」、中国内蒙古文史資料委員会編 『内蒙古文史資料 35』、1989 年

烏藍沙布「中国国民党対蒙政策(1928-1949 年)」『内蒙古近代史論叢 3』内蒙古人民出版社、1987 年

邢復礼訳 「烏泰王発布東蒙古独立宣言及札魯特左旗対烏泰的援助」、中国内蒙古文史資料委員会編『内蒙古文史資料 1』、1979 年

伊盟政協委員会「席尼喇嘛及其所領道的 "独貴龍" 運動」、中国内蒙古文史資料委員会編『内蒙古文史資料 19』、1985 年

札奇斯欽『我所知道的徳王和当時的内蒙古 (一)』東京外国語大学アジア・アフリカ言語文化研究所、1985 年

札奇斯欽『我所知道的徳王和当時的内蒙古 (二)』東京外国語大学アジア・アフリカ言語文化研究所、1993 年

参考文献

中国内蒙古文史資料委員会『徳穆楚克棟魯普自述』、1984 年

中国内蒙古文史資料委員会『綏遠抗戦』、1986 年

中国内蒙古文史資料委員会『偽蒙古軍史料』、1990 年

中華民国外交問題研究会『日本軍国主義侵華資料長編（上）』、1965 年

中華民国外交問題研究会『日本製造偽政府組織与国連的制裁侵略』、1966 年

中国国民党中央委員会党史委員会 『中華民国重要資料初編 ― 対日抗戦時期』（第六編傀儡組織三）、1981 年

中国国民党中央委員会党史委員会 『中華民国重要資料初編 ― 対日抗戦時期』（第六編傀儡組織四）、1981 年

【モンゴル語】

Altandalai, *Yapon ba Öbür Mongγol*, Öbür Mongγol-un suryan kümüjil-ün keblel-ün qoriy_a, 2004

Buyančoγtu, "Yapon-u eǰemsil douraki 'Mongγol kiǰaγar'- un γadaγadu aralǰiy_a", *Elbeg bütügel*, Öbür Mongγol -un soyul-un keblel-ün qoriy_a, 1996

Örgedei Tayibung, *Üker ǰil- ün üimegen-ü gerel ba següder*, Öbür Mongγol-un suryan kümüjil-ün keblel-ün qoriy_a, 2006

Wčirbatu, *Demčugdongrub-ün Wčirbatu*, Öbür Mongγol-un arad-un keblel-ün qoriy_a, 2003

Доржийн Зоригт, *ДЭ ВАН : Түүхийн судалгааны бүтээл*, Монгол Улсын ШУА-ийн Олон улс судлалын хүрээлэн, 2011

【英語】

Chen Han-Seng, "A Critical Survey of Chinese Policy in Inner Mongolia", *Pacific Affairs*, Vol.9, No.4, 1936, University of British Columbia

Evans Fordyce Carlson, "The Chinese Mongol Front in Suiyuan", *Pacific Affairs,* Vol.12, No.3, 1939, University of British Columbia

Jagchid Sechin, *The Last Mongol Prince:The Life and Times of Demchugdongrob, 1902-1966*, Bellingham, 1999

Norman D.Hanwell, "Japan's Inner Mongolian Wedge", *Far Eastern Survey,* Vol.8, No.13, 1939, Institute of Pacific Relations

Owen Lattimore, "Russo-Japanese Relations", *International Affairs*, Vol.15, No.4, 1936, Wiley on behalf of the Royal Institute of International Affairs

Own Lattimore, "The Historical Setting of Inner Mongolian Nationalism", *Pacific Affairs*, Vol.9, No.3, 1936, University of British Columbia

Owen Lattimore, "The Lines of Cleavage in Inner Mongolia", *Pacific Affairs*, Vol.10, No.2, 1937, University of British Columbia

Seven Hedin, *History of the expedition in Asia, 1927-1935*, Elanders boktrycheri aktiebolag, 1943

Stuart D.Goldman, "The Influence of Khalkhin Gol on the Outbreak, Conduct, and Outcome of World War Ⅱ " 今西淳子、ボルジギン・フスレ編『ノモンハン事件 70 周年 ― 2009 年ウランバートル国際シンポジウム報告論文書』風響社、2009 年

Victor A.Yakhontoff, "Mongolia:Target or Screen", *Pacific Affairs*, Vol.9, No.1, 1936, University of British Columbia

付属資料

年表：『内モンゴル自治運動と日本外交』（1902-1966 年）

年	月	主要な出来事
1902	2	12 日、内モンゴル自治運動指導者デムチグドンロブ王（以下徳王）誕生
		シベリア鉄道完成、清朝政府が貽穀を督弁蒙旗墾務大臣に任命
1903	10	6 日、日露交渉の開始
1904	2	10 日、日露戦争勃発。12 日、清国、中立宣言
1905	9	1 日、関東都督府の設立（旅順）
		5 日、「日露講和条約」の締結。26 日、関東総督府の設置
1906	11	26 日、南満洲鉄道株式会社の設立（英語名：South Manchuria Railways）
1907	7	30 日、第 1 回日露協約の締結、外モンゴルに関する文書交換（8 月 15 日公示）
1908	12	2 日、溥儀即位。同年、徳王、西スニド旗ジャサグ王の爵位を継承
1909	9	4 日、日清の間で「関島協約」を締結
1910	7	4 日、第 2 回日露協約の締結
	8	22 日、韓国合併に関する日韓条約の調印（8 月 29 日公布、即日施行）
1911	10	10 日、辛亥革命の勃発（武昌蜂起）
	12	1 日、外モンゴルの独立宣言
		29 日、ジェブツンダムバ・ホトクト 8 世が皇帝に即位
1912	1	1 日、南京で中華民国が成立、孫文、臨時大総統に就任
		14 日、フルンボイルの独立宣言
	2	12 日、溥儀の退位（清朝の滅亡）
	3	10 日、袁世凱、北京で臨時大総統に就任、翌日、中華民国臨時約法を公布
	7	8 日、第 3 回日露協約の締結。24 日、民国政府、蒙蔵事務局を設置
	8	オタイ王の東モンゴル独立宣言。19 日、袁世凱政府、「蒙古待遇条例」を発布
	11	3 日、露蒙条約の締結
1913	1	10 日、チベットの独立宣言、モンゴル・チベット協定の締結（相互の独立承認）
	11	5 日、露中宣言書の成立
1914	2	19 日、民国政府、「禁止私放蒙荒通則」「墾辟蒙荒奨励弁法」を公布
	5	18 日、民国政府、蒙蔵事務局を蒙蔵院に改組
	7	6 日、北洋軍閥政権、熱河、チャハル、綏遠の 3 特別区の設置を決定
	8	1 日、独国の対露宣戦、佛（3 日）英（4 日）参戦、第 1 次世界大戦勃発
1915	5	25 日、日中、21 ヵ条に調印（「南満洲及東内蒙古に関する条約」を含む）
	6	7 日、露中蒙、キャフタ協定に調印（外モンゴルの自治承認）
1916	1	1 日、袁世凱、年号を洪憲と定め中国皇帝に即位（3 ヵ月後退位、6 月 6 日死去）
1917	11	7 日、露国に十月革命

1918	1	8日、ウィルソン大統領、平和綱領14ヵ条則を発表
	11	11日、連合国、対独休戦条約に調印、第1次世界大戦の終結
1919	1	18日、パリ講和会議の開催
	11	22日、中華民国大統領令により、外モンゴルの自治撤廃
1920	7	15日、シベリア派遣軍、極東共和国と停戦議定書を調印
1921	5	1日、京綏鉄道の開通
	7	11日、モンゴル人民政府の樹立。23日、中国共産党第1回代表大会
	11	5日、露蒙友好条約の締結
1922	2	6日、中国に関する九ヵ国条約の調印(ワシントンで)
	12	30日、第1回全連邦ソビエト大会、ソビエト社会主義共和国連邦の成立
1923	1	26日、孫文・ヨッフェ、共同宣言を発表
1924	1	20日〜2月1日、中国国民党第1回全国代表大会、第1次国共合作の成立
	5	31日、中ソ協定の締結
	11	26日、モンゴル人民共和国の成立。同年、徳王、シリンゴル盟副盟長に就任
1925	1	20日、「日ソ基本条約」の調印(国交回復、27日、公布)
	10	13日、張家口で内モンゴル人民革命党第1回代表大会が開催
1926	7	9日、蒋介石、国民革命軍総司令に就任、第1次北伐戦争を開始
1927	6	1日、関東軍司令部、「対満蒙政策に関する意見」を作成
		27日〜7月7日、東方会議の開催(対中政策綱領発表)
1928	6	4日、張作霖爆殺事件。9日、北伐軍北京入城
	9	5日、国民政府、内モンゴルに熱、察、綏の3省の設置方針を決定(17日公布)
	12	29日、張学良の「易幟事件」
1929	2	蒙蔵委員会の設立、秋に呉鶴齢が蒙蔵委員会の参事に就任
	7	4日、石原莞爾、長春で「現代戦争に対する観察」という講義を実施
		17日、ソ連、国民政府に対し国交断絶を通知
	10	24日、ニューヨーク株式市場大暴落、世界大恐慌の始まり
1930	4	トルクシーク鉄道の完成
	9	佐久間亮大尉、「満蒙における占領地統治に関する研究」案を完成
1931	1	23日、松岡洋介、衆議院本会議で満蒙問題について答弁
	9	18日、満洲事変。21日、中国代表が国際連盟に満洲事変を正式に提訴
	10	12日、国民政府、「モンゴル盟部旗組織法」を公布
		24日、関東軍、「満蒙問題解決の根本方策」を決定
		29日、ソ連、満洲事変に関し中立不干渉を声明
	11	7日、関東軍、「満蒙自由国設立案大綱」を発表、中華ソビエト共和国の樹立
1932	2	6日、関東軍、「満蒙建設に伴ふ蒙古問題処理要綱」を決定
	3	1日、満洲国建国宣言(9日、溥儀、執政に就任)
		12日、閣議、「満蒙問題処理方針要綱」を決定
	9	15日、新京で日満議定書調印公布、日本の満洲国承認。17日、中国抗議

	10	下旬、武漢で徳王、蒋介石と会見
1933	2	関東軍、熱河作戦を開始
	3	27日、日本の国際連盟脱退
	5	31日、塘沽協定の締結
	7	16日、関東軍、「暫行蒙古人指導方針要綱案」を作成
		26日、百霊廟で第1回自治会議が開催
	8	13日、李守信軍の多倫進駐、のちに察東特別自治区を設立。同月、多倫特務機関が開設
	10	9〜24日、第2回自治会議の開催、「内モンゴル自治政府組織大綱」を可決
		18日、国民政府中央政治会、「蒙政改革三方案」を決定
		松室大佐、多倫でモンゴル王公大会を開催、「蒙古建国に関する意見」を起草
	11	10〜19日、百霊廟で国民政府大使、自治運動首脳部との協議を開始
	12	31日、徳王、西ウジュムチン旗で盛島角房と面会
1934	1	16日、国民党中央政治委員会、「内蒙古自治弁法十一条」を可決
	2	28日、国民党中央政治委員会、「蒙古地方自治弁法八項原則」を採択
	3	1日、満洲国帝政樹立に関し交換文書、溥儀の皇帝即位、年号を康徳に変更
	3	7日、国民党中央委員会、「蒙古地方自治政務委員会暫行組織大綱」を公布
	4	23日、百霊廟モンゴル地方自治政務委員会(蒙政会)の成立
	7	笹目恒雄、前川坦吉、藤中弁輔等西スニド訪問、徳王との面会
	9	韓風林暗殺事件発生
	10	26日、第1次張北事件
	11	27日、「ソ蒙紳士協定」の締結
	12	7日、陸・海・外務省関係課長間で「対支政策に関する件」を決定
1935	1	8日、ハルハ廟事件。同月、関東軍大連会議、「内蒙古工作」の推進を決定
	2	2日、善隣協会専門学校の創設
	3	23日、北満鉄道譲渡協定最終議定書の成立、日ソ満3国が調印(25日、公布)
	6	1日、満蒙国境会議が開催(8月26日、休会)。5日、第2次張北事件
		10日、「梅津・何応欽協定」の成立。27日、「土肥原・秦徳純協定」の調印
	7	25日、関東軍参謀部、「対内蒙施策要領」を作成。同月、関東軍、徳王へ飛行機を贈呈
	8	1日、中国共産党、「抗日救国」宣言を発表
		28日、陸軍軍務局長、関東軍宛に「北支及内蒙に対する中央部の指導」を発信
	9	18日、板垣征四郎一行、徳王との会談のため、西ウジュムチン旗を訪問
		同月、モンゴル軍幼年学校が開校
	10	2日、第2次満蒙国境会議が開催(11月25日、中断)。3日、イタリアのエチオピア進攻
		21日、第3回百霊廟蒙政会会議の開催、対日協力問題を協議
	11	22日、徳王の第1回目の満洲国訪問、帰途李守信と初会見
	12	7〜13日、察東事件。29日、呉鶴齢、蒋介石と内モンゴル問題について意見交換

1936	1	関東軍参謀本部、「対蒙(西北)施策要領」を作成
		22日、チャハル盟公署成立。25日、国民政府、「綏境蒙政会暫行組織大綱」を公布
	2	10日、西スニドでモンゴル軍総司令部成立、チンギス・ハーン年号の導入
		21日、百霊廟保安隊暴動。23日、綏遠蒙政会設立
	3	9日、広田内閣成立。12日、「ソ蒙相互援助議定書」の締結
		28日、有田駐中大使、新京で関東軍首脳部等と「内蒙古工作」について会談
	4	21日、内モンゴル問題を協議するため、関東軍参謀長、陸軍次官宛に書簡
		24日、西ウジュムチンでモンゴル代表大会が開催
	5	12日、徳化でモンゴル軍政府成立
	6	16日、関東軍の内モンゴル政策に関する板垣征四郎の東京での演説
		同月、徳王の第2回目の満洲国訪問、満洲国と相互援助条約を締結
	8	7日、首・外・陸・海相、「帝国外交方針」を決定
		11日、関係諸省間、「対支実行策」「第二次北支処理要綱」を決定
	9	善隣協会、西スニド小学校を開設
	10	15日、第3次満蒙国境会議が開催
	11	5日、徳王・傅作義、相互非難電報。14日、綏遠事件発生
		19日、高宗武、川越大使・須磨総領事と綏遠事件について会談
		24日、傅作義部隊の百霊廟占領
		25日、「日独防共協定」の調印
		28日、国民政府外交部、領土主権を保全するという声明を発表
		同月、善隣協会、『蒙古学』を創刊
	12	3日、川越・張会談の打ち切り。9日、シャルムレン廟兵変事件。
		12日、西安事件発生
		13日、片倉少佐、「内蒙時局対策案」を起草
		14日、陸軍省、「西安事変対策要綱」を策定
1937	1	25日、陸軍省、「内蒙軍整備要綱」を策定
	4	16日、外、大、陸、海四相、「対支実行策」「北支指導方策」を決定
	7	7日、蘆溝橋事件、日中戦争勃発
	8	9日、関東軍、チャハル作戦を開始。13日、「察哈爾方面政治工作緊急処理要綱」を作成
		22日、「中ソ不可侵条約」の調印
		27日、関東軍の張家口占領。28日、金井章次が率いる政治工作班の張家口到着
	9	4日、察南自治政府の樹立、陸軍省次官、関東軍参謀長に「察蒙処理要綱」を通達
	10	1日、関東軍「蒙疆方面政治工作指導要綱」と、四相会「支那事変対処要綱」の決定
		15日、晋北自治政府の成立
		28日、第2回モンゴル代表大会、モンゴル連盟自治政府の成立
	11	2日、広田外相、内モンゴル問題を含む日本の和平条件を独大使に提示

		6日、イタリア、日独防共協定参加に関する議定書に署名
		22日、「蒙疆連合委員会設定に関する協定」の調印、蒙疆連合委員会の成立
		27日、蒙疆銀行の創設
	12	13日、日本軍の南京占領、南京事件が発生
		14日、北平で王克敏の中華民国臨時政府が樹立
		21日、閣議、陸軍省作成の「在京独逸大使ニ対スル追加回答案」を決定
		24日、閣議、「支那事変対処要綱」を決定
		26日、関東軍司令官、陸軍指導部宛に「察南晋北処理ニ関スル件」を通達
		29日、関東軍司令官、陸軍大臣宛に「蒙疆方面政治指導に関する件」を発信
1938	1	8日、駐蒙兵団の編成。11日、御前会議、「支那事変処理根本方針」を決定
		16日、第1次近衛声明(爾後国民政府を対手にせず)
	3	23日、綏遠をフフホト(厚和)と改称。24日、雲王の死去
		28日、南京で梁鴻志の中華民国維新政府が樹立
	5	12日、独満修好条約の調印、ドイツの満洲国承認
		20日、蒙疆新聞社が張家口に発足
	7	1日、第3回モンゴル代表大会
		11日、張鼓峰事件発生(29日、軍事衝突、8月10日、停戦協定)
		15日、五相会議、「支那新中央政府樹立指導方針」を決定
	8	1日、モンゴル連盟自治政府、政務院官制を公布
	9	10日、モンゴル連盟自治政府警察学校が開設
	10	1日、外務省企画委員会書記局、「対蒙政策要綱」を作成
		13日、徳王、フフホトから張家口経由で北京へ、第1回目の訪日開始
		14日、徳王、北京で北支軍最高指揮官寺内大将と会見
		17日、徳王、日満連絡黒龍丸で大連港から日本へ出発
		19日、徳王、下関より日本上陸し電車で東京へ
		20日、徳王、東京到着、近衛首相との会談、勲章伝達式の実施
		21日、徳王、天皇と会見、善隣協会を訪問。23日、靖国神社参拝
		25日、徳王、近衛首相官邸で日蒙親善晩餐会に参加
	11	1日〜11日、日・汪会談(内モンゴル問題を取上げる)
		2日、徳王、伊勢神宮参拝、京都ホテルで府、市、商工会議所主催の晩餐会に参加
		3日、第2次近衛声明(東亜新秩序建設)
		6日、徳王、枚方菊人形を見物、大阪府、市、商工会議所共催歓迎会に出席
		7日、造幣局を見学、大阪朝日新聞本社を訪問
		20日、日・汪間で「日華協議記録及同諒解事項並日華秘密協議記録」を調印
		23日、訪日の徳王、張家口(20日)経由でフフホトへ
		30日、御前会議、「日支新関係調整方針」を決定
	12	6日、陸軍省、「昭和十三年秋季以降対支処理方策」を決定
		16日、興亜院の設置

		18 日、汪兆銘の重慶脱出。22 日、第 3 次近衛声明(3 原則)
		26 日、蒋介石、徹底抗戦の意思を表明。29 日、汪兆銘、「艶電」を送り近衛声明を擁護
1939	3	10 日、駐張家口特務機関の廃止。11 日、興亜院蒙疆連絡部の開設
	4	2 日、駐蒙軍司令官の管理下で蒙疆連絡会議を設置
		25 日、関東軍司令官植田謙吉、「満ソ国境紛争処理要綱」を示達
		1 日、フフホトにモンゴル学院を開設
		29 日、徳王、蒙疆連合委員会総務委員長に就任
	5	2 日、関東軍田中参謀長、「蒙疆統一政府組織案」を陸軍次官に打電
		11 日～31 日、第 1 次ノモンハン事件発生
		21 日、モロトフ、ノモンハンにおける日満軍の行為に対する抗議文書を東郷茂徳に手渡
	6	5 日、ジューコフが指揮官としてタムスク・ブラグに到着
		6 日、五相会議、「中国新中央政府樹立方針」「汪工作指導要綱」を決定
		10 日、張家口に蒙疆学院を開校
	7	28 日、興亜院会議、「蒙疆統一政権設立要綱」を決定(8 月 4 日、閣議決定)
	8	23 日、「独ソ不可侵条約」の調印
		29 日、第 4 回モンゴル代表大会、蒙疆 3 自治政府の合併を決議
	9	1 日、モンゴル連合自治政府の成立、ドイツのポーランド侵攻、第 2 次世界大戦勃発
		15 日、日ソの間で「ノモンハン事件停戦協定」が成立
	11	5 日、日本政府、「日支新関係調整要綱」を汪兆銘側に提出
	12	30 日、日・汪間で「日華新関係調整要綱」を調印
1940	1	24 日、青島会議の開催(23 日、周佛海と李守信の会談)
	3	30 日、汪兆銘政権発足
	4	9 日、汪兆銘の張家口訪問(徳王に冷遇される)
	5	モンゴル善隣協会の創設、井上璞が理事長に就任
	6	1 日、西スニドにモンゴル軍幼年学校を開設
	7	2 日、駐ソ東郷大使、モロトフに中立条約の締結を提議
		27 日、大本営政府連絡会議、「世界情勢の推進に伴ふ時局処理要綱」を決定
	9	22 日、「日本・仏印軍事細目協定」の成立。23 日、日本軍の北仏印進駐開始
		27 日、ベルリンで日独伊三国同盟が調印
	10	4 日、外務省、「日蘇国交調整要綱案(試案)」を作成
	11	12～13 日、ベルリンでモロトフ・リッベントロップ会談
		13 日、御前会議、「支那事変処理要綱」を決定
		21 日、各旗長官会議、「ホルショー大綱」を可決。同月、モンゴル留学生後援会が発足
		30 日、日・汪間で「日本中華民国間基本関係に関する条約」を調印
1941	2	3 日、大本営政府連絡会議、「対独伊蘇交渉要綱」を決定(日ソ国交調整)
		11 日、徳王、第 2 回目の訪日のため張家口を出発。14 日、下関上陸後東京へ

		16日、徳王、在京モンゴル人留学生大会に参加、靖国神社参拝
		18日、徳王、天皇と会見、東条陸相・松岡外相等を歴訪
		19日、徳王、貴族院本会議を傍聴、多摩御陵に参拝
		20日、徳王、陸軍病院を慰問
		22日、徳王、善隣協会を訪問、モンゴル人留学生を集め激励の訓示を実施
		26日、徳王、仙台で善応寺の「蒙古の碑」の供養に参列
	3	7日、徳王、近衛首相を訪問、「蒙古建国促進案」を提出
		9日、徳王、伊勢神宮参拝
		10日、徳王、新大阪ホテルで大阪府、市、商工会議所共催の歓迎会に出席
		11日、徳王、大阪より下関経由で帰国の途へ
	4	4日、興亜院会議、モンゴル連合自治政府名称を「自治邦」にすると決定
		13日、「日ソ中立条約」の調印
		16日、ハル米国国務長官、「日米諒解案」を日本側に提出
		17日、大本営陸海軍部、「対南方施策要綱」を策定
		21日、徳王一行の満洲国訪問
		同月、西スニドにモンゴル女子学校を創設
	6	1日、呉鶴齢、政務院長に就任、興蒙委員会官制を発令、興蒙学院が開校
		22日、独ソ開戦。25日、連絡会議、「南方施策促進に関する件」を決定
	7	1日、独、伊等が汪兆銘政権を承認。百霊廟で善隣青少年養成所を開設
		2日、御前会議、「情勢の推移に伴う帝国国策要綱」を決定
		28日、日本軍の南仏印進駐
	8	1日、米国、日本に対し石油全面禁止
		4日、モンゴル自治邦政府成立、連絡会議、「対ソ外交マ渉要綱」を決定
		6日、興蒙委員会、シリンゴル盟各旗における実態調査を開始
		14日、ルーズベルト大統領・チャーチル首相、大西洋憲章を発表
		25日、オラーンチャブ盟ラマ教徒訓練所にラマ教徒訓練を開始
	9	6日、御前会議、「帝国国遂行要領」を決定。9日、蒙疆全宗教大会が開催
	11	5日、御前会議、対米交渉甲乙案と「帝国国策遂行要綱」を決定
		21日、蒙地最初の郵便局が貝子廟に開局
		26日、「米日間協定の基礎概略」(ハル・ノート)の提出
		27日、大橋忠一、モンゴル連合自治政府最高顧問に就任、金井章次の更迭
	12	1日、御前会議、対米英蘭開戦を決定
		1〜2日、興蒙委員会文教会議の開催、5年計画要綱を決定
		5日〜翌月16日、第1回目の蒙旗小学校教員再教育講習会
		8日、真珠湾攻撃、太平洋戦争勃発。モンゴル研究会、『興蒙推進要綱』を編纂
		9日、蒋介石の国民政府、対日独伊宣戦布告。11日、独伊、対米宣戦布告
		11日、フフホト放送局の開局
		12日、閣議、戦争の名称を「支那事変」を含めて「大東亜戦争」とすることを決定

		24日、連絡会議、「情勢の推移に伴う対重慶屈伏工作に関する件」を決定
1942	1	1日、連合国共同宣言、太平洋憲章の確認、単独不講和を宣言
		2日、蒋介石、連合国中国戦区総司令官に就任
		17日、徳王、第1回目の「興亜教書」を公表
	2	26日、貝子廟でシリンゴル盟ジャサグ会議を開催
	3	1日、蒙疆学院を中央学院に改称
		27日、参謀本部、「対重慶戦争指導要綱」を決定
	4	18日、米国、日本本土を初空襲。19日、マッカーサー、西南太平洋連合軍司令官に就任
		21日、徳王の第3回目の満洲国訪問
	5	11日、第2回興蒙委員会定例委員会議が開催
	6	1日、興蒙委員会成立一周年式典
		5日、ミッドウェイ海戦の始まり（太平洋戦争の転換点）
		23日、第4次政務院会議、興蒙政策として「蒙旗建設要綱」を採択
	7	10日、興蒙委員会、蒙旗建設隊の人事決定（15日、蒙旗建設隊が結成）
		25日、大本営政府連絡会議、独の対ソ戦参加要請に対し不参加を決定
	8	4日、第5回モンゴル代表大会。7日、米軍、ガダルカナル島上陸
	10	29日、連絡会議、「国民政府の参戦並に之に伴う対支措置に関する件」を決定
	11	1日、大東亜省設置。7日、連絡会議、「世界情勢判断」を決定
		25日、モンゴル文化生計会が発足
	12	19日、張家口に中央医学院が発足
		20日、汪兆銘来日、東条首相が汪兆銘政権の参戦問題について談話を発表
		21日、御前会議、「大東亜戦争完遂の為の対支処理根本方針」を決定
		24日、興蒙青少年団が発足
1943	1	9日、汪兆銘政権の対米英宣戦布告、日華協定の署名
		17日、徳王、第2回目の興亜教書を公表
	2	1日、日本軍のガダルカナル島撤退。2日、スターリングラード攻防戦の終結
	3	19日、興蒙文教会議、ラマ問題解決策を実施
	4	6日、陳公博の日本訪問、「日華基本条約」の改訂問題について協議
	5	6～8日、第4回興蒙委員会定例委員会議の開催
		11日、第2次モンゴル仏教復興会議の開催、仏教復興実施要領を採択
		15日、モンゴル生計会議の開催
		31日、御前会議、「大東亜政略指導大綱」を可決
	6	25日、モンゴル仏教復興会議の開催
		26日、連絡会議、「比島独立指導要綱」を決定
	7	12日、汪兆銘公館で日・汪代表団会談（蒙疆の自治問題が取り上げられる）
		19日、連絡会議、「日本国ビルマ国同盟条約案」を決定
	8	1日、ビルマ政府、英国より独立を宣言、日本国・ビルマ国間で同盟条約調印

		27日、青木大東亜省大臣、張家口を訪問し徳王と会談
	9	8日、イタリア、連合国に無条件降伏
		18日、連絡会議、「日華基本条約改訂協約締結要綱」を決定。22日、汪兆銘訪日
	10	1日、モンゴル皮毛股份有限公司が設立
		2日、連絡会議、「大東亜会議に関する件」を決定
		14日、フィリピン共和国の成立(独立宣言)、日比同盟条約がマニラで調印
		30日、日・汪間で「日華同盟条約」が調印
	11	5日、大東亜会議の開催(6日、共同宣言を発表)
		8日、第5回興蒙委員会定例委員会の開催
		22日、カイロ会談(27日、カイロ宣言署名、翌月1日、カイロ宣言発表)
		28～翌月1日、テヘラン会談の開催
	12	8日、東条首相、カイロ宣言とテヘラン声明を攻撃
1944	2	2日、連絡会議、「当面の対ソ施策に関する件」を決定
		興蒙委員会、蒙旗建設計画を制定、模範村、中心村、教育施設の建設を重点
	3	10日、第6回興蒙委員会定例委員会議の開催
	6	6日、連合軍のノルマンディー上陸作戦。15日、連合軍のサイパン上陸
		徳王、トゥメト旗から児童100名を選び純モンゴル地域に移し、モンゴル語の教育を実施
	7	13日、モンゴル馬事協会の設立
		24日、モンゴル防衛体制の強化、各盟長副盟長を師長、副師長に任命
	8	1日、モンゴル運送公司の発足
		19日、最高戦争指導会議の開催、「世界情勢判断」及び「戦争指導大綱」を決定
		23、モンゴルホルショー助成会及びモンゴル薬局の設立
		善隣協会『蒙古』(通巻第146号)を廃刊
	9	4日、最高戦争指導会議、「対ソ特派使節派遣の件」を決定、
		5日、最高戦争指導会議、「対重慶政治工作実施に関する件」を決定
		16日、最高戦争指導会議、対ソ提案を決定、特使派遣の要請をソ連側が拒否
		25日、モンゴル科学院の創立、首任院長に野田清一旅順工科大学名誉教授
	12	13日、最高戦争指導会議、「現地に於ける対重慶工作指導に関する件」を決定
1945	2	4～11日、ヤルタ会談(終日、ヤルタ協定署名)
	3	10日、東京大空襲
	4	5日、モロトフ、佐藤大使に「日ソ中立条約」の不延長を通告
		張家口にモンゴル総合大学設立委員会が発足
	5	2日、ベルリン陥落。7日、ドイツの無条件降伏(即日発効)
	6	15日、ヤルタ会談の秘密条項をハーレー米駐華大使が蒋介石に通報
		18日、米国最高首脳部の日本本土上陸作戦方針を決定
	7	26日、ポツダム宣言発表(28日、鈴木首相、宣言黙殺、戦争推進声明)
	8	6日、米軍、広島に原子爆弾投下。8日、ソ連、対日宣戦
		9日、長崎に原子爆弾投下、ソ蒙連合軍の内モンゴル侵攻

		14日、「中ソ友好同盟条約」の調印。御前会議、ポツダム宣言の受諾を決定
		15日、玉音放送、第2次世界大戦の終結
		16日、徳王、根本博駐蒙軍司令官と会談、奉天でソ連軍が溥儀を逮捕
		19日、徳王、張家口を脱出し北京へ、モンゴル自治邦政府の崩壊
	9	9日、西スニド旗で内モンゴル人民共和国臨時政府が成立
		10日、重慶で徳王と蒋介石が会見
	10	20日、モンゴル人民共和国の独立に関する国民投票
	11	26日、張家口で内モンゴル自治運動連合会が成立
	12	徳王、北京でオーウェン・ラティモアと会見し、アメリカの援助を希望
1946	1	5日、国民政府、モンゴル人民共和国の独立を承認
	2	16日、ゲゲーン・スムで東モンゴル人民代表大会が開催
		10日、国民政府・モンゴル人民共和国外交関係が樹立
		15日、王爺廟(ワンギーン・スム)で東モンゴル人民自治政府が成立
		27、モンゴル人民共和国・ソ連友好相互援助条約の締結
1947	1	1日、南京でモンゴル青年同盟が結成
	5	1日、王爺廟で内モンゴル自治政府が成立
	10	初旬、徳王、北京で蒋介石と会見
1948	9	末、徳王、北京で蒋介石と会見
		12日〜翌年1月31日、中国では3大戦役(遼瀋、淮海、平津)
1949	1	1日、徳王、飛行機で北京から南京へ脱出
	4	13日、徳王、定遠営で内モンゴル各盟旗代表大会を開催
	5	徳王、広州に赴いて国民党首脳に西モンゴルの自治を請願
	8	10日、徳王、定遠営でモンゴル自治政府を成立
	9	19日、綏遠解放。23日、西北野戦軍銀川攻略、徳王、定遠営を離れる
	10	1日、中華人民共和国の成立。同月、徳王、モンゴル国当局と接触
	12	月末、徳王、国境を渡りモンゴル国へ
1950	2	14日、中ソ友好同盟相互援助条約の成立。27日、モンゴル国当局、徳王を逮捕
	9	18日、徳王を中国へ送還
1963	4	9日、中華人民共和国特赦令により徳王と李守信を釈放
1966	5	23日、徳王、フフホトで亡くなる(64歳)

付属資料

寺内軍司令官を訪問したデムチグドンロブ王一行（1938年10月14日）
出所：朝日新聞社提供

伊勢神宮参拝のデムチグドンロブ王一行（1938年11月2日）
出所：朝日新聞社提供

枚方菊人形のデムチグドンロブ王一行（1938年11月6日）
出所：朝日新聞社提供

歓迎会でのデムチグドンロブ王の挨拶（1938年11月6日）
出所：朝日新聞社提供

付属資料

大阪朝日新聞本社を訪問し同情週刊に色紙を揮毫するデムチグドンロブ王
（1938年11月7日）
出所：朝日新聞社提供

大阪朝日新聞本社印刷工場を見学するデムチグドンロブ王一行（1938年11月7日）
出所：朝日新聞社提供

277

蒙疆行政区画地図

出所：東京外国語大学図書館所蔵

付属資料

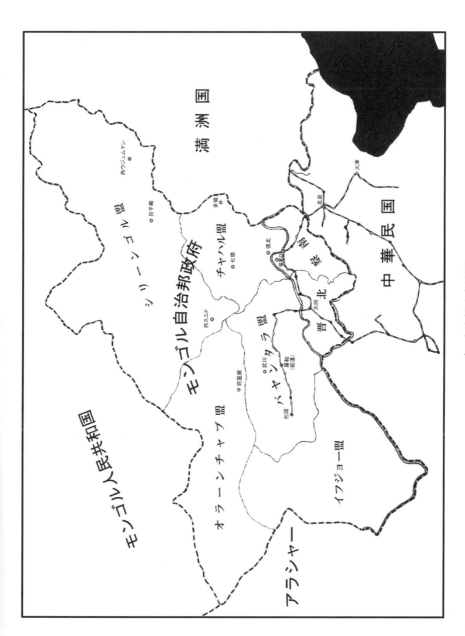

モンゴル自治邦政府地図
出所:「蒙疆行政区画地図」より作成

279

A Study on the Japanese Policy towards Inner Mongolia
—— The Inner Mongolian Autonomy Movement and Japanese Diplomacy, 1933-1945 ——

Ganbagana

Table of Contents

Introduction: Awareness of Issues and the Research Design

Chapter 1: The Beile-yin Sume Autonomy Movement as a National Liberation Movement

Chapter 2: The Structure of Japan's Inner Mongolia Policy as Seen from the Suiyuan Incident

Chapter 3: The Start of the Sino-Japanese War and Japan's Inner Mongolia Policy

Chapter 4: The Tactics of China and Japan and Mongolian Side regarding the Establishment of the Mongolian Autonomous State

Chapter 5: The Formation of the Mongolian Rehabilitation Committee and Mongolian Banner Region's Reconstruction Project

Chapter 6: Japan-Soviet Relations and the Inner Mongolian Autonomy Movement

Chapter 7: The Start of the Pacific War and Japan's Policies towards Inner Mongolia

Conclusion: The Historical Significance of the Mongolian Autonomous State

Addendum: "Nomadic Merchant Trade in the Grasslands" in the Prewar Period in Inner Mongolia

Appendix

Bibliography

Index

Afterword

Summary

This book is to verify the policies taken by Japan regarding the Inner Mongolian Autonomy Movement led by Prince Demchugdongrob (De Wang) in the 1930's. Since the approach is from a multinational relations perspective, the study is not restricted to Inner Mongolia, rather it includes Japan-China, Japan-Soviet and Japan-US relations. In an attempt to analyze the historical context of events unfolding in this region, the author has paid special attention to reposition the historical role which was achieved by the Inner Mongol nationalists at the time and attempt to clarify the question of how the Inner Mongolia Question became an international issue from a regional issue through the mediation of the Japanese diplomacy.

This historical study, with its ten chapters in entirety explores the progress of the autonomous movement, the shift in international emphasis and the specific context of Japan's foreign policy transition. The contents of the chapters include the following:

Introduction: Awareness of Issues and Research Design

In this introduction, the author examines previous research and establishes the research task regarding contemporary Inner Mongolia in the context of international relations. Furthermore, the author analyzes the Japanese Man-Mo (Manchuria and Mongolia) policies and the background of Inner Mongolian autonomy movement.

Chapter 1: Beile-yin Sume Autonomy Movement as a National Liberation Movement

This chapter, examines the involvement of Japan in the "Beile-yin Sume autonomy movement" which gave rise to the Inner Mongolian autonomy movement. This problem is the most important subject in historical studies related to the Inner Mongolian autonomy movement and it is not an overstatement to claim that discussion of this problem is a prerequisite to conducting any research on the Inner Mongolian autonomy movement. That is because this problem is related to the Inner Mongolian autonomy movement's initiative and, later, to the Mongolian Allied Autonomous Government and, it can provide us with some clues regarding how the Mongolian Autonomous State should be perceived.

The Inner Mongolian autonomy movement was a movement that was initiated by Mongols and on this point, it essentially differs from "Manchukuo", which was unilaterally created by the Kwantung Army. At that time, the Nationalist government mistakenly suspected that Japan's instigation might be in the background. The movement did, however, cooperate with Japan for the following two reasons: The first is that the Nationalist Government did not give enough autonomy to the Mongolian side, while it continued its

282

A Study on the Japanese Policy towards Inner Mongolia

oppressive policies. Another reason is that the Nationalist Government neglected to take proper measures against the Japanese government's policy toward Inner Mongolia.

Chapter 2: Structure of Japan's Inner Mongolia Policy as Seen from the Suiyuan Incident

In this chapter, the author uses the Suiyuan Incident as an example to clarify the structural mechanism of the Japanese government's Inner Mongolia policies and examines how this incident impacted the Inner Mongolian Autonomy Movement and Chinese-Japanese relations.

The Suiyuan Incident was a military action which occurred in mid-November of 1936 when Prince Demchugdongrob attempted to drive away the influence of the Nationalist Party from Suiyuan city and this action had an impact not only on the Inner Mongolian autonomy movement but also on the Chinese-Japanese relations. Nevertheless, most of the studies done previously have been written from the perspective of Chinese-Japanese relations and these studies have failed to mention how this incident affected the Inner Mongolian autonomy movement.

In the early phase of the Japanese policy vis-à-vis the Inner Mongolian autonomy movement, both the Japanese government side and the Kwantung Army side were dismissive of the prospect of independent Inner Mongolia. With the advance of the Inner Mongolian autonomy movement, however, the Kwantung Army gradually changed its policies to actually support the Inner Mongolia independence and this transformation is finally linked to the occurrence of the Suiyuan Incident. The Japanese government, on the other hand, was dismissive of the Inner Mongolia independence from the beginning to the very end.

Since the Suiyuan Incident ended up with the defeat of Mongolian side, the Kwantung Army was no longer acting independently but rather taking side with the Japanese government. At the same time, it changed its policy from supporting the independence of the Inner Mongolia to that of consciously limiting its independence. These policy changes were a crushing blow to the Inner Mongolian autonomy movement.

Chapter 3: Start of the Sino-Japanese War and Japan's Inner Mongolia Policy

This chapter, described from the Japanese foreign policy's point of view, argues how

283

Japan's Inner Mongolia policy was structured and how it evolved and took a new dimension after the Sino-Japanese war broke out.

Even though with the end of the Suiyuan Incident, the Japanese government and the Kwantung Army's mutual antagonism regarding the Inner Mongolia policies started to show a peaceful trend, after the breakout of the Sino-Japanese war it started to re-surface and this time it emerged with the problem that which side should take control of the Mengjiang (Mokyo) region. Later on, the Kwantung Army opposed the Japanese government policies and established the Joint Committee of Mongolian Territories. On the other hand, since the Mongolian side represented by the Prince Demchugdongrob was inclined to reconstruct the country, this brought about their fierce opposition and in return became a reason that the Japanese government at one time introduced a draft titled "the Policy for Inner Mongolian Independence" which was later rejected for the sake of introduction of a new plan titled "the Guideline for Policies towards Mongolia".

The reason behind the rejection was due to the constructed mechanism of the Japanese policy vis-à-vis Inner Mongolia. More specifically, at that time, Japan's Inner Mongolia policies were constructed in consideration of its policy towards China which itself had lacked a clear vision from the beginning and it changed constantly. This was one of the reasons why the Japan's Inner Mongolia policy became volatile. In relation to Japan's China policy, the policies became even more volatile after two lines for Wang Zhaoming's maneuvering and for the Nationalist Government were set up.

At the end, Wang Zhaoming's maneuvering became a mainstream and becoming a national policy, because of his assertion, the problem of Inner Mongolian independence was once again rejected.

Chapter 4: Tactics of China and Japan and Mongolian Side regarding the Establishment of the Mongolian Autonomous State

In this chapter, while focusing on the Mongolian Autonomous State which has not been paid attention to so far, the author explains its development from an international regional interrelation perspective through countries such as Japan, China, and Inner Mongolia, and with that author has investigated the significance of the Mongolian Autonomous State in the modern Inner Mongolia.

A Study on the Japanese Policy towards Inner Mongolia

In the researches done previously, there has not been any indication regarding the dissimilarities between the Mongolian Allied Autonomous Government and the Mongolian Autonomous State. Uniform conclusions from previous research proved conspicuous and contentious. However, when comparing the two governments, it becomes relatively apparent that they are different.

First, the Mongolian Allied Autonomous Government was a government that was under the influence of the Japanese side's opinions, whereas the Mongolian Autonomous State was an administration composed of different factions which had reached compromise amongst themselves. Thanks to Prince Demchugdongrob and the Mongol side's vigorous actions, there was compromise from the Japanese side and as a result the Mongolian Autonomous State was established. But within this compromise, the huge brakes of "Wang Zhaoming" were put on. It suffices to mention that while accepting the usage of the name "the Mongolian Autonomous State", it had set the condition that the name should not be used externally for propaganda purposes.

During the Mongolian Autonomous State period, the Mongol region differed with the Han Chinese region in the respect that the Mongol region had gained and enjoyed self- rule. In addition, thanks to the Mongolian Rehabilitation Committee's great success they were able to achieve some success in Mongolian Banners' construction work.

In the history of Inner Mongolia, since the Mongolian Autonomous State enjoyed more "autonomy" and "recovery", we can say that its formation was a much more important event than the formation of the Mongolian Allied Autonomous Government.

Chapter 5: The Formation of the Mongolian Rehabilitation Committee and Mongolian Banners Region's Reconstruction Project

This chapter clarifies the characteristics, purpose and background of the formation of the Mongolian Rehabilitation Committee as an organization. The latter became a leader in the reconstruction project of Mongolian Banners region during the Mongolian Autonomous State period. The author discusses the role of the Mongolian Rehabilitation Committee in the Mongolian Autonomous State.

The Mongolian Rehabilitation Committee was an administrative organization which was established by the Mongolian Autonomous State. It administered nearly the entirety of

285

the Mongolian Banners. Although the purpose of its establishment was to reconstruct the Mongolian Banners region, in the context of the reconstruction, it coincided with Japan's international strategy.

Upon the establishment of the Mongolian Rehabilitation Committee, "economic establishment, promulgation of education and improvement of the quality of life" became the three main goals of the commission and they began a full-scale reconstruction project. Even though, due to the complicated international climate during the time, the reconstruction project was weak and short-lived, it showed us a very important direction which merits discussion about the Inner Mongolian history during the Mongolian Autonomous State period. That is because the Mongolian Autonomous State had incorporated the two characteristics of "autonomy" and "recovery", distinguishable from its predecessor the Mongolian Allied Autonomous Government.

Chapter 6: Japan-Soviet Relations and the Inner Mongolia Autonomy Movement

In this chapter, analysis is proposed concerning Japanese-Soviet relations and the change which took place in international affairs in which the Inner Mongolian autonomy movement had been placed.

The Soviet-Japanese (Mongol and Manchukuo) border conflicts, as it is symbolized by the Halha Sumu Incident, increased rapidly in 1930. The Manjuur Conference was set and even though it tried to find a solution to the problem, but because of the differences of opinion among the participants, it ended in failure and brought about the worsening of relations between Japan and Soviet Union.

Militarily, there was an increase in the number of troops along the border, and in the diplomatic aspect, it appeared as the structuring of the Alliance camp. Both the establishment of the Soviet-Mongolian Friendship and Mutual Assistance Protocol of 1936, and the completion of Sino-Soviet Non-Aggression Pact of 1937 testify to this. As a countermeasure, Japan, following the Three Principles of Hirota, designed the measure to block the "Spread of Communism Route" by establishing the "Anti-Comintern Line", and signed Anti-Comintern Pact with Germany in 1936, and later with Italy in 1937. That is how the Japan-Soviet confrontation axis was constructed, and because the Inner Mongolia region was then geopolitically located exactly in the center, it absorbed the energy of clash between both camps, and finally, inside Japan's international strategy, the Inner Mongolia region suddenly surfaced as an Anti-Comintern base. As a result, the Inner Mongolian Question in Japanese foreign policy became more important and there was a burst in the movement for separation and independence. In Seishiro Itagaki's speech regarding Inner Mongolia's independence, and in the context of the establishment of the Mongolian Military Government whose ultimate goal was to construct an independent country, existed the dynamic international situation.

However, because of the consequences of the Nomonhan (Halhiin Gol) incident, Japan's international strategy turned into a tipping point. The Nanshinron (Southern Expansion Doctrine) policy surfaced, and consequently, Japan's interest turned from Inner Mongolia region to the Pacific, particularly to Southeast Asian region, resulting in a change in the geopolitical meaning of the Inner Mongolia Question.

Up to that point, the body of international situation regarding the East Asian region was absorbed as having positive effects on the Inner Mongolian autonomy movement, but at this stage, it turned negative. As a consequence of the establishment of the Mongolian Allied Autonomous Government, we can say that the international factor that contributed to the Inner Mongolian autonomy movement was heading toward a sluggish period. With the establishment of the "Soviet-Japanese Neutrality Pact", we can say that the reason why Yosuke Matsuoka, the Japanese foreign minister, requested Soviet Union to accept Japan's sphere of influence in Mengjiang Region (including Western Inner Mongolia), was in fact due to the feeling that Japan did not want to get more involved in the Inner Mongolia Question.

To put it simply, the Nomonhan incident changed the geopolitical meaning of Inner Mongolian Question in international relations, and as a result, it is not an exaggeration to say that it sealed the fate of Inner Mongolia autonomy movement into failure. Conversely, the National liberation movement in Southeast Asian took its place and as a result, we can say, it led to its independence.

Chapter 7: Start of the Pacific War and Japan's Policies towards Inner Mongolia

This chapter deals with how Japan's policies towards Inner Mongolia were incorporated during the outburst of the Pacific War and the confusion that this war added to the international situation. The direct reason for the outburst of the Pacific War was the rupture of negotiations between Japan and the US but "the Uniqueness of Mengjiang Region" and the problem of securing "the Right to Station Troops" was also a reason. The Japanese side, the Japanese army in particular, insisted upon securing the continuation of stationing troops in the Mengjiang region and the last negotiations demanded an interval of 25 years for stationing the troops. For the Inner Mongolian autonomy movement, the mentioned 25 years was linked to the Mongolian Banners region's autonomy and its reconstruction but it led to plunge into war.

Later, after 1943, because of Japan's disadvantage in the battlefield, Japan had no other choice but to change its policies towards China and as a result the Treaty of Alliance between Japan and China was finally concluded. The articles which were related to "the Uniqueness of the Mengjiang Region" and "the Right to Station Troops" in the Mengjiang Region which were part of the Treaty Concerning Basic Relations between Japan and China were eliminated as a result. The Mongolian Banners region's advanced autonomy was eliminated as well and Wang Zhaoming administration's emphasis on "Restoration of Sovereignty" and "Respect for Territorial Integrity" took its place. Once again, Wang Zhaoming's contentions started being reflected in Japan's policies vis-à-vis Inner Mongolia.

Conclusion: The Historical Significance of the Mongolian Autonomous State

In the Conclusion, an overall analysis of this book is conducted and the historical significance of Mongolian Autonomous State in the modern history of Inner Mongolia is emphasized.

Addendum: "Nomadic Merchant Trade in the Grasslands" in the Prewar Period in Inner Mongolia

In the addendum, the topics regarding the Inner Mongolian society and the economic situations, which were left out in the main discourse are discussed in depth by focusing on "Nomadic Merchant Trade in the Grasslands" which was a special method of trading that thrived in the pre-war period of Mongolia.

あとがき

　今から 70 年前、内モンゴルではモンゴル自治邦政府という幻のような政権があ
りました。わずか 4 年間という短い年月で消滅を余儀なくされましたが、その意
義は決してそれだけでとどまるものではありませんでした。その政権の創設者は、
本書に登場するデムチグドンロブ王であり、モンゴルの最後のプリンスとも言われ
る人です。内モンゴル人ならば、誰でも知っている名前ですが、彼について語る
人はほとんどいません。中国ではいまだにデリケートな問題として見なされてい
るからです。しかし、本書では筆者はあえて彼とかかわる問題を取り上げること
にしました。これは決して私の反抗心によるものでも、好奇心から始まったもの
でもありません。おそらく私が過ごした少年時代と深くかかわっていると思います。
　私が小さいとき、家には多くの本がありましたが、その中で 1 冊の本だけが
ちょっと違っていました。それは、内モンゴル自治運動史にかかわるものであり
ました。盧明輝氏の著作であったと思いますが、その主人公が、本書で取り上げ
た人物—デムチグドンロブ王でした。その関係かもしれませんが、当時、母はデ
ムチグドンロブ王についてよく語っていました。何を話していたかは、今となっ
ては思い出せないのですが、< ᠴᠢᠩ ᠸᠠᠩ ᠳᠤᠷ ᠳᠠᠮᠤ ᠪᠤᠷᠤ ᠨᠤᠮᠤᠨ ᠨᠠᠮᠤᠷ ᠳᠤᠷᠤ >と、言っ
ていたことだけは、今でも鮮明に覚えています。謙虚な仏教徒である母の話によ
れば、デムチグドンロブ王が生まれたのは、寅年の寅月の寅日であったけど、寅
の刻ではなかったようです。もし、時間も寅の刻であったならば、四つの寅が揃
い、偉業を成し遂げる運勢にあったようです。だが、彼の場合、三つの寅で終わっ
たので、偉人であったけど、偉業を達成できなかったそうです。それを聞いた私は、
当時はよくわかりませんでした。一つだけ言えるのは、当時はすべてのものを「敵」
か「味方」か、という二元論で語る階級闘争の理念が支配的な時代でしたが、母の
話の中のデムチグドンロブ王という人物は、私の幼い心には、「敵」という印象を
あまり与えなかったことです。
　それから数年、私は内モンゴル師範大学附属高校に進学し、首府フフホトで勉
強するチャンスに恵まれました。ある日のことです。私はたまたま「内蒙古博物館」
を見学に訪れました。そこには、デムチグドンロブ王に関係するコーナーが設置
され、「祖国を裏切り、日本と協力したもの」との趣旨の説明が加えられていまし

た。私は呆然としました。母の話の中の人物像とは全く異なっていたからです。し
かし、その時、私はすでに物事の「理」がある程度わかるような年齢に成長していた
ので、それ以上、何も追求せず、受け流しました。

　それからまた数年、私は大学を卒業し、地方で5年間の役員生活を送りました。
その後、日本へ留学することを決断し、海を渡りました。こうしてほかの多くの内
モンゴル人と同様に、私にも、自民族の歴史をあらためて公平な立場から見つめ
る機会が訪れました。しかし、その道のりは、私費留学生としての私にとっては、
けっして楽なものではありませんでした。紆余曲折の連続でしたが、最後にたどり
ついたのは、東京外国語大学の二木博史教授のもとでモンゴル近代史研究を行うと
いうものでありました。こうして遅まきながらも、私の研究人生が始まりました。
研究課題の設定にあたって、相当悩みましたが、その時に思い出したのが、他でも
なく、母がよく語ってくれたデムチグドンロブ王のことでありました。しかし、周
知のように、デムチグドンロブ王という人物についてはけっして誰も勝手に議論で
きるものではありません。少なくとも内モンゴル人にとってはそのような存在です。
それゆえかもしれませんが、周囲の人々からの忠告もいく度か受けました。考えた
末に、デムチグドンロブ王ではなく、彼が指導した内モンゴル自治運動とそれに対
する日本の政策に焦点を絞ることにし、2008年に、『内モンゴル自治運動と日本外
交（1933-1945年）』というテーマで博士学位論文を東京外国語大学大学院地域文化
研究科に提出するに至りました。

　本書は、その論文を基礎としたものです。出版の際、若干の加筆修正とともに、
第6章と補論を追加しましたが、内容の相当の部分は、これまで筆者が発表した拙
論によって構成されています。それらの論文と章ごととの関係は以下の通りです。

　　序　章　書き下ろし
　　第1章　書き下ろし
　　第2章　「綏遠事件と日本の対内モンゴル政策」（『言語・地域文化研究』(11)、
　　　　　　2005年）
　　第3章　「汪兆銘と内モンゴル自治運動 ── 日本の対内モンゴル政策を中心に
　　　　　　（1938年）」（『日本モンゴル学会紀要』(35)、2005年）
　　第4章　「モンゴル自治邦の実像と虚像 ── 日本の外交政策からのアプローチ」
　　　　　　（『中国21』(27)、2007年）。

第5章 「内モンゴル自治運動における興蒙委員会の役割について（『言語・地域文化研究』(13)、2007年）

第6章 書き下ろし

第7章 「内モンゴル自治運動と太平洋戦争期における日本の対内モンゴル政策について ――「日華同盟条約」を中心に」(『東北アジア研究』(16)、2012年)

終章 書き下ろし

補論 書き下ろし[1]

　本書は、執筆から出版に至るまで、かなり長い時間がかかりましたが、その間、実に多くの方々から多大なご支援とご鞭撻を得ました。

　まず、この研究を遂行するにあたって、多くの先生方のお世話になりました。とくに長い間私の指導教官を務めてくださった恩師の二木博史先生からは、学問に対してまったく門外漢であった私に、研究に対する基本姿勢から史料収集の方法、課題の設定からアプローチのあり方など、さまざまな面において、ご指導をいただきました。二木先生のご指導がなければ本研究の完成はなかったと言っても過言ではありません。なお、博士課程において、副指導教官であった臼井佐知子先生、米谷匡史先生からも適切な指導と建設的なアドバイスを受けました。そのほか、亡き中嶋嶺雄先生、蓮見治雄先生、岡田和行先生、佐藤公彦先生、井尻秀憲先生等からも、さまざまな形でのご指摘とご鞭撻をいただきました。

　また、研究を実施するにあたり不可欠である資金面においては、渥美国際交流奨学財団、辻アジア国際奨学財団、富士ゼロックス小林節太郎記念基金、松下国際財団、坂口育成奨学財団、三島海雲記念財団など、数多くの財団から、多大な経済的な援助をいただきました。こうした支援なしには、私はこの研究を継続することは不可能であったと思います。ここでは、今西淳子氏、辻信太郎氏、坂口美代子氏（恐縮ですが、ここではその関係者すべてのご芳名を取り上げることができません）等をはじめとするすべての財団の皆さんに深く感謝の意を表します。そして本書の出版にあたっては、独立行政法人日本学術振興会平成27年度研究成果公開促進費（学術図書）（課題番号：15HP5098）をいただきました。

　そのほか、留学生生活を送るにあたって、東京外国語大学留学課ならびに中嶋洋子氏をはじめとする留学生支援会の全スタッフ、土田博子先生、高木憲子住職、友

人のムンヘダライ氏、ツァインブトンドルジ氏、ハスバガナ氏らからもさまざまな面で心温まるご支援をいただきました。本の編集出版にあたっては、青山社の野下弘子氏のご尽力をいただきました。この場をかりて皆様方にお礼を申し上げます。ついでに私事で恐縮ですが、長い間、私の自己中心的な研究生活を献身的に支えてくれた妻オヨンチチグ、さらにはずっと温かく見守ってくれた年老いた母と亡き父に感謝の言葉を申し添えます。

　今年は、大モンゴル帝国の元祖クビライ・ハーン誕生の 800 周年であり、モンゴル国と中国（内モンゴル）の何れにおいても記念イベントがありました。一方、南北モンゴル分断のきっかけにもなったといわれているキャフタ条約締結の 100 周年にもあたります。さらに、終戦から 70 年が過ぎ、戦後形成された国際秩序が、テロという新たな脅威に直面しています。こうした節目の年に、これまでの研究内容を整理し、拙稿を出版社に提出できたことは、私にとっては大変うれしいことです。しかし、これはあくまでも多くの方々の献身的なご支援によるものであり、決して私一人の力によるものではありません。本書の出版によって、それらの方々の期待に少しでも応え、恩返しになるのであれば、小生にとって何よりの喜びであります。
　最後に、本書を、モンゴル民族の解放事業に自らの人生を惜しみなく捧げた、デムチグドンロブ王の ᠮᠣᠩᠭᠣᠯ と、彼を育んだタムチの平原とスニドの人々、そしてその後の歴史の荒波の中で苦難の運命を強いられながらも、それを乗り越えてきた、デムチグドンロブ王の子孫たちに捧げ、その幸福を祈りたいと思います。

2015 年 12 月

日本・秋田市にて　ガンバガナ

■注

1)　本論とほぼ同様の内容をもつ論文「戦前期における〈草地売買〉—経済に関する聞き取り調査の活用」が、すぐ最近出版された、Narangerel 編著『梅棹忠夫の内モンゴル調査を検証する』（第 13 号、国立民族学博物館、2015 年）に、掲載されているが、この本の出版が最終段階に入っていたため、それ以上取り上げることはできなかった。

人名索引

* 本文に登場する歴史人物に限定し、先行研究の著者等を原則として対象から外した。
* 注、文献目録、付属資料を採録の対象にしていない。

あ行

青木一男　204, 210
天沖郷廟　176, 192
アヨルザナ　24
有田八郎　72-74, 181, 204
貽穀　16
石原莞爾　20, 21, 63, 69, 172
石本寅三　44
泉名英　119, 136, 144
板垣征四郎　7, 20, 21, 44, 45, 48, 61, 63, 64, 69,
　　　　72, 81, 88, 89, 102, 104, 105,107, 175,
　　　　177, 190, 223
伊藤芳男　107
稲田正純　189
今井武夫　105, 107, 108, 122, 216
岩永裕吉　107
植田謙吉　72, 74, 90, 93-95, 178
牛島康允　178, 192
後宮淳　200
臼井茂樹　105
于品卿　88, 89, 93, 112
梅川厚　128
梅棹忠夫　158, 169
宇山兵士　97, 117
ウンゲルン　174
エルヘムバト　126
袁世凱　16-18, 24
エンヘバト　24
閻錫山　17, 35, 37, 39, 76
及川古志郎　201
王宗洛　97
汪兆銘　7, 9, 35, 37, 38, 104-110, 113, 116, 120-
　　　　124, 127, 138, 139, 143, 199, 202-210,
　　　　212, 214, 215, 223, 224
王道一　64
王克敏　122, 123

か行（右段）

オーウェン・ラティモア　6, 14
大橋熊　141
大橋忠一　141, 142, 153
オタイ　24
小野田　155
オルジン　126, 173

か行

ガーダ・メーリン　24
夏恭　88, 89, 93, 112
影佐禎昭　106-108, 121, 122
片倉衷　92, 111
金井章次　88, 92, 94, 116, 117, 119, 141
神吉正一　173
河辺虎四郎　45
簡牛耕三郎　11, 155
韓鳳林　40, 42, 43, 77
喜多誠一　73, 122
岸川兼輔　97
金永昌　24, 40, 46, 48, 50
木村裕次郎　152
玉蘭沢　48
来栖三郎　181, 186, 201
桑原荒一郎　88
グンセンノロブ　17, 24
乾隆　237
高宗武　75, 76, 104, 107, 121, 208
呉鶴齢　34, 37, 38, 46, 47, 49, 50, 52, 66, 96, 97,
　　　　140, 142, 152, 157
呉俊昇　17
後藤富男　11, 236, 242, 248, 249
近衛文麿　105-107, 120, 121, 130, 131, 135,
　　　　181, 199-201, 216
小松原　179

293

さ行

酒井隆　59, 122
酒井哲哉　187
佐久間亮三　20
笹目恒雄　39, 40, 42, 43
佐藤尚武　213
沢田茂　105
サンブー　173
幣原喜重郎　22
重光葵　203, 206, 207, 213, 218
宍浦直徳　44, 45, 48
シネラマ　24
島田繁太郎　201, 210
シャグダルジャブ　39, 51
ジャグチド・セチン　36, 97, 141, 150, 222
ジャンジャ・ホトクト　35, 36
ジューコフ　179
周仏海　108, 200, 204, 206, 208, 209, 211, 212,
　　218
蒋介石　8, 14, 32, 38, 43, 46, 47, 49, 53, 64-66,
　　75-77, 102-107, 121, 123, 177, 196, 198,
　　201, 211, 213, 216
蒋作賓　18
勝福　23
徐樹錚　237
ジョドブジャブ　40, 46, 48, 49, 93
岑春煊　16
杉原荒太　203
杉山元　90, 103, 188, 200, 217
鈴木卓爾　105, 122
鈴木貞一　201
須磨弥吉郎　73, 75, 76
スンジンワンチグ（松津旺楚克）　14, 150, 152,
　　160
宋子文　105
宋子良　105
宋哲元　35, 39, 44, 46, 76
ソドナムラブダン　39, 40, 45, 51
ゾルゲ　188
孫文　24, 35, 36, 39, 41

た行

高木富五郎　99
高橋茂壽慶　140
武内哲夫　11
竹下義晴　128, 140, 149
多田駿　107
田中義一　19
田中新一　203
田中久　40, 63, 64, 68
田中隆吉　32, 44, 45, 48, 63-66, 68, 69, 72, 75,
　　78, 81, 117, 130
ダミリンスルン　49
ダムバドルジ　24, 30
ダンバー　173
秩父宮雍仁　105
チャーチル　213
張学良　20, 66, 76, 173
張作霖　17, 20
陳紹武　43
チンギス・ハーン（ジンギスカン、成吉思汗、
　　成吉斯汗））　11, 33, 37, 39, 49, 51, 98,
　　118, 119, 125, 126, 130, 135, 139
陳公博　206-208, 210-212, 218
津田静枝　122
デムチグドンロブ（徳王）　2-5, 7, 8, 10-15,
　　32-37, 39-53, 58-61, 64-67, 69, 70, 73-
　　75, 77, 78, 81, 82, 88, 89, 95-98, 102, 109,
　　116-120, 122-124, 126-132, 135-139,
　　141-143, 148-150, 156, 157, 159, 167,
　　172, 177, 213, 220-224
寺広映雄　13, 58
デルゲルチョクト　125
デルワ・ホトクト　43, 47
土肥原　44, 45, 49, 53, 62, 78, 223
陶季聖　208
東郷茂徳　179, 180-182, 201, 204, 210
東条英機　89-91, 94, 104, 105, 127, 130, 148,
　　188, 189, 200, 201, 203-207, 209-211
杜運宇　89
董道寧　106

ドクソム　173
トクト　46, 48
トクトフ・タイジー　24
ドゴルセレン　126
豊田貞次郎　201
トラウトマン　102, 104, 106
ドルジ　24, 125
ドンドグ　126
天皇　22, 95, 106, 130, 138, 203, 210

な行

永井柳太郎　204
中嶋万蔵　11, 42, 44, 46, 48, 157
中根直介　73, 74
長山義男　13, 108, 130, 131, 146
ナムジルワンチグ　33
西尾壽造　48
尼冠洲　49
野村吉三郎　199, 201

は行

バーブジャブ　24
白雲梯　24, 49
蓮沼蕃　95, 117
秦郁彦　13, 58
畑俊六　200, 208
林博太郎　45
ハル　199
パンチェン・ラマ　34, 37
菱刈隆　60
ヒトラー　175, 185, 186
平沼騏一郎　204
広田弘毅　42, 102, 103, 175, 190
溥儀　5
藤中弁輔　43
宝貴廷　44
ホルザルジャブ　43
ボヤンダライ　42
本間雅晴　107

ま行

馬永魁　89
前川坦吉　43
松井太久郎　63, 69, 92, 208
松岡洋右　22, 107, 128, 130, 139, 172, 181-183, 186-188, 190, 224
松崎陽　124, 149, 168
松室孝良　39, 59, 60
松本重治　106
松本忠雄　11, 98, 112
南次郎　48, 69, 72
ムッソリーニ　175
武藤章　63, 78, 130
村谷彦治郎　51, 88
メルゲンバートル　166
メルセー（郭道甫）　23
盛島角房　39-43
モロトフ　172, 177, 179-182, 185-187, 213

や行

山本五十六　202
米内光政　181
ヨンドンワンチグ　37, 39, 46, 48, 51

ら行

ラシミンジュル　24
リッベントロップ　175, 185, 186, 189
李守信　14, 49, 50, 64, 70, 123, 130
劉汝明　89
梁鴻志　122, 123
リンシン　173
ルーズベルト　198, 199, 213

わ行

若松只一　175

事項索引

*「内モンゴル」「蒙疆」「関東軍」など頻繁に現れる用語を採録していない。
* 本文に限定した。
* 中国語を日本語読みで配列した。

あ行

亜細亜　125, 134

アバガ　43, 155, 159, 161, 162, 164, 165, 231, 239

アバハナル　153, 159, 161, 162, 164, 165, 231, 239, 246

アフリカ　181, 186, 187

アヘン　15, 64

アラシャー（アラシヤン、阿拉善）37, 56, 60, 136, 138

イギリス　102, 180, 202, 216

維新政府　122, 123, 144

伊勢神宮　132

イタリア　6, 104, 140, 175, 186, 190

「一般的安全保障に関する四ヵ国宣言」　213

イニシアチブ　5, 14, 32, 35, 53, 116, 143, 220 − 222

イフジョー　17, 24, 33, 35, 37, 60, 61, 165

インド洋　186

ウジュムチン　7, 40-43, 45, 50, 159, 161, 162, 164, 165, 229, 231, 239, 241-245

内モンゴル

──工作　43-45, 49, 59, 60, 62, 63, 68, 72, 74, 90

──問題　2-4, 6-9, 11, 14, 15, 35, 36, 46, 61, 63, 80, 89, 102, 106, 108, 109, 122, 135, 172, 182, 189-191, 211, 220, 223, 224

ウラジオ　176

衛星国　174

易幟事件　20

エジナ　37

エチオピア　175

延慶　46

遠征　176

艶電　109, 121

欧州　180, 182, 193

大阪　132

オゴムス・スム　231, 244

オラーンチャブ（烏盟）　17, 24, 33, 35, 37, 60, 91, 92, 151-153, 155, 159, 162, 164, 165, 239

オラーン・ノール　244

オラーンバートル　174

オラーンハーラガ・スム　231

か行

回教国　137

「海軍の対支実行行政策案」　80

回人　99, 159, 167

「外蒙接壌地方強化ニ関スル応急施策研究私案」　149, 168

傀儡　3, 5, 12, 13, 125, 174

カイロ　213

──宣言　196

開魯　228-230

嘉慶　237

ガダルカナル　203, 214

華南　197, 209

河套　100

河北　48, 104, 108, 242

華北　13, 44, 45, 47, 75, 76, 105, 108, 121, 132, 134, 197, 200, 201, 203, 204, 206-212, 214, 223

カリマグ・モンゴル　23

漢奸裁判　211

漢口　104, 107, 241

韓国　183, 184, 185

甘粛　100, 176

緩衝地　174

漢人

──移民　15, 16, 247

──商人　155-158, 226, 227, 232, 237, 238,

240, 242, 247-250
——統治方針　101
広東　104, 197
「関東軍満蒙領有計画」　20
関東都督府　19, 29
関東州　19, 29
雁門道　60
帰化城　17, 60
冀察　61, 78, 79, 177
帰綏　64
北サハリン　186, 187
吉林省　17
冀東防共政権　177
キャフタ協定　2
九ヵ国条約　88
経棚　17, 228, 230, 231, 233-236, 239, 243, 244
共栄圏　130, 149, 152, 183
共産主義　119, 177, 200
共産党　6, 13, 126, 176
行政院　35, 36, 38, 105, 210
「行政機構改革案」　149
「協同組合設立の急務とその性格および組合方
　　針」　155
漁業協定　177
極東　14, 15, 174
曲沃　241
桐工作　105, 106, 110
義和団運動　16
「緊急処理要領」　78
「禁止私放蒙荒通則」　16
「組合問題に関する若干の補足的意見」　155
クレムリン　174, 179, 180
君主国　118
君主制　100
京津　100
経理　227, 230, 235
建国案　88, 102, 144
「現在及将来ニ於ケル日本ノ国防」　21
「現代戦争ニ対スル観察」　20
ゲント・スム　165
興亜院　116, 120, 124, 139, 152

興亜国際団体　134
興安
——西省　138
——東省　60, 138
——南省　138
——北省　126, 138, 173
黄河　46, 61, 76
皇化　118
康熙　237
紅軍　176
杭州　241
豪洲　187
抗日　13, 136, 177
康保　17, 155, 241, 246
口北道　60
興蒙委員会　5, 9, 12, 130, 143, 148-155, 157,
　　159, 160, 162-167, 221
興蒙学校　151, 153, 154, 160, 161, 163, 164
「皇蒙国建設第二案」　118
「皇蒙国建設方針」　118
「皇蒙国建設要綱」　117, 143
「興蒙推進要綱」　124, 149
興和道　17
「国運転回ノ根本国策タル満蒙問題解決案」
　　20
国共　13, 24, 176, 177
国幣　22, 243
国民政府　8, 18, 20, 24, 32-39, 41, 43-49, 52,
　　53, 58, 62, 64, 65, 67, 76, 79, 80, 82, 89,
　　95, 99, 100, 103-107, 110, 118, 120, 121,
　　123, 128, 129, 137, 140, 176, 196, 203-
　　206, 212, 220, 224
国民党　18, 24, 35, 37, 39, 46, 66, 73, 121, 208,
　　218
黒龍江　17, 60
御前会議　104, 105, 122, 198, 199, 203, 205, 207
国境紛争　172, 173, 175, 178, 190, 223
近衛声明　121, 199, 200
コミンテルン　24, 175
固陽　17
琿春　184

297

昆明　121

さ行

「在京独逸大使ニ対スル回答案」　103, 112
「最近ノ蒙疆情勢－視察中間報告」　141, 146
西公旗　64
済南　20
サイパン　211
察東　45, 49, 59, 73, 75
察南　88-96, 98-101, 118, 119, 138
「察南晋北処理ニ関スル件」　94
察北　89-92, 96, 111
察盟　60, 71, 78-80, 91, 151
「察蒙処理要綱」　91, 93
ザバイカル　125, 174
三国同盟　181, 182, 190, 197, 198
──条約　182
山西　16, 17, 35, 37, 39, 60, 66, 68, 75, 76, 90-
　　92, 108, 197, 233, 242
参戦問題　202, 204, 205, 210
山東　75, 90, 108
三民主義　24, 36
自決論　18
事実上の独立　2, 3, 5, 8, 139, 208, 210, 214
自治国　119, 120, 127, 129, 132, 134, 135
自治邦　127, 132, 134, 135
自治論　13
支那　118, 177
「──殊ニ満蒙ニ於ケル帝国ノ地位ニ関スル件」
　　19, 29
──事変　94, 102, 104, 180-182, 200-203, 216
「──事変処理根本方針」　104
「──事変対処要綱」　94, 102, 104
「──新中央政府樹立指導方針」　107
「──政府ニ提出スヘキ覚書案」　19, 29
──駐屯軍　61, 68, 91, 111
「──統一政府ト蒙古聯合自治国トノ関係、調
　　整要領」　120, 144
「──ニ関スル外交政策ノ綱領」　19, 29
──派遣軍　105, 139, 200
──辺疆諸民族　101

──臨時政府　100
──連邦　101
シベリア　173, 176, 188
下関　130
ジャサグ（札薩克）　64, 96, 141, 157, 163
ジャブサル　50
ジャラン（札蘭）　141
上海　104, 106, 122, 176, 204
秀水站　184
重慶　105, 106, 121, 124, 143, 180, 200, 202-
　　205, 210-213
種族論　22
松花江　184
「情勢の推移に伴う対重慶屈伏工作」　202
「情勢の推移に伴ふ帝国国策要綱」　188
「情勢の推進に伴う帝国国策要綱大本営海軍部
　　案」　188
商都　17, 64, 65, 88
上都　153
昌平　46
「昭和11年関東軍謀略計画」　68
「昭和十三年秋季以降対支処理方策」　121, 144
ジョーオダ　24, 48
徐州　104, 107
ジョソト　17, 24, 77
ショローン・チャガーン　155, 239
シラムレン・スム　163
シリーンゴル（錫林郭勒、錫盟）　7, 17, 33, 37,
　　41-43, 46, 48, 59, 60, 71, 78-80, 91, 141,
　　150-153, 155, 157, 159-165, 170, 226-
　　229, 231, 233, 235-237, 239, 242, 245-
　　247
ジリム　17, 24, 77
白ロシア　179
新京　41, 48, 69, 72, 77
新疆　46, 172, 176, 177, 183, 185-187
晋京申謝代表団　37
新政　16, 74, 90, 94, 108, 117, 120, 122-124,
　　155, 202, 203, 207, 214
新秩序　117, 121, 152, 181, 182
清朝　15-18, 118, 128, 237

298

晋北　88, 89, 92-95, 98-101, 108, 118, 119, 138

人民革命党　13, 24, 25

「新蒙聯邦国建設要綱案」　117, 118, 143

綏遠　18, 32-37, 39, 42, 44, 47-50, 61, 64, 68-70, 73, 88, 90-93, 101, 108, 176, 226

「──工作実施要領」　69

──事件　9, 13, 32, 58, 63, 65-67, 70, 71, 74-79, 81, 82, 89, 95, 109, 177, 223

──モンゴル地方自治政務委員会　49

綏東　64, 75, 76, 79, 91

綏道　17

崇礼　241, 242

スターリン　174, 179, 185, 187, 213

スニド（蘇尼特）　33, 34, 41, 43-45, 48, 49, 67, 77, 97, 136, 137, 151, 152, 154-156, 159, 161-165, 170, 231, 238, 239, 241, 243, 244

西安　71

──事件　58, 66, 79, 82, 177

「西安事変対策要綱」　71, 84

青海　18, 46, 133

西康　18, 133

精神主義　126

西蔵　133, 163

西北　13, 176

「世界情勢の推移に伴ふ時局処理要綱」　188, 197

赤軍　174, 188, 189

赤化　62, 71, 133, 175-177, 190

赤峰　40, 137, 234, 244

「戦争史大観」　20

陝北　100, 176

鮮満　220

善隣協会　39, 43, 67, 165

宗主権　60, 90, 99, 117, 118, 120, 129, 134, 143, 214, 224

宗主国　116, 188, 222, 223

「総司令部組織大綱」　50

草地売買　10, 155, 158, 226-228, 231, 234, 237, 239, 240, 246-249

ソビエト（ソ連）　6, 9, 11, 24, 61, 62, 116, 119, 125, 138, 172-182, 185-190, 197, 208, 211, 213, 215, 223, 224

「ソ蒙紳士協定」　174

「ソ蒙相互援助条約」　174, 176, 179, 190

た行

大漢義軍　65, 66

大境門　236, 237, 246

太源　76

「第三次北支処理要綱」　80

「対時局処理要綱」　90, 91, 111

「対支実行策」　63, 79, 80, 86

「対支新政策」　202, 203, 207, 214

「対支政策に関する件」　62, 83

「対支政策要綱」　19

「対重慶政治工作ノ実施ニ関スル件」　212, 218

「対重慶戦争指導要綱」　202

「対「ソ」外交施策ニ関スル件（案）」　213

大同　65, 78, 89, 92, 93

大東亜（東亜）　61, 101, 118, 129-133, 136, 175, 182, 183, 185, 187, 202, 203, 205, 207-210, 218, 247

──戦争　202, 203, 205, 207, 218

「──戦争完遂の為の対支処理根本方針」　203, 207

「──政略指導大綱」　207

「対独伊蘇交渉案要綱」　186, 187, 194

「対南方施策要綱」　198

第2次世界大戦　3, 4, 211

「第二次対外施策要綱」　180

「第二次北支那処理要綱」　75, 186

タイブス右旗　155, 156

太平洋戦争　7, 9, 32, 143, 148, 167, 189, 190, 196, 197, 202-204, 214, 224

大本営　105, 187, 188, 197, 198, 207, 218

「対満蒙政策に関する意見」　20

大蒙古　125, 126, 134, 141

大蒙公司　155, 158, 226

「対蒙政策要綱」　99-101, 109, 110, 112

「対蒙（西北）政策要領」　48, 56

ダイラマハイ・スム　231

大陸政策　3, 4, 7, 53, 101, 109, 116, 220, 221
大連会議　45, 60
托羅河　184
ダゴール・モンゴル　23
タムスク　179, 180
ダルハン　153
チベット問題　17
地方集散市場　226, 228, 229, 236, 240, 243
チャガーンオボー・スム　231
チャハル（察哈爾）　18, 34, 35, 37-40, 42, 44-
　　46, 48, 49, 59-61, 65, 67, 68, 71, 73, 74,
　　80, 89-91, 95, 101, 104, 108, 152, 153,
　　155, 156, 165, 235, 236, 239, 242, 244,
　　245
「察哈爾方面視察報告」　74, 85
「察哈爾方面政治工作緊急処理要綱」　89, 95,
　　111
茶馬市　236, 237
中亜問題研究会　149, 168
中央政治会議　18, 123
中華民国　15, 16, 51, 79, 80, 94, 99, 100, 117,
　　118, 124, 127, 129, 132, 134, 210, 218
──臨時政権　98
中華民族　18
──民族多元一体論　4
中国革命　176
「中国新中央政府樹立方針」　121
中支　73, 104, 135
中心村　151, 153, 158, 165
「中ソ協定」　2
「中ソ不可侵条約」　177, 190
中東鉄道　173
駐兵　105, 106, 110, 196, 199-201, 207, 209-
　　211, 214
駐蒙軍　95, 117, 123, 139-142, 162, 209
「中露宣言」　2
張家口　24, 39, 46, 48, 73, 88-92, 117, 123, 125,
　　128, 135, 151, 152, 175, 213, 226-228,
　　230, 231, 233-247, 249, 250
張庫自動車路　237
長春　20, 48

朝鮮　132, 184, 201, 213
洮南　228, 236
張北　45, 49, 65, 89, 157, 241, 244, 246
「陳主席代理上京ニ伴フ応接要領ニ関スル件」
　　212
青島会議　11, 116, 122, 123, 127, 224
青島協定　124
通遼　235, 236
鶴巻　131
「帝国外交方針」　62, 79-81, 86
「帝国外交方針改正意見」　79, 85
「帝国国策遂行要綱」　201
帝国侵略主義　125
天津　230, 235, 242, 247
──軍　62, 73, 90,
ドイツ　4, 6, 102, 140, 175, 180-182, 186-189,
　　197, 211, 213
「土肥原・秦徳純協定」　45, 53, 62, 223
東亜共栄圏　130, 152, 183
──道義　119, 132
──同族　118
──同邦主義　118
──聯盟　117
東京　32, 61, 71, 81, 121, 129-131, 138, 200,
　　204, 207, 217
東南アジア　7, 172, 180, 189-191, 224
東方会議　19, 29
トゥメド　17, 37, 60, 61
ドゥルブン・フーヘド旗（四子部落旗）24,
　　151, 152, 154
「徳王応待要領（案）」　127
徳化　51, 63-65, 68, 78, 88, 90, 136, 137, 153,
　　154, 241
道光　237
「独ソ不可侵条約」　180, 182
特別区　17, 18, 29
特務機関　39, 40, 42-45, 48, 51, 59, 63, 64, 68,
　　78, 88, 90-92, 117
ドゴイラン運動　24
トラウトマン工作　104, 106
トルキシタン　176

トルクシーク鉄道　176
ドローン・ノール　39, 42, 45, 48, 59, 88, 89,
　　226, 228, 231, 233, 235, 237, 239, 241-
　　244, 247

な行

内外（南北）モンゴル統一運動　3, 5, 53
内通事件　124, 143
「内蒙軍整備要領」　78
内蒙古
――自治区　3, 169
「――自治弁法十一条」　37
「――対策論」　149, 168
「――独立ニ関スル件」　99, 101, 109, 224
――独立論　101
「内蒙時局対策案」　71
名古屋　212
南京　15, 18, 35-37, 40, 43, 44, 46, 52, 61-63,
　　68, 69, 71-76, 88, 90, 97, 103-106, 110,
　　122, 123, 128, 135, 139, 140, 199, 200,
　　204-207, 210-212
南口　89
南進論　7, 172, 180, 181, 189, 190, 197, 199, 224
南寧　197
「南方戦争促進に関する件」　198
「日独伊蘇同盟論」　181
「日独防共協定」　177, 190
「日米諒解案」　198
日満　42, 62, 71, 90, 99, 103, 174, 90
日露戦争　8, 18, 173, 183
日露協約　2, 19, 183, 184, 186
日華
「――間条約ノ改訂問題ニ関スル研究」　209,
　　217
「――基本条約」　123, 124, 127, 196, 199, 203,
　　205-210, 212, 214, 215
「――協議記録及同諒解事項並日華秘密協議記
　　録」　108, 121
「――新関係調整条約」　208
「――同盟条約」　7, 9, 196, 205, 207, 210, 211,
　　214, 221

「――同盟条約締結ニ伴フ基本条約及附属書類
　　規定事項ノ取扱方」　207
「――蒙（三方）協定」　129, 132, 134
日支
「――基本条約」　130
「――協議記録協定」　122
「――軍事協定」　101
「――媾和交渉条件細目」　103
「――国交調整要領」　63, 83
「――顧問協定」　102
――事変　134
「――条約」　128, 129, 132-135
「――新関係調整方針」　108, 122
「――新関係調整要綱」　120, 122, 135
「――和平基礎条件」　200, 216
「日ソ中立協定草案」　181
「日ソ中立条約」　9, 138, 139, 172, 182, 185,
　　187-190, 213, 224
日中戦争　7, 9, 12, 13, 58, 82, 88, 89, 95, 98,
　　102, 104, 106, 109, 120, 123, 138, 177,
　　180, 196, 223, 226
「日本側要求基礎条件」　208, 217
日本列島　186
ニューギニア　203
ニュージーランド　187
寧夏　61, 100, 136, 138, 176
熱河　17, 18, 34, 39, 59, 73, 76, 242
ノーナイ・スム　229, 231, 243
ノモンハン事件　7, 9, 172, 178, 180, 188-191,
　　197, 224
ノルマンディー　211
嫩江　184

は行

ハイラル（海拉尔）　23, 179, 236
白軍　174
八ヵ国連合軍　16
ハノイ　109, 121
ハブチラ・スム　163
バルカン半島問題　185
ハルハ廟事件　7, 9, 172, 173, 175, 190, 224

バルバロッサ作戦　186
ハワイ　202
反開墾運動　17, 24, 34
班禪廟　163
バンディド・ゲゲーン・スム（貝子廟）　43,
　　151, 164-166, 228-235, 238-244, 246,
　　247
ハンプ・スム　165
東アジア　2, 8, 14, 15, 121, 190, 223
東ジャロード旗　24
東モンゴル独立宣言　24
百霊廟　4, 14, 36, 37, 41, 43, 45-48, 64, 65, 71,
　　77, 132, 133, 164, 166,
——自治運動　5, 8, 11, 32-35, 39, 40, 42, 49,
　　52, 53, 116, 143, 148, 220, 221
広田三原則　175, 190
フィンランド　180, 185
ブーゲンビル　203
武漢　104, 197
「附属議定書に関する日華両国全権委員会了解
　　事項」　124
仏印　198, 201
フブート・シャラ（廂黄）　151, 152, 154, 163,
　　239
フブート・チャガーン　239
フフホト（厚和）　64, 96, 98, 118, 119, 154, 168
フランス　4, 180
ブリヤート共和国　2, 137
ブリヤート・モンゴル　23
ブリュッセル会議　102
フルンボイル　17, 23, 173
フレー　22, 24, 175, 231, 237, 243
米洲　187
平津　90, 246
平綏線　91, 93
平地泉　70, 74, 137
「米日間協定の基礎概略」　201
北京　6, 16, 34-36, 42, 69, 74, 94, 98, 122, 182,
　　184, 213, 233
「北京議定書」　16, 218
ヘルムト　174

ベルリン　185, 186, 198
「辺荒条例」　17
ボイル湖　174
防共
——基地　172, 175, 177, 190, 224
——協定　75, 105, 175, 177, 190
——敬神主義　118
——政策　103, 121, 167, 175, 223
——線　6, 23, 177, 190, 223
——ルート　117, 118
——政権　73, 101, 102
——問題　90
ホーチド　153, 159, 161, 162, 164-166, 231, 239
宝昌　17, 246
奉天　17
包頭　17, 65, 70, 98
「ポーツマス条約」　19, 172, 182, 183, 185
ポーランド　180, 182
牧業国　137
北支
「——及内蒙に対する中央部の指導」　62, 83
——軍　91, 92
「——処理要綱案」　68, 84
——政権　73, 101, 102
——問題　90
北進論　7, 172, 180, 189, 194
ボグド・ハーン政権　23, 30
北伐戦争　18, 20, 24
北洋政府　16
「保健所の整備拡充案」　165
「保健婦養成計画要綱」　166
ホショー・スム　163
ホタラトルゴム・スム　163
「ポツダム宣言」　213
ホラルダイ　50
ホルショー（ホリシヤ）　141, 151-158, 226
ホルチン　24
ホンゴルト　64, 65, 71

ま行
満洲

――航空会社　66

――国軍　77, 179

――国興安省　138

――国問題　105, 212

――事変　22, 69, 128, 129, 135, 173, 176, 201

――電電会社　66

マンジュ人（満洲族）　5, 23, 128, 220

「満ソ国境紛争処理要綱」　178

マンダラ・スム　163

マンチューリ会議　172, 173, 175, 190

満蒙

「――建設ニ伴フ蒙古問題処理要綱」　23

――国家　21

「――自由国設立案大綱」　21, 23

「――生命線論」　22, 23

「――ニ於ケル領地統治ニ関スル研究」　20

――問題　2, 8, 19-23, 172, 173, 215

「――問題解決ノ根本方策」　21

――領有論　20-22

ミッドウェー　203, 214

南満洲鉄道株式会社　227

宮城県　131

ミンスク　179

民族

――解放運動　3, 7, 8, 15, 23, 32, 33, 35, 52, 53, 116, 143, 191, 220-222, 224

――協和　59, 60, 119, 120

――区域自治　13

――自決運動　143

――政策　13, 15

――独立運動　172, 189, 190, 194

明朝　236

ミント・スム　231

明徳北　237

蒙医養成所　166

蒙貨　226, 228, 230, 233-236, 239, 240, 243, 244, 246

蒙漢分治政策　167

蒙旗　9, 15-18, 23, 35, 59, 68, 88, 143, 148-157, 15-167, 196, 199, 214, 221, 222, 224, 246

「――建設十個年計画」　150, 152

――建設隊　151-154, 157, 160, 163, 165, 167

――小学校教員練成会　160

蒙疆

――銀行　100, 156, 157, 241

「――国建設ニ関スル具体案」　117, 118, 143

「――三政権合流案」　117

――政権　4, 5, 10-14, 53, 94, 116, 220

――畜産公司　155, 158, 226

「――統一政権設立要綱」　120, 144

「――統一政府組織案」　117

――防共線論　23

「――方面政治工作指導要綱」　92, 96, 111

「――方面政治指導ニ関スル件」　95

――問題　96, 119, 124, 205, 208, 211

――連合委員会　4, 10, 52, 88, 92-97, 99, 109, 116, 117, 119, 143, 221, 223

「――連合委員会設定に関する協定」　93

――連絡部　117, 124, 127, 128, 135, 136, 139, 140, 142, 149

蒙古

「――軍政府組織大綱」　50

「――軍政府組織法」　51

「――建国促進案」　127, 129-132, 135

「――工作の過去の経緯及将来に於ける軍の方針」　78, 85

「――国創建趣意書」　119, 136, 144

「――国創建要綱（第一案）」　136, 146

「――自治弁法原則」　38

――青年運動　136

「――待遇条例」　16

「――地方自治指導長官公署暫行条例」　39

「――地方自治政務委員会暫行組織大綱」　38

「――地方自治弁法八項原則」　38, 48

――皮毛股份有限公司　158, 169

「――盟部旗組織法」　34

「――聯合自治国組織方案」　119

蒙政会　32, 39, 42, 45-49, 53, 64, 65, 67-69, 71, 77, 78

「蒙政改革方案」　36

蒙蔵委員会　34, 36

蒙文図書印刷所　149

モーミャンガン　155
モスクワ　173, 175, 179-182, 186-188
模範村　151, 153, 158, 165, 168
モンゴル
――各盟旗連合駐京弁事処　38
――幹部学生隊　34
――（蒙古）軍政府　4, 8, 32, 47-53, 58, 60-
　　62, 69, 70, 72-74, 77, 79, 88, 92, 95, 133,
　　172, 177, 190, 221, 223
――軍総司令部　4, 49, 50, 72, 77
――自治邦政府　3-5, 7, 9, 10, 12, 52, 53, 116,
　　130, 135, 139-143, 148, 150, 151, 153,
　　157, 159, 162, 165-167, 196, 210, 211,
　　213, 214, 220-222, 224, 248
――救済委員会　36
――（蒙古）人民共和国（共和国）174, 178,
　　179, 187
――青年結盟党　124-126
――代表大会　40, 50, 52, 59, 87, 88
――代表団　34, 37
――（蒙古）帝国　11, 98
――（蒙古）問題　2-4, 6-9, 11, 14, 15, 21, 23,
　　34-36, 43, 46, 52, 61, 63, 80, 89, 102,
　　106, 108, 109, 116, 122, 127, 135, 172,
　　182, 189-191, 211, 220, 223, 224
――留平学生会　36
――旅平同郷会　36
――（蒙古）連（聯）合自治政府　4, 9, 11, 52,
　　116, 120-125, 127, 130, 136-139, 140,
　　142, 148, 149, 156, 159, 177, 190, 221,
　　222, 224
――（蒙古）連（聯）盟自治政府　4, 11, 52,
　　88, 93, 96-99, 101, 102, 117-119, 133,
　　136, 143, 159, 221

や行

大和民族　22
ヤルタ協定　213
ヤント・スム　244
揚子江　209
雍正　237

欧羅巴　177
ヨーロッパ戦場　211
四国協商　181, 185-187
四国同盟論　172, 187

ら行

洛陽　75, 76
ラミーンフレー・スム　231, 243
「陸軍省に対し対支那政策に関する意志表示」
　　79
「リッベントロップ腹案」　186
理藩院　17
柳条湖事件　21
旅順　19
旅蒙商　226, 227, 230, 233, 237, 239-242, 244,
　　246, 247
林西　40, 228, 231, 233, 235, 236, 239, 243, 244
連絡会議　117, 120, 187, 188, 197, 198, 200-
　　205, 207, 209, 217
蘆溝橋事件　89
蘆山　43
ロシア（露西亜）　2, 19, 172, 173, 179, 183-
　　186, 215, 222, 237
露商瓦利洋行　226

わ行

ワンギーン・スム　231
ワンゲン・スム　165

■著者紹介

ガンバガナ

1970 年　中国・内モンゴル生まれ
1992 年　中央民族大学卒業
2008 年　東京外国語大学大学院博士後期課程修了
2012 年〜現在　秋田国際教養大学助教（Assistant Professor）
　学術博士。専攻はモンゴル近現代史。
　主な論文は、『内モンゴル自治運動と太平洋戦争期における日本の対内モンゴル政策―「日華同盟条約を中心に」』（『東北アジア研究』（16）、2012 年）、『モンゴル自治邦の実像と虚像―日本の外交政策からのアプローチ』（『中国 21』（27）、2007 年）、『汪兆銘と内モンゴル自治運動―日本の対内モンゴル政策を中心に』（『日本モンゴル学会紀要』（35）、2005 年）など。

日本の対内モンゴル政策の研究

内モンゴル自治運動と日本外交
1933-1945 年

2016 年 2 月 28 日　第 1 刷発行

著　者　ガンバガナ　　©Ganbagana, 2016
発行者　池上　淳
発行所　株式会社　青山社
　　　　〒 252-0333　神奈川県相模原市南区東大沼 2-21-4
　　　　TEL　042-765-6460（代）　　　　FAX　042-701-8611
　　　　振替口座　00200-6-28265　　　　ISBN　978-4-88359-346-0
　　　　URL　http://www.seizansha.co.jp　　E-mail　info@seizansha.co.jp
印刷・製本　モリモト印刷株式会社

落丁・乱丁本はお取り替えいたします。　　　　　　　　　　　　Printed in Japan
本書の内容の一部あるいは全部を無断で複写複製（コピー）することは
法律で認められた場合を除き、著作者および出版社の権利の侵害となります。